일본어에서 들어온
우리말 어휘 5,800

이한섭

日本

韓國語

(주)박이정

이 책은 19세기말 이후 우리말에 들어온 일본어 어휘에 대하여 조사, 연구한 것을 책으로 엮은 것입니다. 필자는 2014년에 《일본어에서 온 우리말 사전》(고려대출판문화원)을 펴낸 적이 있습니다. 이 사전이 나온 후 독자들로부터 몇 가지 요청이 있었는데 그 중 하나는 사전만으로는 '일본어에서 들어온 말'이 무엇이고, 언제부터 우리말에 들어왔으며, 어떤 종류의 말이 들어왔는지를 알기 어려우니 이를 설명하는 책을 만들어 달라는 것이었고, 또 하나는 지난번 책은 분량이 너무 많아서(980쪽) 사용하기 불편하니 최소한의 정보를 수록한 간략본을 하나 더 만들어 달라는 것이었습니다.

이에 필자는 독자들의 요구에 부응하기 위하여, '일본어에서 온 우리말'에 대한 실상을 파악하기 쉬운 책을 만들어보기로 하였습니다. 위의 작업을 하기 위해서는 먼저 《일본어에서 온 우리말 사전》을 수정 보완하는 작업이 필요했습니다. 마침 필자는 《일본어에서 온 우리말 사전》을 수정 증편하는 작업을 진행하고 있었으므로 사전의 수정 개편 작업과 동시에 이 책의 집필을 진행시킬 수 있었습니다. 우선 지난번 사전에서 검토가 늦어 수록되지 못했던 어휘를 새로 추가하고, 사전 수록 대상에 문제가 있다고 지적된 일부 단어를 삭제하는 등 필요한 작업을 진행시켰습니다. 또 수록 어휘의 용례도 대폭 보완하기로 하였는데, 마침 조선일보사에서 창간이후 기사 전체를 네이버뉴스라이브러리를 통하여 공개함에 따라(https://newslibrary.naver.com/) 이를 이용할 수 있게 되었고, 일부 자료는 저자가 작성한 '한국근대어코퍼스'에 추가되어 새로운 사전에 수록될 어휘의 용례를 상당수 보완할 수 있었습니다. 사전 작업은 2014년 말부터 2021년 중반까지 약 7년 정도 계속되었습니다. 작업 결과 일본어에서 들어온 우리말 어휘는 《일본어에서 온 우리말 사전》(2014년, 3,663단어) 보다 2,200여 단어가 늘어 5,864단어가 되었습니다.

개정판 《일본어에서 온 우리말 사전》의 기초 작업이 완성되고 나서 이 책을 집필하기 위한 작업을 개시하였습니다. 사전의 올림말 전체를 대상으로 각 단어의 유래와 속성, 우리말 출현 시기, 분야별, 우리말에 유입된 방법 등을 조사 분석하여 이 책의 기초자료를 준비하였고 작업 기간은 대략 2년 정도 걸렸습니다. 책의 내용은 제1부와 제2부로 나뉘어져 있는데, 제1부는 해설편으로, 일본어에서 유래한 우리말이 무엇이고, 언제부터 어떤 종류의 어휘가 들왔는지 설명하였습니다. 제2부는 어휘편으로 개화기 이후 우리말에 들어온 일본어 어휘 모두에 대하여 그 유래와 우리말에 들어온 시기를 수록하였습니다.

어떤 단어가 일본어에서 들어온 것인지 알고 싶은 사람은 많이 있을 것입니다. 우선은 우리말 연구자가 그러할 것이고, 국가 행정을 맡아보는 정부 관계자와 국회 및 입법관계자들이 법을 만들 때 필요할 것입니다. 또 우리말을 지키고 바르게 가꾸어 가야할 교육현장의 학생들과 선생님들도 필요할 것입니다. 그밖에 언론 종사자들의 기사 작성이나 작가, 교과서 집필자 등 글을 쓰는 분들도 이러한 사전이 있으면 좋겠다는 생각을 해 본 분들이 적지 않을 것입니다. 아무쪼록 이 책이 여러 분야에 종사하는 분들에게 조금이라도 도움이 되었으면 좋겠습니다.

우리말에는 개화기와 일제강점기를 거치면서 많은 일본어 어휘가 들어와 있습니다. 상당 수 어휘는 해방 후에도 들어왔고 일부는 요사이도 들어오고 있습니다. 이들 일본어 어휘는 해방 후 국어순화 운동 등으로 쓰지 않게 된 말이 적지 않으나 한자어 등은 아직도 많은 어휘가 그대로 사용되는 것이 현실입니다. 특히 한자어 중에는 일본어에서 왔다는 것조차 모른 채 우리말 어휘인 듯 사용되고 있어 안타까움을 금할 길 없습니다. 이 책을 통하여 우리말에 들어온 일본어를 개략적이나마 파악하는데 도움이 되고 또 우리말 어휘의 발전을 위하여 무엇을 해야 할지 생각하는 계기가 된다면 필자로서는 다행이라 생각하겠습니다.

이 책을 완성하는 데까지 주변의 많은 분들과 기관으로부터 가르침과 도움을 받았습니다. 우선 우리말 어휘를 연구하는 선배 동료 학자분들로부터 많은 학은을 입었고, 한중일 한자문화권의 어휘교류와 전파傳播 문제를 연구하는 연구자들로부터도 적지 않게 도움을 받았습니다. 21세기세종계획프로젝트의 연구결과물도 필자에게는 많은 도움을 주었습니다. 고려대에 재직할 때 '개화기 한국어코퍼스'의 작성에 도움을 준 대학원생 여러분에게도 감사의 뜻을 표합니다. 국사편찬위원회 한국사데이터베이스와 네이버뉴스 라이브러리를 통하여 1920년대 이후 신문 용어를 검색할 수 있게 된 것도 저에게는 행운이었습니다. 한국과 일본 중국 문헌의 데이터베이스를 이용할 수 있도록 해주신 여러 기관, 관계자분들께도 머리 숙여 감사드립니다. 또한 부족한 원고를 몇 차례나 읽어주신 한중선, 손경호, 이자호, 백이연 최창섭교수님과 친구 김해기선생님에게도 감사의 뜻을 표합니다. 여러분들의 도움과 가르침이 없었다면 이 책은 나오기 어려웠을 것입니다.

이 책은 지금까지 조사 연구한 것을 바탕으로 만들어진 것이므로 누락되었거나 잘못된 부분도 있으리라 생각됩니다. 또 저의 부족한 학식과 게으른 성격 때문에 독자 여러분들의 기대에 미치지 못하는 부분도 있으리라 생각됩니다. 이 책에 잘못된 부분이 있거나 누락된 부분이 있다면 질책과 가르침을 주실 것을 부탁드립니다. 기회가 된다면 수정판에서 바로잡을 것을 약속드립니다.

끝으로 이 책의 출판을 흔쾌히 허락해준 박이정출판사의 박찬익 사장님과 편집 업무를 맡아주신 이기남 선생님께도 감사의 뜻을 표합니다.

2022년 5월 길일
저자

부록: 일본어에서 들어온 한자어계 접사 일람

제 1 부

개화기 이후
우리말에 들어온
일본어 어휘 개요

0. 들어가며

이 책은 개화기 이후 우리말에 들어온 일본어 어휘에 대하여 조사 분석한 것이다. 원래 이 문제를 본격적으로 논하기 위해서는 해당 어휘의 개별적인 유래와 유입 사정, 시기 등을 면밀하게 조사한 뒤에 일본에서 들어온 우리말 전체를 심층적으로 검토해야 하나 이러한 문제들은 다음 기회로 미루기로 하고 여기서는 필자가 지금까지 수집 조사한 일본어 어휘를 기본 자료로 하여 유입 어휘 목록과 일본어에서의 형태, 우리말로의 유입 시기 등 기초적인 문제를 중심으로 살펴보기로 한다. 이 책에서 논의 대상이 되는 주요 내용은 다음과 같다.

- 일본어에서 들어온 말에 대한 정의
- 일본어에서 들어온 말의 범위
- 유입 시기
- 유입된 분야
- 유입 방법
- 유입 이유
- 해방 이후의 동향

1. '일본어에서 들어온 우리말'이란 무엇인가?

'일본어에서 들어온 우리말'이란 일본인들이 사용하는 말이 우리나라에 들어와 우리말이 되었다는 뜻이다. 혹자는 일본어에서 들어온 말일지라도 일본말에서 온 것임을 안 이상 일본말이라고 해야지 왜 우리말이냐고 반문할지도 모른다. 그러나 이 어휘는 우리말 발음으로 읽힌다든지 우리말 어휘 속에 녹아들어 우리말화 되어 있으므로 이 책에서는 '일본어에서 들어온 우리말' 또는 '일본어에서 유래한 우리말'로 부르기로 한다.

'일본어에서 들어온 우리말'에 대한 연구는 왜 필요할까?

첫째, '일본어에서 들어온 우리말'은 그 수가 많고, 현대어에서 중요도가 높기 때문이다. 지금까지 필자가 조사 수집한 '일본어에서 들어온 우리말'의 수는 5,800여 단어를 넘는다. 하지만 이 속에는 각 전문 분야나 건설현장, 봉재, 미용, 스포츠 등 현장에서 사용되는 어휘가 망라되어 있지 않아 이를 감안하면 실제로는 이보다 훨씬 더 많은 일본어 어휘가 사용될 것으로 생각된다. 또 일제 강점기에 유입되어 해방 후 쓰이지 않게 된 어휘까지 생각하면 그 수는 더 많을 것이다.

일본어에서 유래한 말에는 정치, 경제, 군사, 법률, 교육, 학술 분야 등에 중요도가 높은 어휘가 많다. 이 때문에 이 어휘를 쓰지 않는다면 국어생활에 적지 않은 불편과 문제가 야기될 수도 있다. 그 예를 분야별로 몇 개씩 들어보기로 한다.

대통령, 국회(의회), 국회의원, 정당 ·· 정치
헌법, 민법, 상법, 형법, 판사, 검사, 변호사 ································ 법률
군단, 사단, 공군, 해군, 공병, 공습경보, 항공모함 ··············· 군사
교육, 중학교, 고등학교, 대학교, 대학원, 교육과정 ············· 교육
철학, 심리학, 경제학, 논리학, 언어학, 교육학 ····················· 학술

위에 든 어휘는 대부분 해당 분야의 근간을 이루고 있어 다른 말로 대치하기가 쉽지 않고, 만일 이들을 쓰지 않게 되면 큰 불편이 뒤따를 것이다.

둘째, 개화기 이후 우리말에서 필요한 어휘를 어떤 방법으로 확충해 갔는지를 알기 위해서이다. 한 언어가 필요한 어휘를 늘리는 방법으로는 크게 두 가지 방법이 있다. 하나는 자국에서 어휘를 새로 만드는 방법이고 또 하나는 외국어에서 어휘를 도입하는 방법이 있다. 개화기는 정치, 경제, 군사면의 격변기였고, 새로운 교육제도와 과학 기술의 도입, 각종 서구 문물의 유입 등으로 새로운 어휘의 신속한 확충이 필요한 시기였다. 이 책에서는

특히 일본어 어휘 도입을 통하여 우리말 어휘를 확충시킨 문제에 대하여 중점적으로 논의하고자 한다. 개화기에 외국으로부터 들어온 '커피'와 '구두', '전화'를 예로 이 문제를 설명하기로 한다.

'커피'(coffee)는 서양의 대표적 음료 중 하나로, 그 기원에 대해서는 여러 가지 설이 있으나 아프리카대륙 이디오피아를 기원으로 삼는 설이 유력하다. 우리나라에는 1880년대 중반에 들어온 것으로 보이는데, 처음에는 '가비(茄菲)'라 하여 한자로 음역하기도 하고, 일본식 표기 '가배(珈琲)[1]'와 중국식 표기 '가배(咖啡)'를 사용하였다. 또 '양탕국[2]'이라 하여 우리말로 번역하기도 하였으나 1890년대 이후 '카피차', '카피', '커피'등으로 원어(coffee) 발음에 가깝게 쓰게 되었다. 조사된 주요 용례를 몇 개 들어 본다.

高斯太樓哥 [物産] 金 銀 銅 鐵 亞鉛 生果 砂糖 茄菲 코코
《서유견문》 1889[3], 제2편, p.80)

輸出物中에咖啡와茶가크게增加 ㅎ 야咖啡는前年보담一萬二千八十五本(二千三百五十二兩三戔重)이오茶는前年보담九百九十八万九千三百六十八封을增出홈
《官報》 97호, 1895년 6월 24일 [外報])

印度事情 此外에豆菽類及雜穀도잇고茶珈琲의殖産도亦印度의一大事業이요
《官報》 181호, 1895년 10월 6일 [外報])

第四十類茶、 珈琲及「차클렛」 類　　　　《官報》 附錄 1908년 9월 19일)

그젓긔 밤에 황상 폐하와 황태즈 면하씌셔 카피차 진어 ㅎ신 후에 미령 ㅎ신 일노 독립 협회 회원들이 츙국 이국 ㅎ는 목적으로 대단히 놀납고 황숑 ㅎ야
《독립신문》 1898년 9월 14일 1면)

---

1) '珈琲'는 에도시대 말 일본인 우타가와 요안(宇田川榕菴 1798-1846)이 네덜란드 의학서를 일본어로 번역할 때 처음 사용한 것으로 알려졌다.
2) 장유정(2011) 양탕국에서 커피믹스까지-한국 커피의 작은 역사(《한국사연구휘보》 제153호 (2011년 여름호)
3) 출판된 것은 1895년이다.

의자에 걸터 안저 珈琲에 크림과 砂糖을 너코. 砂匙로 저으면서 말한다

《개벽》 5호, 1920년 11월 1일)

출발 전에 珈琲를 먹은 탓인지 大阪 공중에 뜨면서부터 소변이 급한 것을 그냥 3시간 이상 참고 東京까지 오느라고 제일 괴로윗섯습니다

《개벽》 30호. 1922년 12월 1일)

君돌이 카페의 一室에 모혀서 카피茶를 마서가며 웨-트레스들의 퍼붓는 아양과 秋波에 싸혀 春宵의 一場 情話格으로 聽講을 하겟대도 本講師는 欣然히 應諾할 것이다

《별곤건》 제28호. 1930년 5월 1일)

영국의 자본은 철도, 해운업, 은행, 외국무역 카피, 홍차업, 黃麻공업, 광산 등에 투자되고 최근에는 인도 야금공업에도 관계하얏다《동광》 25호 1931년 9월 4일)

방 한가운데 놓인 둥근 테이블에는 붉은 테이블보 위에 하얗게 빨아 다린 식탁보를 깔고 토스트 브레드, 우유, 삶은 달걀, 과일, 냉수, 커피 등속이 다 상등제 기명에 담겨 기다리고 있을 것이다

《흙》(이광수, 1932)

'구두'는 일본어 'くつ(kutsu)'에서 온 말로, 1890년대 말부터 용례가 보인다. 처음에는 '서양신'으로 부르기도 하고 '양혜'(洋鞋)라 하여 한자어로 번역 표기하기도 하였으나 20세기 이후에는 '구쓰', '구즈', '구두'가 쓰이다가 '구두'로 굳어졌다.

> 외국 물건이라 입는 서양목과 서양샤의 각식 비단과 켜는 기름과 셕냥과 먹는 권연초와 밥 담아 먹는 사긔 그릇과 차는 시계와 안는 교의와 보는 거울과 닥는 비누와 쓰는 죠회와 까는 보료와 타는 인력거와 신는 서양신과 머리에 쓰는 샵보와 보는 셔췩과 심지어 쓸 넛는 몃수리 신지 남의 나라것을 사쓰고
>
> 《독립신문》 1897년 10월 9일 1면 론셜)

> 음력 八月 二十일 죠동슈는 리셩화가 구양혜舊洋鞋 흔 켤네를 슈표 다리 광한태 면당포에다 본젼 十三량에 면당 흔 표지가 길에 써러진 고로 누가 본샤로 가지고 와셔 광고흐라 흐니 표 일흔이는 본샤로 와셔 츠져 갈지어다
>
> 《독립신문》 1899년 11월 9일 4면)

소례복에 고모쓰며 통량갓에 <u>구두</u> 신고 흔들흔들 가는 모양 한인 일인 겸힛고나 료량미뎡 뎌 위인이 익국정신 잇슬손가 뎌 복쉭이 가관일셰

(《대한민일신보》 1908년 1월 26일 2면)

텬긔 청랑흔뒤 츈문 밧게 흔 소년이 다 쩌러진 마고즈에 깃도 업고 단쵸도 업셔 삼시 위로 로을 쏘아 얼기 설기 잡아 미고 검정 라스홀틱 바 지쳔아용 보션에 누른 <u>구두</u>에 증을 촘촘 박아 거러가면 쎄걱쎄걱 소리가 허릴 업는 로동즈 라

(이해조 《철세계》 1908)

흔춤 이리 악을 쓰는 즁에 졍슉이는 흑쉭 모스치마에 <u>구쓰</u>를 신고 반양졔머리에 흔손에 우산을 들고 흔 숀에 칙보를 들고 거름을 총총히 거러오더니 방가가 압에와셔 허리를 숩벅흐며 즈근아씨 문안 들입니다 (김교제 〈목단화〉 1911)

니긔특은 그 소리를 드른 후에 구경에도 마음이 업셔 긔마장 밧그로 나오는뒤 뒤에서 <u>구쓰</u> 소리가 쑥벅쑥벅흐며 엇던 스람이 급히 쫏쳐오더니 니긔특의 팔을 솩 붓들며 좀 쳔쳔이가시오

(김교제 〈비행선〉 1912)

우선은 서슴지 아니하고 <u>구두</u>를 신은 대로 마루에 올라서서 단장으로 마루를 울리며 누구를 부르는지 모르게, "여보? 여보?" 하였다 (이광수 〈무정〉 1917)

<u>구두</u> 西洋制의 革鞋(洋鞋;구쓰) (조선총독부 〈조선사서원고〉 1918)

『별것이 아니라 학생을 짐승처럼 대우한다는 것이지요. 모래를 먹이느니 <u>구두</u>발 로 무릅을 차느니 해서 그러지요』 唱歌교사는 바쁜 듯이 말햇다

(《개벽》 제13호 'H教師의 三日間' 1921년 7월 1일)

닦아서 퇴ㅅ마루 우에 놓아 두엇든 흰 <u>구두</u>를 댈그럭하고 대ㅅ돌 우에 나려 놓는 소리가 들렷다 (《동광》 제32호 '憂鬱한 그들' 1932년 4월 1일)

여자는 안으로 들어갓섯다. 回報를 기다리고 서서보니 「<u>구쓰</u>」가 여러 켜레나 一列 橫隊로 노여 잇는 것이 여러 사람이 잇는 듯 하얏다

(《개벽》 신간 제1호 '實話 暗窟의 血鬪' 1934년 11월 1일)

오늘날 필수 생활용품이 된 '전화(電話)'는 미국인 알렉산더 그라함 벨

(Alexander Graham Bell)이 1876년에 발명한 것으로, 중국에는 정관응(鄭觀應)이 펴낸 《이언(易言)》(1880)에 나오는 것으로 보아 1880년대 초에 이미 소개된 듯하다. 우리나라에는 한글역 《이언(易言)》(1882)에 처음 쓰인 예가 보인다. 한글역 《이언(易言)》에서는 아래 용례와 같이 telephone의 중국식 음역어 '다리풍(爹釐風)'이 사용되었다. 또한 1889년에 탈고된 《서유견문》에는 '전화(電話)'가 '원어기(遠語機)'라는 우리말로 번역되었고, 《대조선독립협회회보》 11호(1897년 4월 30일)에는 '덕률풍(德律風)'이라는 음역어와 함께 번역어 '전성기(傳聲機)'가 보인다. 또 《매일신문》(1898년 4월 16일) 기사에는 '젼어통'(傳語筒) 이란 번역어도 보인다. 그러나 우리말로 번역된 원어기(遠語機)'나 '전성기(傳聲機)', '젼어통'(傳語筒)은 뿌리를 내리지 못한 듯하다. 1890년대 이후는 일본어에서 들어온 '전화(電話)'가 많이 쓰이게 되었고 일제강점기를 거치면서 '전화(電話)'로 완전히 굳어졌다.

> 이제셔인이쏘다리풍(뎐긔션ㅈ튼거시라)을챵기ᄒ야쇼식을젼ᄒ게ᄒ더니더욱
> 심샹치아니ᄒ지라　　　　　　　　　　　(한글역 《이언(易言)》 1권 론뎐보, 1882,
> 　　　　　　　　　중국어원문: 今西人創有 爹釐風一種電音更異尋常)

> 遠語機ᄂ電氣의流通ᄒᄂ力을藉ᄒ야遠方에言語를相通ᄒᄂ鐵線을謂홈이니
> 　　　　　　　　　　　　　　　　　　　　　　　　　(《서유견문》 제17편)

> 一 郵遞에 關ᄒᄂ 사항 二 電信 電話에 關ᄒᄂ 사항
> 　　　　　　　　　(대한제국 《관보》 제20호 '농상공부분과규정' 1895년 4월 22일)

> 전화란 거슨 젼긔를 가지고 몃쳔리 밧긔셔 서로 말ᄒᄂ 긔계니라
> 　　　　　　　　　　　　　(《독립신문》 1896년 4월 14일 2면 '외국통신')

> 美國電氣工程會內之人富者甚大持資本百萬元以上者較他商更多有名필닙者攷
> 究 德律風(卽傳聲機)富有千萬元
> 　　　　　　　　　　　　　(《대조선독립협회회보》 11호, 1897년 4월 30일)

텬하 형셰를 만ᄒ건ᄃᆡ 동셔양 칠십여국이 문호를 샹통ᄒ고 화륜션 화륜차로
산을 뚤코 바다를 건너 디구를 횡힝ᄒ야 됴셕으로 왕ᄅᆡᄒ고 뎐긔션 젼어통은
동셔에 서로얼켜 몃쳔리 몃만리에 언어를 샹통ᄒ여 호탕ᄒᆫ 일텬하를 ᄒᆫ집안을
만드러 놋코 서로 문명을 자랑ᄒ며 권리를 다토아 부강을 시긔ᄒ며 흔단을
엿보니   (《ᄆᆡ일신문》 1898년 4월 14일 1면 론셜)

電信 電信 電話 非常報知機의 通信架設 保修 電信工夫의 傭入 解傭 警報 及
天氣像報의 通信 竝 揭示의 關ᄒ 事
                      (《태극학보》 제9호 '日本 東京警視廳 조직' 1907년 4월 24일)

일슌사가 리ᄉ청으로 뎐화ᄒ야 그 힝픽ᄒ던 일인을 잡아가니 청인들은 긔명갑
슬 물녀 밧으랴고 ᄯᅡ라갓다더라(《대한ᄆᆡ일신보》 1907년 7월 2일 2면 '잡보')

뎡즈ᄂᆞᆫ 회샤에 잇ᄂᆞᆫ 민식에게 뎐화로 곳 이 변고를 통지ᄒ엿다
                      (《태서문예신보》 제4호 '사상츙돌' 1918년 10월 26일)

電信, 電話, 汽車, 汽船은 空間을 征服하야 關山萬里, 天涯地角의 異域이라도
몃 날의 時日로 往來하게 되어 昔日의 千里가 百里밧게 더되지 못하게 되엇습
니다   (《개벽》 15호('近代文藝(二)' 1921년 9월 1일)

  이와 같이 개화기에는 서구 신문물에 대한 용어를 처음에는 한자로 음역
하거나 번역하였고, 일부는 우리말로 번역하려는 노력이 있었다. 그러나 20
세기 초 국권이 상실된 후에는 이러한 노력이 힘을 잃고 일본어에서 직접
많은 어휘를 도입하게 되었다.

  셋째, 개화기 이후 일본어에서 들어온 말에 대한 실태 파악을 위해서이
다. 지금까지 우리 학계에서는 꾸준히 일본어에서 들어온 말에 대한 연구를
해 왔으나 그 성과는 만족할 정도라고는 보기 어렵다. 종래의 연구에서는
얼마나 많은 일본어 어휘가 언제 어떻게 들어와 있는지 소상히 밝혀져 있지
않다. 대부분의 연구에서는 사라(さら: 접시)와 쓰리(すり: 소매치기), 쓰메끼리
(つめきり: 손톱깍기) 등 들으면 바로 일본어라는 것을 알 수 있는 고유일본어
와 '도나스', '도락꾸' 등 일본식 발음으로 들어온 외래어, '삭도'(索道), '유산'

(硫酸) 등 순화대상 일본 한자어를 대상으로 한 연구가 주였고[4] 일본어 유래어의 87% 이상을 차지하는 한자어에 대해서는 연구가 부족한 상태이다. 실태 파악이 되어 있지 않으면 효과적인 대책을 세울 수 없다. 이 책을 통해 일본에서 들어온 말에 대한 실태 파악과 그 대처 방안이 나오기를 기대한다.

일본어에서 들어온 우리말 어휘는 개화기 이후 우리 민족의 아픈 역사와도 관련이 있어 들추어내기가 부끄러운 일일 수 있다. 그렇다고 해서 현대 우리말 어휘에 상당 부분을 차지하는 일본어 유래 어휘를 언제까지나 모른 체 할 수는 없는 일이다.

2. 어떤 말을 '일본어에서 들어온 우리말'로 볼 것인가?

(1) 한국어와 일본어 사이에 왜 같은 어휘가 존재하는가?

한국어와 일본어는 완전히 다른 언어라서 원론적으로는 공통 어휘가 존재하기 어렵다. 그러나 오늘날 한일 양국어 사이에는 여러 가지 사정으로 유래가 같은 어휘가 다수 존재한다. 그 이유는 무엇일까? 그 이유로는 다음과 같은 것을 들 수 있다.

> 가. 한국어와 일본어는 뿌리가 같은 언어라서 공통 어휘가 존재할 가능성이 있다.
> 나. 같은 한자 문화권에 속해 있어 일찍부터 유교경전이나 불경 등 중국문헌을 일본과 공유했으므로 같은 어휘를 사용했을 가능성이 높다.
> 다. 개화기 이후 일본어 어휘가 우리말에 들어왔다.
> 라. 우리말 어휘가 일본어로 들어갔다.

---

4) 문교부(1948) 《우리말도로찾기》
　이은정(1991) 《국어순화자료집》(국어문화사)
　국립국어원(2003) 《국어순화자료집 합본》
　국립국어원(2015) 《국어순화자료집 합본 연극영화용어》 휴먼컬처아리랑

마. 같은 외래어가 한일 언어 양쪽에 들어와 단어 형태가 같아졌다.

바. 우연의 일치

이들 이유에 대하여 잠시 생각해보기로 한다. 우선 '가'의 경우는 일찍부터 계통론을 연구하는 학자들에 의하여 제기되었던 것이고[5] 김사엽씨 등도 《고사기(古事記)》와 《일본서기》, 《만엽집(萬葉集)》의 어휘를 조사하여 비슷한 주장을 한 적이 있다.[6] 그러나 한일 언어가 동일 계통의 언어인지는 아직 확실치 않고 공통 어휘로 지적된 단어들도 그 수가 많지 않아 공통 어휘를 논의하기에는 어려움이 많다. 이에 본고에서는 다루지 않기로 하였다.

'나'의 경우는 공통의 어휘가 존재할 가능성이 높다. 우리나라는 삼국시대 이후 중국 문화의 영향을 많이 받았고 고려와 조선시대를 거치면서 유교와 불교경전을 비롯하여 각종 중국 서적이 읽혔다. 이러한 사정은 일본도 비슷하여 19세기 중반까지는 중국 문화의 영향이 컸다. 그 결과 한국어와 일본어 사이에는 중국어 유래의 공통어휘가 다수 존재한다. 예를 들면 일(一), 이(二), 삼(三) 등 한자 숫자와 예(禮), 은(恩), 정(情), 법(法) 등 유교관련 어휘, 운(運), 경(經), 불법(佛法), 축생(畜生), 가사(袈裟) 등 불교관련 어휘, 후추(胡椒), 박하(薄荷), 생강(生薑), 두부(豆腐), 만두(饅頭) 등 음식관련 어휘, 국(菊), 난(蘭), 길경(桔梗), 수선(水仙), 창포(菖蒲) 같은 식물 어휘, 문(門), 막(幕), 병풍(屏風), 천정(天井) 등 주거 건축 어휘, 금(金), 은(銀), 동(銅), 운모(雲母), 수정(水晶) 등 광물 금속어휘, 열(熱), 맥(脈), 뇨(尿), 폐(肺), 위(胃), 장(腸) 등 신체 관련 어휘, 향(香), 자석(磁石), 병(瓶), 의자(倚子), 석회(石灰) 등 생활어휘에 이르기까지 그 수를 헤아릴 수 없을 만큼 많다. 위에 들은 어휘는 한국어와 일본어가

5) 김방한역(1986)(《일본어의 기원》(R.A. 밀러저, 민음사, 서울)
   서정범(1996)(《日本語の起源と韓国語》(三一書房, 東京)
   이기문(1983)(《韓国語の形成》(成甲書房, 東京)
   이남덕(1988)(《韓国語と日本語の起源》(學生社, 東京)
6) 김사엽(1979)(《記紀万葉の朝鮮語》(六興出版, 東京)

고전 중국어 어휘를 받아들임으로써 공통어휘가 생긴 예이지만, 19세기 말 이후에는 한국어와 중국어가 일본어로부터 서양의 신문명 어휘와 신학문, 과학기술 용어 등을 대량으로 받아들임으로써 공통어휘가 다수 생기게 되었다. 이들 한중일 공통어휘는 얼마 전까지만 해도 조사가 어려웠으나 지금은 한국과 일본, 중국에 방대한 문헌 자료의 데이터베이스가 구축되어 있어, 조사하기가 전보다 수월해졌다.[7]

'다'의 경우는 본고에서 가장 역점을 두고 조사한 것으로, 개화기와 일제 강점기의 신문 잡지, 문학작품, 사전자료, 교과서, 번역자료, 계몽서 등 여러 자료를 통하여 많은 공통어휘를 확인할 수 있었다.

'라'의 경우는 개화기 이후와 일제 강점기를 통하여 일본어로 유입된 우리 말 때문에 공통어휘가 생긴 것으로, 김치(キムチ)와 '불고기'(プルゴギ), '기생(キサン)', '총각(總角, チョンガ)' 등 그 수는 많지 않다. 尹亭仁저(2009)《デイリーコンサイス韓日·日韓辞典》(三省堂)에는 100여 개 한국어 유래 단어가 실려 있으나 현재 일본에서 흔히 쓰이는 어휘는 김치(キムチ)와 '불고기'(プルゴギ) 등 10여개에 불과하여 일본어에서 우리말로 들어온 어휘에 비하면 그 수가 많지 않다.

'마'는 미사일(missile)이나 탱크(tank), 안테나(antena)에서 보는 것처럼 동일한 외국어를 한일 양국어가 원어발음으로 들여올 때 생기는 현상으로, 최근 양국의 외래어에서 점차 늘 가능성이 높은 어휘이다.

---

7) 예를들면 다음과 같은 데이터베이스 등을 들 수 있다.
　한국고전 종합DB(http://db.itkc.or.kr/).
　동양고전종합DB(http://db.cyberseodang.or.kr)
　조선왕조실록 인터넷판(http://sillok.history.go.kr/).
　한국역사정보통합시스템(http://www.koreanhistory.or.kr/).
　台湾中央研究院近代史数位資料庫(https://www.sinica.edu.tw/ch)
　国文学研究資料館(일본)(https://www.nijl.ac.jp/)
　アジア歴史資料センター(일본) https://www.jacar.go.jp/
　国立国語研究所 近代語のコーパス(일본)
　http://pj.ninjal.ac.jp/corpus_center/cmj/

'바'는 이론상으로만 존재할 뿐 실제로 일어날 가능성은 크지 않다고 생각됨으로 본고에서는 제외하기로 하였다.

이 책에서는 '나'와 '라' '마'의 어휘에 유의하면서 주로 '다'에 속하는 어휘를 중점적으로 조사하였다.

(2) 개화기 이후 우리말에 들어온 일본어 어휘의 종류

우리말에 들어온 일본어는 대부분 발음이 우리말 발음으로 변했고, 또 원래 한자로 표기되던 말을 우리말 한자음으로 음독하고 요사이는 표기까지 한글로 바뀌는 바람에 어원 의식이 희미해져 우리말 어휘와의 구분이 힘들게 되어 있다. 단어에 따라서는 중국 유래 어휘와 형태(한자표기)가 같아서 중국어인지 일본어인지 구분하기 어려운 경우도 많다. 이와 같이 일본어에서 들어온 우리말 어휘에는 일본어 자체에 복잡한 사정이 내포되어 있는 것이다.

어떤 말이 '일본어에서 들어온 말'인지를 밝히려면 다음 세 가지 문제를 우선 검토해야 한다.

- 순수한 일본어(고유일본어)만을 일본어에서 들어온 말로 볼 것인가, 아니면 일본 한자어 등 고유일본어 이외의 어종도 대상에 포함시킬 것인가?
- 외국어에서 일본어로 들어왔다가 다시 우리말에 유입된 말은 외국어인가, 일본어인가?
- 일본어에서 의미가 바뀌어 우리말에 들어온 중국 고전 어휘는 중국어인가, 일본어인가?

우선 첫 번째 문제에 대해서 생각해 보자. 지금까지 필자가 조사한 우리말 속 일본어 가운데 현재까지도 사용되는 고유 일본어 어휘는 사라(さら: 접시), 스리(すり: 소매치기)와 앗사리(あっさり: 산뜻이, 깨끗이) 등 268단어로, 일

본어에서 들어온 어휘 5,864단어의 4.57%에 불과하다. 이에 대해서는 고유 일본어 비중이 다른 어종에 비하여 낮다는 점도 말할 수 있지만 여기에는 개화기와 일제강점기에 들어왔던 일본어 어휘 중 지금은 사용되지 않아 수록 대상에서 제외한 이 책의 한계와도 관련이 있다. 일제 강점기에 들어와 일시 사용되었던 고유일본어와 건설 현장이나 미용, 식음료 등 현장에서 사용되는 어휘까지 수록 대상으로 삼았다면 고유일본어의 수는 이보다 더 많을 것이다.

고유일본어의 비중이 낮다면 그 밖의 어종의 어휘들의 비중이 높다는 의미인데 그에 대하여 살펴보기로 한다. 일본어에서 들어온 우리말 중 고유일본어 이외의 것으로는 다음과 같은 것이 있다.

가. 메이지시대 이전부터 일본어에서 사용되던 한자어
  예: 출장(出場 しゅっちょう shutchō)
      연골(軟骨 なんこつ nankotsu)
나. 서양 문명을 받아들일 때 서양어를 일본어로 번역한 말
  • 일본 독자의 번역어:
    미술(美術), 철학(哲學), 반도체(半導體) 등
  • 고전 중국어 어휘를 가져다 새로운 의미를 부여하여 번역한 말:
    교육(敎育), 발명(發明), 생산(生産), 혁명(革命) 등
  • 서양어를 한자로 음역한 말
    구락부(俱樂部): 영어 club의 음역어
    낭만(浪漫): 영어 romantic, romance 음역어
    미돌(米, 米突): 프랑스어 mètre의 음역어
다. 메이지 이후 일본인들이 새로 만든(造語) 말
  • 한자를 기반으로 만든 말: 뇌염(腦炎), 농협(農協), 부작용(副作用)
    액정(液晶) 등
  • 영어 어휘 사용하여 일본에서 새로 만든 말(일본제 영어):
    골든 위크(golden week), 골든타임(golden time), 마이카(my car) 등

결국 일본어에서 들어온 우리말 어휘에는 고유한 일본어가 5% 내외에 불과함으로 이들만을 연구 대상으로 삼아서는 안 된다는 것을 알 수 있다.

두 번째, 외국어에서 일본어로 들어왔다가 다시 우리말에 유입된 말에 대하여 생각해보자. 여기서 주로 문제가 되는 것은 서양어 어휘와 근대중국어 어휘이다. 먼저 서양어 어휘에 대하여 살펴보면 해방 전 우리말에 들어온 서양어는 대부분 일본어를 거쳐 들어왔다고 해도 지나친 말은 아니다. 몇 가지 예를 들어보자.

> 가다루(加答兒) カタル(kataru). 독일어 Katarrh의 일본식 발음.
> 간데라 カンテラ(kantera). 네덜란드어 Kandelaar의 일본어 발음
> 고무 ゴム(gomu). 네덜란드어 Gom의 일본식 발음
> 구리스 グリース(gurīsu). 영어 grease의 일본어 발음
> 도나스 ドーナツ(dōnatsu). 영어 doughnuts의 일본식 발음

위의 어휘는 모두 서양에서 일본어로 들어왔다가 다시 우리말로 들어온 것들이다. 이종극편《모던조선외래어사전》(한성도서주식회사, 1937)을 보면 실상을 더 자세히 파악할 수 있다. 《모던조선외래어사전》에는 약 1만3000여 단어가 수록되어 있는데, 올림말이 일본에서 사용하던 외래어의 표기와 일치하는 것이 많다. 《모던조선외래어사전》에 실린 어휘 몇 개를 원문에 있는대로 들어보면 다음과 같다.

- 가다로구(catalogue)=가타로구
- 가라스(glas(蘭, glass) 유리(硝子)
- 남포(lamp)=람프
- 다오루(towel)=타올

일본어에 들어온 서양 외래어는 영어만 있는 것이 아니고 도입 언어가 다양하다. 19세기 이후 일본어에 들어왔다가 우리말로도 들어온 서양어를

몇 개씩 예를 들어보면 다음과 같다.

- 영어에서 들어온 말:
  마후라(マフラー muffler), 미싱(ミシン sewing machine에서), 프로
  (プロ program의 뒷부분 생략) 등
- 프랑스어에서 들어온 말:
  바리깡(バリカン bariquant), 브라쟈(ブラジャー brassiere), 쿠테타
  (クーデター coup d'État) 등
- 독일어에서 들어온 말:
  세무(セム Sämischleder의 생략형), 아르바이트(アルバイト Arbeit),
  알레르기(アレルギー Allergie) 등
- 이탈리아어에서 들어온 말:
  스파케티(スパゲッティ spaghetti), 피자(ビザ pizza), 피날레(フィ
  ナーレ finale) 등
- 네덜란드어에서 들어온 말:
  가스(ガス Gas), 고무(ゴム gom), 기부스(ギブスGips) 등
- 스페인어에서 들어온 말:
  담배(タバコ Tabaco), 카나리아(カナリア 새이름 canaria), 카스테라
  (カステラ Castilla) 등
- 포르트갈어에서 들어온 말:
  덴푸라(テンプラ tempero), 빵(パン pão), 오르간(オルガン orgão) 등
- 기타 제국에서 온 말:
  노르마(ノルマ 러시아어 Hopma에서 온 말)

  인테리(インテリ 러시아어 интеллигенция(intelligentsia)에서 온 말)

  햄버그(ハンバーグ 독일의 대도시 Hamburg에서 유래한 말)

'일본어에서 들어온 우리말 어휘' 가운데 또 하나 문제가 되는 것은 근대
중국어에서 일본어로 들어왔다가 다시 우리말로 들어온 어휘이다. 이들 어
휘는 19세기 이후 중국에 들어왔던 서양인들이 저술한 의학서와 지리서,
과학기술 서적, 신문, 대역사전(對譯辭典) 등에 수록되었던 것으로, 일본에서

이들 서적을 번역하거나 이용하는 과정에서 유입되어 일반화된 것이 우리 말에 다시 들어온 것이다. 19세기 중반이후 일본에서 번역된 중국자료 중 대표적인 것을 몇 개 들면 다음과 같다.[8]

《박물신편(博物新編)》: 영국인 의료선교사 벤자민 홉슨(Benjamin Hobson, 중국이름 合信, 1816-1873)이 1855년 중국에서 펴낸 의학서. 일본에서는 1870년 나카모리 이츄(大森惟中)에 의하여 전 5권으로 번역되었다.

《전체신론(全體新論)》: 영국인 의료선교사 벤자민 홉슨(Benjamin Hobson, 중국이름 合信, 1816-1873)이 1851년에 펴낸 생리학 입문서. 일본에는 1854년에 들어와 1857년에 번각되었고 메이지시대에 들어와 일본어로 번역되었다.

《만국공법(萬國公法)》: 미국의 국제법학자 헨리 휘튼(Henry Wheaton)이 쓴 국제법 교과서《Elements of International Law》(1836)를 중국에서 선교사로 활약 중이던 미국인 마틴(Martin, William Alexander Parsons 중국명 丁韙良)이 1864년에 번역 출판한 책이다. 일본에서는 시게노 야스쓰구(重野安繹) 등에 의하여 1870년에 번역되었다.

《영화자전(英華字典)》: 중국에 와 있던 서양선교사들이 지은 영중사전 (English and Chinese Dictionary)으로 대표적인 것으로는 다음과 같은 것이 있다.

모리슨(R. Morrison): A Dictionary of the Chinese Language part Ⅲ, 1822)

윌리엄스(W. Williams): An Einglish and Chinese Vocabulary in The Court Dialect, 1844)

메드허스트(W.H. Medhurst): English and Chinese Dictionary, 1847-1848

---

8) 陳力衛(《近代知の翻訳と伝播 ―漢語を媒介に》(三省堂、2019)

로브샤이트(W. Lobscheid): English and Chinese Dictionary, 1866-1869

두리틀(J.Doolittle): Vocabulary and handbook of the Chinese Language, 1872

위에 든 영중사전은 1870년대 이후 일본의 영일사전(英日辭典) 편찬 때 참고자료가 되어 영일사전의 대역어 성립에 큰 영향을 준 것으로 알려졌으며 대표적인 사전은 로브샤이트(W. Lobscheid)의 《영화자전(英華字典)》이다. 이 로브샤이트의 《영화자전》은 1883년 이노우에 데쓰지로(井上哲次郞)에 의하여 《정증 영화자전(訂增 英華字典)》이라는 이름으로 일본어로 번역되었다.[9]

또 로브샤이트의 《영화자전(英華字典)》은 1870-80년대 일본에서 서양 원서를 일본어로 번역할 때 사용되어 근대 중국어 어휘를 직접 일본어에 도입시킨 역할을 하기도 하였다.

근대 중국어 자료의 번역 과정에서 일본어로 들어온 어휘 몇 개를 예로 들어보기로 한다.

'민주(民主)'는 정치학 용어 democracy의 번역어로서, 원래는 중국 고전에 있는 말이다. 원래 의미는 '민(民)의 주(主)' 즉 '왕이나 통치자'를 뜻했으나 미국인 선교사 W.A.P.Martin(중국명 丁韙良)이 번역한 《민국공법(萬國公法)》(1864)에서 '민(民)이 주(主)'라는 의미로 쓰이게 되자 일본에서 이를 받아들여 democracy의 번역어로 사용하였다. 우리말에서 '민(民)이 주(主)'라는 의미로 '민주(民主)'가 사용된 것은 1890년대 중반부터이다.[10]

'단백질(蛋白質)'은 로브샤이트(W.Lobscheid)의 《英華字典》에 영어 'protein'의 중국어 대역어로 나온 것으로, 19세기말 이후 영일사전에 채용되어 일반화한 말이다. 우리말에 들어온 시기는 1895년경이다.[11]

---

9) 宮田和子(2010)《英華辭典の總合的研究》(白帝社)
10) '이돌 열 나흔 날은 불란셔가 민쥬국 되던 환갑인되 불란셔 인민의게는 큰 경ᄉᆞ론날이라'(《독립신문》 1896년 7월 16일 2면 '잡보')

'반사(反射)'는 로브샤이트(W. Lobscheid)의 《英華字典》에 'reflected rays'의 중국어 대역어로 나오는 것으로 보아 19세기 중엽 중국에 와있던 서양 선교사들이 사용했던 용어로 보인다. 일본어에는 柴田昌吉·小安峻(《부음삽도 영화자전(附音挿圖英和字彙)》, 1873)에 채용되어 1870년대 이후의 영일사전에 대역어로 쓰였다. 우리말에는 《서유견문》(1895)에 처음으로 사용되었다.[12]

이들 어휘는 19세기 중반 이후 영중사전이나 중국에 와 있던 서양 선교사들이 쓴 책을 일본어로 번역하는 과정에서 일본어로 받아들여진 말로서, 원래 중국어 어휘였으나 일본에 들어와 일반화된 뒤 다시 우리말에 들어온 것이므로 우리말에서 보면 중국어 유래 일본어로 생각하는 것이 타당할 것이다.

19세기 후반 근대 중국자료의 번역 과정에서 일본어로 들어온 대표적인 어휘를 들면 다음과 같다. 이들 중 상당수 어휘는 우리말로 다시 들어왔다.

기압(氣壓)	기차(汽車)	무역풍(貿易風)	사막(砂漠)
서력(西曆)	수질(水質)	신장(身長)	우주(宇宙)
육지(陸地)	적도(赤道)	전기(電氣)	중앙(中央)
증기(蒸氣)	지구(地球)	직경(直徑)	직선(直線)
체중(體重)	태양(太陽)	평균(平均)	평방(平方)
항해(航海)	현미경(顯微鏡)	혜성(彗星)	호흡(呼吸)
화물(貨物)	효능(效能)		

(이상은 《박물신편(博物新編)》으로부터)[13]

경골(頸骨)	서골(鋤骨)	슬개골(膝蓋骨)	치골(恥骨)
호접골(胡 蝶骨)			

---

11) '蛋白質은 六箇 元素로 되고 十二個 江上 元素를 含有흔 거슨 너무 複雜흔 血液쭌이라' (학부 〈국민소학독본〉 '元素' 1895)
12) '地球가 太陽의 曝홈을 因ᄒ야 外面의 熱을 含ᄒ고 其熱이 反射ᄒ야 空氣를 煖ᄒᄂ니 空氣가 煖혼 則 稀薄ᄒ고'(유길준 〈서유견문〉 제1편 '地球世界의槩論' 1895)
13) 陳力衛《近代知の翻訳と伝播 ―漢語を媒介に》(三省堂、2019) pp.72-73

(이상은 《전체신론(全體新論)》으로부터)[14]

각국(各國)	공법(公法)	공사(公使)	국권(國權)
국채(國債)	국회(國會)	권리(權利)	민간(民間)
민주(民主)	방국(邦國)	법원(法院)	보호(保護)
산업(産業)	상회(商會)	외국(外國)	외적(外敵)
의무(義務)	인민(人民)	자주(自主)	장정(章程)
전쟁(戰爭)	주권(主權)	통상(通商)	

(이상은 《만국공법(萬國公法)》으로부터)

단백질(蛋白質 protein)	독자(讀者 reader)
맥주(麥酒 beer)	문학(文學 literature)
반사(反射 reflected rays)	법칙(法則 rule)
보험(保險 insuance)	선전(宣傳 propaganda)
양극(陽極 positive pole)	열대(熱帶 torrid zone)
원리(原理 principia)	은행(銀行 bank)
음극(陰極 negative pole)	작자(作者 writer)
특권(特權 privilege)	한대(寒帶 frigid zone)
환상(幻想 imagination)	

(이상은 로브샤이트(W.Lobscheid)의 《영화자전(英華字典)》으로부터)[15]

세 번째로 문제가 되는 것은 일본에서 서양 개념을 번역하는 과정에서, 단어형태를 중국고전에서 가져다가 서양어의 의미를 부여한 어휘이다. 이들을 중국어 어휘로 볼 것인가, 일본어로 볼 것인가는 매우 어려운 문제로서, 사람에 따라서는 이들의 단어 형태가 원래 중국어였으므로 중국어로 보아야 한다고 주장하기도 한다.[16]

---

14) 許春艶(2016) '日本における《全体新論》医学用語の受容'《研究論集》15(北海道大学文学研究科) pp.39-49
15) 陳力衛《近代知の翻訳と伝播 ―漢語を媒介に》(三省堂、2019) pp.99-121
16) 우리나라 국어학자 중에도 이러한 생각을 갖는 사람이 있는 듯하다. 예를 들면 어떤 단어가 조선왕조실록이나 각종 옛 문헌에 나왔을 경우, 우리나라 자료에 나왔던 것이므로 중국어 어휘이거나 우리나라 어휘로 보는 것이 그것이다.

'혁명'(革命), '생산'(生産), '발명'(發明) '방송(放送)'등을 예로 들어보자. '혁명'(革命)은 원래 《맹자》(孟子 梁惠王·下의 〈湯武放伐論〉)에 나오는 말로, 원래는 '왕조를 갈아엎다', '지금까지 존재하던 정치권력에 대신하여 새 정치 권력자가 나타나다'의 뜻이었다. 즉 '역성혁명'(易姓革命)을 뜻하는 말이었다. 그런데 이 '혁명'은 일본 메이지시대에 서양 정치용어 revolution의 번역어가 되어 '피지배계급이 지배계급을 폭력으로 타도하여 집권하거나 사회를 변혁시키는 것', '국가나 사회의 조직, 형태, 권력 등을 급격하게 또는 폭력적으로 변화시키는 것' 등을 의미하게 되었다. 프랑스 대혁명이나 러시아혁명이 이에 해당된다.

'생산'(生産)의 경우, 원래 중국 고전에서는 '아이를 낳다(출산하다)', '생계를 위하여 일하다'라는 뜻이었다. 그런데 일본 메이지시대에 영어 produce, production의 의미로 변하여 '재화(財貨)나 서비스, 부가가치를 산출하는 여러 가지 활동'의 뜻이 된 것이다.

또한 '발명'(發明)도 원래는 '죄나 잘못이 없음을 말하여 밝힘', '경서의 뜻 따위를 스스로 깨달아서 밝힘'을 뜻하는 말이었다. 개화기 신문기사를 보면 "내 죄가 없음을 발명해주시오"라는 기사를 종종 보게 된다. 그런데 '발명'(發明)이 일본에서 invention 혹은 discovery의 번역어가 된 것이다. 그렇게 되자 발명(發明)은 '지금까지 없었던 것을 고안해 내는 것. 특히 새로운 기구나 기계, 장치, 기술, 방법을 고안하는 것'의 의미가 되었다. discovery의 의미는 '발견(發見)'이라는 말로 분화하여 의미가 발명과 멀어지게 되었다.

'방송'(放送)도 그렇다. '방송'(放送)은 원래 중국 고전에 있는 말로, 원래 '죄인을 방송(放送)하다'에서 보는 것처럼 '놓아주다', '풀어주다'라는 뜻이었다. 이 방송은 일본 사람들이 영어 broadcasting의 번역어로 사용함으로써 의미가 변했다. 1926년 11월 우리나라에서는 경성방송국(JODK, 1927~1947)이 생겨 라디오 방송을 시작하였다. 이로써 방송의 의미는 '라디오나 텔레비전

따위를 통하여 널리 듣고 볼 수 있도록 음성이나 영상을 전파로 내보내는 일'이라는 의미로 완전히 바뀌게 되었다.

일본 메이지시대에 서양 개념을 번역하는 과정에서, 위의 예처럼 의미가 현대적 의미로 바뀐 고전 중국어로는 다음과 같은 것이 있다.[17]

각본(脚本)	각색(脚色)	경리(經理)	경제(經濟)
경찰(警察)	고백(告白)	공급(供給)	공민(公民)
공원(公園)	공작(工作)	공화(共和)	관계(關係)
관광(觀光)	광고(廣告)	교사(敎師)	교수(敎授)
교양(敎養)	교육(敎育)	교통(交通)	귀화(歸化)
근대(近代)	기관(機關)	기술(技術)	기적(奇蹟, 奇跡)
난민(難民)	대륙(大陸)	대학(大學)	독립(獨立)
등기(登記)	모험(冒險)	문명(文明)	문법(文法)
문화(文化)	물리(物理)	민주(民主)	발명(發明)
방송(放送)	병원(病院)	보수(保守)	봉건(封建)
부정(否定)	분배(分配)	비서(秘書)	사회(社會)
생산(生産)	선전(宣傳)	소비(消費)	소설(小說)
소화(消化)	신문(新聞)	신사(紳士)	애인(愛人)
역(驛)	연설(演說)	연애(戀愛)	영향(影響)
예술(藝術)	자본(資本)	자연(自然)	자유(自由)
제복(制服)	조직(組織)	존재(存在)	종교(宗敎)
주의(主義)	지식(智識)	평화(平和)	학교(學校)
해부(解剖)	행복(幸福)	행정(行政)	헌법(憲法)
혁명(革命)	현상(現象, 現像)	환경(環境)	

이상에서 본 것처럼, 메이지시대 일본에서는 서양 개념을 번역할 때 단어 형태를 중국 고전에서 가져온 말이 적지 않다. 이들 어휘는 단어 형태(한자표기)는 중국 고전에서 가져왔지만 의미는 서양어의 의미로 바뀐 것이므로 일

---

17) 陳力衛(2019)《近代知の翻訳と伝播 ―漢語を媒介に》(三省堂)

본에서 의미가 바뀐 새로운 일본어로 보는 것이 타당할 것이다.

중국 고전에 쓰였던 전통적인 의미 용법의 어휘는 조선왕조실록이나 일성록, 개인 문집 등 우리나라 고전에도 쓰인 일이 적지 않으므로(중국 고전의 원래 의미대로) 이들이 일본어에서 들어온 말이 아니라고 주장하는 사람이 더러 있다. 그러나 이는 해당 단어가 19세기 이후 일본에서 오늘날 사용하는 의미로 바뀐 것임을 간과한 주장일 것이다.[18] 앞에서도 말했지만 중국 고전에 나오는 '혁명'(革命)이나 '생산'(生産), '발명'(發明) ,'방송(放送)' 등은 오늘날 사용하는 의미와 전혀 다른 말이다.

이상 일본어에서 우리말에 들어온 말의 의미와 범위에 대해서 생각해보았다.

정리해서 말하자면 '일본어에서 들어온 우리말'은 다음과 같이 다섯 가지 부류로 나눌 수 있다고 본다.

① 메이지시대 이전부터 사용되던 순수 일본어(고유일본어):
사라(さら sara 접시) 스리(すり: 소매치기), 앗사리(あっさり: 산뜻이, 깨끗이) 등

② 메이지시대 이전부터 일본어에서 사용된 한자어와 혼종어[19], 외래어:
출장(出場しゅっちょう), 연골(軟骨 なんこつ), 견본(見本 みほん), パン(빵) 등

③ 메이지 이후 서양 문명을 받아들일 때 서양어를 일본어로 번역한 말(번역어):
• 일본 독자의 번역어: 미술(美術), 철학(哲學), 반도체(半導體) 등
• 고전 중국어 어휘를 가져다 서양 개념에 대응시킨 말: 발명(發明), 방송(放送), 생산(生産), 혁명(革命) 등

---

18) 예를 들면 조선왕조실록에는 '민주(民主)'란 단어 용례가 37건 나오나 이 중 고종실록의 기사 5건 이외에는 모두 중국에서 사용하던 의미로 사용되었다. 고종실록에 나오는 5건은 1886년 이후의 기사인데 5건 모두 오늘날과 같은 의미로 쓰였다.
(http://sillok.history.go.kr/)

19) 혼종어(混種語)란 어종(語種)이 섞인 말로서, 고유어와 한자어(背番号: 고유어 '背'와 한자어 '番号') 또는 외래어와 한자어(IT産業: 외래어 'IT'와 한자어 '産業')처럼 다른 종류의 어종이 결합한 말을 의미한다.

- 서양어를 한자로 음역한 말: 구락부(俱樂部 club), 낭만(浪漫 romantic, romance) 미돌(米突, metre) 등
④ 메이지 이후 일본인들이 새로 만든(造語) 말:
- 한자를 기반으로 만든 말: 노조(勞組), 조합(組合), 액정(液晶), 불소(弗素), 기업(企業), 낙승(樂勝), 녹화(錄畵), 달인(達人) 등
- 기존 어휘 기반으로 만든 복합어와 파생어
  ▶ 복합어
    교육과정(敎育＋課程) 구좌번호(口座＋番號) 사범학교(師範＋學校)
    우편배달부(郵便＋配達＋夫) 대차대조표(貸借＋對照＋表) 등
  ▶ 파생어
    가건물(假＋建物) 초능력(超＋能力) 매상고(賣上＋高)
    공업화(工業＋化) 동맥류(動脈＋瘤) 객관적(客觀＋的)
- 영어 단어를 복합시키거나 줄여서 새로 만든 말
  ▶ 영어 단어의 복합
    골든 위크(goden week), 골든 타임(golden time)
    마이카(my car) 등
  ▶ 영어 단어의 일부 생략
    데모(데몬스트레이션(demonstration))
    인프레(인플레이션(inflation))
    매스컴(매스커뮤나케이션(mass communication))
⑤ 외국어에서 일본어로 들어왔던 말이 다시 우리말에 유입된 것
- 일본을 거쳐서 우리말에 들어온 서양어: **빵꾸**(パンク), 도라이바(ドライバー), **빵**(パン) 등
- 일본을 거쳐서 우리말에 들어온 근대 중국어: 단백질(蛋白質), 문학(文學), 민주(民主), 보험(保險) 등

(3) 일본어에서 들어온 어휘를 어떻게 식별할 것인가?

일반인이 일본어 유래 어휘를 식별하기는 쉽지 않다. 근대 일본어나 중국어 지식이 없는 사람이라면 더욱 그러하다. 일본어에서 들어온 어휘의 식별이 어려운 이유는 기본적으로 유입된 일본어는 대부분 우리말 발음으로 변

용되어 있고 우리말 속에 녹아들어 외형상으로 구분이 되지 않기 때문이다. 고유일본어나 외래어의 경우는 그래도 비교적 음의 변용이 적은 편이나 일본어에서 한자로 표기되는 어휘는 대부분 우리말 한자음으로 음독되어 형태상으로 우리말과 구별이 되지 않는다. 한자에 대한 식별 능력이 어느 정도 있었던 1960-70년대 이전까지만 해도 한자표기를 보고 어느 정도 일본어 어휘라는 것을 유추할 수도 있었을 것이나 오늘날처럼 문서가 거의 한글로 표기되는 시대에는 음으로 듣거나 문장을 눈으로 보아도 일본어 어휘에서 온 것이지 식별이 어려워졌다.

여기서는 필자가 사용하는 주요 일본어 식별 방법 몇 가지를 들어 독자들의 이해를 돕기로 한다. 필자가 사용하는 일본어 식별법으로는 다음과 같은 것이 있다.

가. 음(音)으로 구별하는 방법
나. 형태로 구별하는 방법
다. 의미로 구별하는 방법
라. 출현 시기로 구별하는 방법
마. 단어의 유래를 조사하여 판별하는 방법
바. 선행 연구의 도움을 받는 방법

먼저 가의 '음(音)으로 구별하는 방법'은 '아지노모토(일본에서 개발된 인공감미료의 하나)'와 '다마네기(양파)', '사시미(생선회)'등과 같이 일본 사람들이 발음하는 대로 들어온 어휘가 주 대상이다. 이들 어휘는 단어내의 음절이나 음소 배열규칙이 우리말과 달라서 한국 사람이라면 누구나 해당 일본어를 들었을 때 우리말과 다르다는 것을 느끼게 된다. 또 일본을 경유해서 우리말에 들어온 외래어도 이에 속한다. 예를 들면 '도나스'와 '도라이바','레떼루','마도로스' 등은 해방전 일본어를 거쳐서 우리말에 들어온 어휘인데 외국어의

원 발음과 차이가 있다. 해방 전에 들어온 외래어는 거의 일본을 통하여
들어왔기 때문에 일본식으로 발음하는 경우가 많은 것이다.

나의 '단어 형태로 식별하는 방법'으로는 다음 일곱 가지가 있다.

① 2음절 3음절로 된 약어류(略語類)
농협(農協: 농업협동조합(農業協同組合)의 약어)
노조(勞組: 노동조합(勞動組合)의 약어)
원폭(原爆: 원자폭탄(原子爆彈)의 약어)
특급(特急: 특별급행(特別急行)의 약어)
안보리(安保理: 안전보장이사회(安全保障理事會)의 약어
② 2음절＋2음절, 또는 2음절＋3음절로 복합된 한자어
2음절이 복합된 전문 용어나 학술용어 중에는 일본어에서 들어온 말이 많다.
교육과정(教育課程) 구좌번호(口座番號) 기계문명(機械文明)
사범학교(師範 學校) 상업학교(商業學校) 수소폭탄(水素爆彈)
수험전쟁(受驗戰爭) 우편배달부(郵便配達夫) 대차대조표(貸借對照表)
종군위안부(從軍慰安婦)
③ 일본어계 한자 접사(접두사, 접미사)가 붙는 한자어

접두사가 붙은 말의 예
가~(假~): 가건물(假建物)　가건축(假建築)　가결의(假決議)
　　　　　가계약(假契約)　가등기(假登記)　가매장(假埋葬)
다~(多~): 다각형(多角形)　다국적(多國籍)　다기능(多技能)
　　　　　다단계(多段階)　다면체(多面體)　다목적(多目的)
　　　　　다문화(多文化)　다민족(多民族)
초~(超~): 초능력(超能力)　초단파(超短波)　초만원(超滿員)
　　　　　초신성(超新星)　초음파(超音波)　초일류(超一流)
　　　　　초특급(超特急)　초현실(超現實)

접미사가 붙은 말의 예
~계(屆): 결석계(缺席屆)　숙박계(宿泊屆)
~과(科): 고등과(高等科)　내과(內科)　비뇨기과(泌尿器科)

　　　　　　예과(豫科)　　　　이과(理科)

　~고(高): 매상고(賣上高)　물가고(物價高)　생산고(生産高)

　　　　　수입고(輸入高)　수출고(輸出高)　수탁고(受託高)

　　　　　수확고(收穫高)　어획고(漁獲高)

　~류(瘤): 동맥류(動脈瘤)　정맥류(靜脈瘤)　심장류(心臟瘤)

　~부(附): 경품부(景品附)　기한부(期限附)　보험부(保險附)

　　　　　시한부(時限附)　조건부(條件附)

　~적(的): 감상적(感傷的)　객관적(客觀的)　거시적(巨視的)

　　　　　과학적(科學的)　국제적(國際的)　낙관적(樂觀的)

　　　　　낭만적(浪漫的)　독창적(獨創的)

　~화(化): 객관화(客觀化)　경음화(硬音化)　계열화(系列化)

　　　　　고급화(高級化)　공업화(工業化)　국유화(國有化)

　　　　　국제화(國際化)

④ 일본제 한자를 붙인 말

　선(腺): 갑상선(甲狀腺)　임파선(淋巴腺)　전립선(前立腺)

　　　　　편도선(扁桃腺)

　질(腔): 질염(腟炎)

　단위를 나타내는 서양어의 한자 표기[20]: 粁(킬로미터 km) 瓩(킬로그램 kg)

　　　　　톤(瓲 ton)　마(碼 yard)

⑤ 일본에서 한자로 음역된 외래어

　구락부(俱樂部): 영어 club의 음역어

　낭만(浪漫): 영어 romantic, romance의 한자음역어

　와사(瓦斯): 네덜란드 gas의 음역어

　질부사(窒扶斯, 窒扶私): 네덜란드어 Typhus를 한자로 음역한 말

　　　　　　　　　　　　　(예: 장질부사)

⑥ 원어의 일부를 생략한 외래어

　다이야(다이아몬드(diamond)가 줄어든 말)

　데모(데몬스트레이션(demonstration)이 줄어든 말)

　디플레(디플레이션(deflation)이 줄어든 말)

　매스컴(매스커뮤니케이션(mass communication)이 줄어든 말)

---

20) 이들 한자표기는 현재는 문헌에만 남아 있을뿐 실제로는 사용되지 않는다.

아파트(아파트먼트 하우스(apartment house)가 줄어든 말)

인프레(인플레이션(inflation)이 줄어든 말)

인프라(인프라스트럭처 infrastructure가 줄어든 말)

텔레비전(텔레비전 television이 줄어든 말)

⑦ 일본어 특유의 한자 형태소를 단어 구성 요소로 사용하는 단어

일본어에서 단어를 만들 때 잘 사용하는 한자형태소의 예를 들면 다음과
같다.

대(貸)~: 대금(貸金) 대부(貸付) 대여(貸與) 대차(貸借) 대출(貸出) 등

~맹(盲): 색맹(色) 야맹(夜盲) 문맹(文盲) 컬맹(컬盲) 등

~불(拂): 미불(未拂) 선불(先拂) 연불(延拂) 일시불(一時拂)

　　　　후불(後拂) 등

~수(手): 가수(歌手) 고수(皷手) 교환수(交換手) 내야수(內野手)

　　　　명수(名手) 선수(選手) 야수(野手) 외야수(外野手)

　　　　우익수(右翼手) 운전수(運轉手) 좌익수(左翼手) 투수(投手)

　　　　호적수(好敵手) 등

열(熱): 열광(熱狂) 열망(熱望) 열변(熱辯) 열성(熱誠) 열심(熱心)

　　　열애(熱愛) 열연(熱演) 열의(熱意) 열전(熱戰)/가열(加熱)

　　　간헐열(間歇熱) 교육열(敎育熱) 발열(發熱) 성홍열(猩紅熱)

　　　축구열(蹴球熱) 태양열(太陽熱) 등

의(義)~: 의수(義手) 의안(義眼) 의족(義足) 의치(義齒) 등

인(引)~: 인계(引繼) 인도(引渡) 인상(引上) 인출(引出) 인하(引下) 등

~임(賃): 공임(工賃) 노임(勞賃) 무임(無賃) 선임(船賃) 운임(運賃) 등

~입(入): 구입(購入) 불입(拂入) 매입(買入) 이입(移入) 편입(編入) 등

참(慘)~: 참극(慘劇) 참담(慘憺) 참사(慘死) 참상(慘狀) 참화(慘禍)

　　　　참혹(慘酷) 참패(慘敗) 참경(慘景) 등

첨(尖)~: 첨단(尖端) 첨병(尖兵) 첨예(尖銳) 첨탑(尖塔) 등

취(取)~: 취급(取扱) 취소(取消) 취조(取調) 취체역(取締役)

　　　　취하(取下) 등

특(特)~: 특권(特權) 특기(特技) 특별(特別) 특성(特性) 특약(特約)

　　　　특종(特種) 특집(特輯) 등

폭(爆)~: 폭격(爆擊) 폭발(爆發) 폭사(爆死) 폭음(爆音) 폭침(爆沈)

　　　　폭소(爆笑) 폭파(爆破) 등

할(割)~: 할당(割當) 할부(割賦) 할인(割引) 할증(割增) 등

~형(型): 구형(舊型) 금형(金型) 대형(大型) 문형(文型) 소형(小型)
　　　신형(新型) 유선형(流線型) 유형(類型) 주형(鑄型)
　　　지형(紙型) 등

활(活)~: 활극(活劇) 활어(活魚) 활판(活版) 활화산(活火山) 등

다의 '의미로 식별하는 방법'

① 옛날 중국어 및 우리말과 의미가 다른 것:
애매(曖昧)[21], 사서(司書)[22] 등

② 의미 파악이 어려운 한자 표기어
견출지(見出紙) 계출(屆出) 꼬붕(小分) 구좌(口座) 낙서(落書)
내역(內譯) 범주(範疇) 변증법(辨證法) 불소(弗素)
소절수(小切手: 수표) 수당(手當) 수속(手續) 수형(手形: 어음)
취소(取消) 등

③ 서양에서는 통하지 않는 일본제 영어
그룹사운드(グループ・サウンズ group sounds)
골든위크(ゴールデン ウィーク golden week)
악셀(アクセル(ペダル) gas pedal(미국), accelerator(영국))
오픈카(オープン カー convertible, cabriolet)
컨닝(カンニング cheating)
사이드 브레이크(サイド ブレーキ side brake)

라. 출현 시기로 구별하는 방법

출현 시기로 식별하는 주 대상은 한자어이다. 우리말에 들어온 일본 한자

---

21) 《표준국어대사전》에는 ①사람의 말이나 성질, 태도 따위가 분명하지 않음. 한 개념과
다른 개념과의 구별이 충분하지 못함. ②죄가 없다. 억울하다 등 두 가지 의미가 수록되
어 있다. 이 중 ①의 의미는 일본어에서 들어온 것이다. 조선왕조실록에 129건의 용례가
나오나 모두 '죄가 없다'는 뜻이어서 오늘날 쓰는 '애매'(曖昧)와 다르다.

22) 고대 중국에서는 《周禮》등에 도서를 관장하는 관리라는 뜻으로 쓰였으며, 우리나라에도
조선시대에 세자시강원(世子侍講院)에 딸린 정육품(正六品) 관직 중 하나로 세자에게 경
사(經史)와 도의(道義)를 가르치는 일을 맡았다. 현대적 용법은 일본에서 1899년 '도서
관령(圖書館令)'을 제정하면서 librarian에 해당되는 직책에 '司書'란 용어를 사용한 것이
그 시초이다.

어는 19세기 이후 일본에서 번역되었거나 새로 생긴 단어가 대부분이다. 이점에 착목하여 1850년대 이후 생겨난 어휘를 주 검토 대상으로 하는 것이 이 방법이다. 주요 검토 대상은 아래 적은 사전들인데, 이들 사전의 대부분은 한중일 각국에서의 출현 시기에 대한 기초 정보를 담고 있어 연구를 시작할 때 도움이 된다.

한국어 사전
단국대동양학연구소(1995)《17세기 국어사전(상, 하)》태학사
단국대동양학연구소(1996)《한국한자어사전》단국대출판부
국립국어원(1999)《표준국어대사전》
사회과학원(1992)《조선말대사전》(사회과학원출판사, 평양)

일본어 사전
小学館(2002)《日本国語大辞典》제2판
諸橋轍次편(1989)《大漢和辞典》(大修館書店)

중국어 사전
한어대사전편집위원회편(漢語大詞典編輯委員會編, 2000)《漢語大詞典》(상해사서출판사)

마. 단어의 유래를 조사하여 판별하는 방법

주로 한자어에 대하여 식별하는 방법으로 필자가 가장 중시하는 방법이다. '라'의 방법으로 해당 단어의 출현 시기가 파악되면 한중일 각종 자료를 조사하여 의미와 용법을 파악한다. 이들 조사를 통해서는 해당 단어가 언제 어느 나라 자료에 처음 등장하며 의미 용법에 차이가 있는지를 알 수 있다. 이 방법은 과거 같으면 매우 어려웠으나 오늘날은 한중일 각국에 고전 자료에 대한 데이터베이스가 많이 구축되어 되어 있어 상당 부분 조사가 가능하다. 이 책을 만들 때 이용한 각국의 데이터베이스에 대해서는 참고문헌【데이터베이스 자료】에 명시하였으므로 참고 바란다. 필자는 이들 이외에 자체적으로 〈근대한국어코퍼스〉를 구축하여 한국어 용례를 추출하여 참고로 하

였는데, 지면 관계상 〈근대한국어코퍼스〉에 검출된 '공화(共和)'의 용례만을 일부 소개하면 다음과 같다.

- 所謂王黨卽立論君主故將殄滅現今之共和政府起見也
  (《한성순보》 1883년 10월31일 8면 1단 '各國近事-西班牙國內亂')
- 규바共和國을 交戰國이라 ᄒ고 世界에 承認을 諸ᄒᄂ 日도 近近 內에 잇슬거시라 (대한제국《관보》 제138호 '외보' 1895년 8월 15일)
- 第五 國人의 共和ᄒᄂ 政體(又曰 合衆政體)
  (유길준 〈서유견문〉 제5편 '政府의始初' 1895)
- 於是에 十三邦에 紳董이 會同ᄒ야 國憲을 議定ᄒ야 上下 議院을 設置ᄒ고 大統領은 四年 限으로 ᄒ고 因ᄒ야 共和政治를 施行ᄒ더라
  (학부 〈국민소학독본〉 '亞米利加 獨立三' 1895)
- 뎡부와 빅셩이 각각 되야 흥망 간에 남의일 보덧기 흘터인즉 그럿코야 엇지 나라히 강ᄒ며 국민이 공화ᄒ야 서로 돕고 서로 ᄉ랑ᄒᄂ ᄆ음이 싱기리요
  (《독립신문》 1896년 6월 30일 '논셜')
- 數千年間 壓制下之人民이 狎唱 共和에 영향이 播傳에 全歐가 聳動ᄒ야 專制에 不平을 唱道者 四起ᄒ니 (《태극학보》 제3호 '歷史譚 제1회' 1906년 10월 24일)
- 미국은 ᄌ쥬ᄌ유의 권리로써 발달게 ᄒ야 완전ᄒ 공화국톄를 조직ᄒ엿고 덕국은 학문과 정치로써 셰계에 독보가 되엿스며
  (《대한믹일신보》 1907년 11월 9일 '별보')
- 독립협회에서 음력 구월 이십오일에 대통령을 새로쌔아서 공화정치를 ᄒ랴ᄂ 말인뒤 어느 사름이 이 방셔를 텬폐에 올니엿ᄂ지라
  (《믹일신문》 1898년 11월 9일 '잡보')
- 상하의원(上下議院) 정톄ᄂ 공화(共和)정치오 딕통령(大統領)은 상하의원(上下議院)에서 션거(選擧)ᄒ여 임기(任期)ᄂ 칠년으로 졍ᄒ고 국도ᄂ 파리(巴里)나라 (정윤수 〈樵牧必知(하)〉 뎨륙십이쟝 '法國' 1909년 6월)
- 國體(국톄) (1)國家를 其조직 特히 其 主權의 存在의 如何에 依한 稱(君主國體, 共和國體 等의 別이 有한 者) (2)國家의 體面
  (조선총독부 〈조선사서원고〉 1918)

바. 선행 연구의 도움을 받는 방법

이 방법은 한국과 일본 중국의 연구자들이 지금까지 연구한 결과를 참고로 하는 방법이다. 관련 연구 성과(저서 및 논문)는 수 백편에 달한다. 대표적인 연구자로는 중국인 高名凱·劉正埃(1958, 1984), 馮天喻(2004), 沈國威(1993, 2008), 陳力衛(2002, 2019), 朱京偉(2003) 許春艷(2016) 일본인 佐藤享(2007), 飛田良文(1986), 高野繁男(2004), 実藤惠秀(1970), 荒川清秀(1997) 한국인 송민(1992 등), 이오덕(1992), 박용찬(2005), 이한섭(2010, 2014) 등이 있으며 국립국어원의 일본어투 어휘자료집《일본어투용어순화자료집》등을 통해서도 연구 정보를 상당 부분 알 수 있다. 이들 선행 연구 문헌은 참고문헌에 명시하였으므로 참고 바란다. 한 가지 유의해야 할 점은 선행연구의 결과가 모두 옳은 것만은 아니라는 점이다. 잘못된 주장이나 내용도 더러 있으므로 참고 시 주의를 요한다.

(4) 이 책에서의 조사 방법

이 책에서 조사 대상이 된 어휘는 5,864단어로, 이한섭편《일본어에서 온 우리말 사전》(2014. 수록어수 3,663어)에 올라있는 말과 이번에 새로 추가한 2,200여 단어로 구성되어 있다. 이들 단어는 제2부〈일본어 유래 우리말 어휘 일람〉에 게재하였으므로 참고 바란다.

각 표제어가 일본어에서 들어온 말인지의 판단은 2-(2)에서 설명한 '우리말에 들어온 일본어의 부류'와 2-(3)에서 설명한 필자만의 '일본어 식별법' 등을 기반으로 기본적 어휘 목록을 작성한 다음, 한국과 일본, 중국 자료의 용례를 조사하여 어느 나라 말인지를 조사하였다. 조사할 때 사용한 자료와 데이터베이스는 이 책의 말미에 적어놓았으므로 참고 바란다.

3. 언제부터 일본어가 우리말에 들어왔는가?

일본어가 본격적으로 우리말에 들어온 시기는 그리 오래지 않다. 그 시기를 강화도조약(1876) 이후로 보면 대략 140년 정도 되었다고 볼 수 있다. 이 책에서는 필자가 지금까지 수집 조사한 어휘 5,864어를 대상으로 일본어가 우리말에 들어온 시기를 살펴보기로 한다. 이 책에서는 일본어가 우리말로 들어온 시기[23]를 편의상 다음과 같이 세 시기로 나누어 살펴보기로 한다.

개화기(1876~1910)
일제강점기(1910~1945)
해방이후(1945~현재)

일본어에서 들어온 우리말의 용례를 바탕으로 각 단어가 우리말에 들어온 시기와 그 수를 알아보면 〈표 1〉과 같다.

표 1. 시기별 유입어수

시기	유입 어휘	비율
개화기 1876~1910	3,108	53.00%
일제강점기 1910.9-1945.8	2,214	37.76%
해방 후 1945.8~ 현재	542	9.24%
계	5,864	100%

(1) 개화기

개화기에 유입된 일본어는 〈표 1〉에서 보는 것처럼 3,108어로, 전체 유입어수 5,864어의 약 53%에 달하여 유입 어휘가 전 기간 중 가장 많다. 조사

---

23) 우리말에 들어온 시기는 필자가 조사한 자료(《개화기 한국어 코퍼스》)의 초출 시기에 따른다.

하기 전에는 일제강점기에 들어온 일본어 어휘가 개화기 때보다 많을 것이라 예상했었는데 이는 놀라운 결과였다. 그러면 왜 이런 결과가 나왔을까?

이를 설명하기 위하여 개화기의 시대적 배경을 살펴볼 필요가 있다. 개화기는 일본과의 인적 물적 교류가 본격화한 시기이다. 이 시기의 한일관계의 변화를 들어본다.

① 일본에 유학하는 사람이 늘었다. 한국인의 일본유학은 1881년 세 명의 유학생(유길준, 유정수, 윤치호)을 일본에 파견한 이래 1895년 192명의 유학생을 파견하였고, 1904년에도 황실유학생을 파견하였다. 1910년 이전 일본에 유학한 사람이 얼마나 되는지는 정확히 알 수 없으나 기록에 나오는 것만도 500명 가까이 된다. 유학 후 귀국한 사람들은 정부 관리가 되었거나 소설가, 예술가, 신문 잡지의 기자, 군인, 교사 등으로 활약하여 우리말에 일본어를 유입시키는데 큰 영향을 미쳤을 것으로 생각된다.

② 한국에 온 일본인이 늘었다. 이 시기에는 부산을 비롯하여 원산, 목포, 인천, 진남포 등 개항지에 일본인이 건너와 살았다. 기무라 겐지(木村健二)편 《日本人物情報大系》〈조선편〉(제8회 배본 晧星社)에 의하면 일본인이 1880년부터 1910년까지 한국에 도항한 사람은 〈표 2〉에서 보는 바와 같이 총 54,613명에 달했다 한다. 또 일본인 역사학자 가지무라 히데키(梶村秀樹)의 조사에 의하면 1910년 당시 한국에 거류하던 일본인은 14만명에 달했다

표 2. 개화기 일본인의 한국 도항자

연도	해외도항자수	한국으로 도항한 자의 수	비율(%)
1880	1,510	934	61.9
1885	3,461	407	11.8
1890	8,166	1,791	21.9
1895	22,411	10,391	46.4
1900	44,222	4,327	9.8
1905	35,132	11,367	32.4
1910	68,870	25,396	36.9

고 한다. 일본인의 직업은 상업이 가장 많았고 피고용자와 어업 공장노동
등에 종사하는 사람이 많았다. 이는 많은 일본인들이 한국인들과 접촉했을
가능성을 시사한다.

③ 다수의 신문 잡지가 발행되었다. 이 시기는 한국최초의 근대적 신문
《한성순보》(1883.10.1.~1884.12.4)를 비롯하여 《한성주보》(1886.1.25.~1987.7)
《독립신문》(1896.4.7.~1899.12.4.) 《황성신문》(1898.9.5.~1910.9.14.) 대한제국
《관보》(1894.6.21.~1910.8.29.) 《대한민일신보》(1904.8.16.~1910.7.22.) 《미일신
문》(1898~1899)《대한민보》(1909.6.25.~1910.8.30.) 등이 발간된 시기이다. 또한
다수의 근대적 잡지도 발간된다. 당시 발간된 대표적 잡지를 열거하면 다음
과 같다.

《친목회회보》 대조선인일본유학생친목회 1896.2~1903.2
《대조선독립협회회보》 제1호-17호 독립협회 1896.11.30~1897.8.15
《가정잡지》 가정잡지사 1906.6~198.7
《대한자강회월보》 제1호~13호 대한자강회 1906.7.31.~1907.7.25
《태극학보》 제1호~26호 태극학회 1906.8.24.~1908.11.24
《서우》 제1호~제17호 서북학회 1906.12.1~1908.5.1
《기호흥학회월보》 제1호~12호 기호흥학회 1908.8.25.~1909.7.25
《대한유학생회보》 제1호~제3호 대한유학생회 1907.3.3.~1907.5.26
《녀자지남》 여자교육회 1908
《자선부인회잡지》 우문관 1908
《대한학회월보》 제1호~제9호 대한학회 1908.2.25~1908.11.25
《대한협회회보》 제1호~12호 대한협회 1908.4.25~1909.3.25
《대동학회월보》 제1호~20호 대동학회 1908.2.25~1909.9.25.
《호남학보》 제1호~9호 호남학회 1908.6.25~1909.3.25
《소년》 제1권1호~3권9호 신문관 1908.11~1910.12
《대한민보》 동문관(대한협회) 1909.6.25~1910.8.30
《대한흥학보》 제1호~13호 대한흥학회 1909.3.20~1910.5.20

이들 신문 잡지에는 새로운 제도나 문화 문명을 소개하는 기사가 많았음으로 기사 내용에 신문명 신문화 신제도에 관한 어휘를 많이 사용하는 기회가 잦았다. 또 위의 잡지 기사 중에는 일본어 기사를 번역하거나 인용한 것이 적지 않은데 이들 기사의 번역 과정에서 도입된 일본어도 적지 않았을 것으로 보인다. 이 책에서는 이들 자료에 나오는 어휘를 수집 조사하여 이 중에서 많은 일본어 어휘를 발견할 수 있었다.

④ 이 시기부터 일반인을 대상으로 한 일어교육이 시작된 시기이다. 조선시대에도 일본어교육은 있었으나 사역원에서 국가의 일본어 통역관을 양성하기 위한 교육이었지 일반인을 대상으로 한 일본어 교육은 아니었다. 1891년 조선정부는 서울에 일어학교를 개설하여 일본어교육을 시작하였다. 교사는 일본인이었고 교과서도 일본의 소학교교과서를 사용하였다. 1894년 일본이 청일전쟁에서 승리 뒤 한국에서는 일본어에 대한 인기가 높아져 전국에 일어학교가 생기기 시작했다. 오늘날 우리나라의 영어 붐이 일어난 것처럼 이 시대에는 전국적으로 일어 붐이 일어났던 것이다. 이나바 쓰기오(稲葉継雄)의 연구에 의하면[24] 1890년대 말부터 1905년까지 전국에 생긴 일어학교는 150개교를 넘었다 한다. 1905년 통감부가 생긴 뒤에는 소학교 학생에게도 일본어교육이 시작되었다. 이렇게 하여 일본어를 알게 되는 한국 사람이 늘게 되고 이 때문에 우리말에 일본어 유입이 영향을 주었을 것으로 보인다.

(2) 일제강점기(1910~1945)

1910년 8월29일 우리나라는 일본에 나라를 빼앗김으로써 일본의 식민지가 되었다. 일본은 우리나라의 정치 행정 군사 권력을 장악하고 일본어를 공식 언어로 만들었다. 즉 일본어가 국어가 된 것이다. 이에 따라 학교 교육

---

24) 稲葉継雄(1997)《旧韓末「日語学校」の研究》(九州大学出版会)

과 공공장소, 관청 등에서는 일본어가 상용되는 시대가 되었다. 우리말은 조선민족이 사용하는 조선어라는 민족어로 격하되어 주로 가정 내의 일상 생활어로 사용되고 공적인 장소에서는 일본어 사용이 강요되었다.

이 기간 동안 일본어 유입상황은 어떠하였을까? 〈표 1〉을 보면 일제강점기에 우리말로 들어온 일본어 어휘는 2,214어로, 전체 5,864어의 37.76%에 이른다.25) 여기서 하나 집고 넘어가야 할 것은 왜 일제강점기에 우리말에 들어온 일본어가 개화기 때보다 적은가이다. 이것은 두 가지 해석이 가능하다. 하나는 개화기 때 주요 어휘가 이미 들어와 있어 일제 때에도 사용되었음에도 불구하고 초출 용례로는 잡히지 않았다는 점을 들 수 있다. 또 하나의 가능성은 필자가 조사한 자료 수가 개화기 자료보다 적어서 조사가 충분히 되지 않았을 가능성이다. 필자의 생각으로는 전자, 즉 개화기 자료에 초출 용어로 잡혀 있어서 일제강점기에는 초출자료에서 빠졌다는 점이 크다고 생각한다. 이 시기에 2,214어의 일본어가 우리말에 들어왔다는 것은 특기할만한 사실이다.

(3) 해방이후

1945년 우리나라는 일본으로부터 해방되어 우리말을 되찾았다. 우리말은 다시 국어가 되었고 공공기관과 일상생활에서 우리말이 사용되게 되었다. 해방 직후 문교부에서는 전문 위원회를 구성하여 '우리말 도로 찾기 운동'26) 을 전개하였고 여러 학회와 전문분야 기관에서 일본 용어를 추방하고 우리 말 용어로 바꾸는 운동을 지속적으로 전개하였다. 그 결과 생활 속에 사용

---

25) 일제 강점기 우리말에 침투된 일본어어휘의 실상에 대해서는 이응호(1974:35-73 우리말에 침투된 일본말의 상황)를 참조할 것.
26) 미 군정청의 문교부에서는 1947년 1월 산하에 국어정화위원회를 설치하여 일상용어를, 학술용어제정위원회를 두어 전문용어를 심의하게 하였고, 1948년 6월에는 팸플릿 형태의 '우리말 도로 찾기' 모음집을 발간하여 전국에 배포하였다. 여기서 문교부는 '우리말이 있는 것은 일본말을 버리고 우리말을 쓴다'라고 선언하였다.

되던 일본어 어휘는 상당수가 쓰이지 않게 되었다.

그런데 그렇게 쓰지 않으려고 애쓰던 일본어 어휘가 해방 후에도 적지 않게 들어 왔다. 〈표 1〉을 보면 해방 후 우리말에 들어온 일본어는 542어나 된다. 여기에는 어떤 사정이 있었을까?

1945년 8월 일본으로부터 해방은 되었으나 1980년대 이전 우리 사회를 지탱하는 주요 인적 자원, 예를 들면 법조계, 교육계, 경찰, 행정기관, 군대 조직 과학기술계 의학계 등의 인적 자원은 일제강점기에 교육 받은 사람이 많아서 일본의 영향을 쉽사리 떨치기 어려웠다. 그래서 현장에서는 일제강점기 때 축적된 경험과 지식이 활용되는 수가 많았고, 또 경제발전을 하는 과정에서 기술과 경험면의 선진국이었던 일본의 예를 참고로 하지 않을 수 없었으므로 일본어가 다시 우리말로 들어온 것으로 볼 수 있다. 구체적으로 어떤 일본어가 들어왔는지는 뒤에서 자세히 설명하기로 한다.

4. 어떤 일본어가 들어왔나?

(1) 어종별

우리말 속에 들어온 일본어를 파악하기 위하여 우선 일본어 어종(語種)별로 살펴보기로 한다. 어종이란 단어의 유래를 바탕으로 어휘를 분류한 개념으로 일본에서는 일본 고유어와 한자어, 외래어, 혼종어 등 넷으로 나눈다. 이 책에서도 이 네 가지 분류법에 따라 우리말에 들어온 일본어 어휘를 분류해보기로 한다.[27]

〈표 3〉은 우리말 속 일본어를 일본어 어종별로 분류한 것이다.

---

27) 각 단어의 어종 판정은 《新裝改訂 新潮国語辞典》(1982, 新潮社)에 따랐다.

표 3. 어종별 유입어수

어종	어수	비율
고유어	268	4.57%
한자어	5,097	86.92%
외래어	270	4.60%
혼종어	229	3.91%
계	5,864	100%

이 책에 실린 일본어 유래 어휘를 어종별로 살펴보면 총 5,864단어 중 한자어가 5,097어로 전체의 86.92%를 차지하고[28] 그 다음이 외래어의 270어(전체의 4.60%) 일본고유어가 268어(전체의 4.57%), 혼종어가 229어(전체의 3.91%)의 순으로 되어 있다. 결국 우리말 속 일본어는 약 87%가 한자어인 것을 알 수 있다. 한자어가 주로 유입된 까닭은 일본어 어휘 속에 한자어가 많았다는 점도 그 원인이 있겠으나, 한자어는 한자를 우리말 한자음으로 음독해서 받아들이는 전통이 있었으므로 한국인들에게 거부감이 적었기 때문이었을 것이다. 예를 들면 오늘날 우리말에서 사용하는 '출장'이나 '영화'는 일본어 '出張'(しゅっちょう shutchō)과 '映画'(えいが eiga)에서 온 말인데 일본어 한자표기 '出張', '映畫'를 각각 우리말 한자음으로 읽어서 '출장'과 '영화'로 음독해버리는 방법이 그것이다. 이들 어휘를 우리말 한자음으로 읽음으로써 일반인에게는 원래 일본어 어휘였다는 사실이 잊혀지고 우리말 어휘처럼 사용된 것이다. 즉 일본 한자어의 유입은 우리나라가 한자문화권의 나라라는 것과 관계가 깊다 할 것이다. 한자문화권에서는 예로부터 한자로 표기된 어휘를 대부분 자국 한자음으로 읽어서 받아들이는 전통이 있었다.

---

[28] 한자어 속에는 182개의 한자어계 접사가 포함괴어 있다.

(2) 일반어와 전문어

다음은 우리말 속 일본어를 분야별로 나누어 생각해보기로 한다. 〈표 4〉
는 우리말 속 일본어를 일반어와 전문어로 나누어 본 것이다.

표 4.

구분	단어수	비율
일반어	2,647	45.14%
전문어	3,035	51.76%
기타(접사)	182	3.10%
계	5,864	100%

이번에 조사한 어휘를 국립국어연구원편 《표준국어대사전》의 분류 방법
에 따라 일반어와 전문어로 나누어 보면, 〈표 4〉와 같이 일반어가 2,647어
(전체의 45.14%), 전문어가 3,035어(전체의 51.76%)로, 전문어가 더 많이 들어와
있음을 알 수 있다. 또 하나 주목되는 점은 단어 구성요소인 접사(접두사,
접미사)가 182개(3.10%)나 차지하고 있는 점이다. 접사류는 대부분 한자계 접
사로, 새로운 단어를 만드는 생산성이 높다. 이 책의 말미에 접사류와 해당
접사를 사용하여 만들어진 단어 목록을 들기로 하였으니 참고 바란다.

그 다음은 우리말 속 일본어 전문어에 대하여 살펴보기로 한다. 〈표 5〉는
전문어 3,035어를 국립국어연구원편 《표준국어대사전》의 분류에 따라 세부
분야로 나누어 본 것으로, 상위 20까지를 예시한 것이다.

이를 보면 우리말에 들어온 일본어 전문 용어로는 법률용어가 362어로
가장 많고 그 다음이 의학용어 304어, 군사용어 211, 경제용어 195, 스포츠
125, 교육 114, 정치용어 108어 등의 순으로 되어 있음을 알 수 있다.

표 5. 분야별 전문용어수

구분	단어수	단어예
법률	362	헌법, 검사, 판사, 사법, 법학, 상법, 결석재판, 증명서, 보증인
의학	304	검역, 신경, 종두, 검진,소독, 감염, 전염병, 건강진단, 생리, 해부, 내과, 외과, 치과
군사	211	탄약, 함대, 사단, 여단, 분대, 소대, 중대, 대대 대본영, 사관학교, 속사포, 사열
경제	195	경제, 회사, 자본, 공급, 생산, 소비, 증권, 예산, 채권, 지폐, 보험, 자본가, 실업자
스포츠	125	체조,심판, 경마, 경주, 권투, 야구, 투수, 포수, 단식, 복식, 정구, 축구, 배구
교육	114	교육, 교장, 교칙, 졸업생, 독본, 학급, 중학교, 사립학교, 입학시험, 공립
정치	108	대통령, 민주,공화, 투표, 정치가, 선거, 정당, 독립국, 의석, 독재, 개진당
언어	96	영어, 단어, 문법, 언어학, 회화, 음절, 모음, 기호, 수사학, 박언학, 품사, 명사
물리	94	물리학, 원소, 인력, 동력, 질량, 기체, 고체, 물질, 비중
교통	83	인력거, 상선, 기관사, 지하철, 침목, 승차권, 연착
식품	74	향싱료, 우동, 사시미, 사이다, 빵, 카레라이스, 돈까쓰
화학	72	무기질, 산소, 수소, 탄소, 분자, 원자, 산화, 용해, 염산
지리	68	침식, 측후소, 기상대, 지층, 지질, 활화산, 신대륙
음악	59	음악회, 합창, 연주, 독창, 가극, 반주, 작곡, 악단, 환상곡
연극영화	53	비극, 희극, 변사, 활동사진, 영화, 연기, 분장
철학	51	철학, 사상,주관, 객관, 비관, 인생관, 유물론, 변증법, 형이상학
사회	50	사회학, 비밀결사, 무정부주의, 노동당, 노조, 무산계급, 노동운동
금융	47	금융, 수탁, 잔액, 연체, 은행권, 유가증권, 차월, 융자, 구좌
전기	43	전류, 전력, 발전, 음극, 양극, 애자, 전극, 감전, 수력발전
문학	43	소설, 수필, 문예, 문단, 산문, 서사시, 탐정소설, 감상문, 동인잡지

(3) 어구성

다음에 알아볼 것은 우리말에 들어온 일본어의 단어 내부 구성에 관한 문제이다. 단어를 내부 구성 측면에서 나누어 보면 〈표 6〉에서 보는 것처럼 단순어와 복합어, 파생어로 나누어 볼 수 있다.

표 6. 어구성에 의한 분류

구분	단어수	비율
단순어	3,193	54.45%
복합어	671	11.44%
파생어	1,818	31.00%
접사[29]	182	3.10%
계	5,864	99.99%

우리말에 들어온 일본어는 단순어가 3,193어(전체의 54.45%)로 가장 많고, 파생어가 1,818어(전체의 31.00%), 복합어가 671어(11.44%)의 순으로 되어 있다. 여기서 특히 주목되는 점은 파생어의 존재이다.

새로운 단어를 만드는 방법으로는 다음 세 가지를 생각할 수 있다.

첫째 완전히 새로운 단어를 창조하는 방법

둘째 기존 단어를 두 개 이상 결합시켜 복합어를 만드는 방법

셋째 단어의 앞 또는 뒤에 접사를 결합시켜 파생어를 만드는 방법

이중에서 새로운 단어를 만드는 생산적인 방법은 두 번째와 세 번째 방법 즉, 복합어와 파생어를 만드는 방법이다. 복합어는 이미 알고 있는 단어 구성 요소를 복합시키는 방법이므로 학습자의 학습 부담이 적다. 파생어의 경우도 이미 알고 있는 어기(語基)에다 파생접사를 붙이는 것이므로 접사

---

29) 접사는 파생어를 만드는 구성요소로서 그 자체가 단어는 아니나, 앞으로 나오게 될 수정판 《일본어에서 온 우리말》에서 접사를 독립시켜 설명하였으므로, 이곳에서도 개별 항목으로 나누어 설명하기로 한다.

용법만 익히면 얼마든지 새로운 단어를 만들 수 있는 생산적인 방법이다. 예를 들면 접두사 '가(假)'는 '일부 명사 앞에 붙어, '임시' 또는 '정식 이전'의 뜻을 더하는 말이란 의미를 가지게 되는 접두사인데 사용자가 이 의미 용법을 숙지하면 그 다음은 특정 단어 앞에 '가(假)~'를 붙여 얼마든지 새로운 단어를 만들 수 있다. 실제로 우리말에서 '가(假)~'를 붙여 만든 말로는 다음과 같은 것을 들 수 있다.

가건물(假建物)　　가건축(假建築)　　가결의(假決議)　　가계약(假契約)
가등기(假登記)　　가등록(假登錄)　　가매장(假埋葬)　　가발(假髮)
가봉(假縫)　　　　가분수(假分數)　　가사무소(假事務所)
가석방(假釋放)　　가설(假說)　　　　가수금(假受金)　　가수요(假需要)
가압류(假押留)　　가정부(假政府)　　가제목(假題目)　　가조약(假條約)
가조인(假調印)　　가주소(假住所)　　가증명(假證明)　　가집행(假執行)
가차압(假差押)　　가처분(假處分)　　가철(假綴)　　　　가출소(假出所)
가출옥(假出獄)　　가호적(假戶籍)　　가환부(假還付)

접미사의 경우도 마찬가지이다. 이미 존재하는 단어 뒤에 접미사를 붙이면 새로운 단어가 만들어지는데 이러한 파생어는 단어 자체를 새로 학습할 필요가 없고 생산성도 높아서 매우 편리한 조어 요소이다. 구체적인 예는 부록 〈일본어에서 들어온 한자어계(漢字語系) 접사(接辭) 일람〉을 참고 바란다.

(4) 특이한 유입어

유입된 일본어를 살펴보면 두드러진 분야가 있다. 이 책에서는 여러 분야 중 스포츠 명칭 및 용어, 네덜란드어 유래의 일본어, 한자어계 접사의 예를 들어 설명하기로 한다.

① 스포츠 명칭과 용어

19세기말 서양에서 일본으로 들어온 스포츠 이름은 대개 한자어로 번역되었다. 이들의 번역 방법을 살펴보면 다음과 같았다.

가. 단어 앞부분에 경기 방법이나 경기 장소를 나타내는 한자를 배치하고 뒷부분에 공을 가지고 경기한다는 의미의 '구(球)'를 넣어 번역하는 방법으로, 이에 해당되는 스포츠로는 다음과 같은 것이 있다.

> 축구(蹴球, しゅうきゅう: 공을 발로 찬다는 데서 붙인 이름)
> 농구(籠球, ろうきゅう: 바구니에 공을 넣는 경기)
> 배구(排球, はいきゅう: 볼을 남에게 보내는 경기)
> 탁구(卓球, たっきゅう: 탁자위에서 하는 경기)
> 정구(庭球, ていきゅう: 잔디밭에서 하는 경기)
> 야구(野球, やきゅう: 야외에서 하는 경기)
> 송구(送球, そうきゅう: 볼을 같은 팀원에게 보내는 경기)
> 수구(水球, すいきゅう: 물에서 하는 경기)
> 당구(撞球, どうきゅう: 막대기로 볼을 치는 경기)
> 빙구(氷球, ひょうきゅう: 얼음 위에서 하는 경기)
> 피구(避球, ひきゅう: 상대편이 던지는 볼을 피하는 경기)

위에 들은 종목은 우리말에도 들어와 대부분 지금도 사용된다.[30] 우리말에는 유입되지 않았지만 같은 방법으로 번역된 명칭으로는 다음과 같은 것

---

30) 위의 이름 중 축구와 농구 배구, 송구, 당구, 피구 등은 현재 일본에서 사용하지 않고 영어 명칭을 따라 부르고 있다.
　　蹴球: フットボール(football), サッカー(soccer)
　　籠球: バスケットボール(basketball)
　　排球: バレーボール(volleyball)
　　送球: ハンドボール(handball)
　　撞球: 玉突き(たまつき) ビリヤード(billiards)
　　避球: ドッジボール(dodge ball)

이 있다(지금은 모두 사용되지 않는다).

　　공구(孔球 こうきゅう/ゴルフ: 골프. 공을 구멍에 넣는 경기)
　　익구(羽球 うきゅう: 배드민턴. 깃털이 달린 공을 치는 경기)
　　투구(鬪球 とうきゅう: 럭비. 볼을 서로 잡으려고 다투는 경기)
　　개구(鎧球 がいきゅう: 아메리칸풋볼. 머리에 헬멧을 쓰고 하는 경기)
　　문구(門球 もんきゅう: 게이트볼. 게이트(문)에 공을 넣는 경기)
　　투구(投球 とうきゅう: 볼링. 공을 던지는 경기)
　　장구(杖球 じょうきゅう: 하키. 지팡이 같은 도구를 가지고 하는 경기)

나. '술(術)'을 붙인 스포츠

　　마술(馬術, ばじゅつ bazyutsu: 말을 타고 벌이는 경기)

다. '투(鬪)'를 붙인 스포츠

　　권투(拳鬪, けんとう kentō: 주먹으로 싸우는 경기)

라. '궁(弓)'을 붙인 스포츠

　　양궁(洋弓, ようきゅう yōkyū: 서양활로 시합하는 경기)

마. '영(泳)'을 붙인 스포츠

　　수영(水泳 すいえい suiei)
　　배영(背泳 はい-えい haiei)
　　접영(蝶泳 ちょうえい chōei)
　　평영(平泳 ひらおよぎ hiraoyogi)
　　계영(繼泳 けいえい keiei)

바. '봉(棒)'을 붙인 스포츠:

　　철봉(鐵棒 てつぼう tetsubō)
　　평행봉(平行棒 へいこうぼう heikōbō)

사. 그 밖의 이름:

　　근대오종(近代五種 きんだいごしゅ kindaigoshu)
　　육상경기(陸上競技 りくじょうきょうぎ rikuzyō-kyōgi)
　　사격(射擊 しゃげき shageki)
　　조정(漕艇 そうてい sōtei)
　　체조(體操 たいそう taisō)

　한편 일본에서 만든 스포츠도 있는데 이들은 대개 이름 뒤에 '도'(道)를 붙였다.

　　검도(劍道, けんどう kendō)
　　공수도(空手道, からてどう karatedō ※ 2020 동경올림픽 종목)
　　궁도(弓道 きゅうどう kyūdō)
　　유도(柔道 じゅうどう zyūdō ※ 2020 동경올림픽 종목)
　　합기도(合気道 あいきどうaikidō)

　서양 유래의 스포츠는 명칭뿐만 아니라 용어 면에서도 일본어에서 유래한 용어가 적지 않다. 그 대표적인 예로는 야구 용어를 들 수 있다.
　야구는 미국 기원의 스포츠로, 현대 일본에서 가장 인기 있는 스포츠이다. 우리나라에는 19세기 말 도입되어 일제강점기에 퍼졌고 지금은 가장 인기 있는 스포츠 중의 하나가 되어 있다. '야구(野球)'라는 말은 영어 baseball의 번역어로, 일본에는 1877년쯤에 전래되어 1894년 무렵부터 '야구(野球)'로 부르기 시작했다고 한다.[31] 이 '야구(野球)'는 1899년 전후 우리나라에 전래되었고 일제 강점기와 해방 후를 거치면서 각종 용어도 일본 것을 사용하게 되었다. 다음에 드는 자료는 필자가 조사한 〈한일어 야구용어 대조표〉인데 이를 보면 우리 야구 용어가 얼마나 많은 일본용어를 받아들였는지를 알 수 있다(○표시가 붙은 용어는 일본 용어와 같은 것임을 나타냄).

---

31) 요네카와 아카히코(米川明彦)편《明治大正昭和の新語流行語辞典》(三省堂, 2002. p.58)

〈한일 야구용어 대조집〉

일본어	한국어
アウト(out)	○아웃
インコース(in course)	○인코스
オープンゲーム(open game)	○오픈게임, 시범경기
キャッチャー(catcher)	○캐쳐, 포수
ゲッツー(get two)	○겟투, 병살
コールドゲーム(called game)	○콜드게임
ゴロ	○고로. 땅볼
サイン(sign)	○사인(포수가 투수에게 내는 '사인')
サヨナラホームラン	굿바이홈런
シュート(shoot)	○슈트(shoot; 타자 가까이에서 투수가 던지는 손 쪽으로 휘는 구종).
スライディング(sliding)	○슬라이딩
ショート(shortstop)	유격수
スクイズ(squeeze)	○스퀴즈
セーフ(safe)	○세이프
テキサスヒット(Texas+hit)	○텍사스 안타
デッドボール(dead ball)	○데드볼
ノーゲーム(no game)	○노게임, 비 등으로 경기가 중지 되는 것
ノーヒットノーラン(no-hit no-run)	○노히트노런
バックスクリーン(back screen)	○백스크린
バックホーム(back+home	○백 홈(back home)
バッターボックス(batter's box)	○배터 박스, 타석(batter's box)
バッター(batter)	○배터, 타자(batter)
バッティング オーダー(batting order)	○타순, 배팅 오더(batting order)
バッテリー(battery)	○배터리(투수와 포수를 한데 가리킴)
ピッチャー(pitcher)	○피처, 투수
ピンチヒッター(pinch hitter)	○핀치히터, 대타
ファスト(first)	○퍼스트, 1루

ブルペン(bull pen)	○불펜
プレイボール(play ball)	○플레이볼
ボールカウント(ball count)	○볼카운트
マルチ ヒット(multi-hit)	○멀티 히트. 한경기 2회 이상 안타
ライト(right)	○라이트. 우익수
ライナー(liner)	○라이너
ランナー(runner)	○런너
ランニング ホームラン(running+home run)	○러닝 홈런
レフト(left)	○레프트. 좌익수
強襲(きょうしゅう)	○강습. 빠르게 굴러서 수비사이로 가는 공
強打者(きょうだしゃ)	○강타자
牽制(けんせい)	○견제
牽制球(けんせいきゅう)	○견제구
敬遠(けいえん)	○경원(강타자 등이 나왔을 때, 일부로 밖으로 던져서 포볼을 만드는 것)
継投(けいとう)	○계투
球威(きゅうい)	○구위, 빠른 볼이 가진 위력
球種(きゅうしゅ)	○구종
内野(ないや)	○내야
内野手(ないやしゅ)	○내야수
内野安打(ないやあんだ)	○내야안타
代走者(だいそうしゃ)	○대주자
代打(だいだ)	○대타
盗塁(とうるい)	○도루
盗塁失敗(とうるいしっぱい)	○도루실패
満塁(まんるい)	○만루
満塁ホームラン	○만루 홈런
猛打賞(もうだしょう)	○맹타상(한선수가 한 시합에서 3안타 이상 쳤을 때 받는 상)
防御率(ぼうぎょりつ)	○방어율

變化球(へんかきゅう)	○변화구
併殺(へいさつ)	○병살
死球(しきゅう)	○사구, 데드볼
四球(しきゅう)	○사구, 포볼
四番バッター	○4번타자, 4번 배터
四番打者(よばんだしゃ)	○4번타자
三壘打(さんるいだ)	○삼루타
三振(さんしん)	○삼진
上位打者(じょういだしゃ)	○상위타자
選球眼(せんきゅうがん)	○선구안
先發投手(せんぱつとうしゅ)	○선발투수
送球(そうきゅう)	○송구
守備妨害(しゅびぼうがい)	○수비방해
守護神(しゅうごしん)	○수호신, 팀내 제일 마무리
勝利打点(しょうりだてん)	○승리타점
勝利投手(しょうりとうしゅ)	○승리투수
勝率(しょうりつ)	○승률
始球式(しきゅうしき)	○시구식
失策(しっさく)	○실책
失投(しっとう)	○실투
審判(しんぱん)	○심판
安打(あんだ)	○안타
野手(やしゅ)	○야수
完封(かんぷう)	○완봉(완투한 투수가 상대편에 점수를 안 내줌)
完全試合(かんぜんしあい)	○완전시합(포볼이 없는 노히트노런)
完投(かんとう)	○완투(한명의 투수가 끝까지 던지는 깃)
外野(がいや)	○외야
外野手(がいやしゅ)	○외야수
二壘(にるい)	○2루

二塁打(にるいだ)	○2루타
一番打者(いちばんだしゃ)	○1번타자
自責点(じせきてん)	○자책점
残塁(ざんるい)	○잔루(루에 사람이 있었는데 쓰리 아웃된 경우)
長打(ちょうだ)	○장타
長打率(ちょうだりつ)	○장타율
制球力(せいきゅうりょく)	○제구력
走塁(そうるい)	○주루
走塁妨害(そうるい-ぼうがい)	○주루방해
走者(そうしゃ)	○주자
中間継投(ちゅうかんけいとう)	○중간계투
中継プレー(ちゅうけいプレー)	○중계 플레이
指名打者(しめいだしゃ)	○지명타자
直球(ちょっきゅう)	○직구
初球(しょきゅう)	○초구
出塁(しゅつるい)	○출루
出塁率(しゅつるいりつ)	○출루율
打球(だきゅう)	○타구
打席(だせき)	○타석
打線(だせん)	○타선
打率(だりつ)	○타율
打数(だすう)	○타수
打順(だじゅん)	○타순
打者(だしゃ)	○타자
打点(だてん)	○타점
奪三振(だつさんしん)	○탈삼진
投球(とうきゅう)	○투구
投手(とうしゅ)	○투수
敗戦(はいせん)	○패전

敗戦投手(はいせんとうしゅ)	○패전투수
捕手(ほしゅ)	○포수
被安打(ひあんだ)	○피안타
下位打者(かいだしゃ)	○하위타자
犠牲バント(ぎせいバント)	○희생번트
犠牲フライ(ぎせいフライ)	○희생플라이

② 네덜란드어 유래의 어휘

네덜란드어 유래 어휘도 우리말에 많이 들어온 어휘 중 하나이다. 일본은 에도시대(1603~1868)에 서양 여러 나라 가운데 유독 네덜란드와 교류가 많았다. 그래서 많은 네덜란드어가 일본어에 들어왔는데 일부는 한자어로 번역되었고 일부는 네덜란드어가 일본식 발음으로 들어왔다. 이 분야의 연구로는 사이토 시즈카(斎藤静)의 연구가 가장 유명하다.[32] 사이토 시즈카(斎藤静)는 자신의 저서에서, 네덜란드어로 쓰여진 서양의 근대 과학과 의학 서적이 일본어로 번역되는 과정에서 많은 네덜란드어 용어와 개념들이 일본어로 번역되었다고 지적하였다.[33] 사이토 시즈카(斎藤静)가 지적한 용어들은 상당수가 우리말에도 들어와 있다. 여기서는 한자어로 번역되어 우리말로 들어온 것과 일본식 발음으로 들어온 예를 들기로 한다.

가. 한자어로 번역된 말

우리말	일본어
가리(加里)	加里(カリ kari). 네덜란드어 Kali 또는 Kalium의 음역어[34]

---

32) 사이토시즈카(齋藤静)《日本語に及ぼしたオランダ語の影響(일본어에 끼친 네덜란드어의 영향)》(篠崎書林, 1967)을 참조할 것
33) 에도시대에 일본어로 번역된 대표적인 네덜란드 서적으로는 다음과 같은 것이 있다.
解体新書(1774년) 曆象新書(1798) 重訂解体新書(1798) 醫範提綱(1805) 眼科新書(1815) 人身窮理學(1819)
34) 이 책에서 사용한 번역어 관련 용어의 의미는 다음과 같다.
음역어(音譯語): 원언어의 발음을 한자음을 빌려 재현한 것. 의미와는 관계없이 한자로 표시한다. 네덜란드어 Kali를 加里로 표시한 것이 그 예이다.

각막(角膜)	角膜(かくまく kakumaku).
	네덜란드어 Hoornvlies의 번역어(Hoorn(角)+vlies(膜)).
간유(肝油)	肝油(かんゆ kanyu). 네덜란드어 levertraan의 번역어
간헐열(間欠熱)	間欠熱(かんけつねつ kanketsu-netsu).
	네덜란드어 Tusschenpoozende Koorts의 번역어
감각(感覺)	感覚(かんかく kankaku). 네덜란드어 Verstand의 번역어
결막(結膜)	結膜(けつまく ketsumaku).
	네덜란드어 bindevlies의 번역어
경동맥(頸動脈)	頸動脈(けいどうみゃく kei-dōmyaku).
	네덜란드어 hals'slagader의 번역어
고막(鼓膜)	鼓膜(こまく komaku).
	네덜란드어 trommel-vlies의 번역어
골막(骨膜)	骨膜(こつまく kotsumaku).
	네덜란드어 been-Vlies의 번역어(been(骨)+Vlies(膜)).
괴혈병(壞血病)	壊血病(かいけつびょう kaiketsu-byō).
	네덜란드어 Scheurbuik의 번역어
교감신경(交感神經)	交感神経(こうかんしんけい kōkan-sinkei).
	네덜란드어 de sympathische zenuw의 번역어
구심력(求心力)	求心力(きゅうしんりょく kyūsin-ryoku).
	네덜란드어 Middelrif-Zenuw의 번역어
금속(金属)	金属(きんぞく kinzoku). 네덜란드어 Metaal의 번역어
누선(涙腺)	涙腺(るいせん ruisen). 네덜란드어 traan'klier의 번역어
동맥(動脈)	動脈(どうみゃく dōmyaku).
	네덜란드어 Slagader의 번역어
마력(馬力)	馬力(ばりき bariki). 네덜란드어 paar'denkracht의 번역어
망막(網膜)	網膜(もうまく mōmaku). 네덜란드어 net'vlies의 번역어

번역어(飜譯語): 원언어의 의미를 다른 언어의 의미로 재현한 것. 네덜란드어
Scheurbuik를 괴혈병(壞血病)으로 번역한 것 따위이다.
직역어(直譯語): 번역어 중 원언어를 다른 언어로 번역할 때 원어의 문법구조의 의미대
로 일대일 대응시킨 것. 네덜란드어 Blinde-Darm를 盲(Blinde)+腸(Darm)으로 분해하
여 맹장(盲腸)으로 번역한 것이 그 예이다.

맹장(盲腸)　　　　　盲腸(もうちょう mōchō) 네덜란드어 blindedarm의
　　　　　　　　　　직역어(blinde(盲)＋darm(腸).
붕대(繃帶)　　　　　繃帶(ほうたい hōtai). 네덜란드어 Windsel의 번역어
비금속(非金属)　　　非金属(ひきんぞく hi-kinzoku).
　　　　　　　　　　네덜란드어 Metalloid(en)의 번역어
비점(沸点)　　　　　沸点(ふってん futten). 네덜란드어 Kookpunt의 번역어
사진기(寫眞機)　　　寫眞機(しゃしんき syasinki).
　　　　　　　　　　네덜란드어 Donkere Ka'mer의 번역어
선(腺)　　　　　　　腺(せん sen). 네덜란드어 Klier의 의역어
선거(船渠)　　　　　船渠(せんきょ senkyo). 네덜란드어 Dok의 번역어
섬유(纖維)　　　　　纖維(せんい sen-i). 네덜란드어 Vezelen의 번역어
수소(水素)　　　　　水素(すいそ suiso). 네덜란드어 Waterstof의 직역어
신경(神經)　　　　　神経(しんけい sinkei). 네덜란드어 Ze'nuw의 번역어
신경쇠약(神経衰弱) 神経衰弱(しんけいすいじゃく sinkei-suizyaku).
　　　　　　　　　　네덜란드어 Zenuwzwakte의 번역어
신경통(神經痛)　　　神経痛(しんけいつう sinkei-tsū).
　　　　　　　　　　네덜란드어 Zenuwpijnen의 번역어
십이지장(十二指腸) 十二指腸(じゅうにしちょう zyūnisi-chō).
　　　　　　　　　　네덜란드어 Twaalfvingerigen-darm의 번역
아류산(亜硫酸)　　　亜硫酸(ありゅうさん aryūsan).
　　　　　　　　　　네덜란드어 Onderzwavelzuur의 번역어
아킬레스腱　　　　　アキレス腱(akiresu-ken).
　　　　　　　　　　네덜란드어 Achillespees의 번역어
연골(軟骨)　　　　　軟骨(なんこつ nankotsu).
　　　　　　　　　　네덜란드어 Kraakbeen의 번역어
염산(塩酸)　　　　　塩酸(えんさん ensan). 네덜란드어 Zoutzuur의 번역어
온도계(溫度計)　　　温度計(おんどけい ondo-kei).
　　　　　　　　　　네덜란드어 ther'mometer의 번역어
와사(瓦斯)　　　　　瓦斯(ワサ gasu). 네덜란드어 gas의 한자 음역어
원소(元素)　　　　　元素(げんそ genso). 네덜란드어 Grondstoft의 번역어

원심력(遠心力)　　　遠心力(えんしんりょく　ensinryoku).
　　　　　　　　　　네덜란드어 Middelpuntvliedende Kracht의 번역어

유기체(有機体)　　　有機体(ゆうきたい　yūki-tai).
　　　　　　　　　　네덜란드어 Bewerk'tuigdewerktuigde lighaam의 번역어

유산(硫酸)　　　　　硫酸りゅうさん　ryūsan).
　　　　　　　　　　네덜란드어 zwavelzuur의 번역어

인력(引力)　　　　　引力(いんりょく　inryoku).
　　　　　　　　　　네덜란드어 Aantrekkingskracht의 번역어

전분(澱粉)　　　　　澱粉(でんぷん　denpun). 네덜란드어 Zetmeel의 번역어

점막(粘膜)　　　　　粘膜(ねんまく　nenmaku).
　　　　　　　　　　네덜란드어 Slijmvlies의 직역어

정맥(静脈)　　　　　静脈(じょうみゃく　zyōmyaku).
　　　　　　　　　　네덜란드어 Aders의 번역어

조달(曹達)　　　　　曹達(ソーダ　sōda). 네덜란드어 soda의 음역어

중력(重力)　　　　　重力(ゅうりょく　zyūryoku).
　　　　　　　　　　네덜란드어 Zwaartekracht의 직역어

질부사(窒扶斯)　　　窒扶斯(チフス　chifusu).
　　　　　　　　　　Typhus를 한자로 음역한 말

처녀막(処女膜)　　　処女膜(しょじょまく　syozyo-maku).
　　　　　　　　　　네덜란드어 Maagdenvlies 의 번역어

청량제(清涼剤)　　　清涼剤(せいりょうざい　sairyō-zai).
　　　　　　　　　　네덜란드어 Verkoelende Drank의 번역어

탄산가리(炭酸加里)　炭酸加里(たんさんかり　tansan-kari).
　　　　　　　　　　네덜란드어 Koolzure kali의 한자번역＋음차

탄산가스(炭酸ガス)　炭酸ガス(たんさんガス　tansan-gasu).
　　　　　　　　　　네덜란드어 Koolzuurgas의 번역어

탄소(炭素)　　　　　炭素(たんそ　tanso). 네덜란드어 Koolstof의 번역어

포도주(葡萄酒)　　　葡萄酒(ぶどうしゅ　budō-shu).
　　　　　　　　　　네덜란드어 Wijn의 번역어

호흡기(呼吸器)　　　呼吸器(こきゅうき　kokyū-ki).

	네덜란드어 ademhalingsorgaan의 번역어
홍채(虹彩)	虹彩(こうさい kōsai).
	네덜란드어 re'genboogvlies의 번역어
환원(還元)	還元(かんげん kangen). 네덜란드어 restoratie의 번역어
황반(黃斑)	黃斑(おうはん ōhan).
	네덜란드어 Gelevlek의 번역어(Gele(黃)+vlek(斑)
회귀선(回歸線)	回歸線(かいきせん kaikisen).
	네덜란드어 keer'kring의 번역어
후두(喉頭)	喉頭(こうとう kōtō). 네덜란드어 Strottenhoofd의 번역어
휘발유(揮發油)	揮発油(きはつゆ kihatsu-yu).
	네덜란드어 Vlugtige Oliën의 번역어
흉막(胸膜)	胸膜(きょうまく kyōmaku).
	네덜란드어 Borst'vlies의 번역어

나. 일본식 발음으로 들어온 말(괄호 안은 네덜란드어)

우리말	일본어(네덜란드어)
가방	カバン(kaba)
가스	ガス(gas)
간데라(칸데라)	カンテラ(kandelaar, 낚시할 때 사용하는 카바이트 조명장치)
고무	ゴム(gom)
고뿌	コップ(kop)
고히(커피)	コーヒー(koffie)
그라스	ガラス(glas, 유리잔)
기부스	ギプス(gips)
니켈	ニッケル(nikkel)
단스(딴스)	ダンス(dans)
독/도크	ドック(dok, 선거(船渠))
란도셀	ランドセル(ransel)
람프(램프)	ランプ(lamp)
렌즈	レンズ(lens)

렛떼르	レッテル(letter, 상표)
류미치(류마치스)	リウマチ(rheumatisch)
류쿠사쿠	リュックサック(rugzak)
마도로스	マドロス(matroos, 외항선원)
마스트	マスト(mast, 돛대)
말라리아	マラリア(malaria)
메스	メス(mes, 수술칼)
비루(맥주)	ビール(bier)
뺑끼	ペンキ(pek, 페인트)
삽	シャベル(Shovels, 우리말 '삽'의 어원이 된 말)
소다	ソーダ(soda)
스포이드	スポイト(spuit)
세멘트	セメント(Cement)
시럽	シロップ(siroop, 진한 당질 액의 총칭)
알카리	アルカリ(alkali)
알콜	アルコール(alcohol, 원래는 아라비아어였음)
에끼스	エキス(extract)
에레끼	エレキ(エレキテル, elektriciteit, 전기)
요드	ヨード(jodium)
잉끼	インキ(inkt, 잉크)
징키(징끼)	チンキ(tinctuur, 아까징키)
칼륨	カリウム(kalium)
코레라	コレラ(cholera)
코르크	コルク(kurk, 병마개)
콤파스	コンパス(kompas)
페스트	ペスト(pest, 전염병 이름)
펜	ペン(pen)
피스톨	ピストル(pistool, 권총)
핀세트	ピンセット(pincet)
핀트	ピント(brandpunt, 촛점)

호스	ホース(hoos, 고무관)
호쿠	ホック(haak, 단추 대신에 달아서 두 부분을 고정하는 도구)
호프	ホップ(hop, 열매가 맥주의 원료가 되는 덩굴식물 이름)

우리말에 들어온 네덜란드어 유래의 어휘 중에는 의학과 화학, 항해 등의 용어가 많다.

③ 한자어계 접사

접사를 활용하여 새로운 파생어를 만드는 방법은 근대 일본어에서 흔히 사용하던 조어법 중 하나였다. 이들 중 상당수 한자어계 접사는 우리말에도 들어와 한자어계 파생어를 만드는데 큰 영향을 미친 것으로 보인다. 구체적인 한자어계 접사와 각 접사를 활용한 파생어에 대해서는 이 책의 말미에 수록하였으므로 참고 바란다. 여기서는 한자어계 접사를 접두사계와 접미사계로 나누어 기본 형태만 적고, 여기에다 각 한자어계 접사의 일본어 형태와 우리말에 들어온 시기를 들기로 한다. 각 한자어계 접사가 붙어 만들어진 구체적인 한자어는 이 책의 말미에 실은 〈일본어에서 들어온 한자어계 접사 일람〉을 참조 바란다.

접두사

우리말 접사	일본어 접사	출현 시기와 자료
가(假)~	仮~(かり kari)	1898(《관보》 제852호)
경(輕)~	輕~(けい kei)	1895(《관보》 제62호)
고(高)	高~(kō~)	1910(《대한흥학보》 제11호)
공(空)~	空~(から/くう kara/kū)	1928(《동아일보》)
극(極)~	極~(きょく kyoku)	1921(《동아일보》)
금(金)	金~(きん kin)	1899(《독립신문》)
급(急)~	急~(きゅう kyū)	1925(《개벽》 제58호)
난(難)~	難~(なん~ nan)	1909(《대동학회월보》 제14호)
내(內)~	內~(ない nai)	1922(《현대신어석의》)

다(多)~	多~(ta)	1901(《신학월보》제1권 제3호)
단(短)~	短~(たん tan)	1895(《관보》제10호)
단(單)~	単~(たん tan)	1895(《관보》제138호)
대(大)~	大~(だい dai)	1896(《관보》제298호)
독(獨)~	独~(どく goku)	1922(《개벽》제30호)
명(名~)	名~(めい mei)	1921(《개벽》제8호)
모(母)~	母~(ぼ bo)	1907(《대한유학생회학보》제1호)
몰(沒)~	沒~(ぼつ botsu)	1907(《대한자강회월보》제10호)
무(無)~	無~(む mu)	1908(《태극학보》제23호)
밀(密)~	密~(みつ mitsu)	1910(《대한믹일신보》)
반(反)~	反~(はん han)	1922(《개벽》제20호)
범(汎)~	汎~(はん~ han)	1921(《개벽》제16호)
부(副)~	副~(ふく fuku)	1908(《관보》제4142호)
불(不)~	不~(ふ fu).	1918(조선총독부《조선사서원고》)
비(非)~	非~(ひ hi)	1921(《개벽》제11호)
사(私)~	私~(し si)	1909(《관보》제4377호)
생(生~)	生~(なま nama)	1928(《동아일보》)
아(亞)~	亜~(あ a)	1908(《대동학회월보》제4호)
여(女~)	女~(じょ zyo)	1909(《관보》제4316호)
역(逆~)	逆~(ぎゃく gyaku)	1924(《동아일보》)
연(延~)	延べ(のべ nobe)	1924(《동아일보》)
장(長ㅡ)	長~ちょう chō)	1897(《관보》제639호)
저(低~)	低~(てい tei)	1908(《관보》제4060호)
전(全~)	全~(ぜん zen)	1895(《서유견문》제2편)
정(正~)	正~(せい sei)	1908(《대한협회회보》제3호)
준(準~)	準~(じゅん zyun)	1924(《동아일보》)
중(重~)	重~(じゅう zyū)	1909(《관보》제4311호)
초(超~)	超~(ちょう chō)	1921(《개벽》제15호)
총(總)	総~(そう sō)	1918(조선총독부《조선사서원고》)
피(被~)	被~(ひ hi)	1895(《관보》제211호)
항(抗~)	抗~(こう kō)	1962(《동아일보》)
호(好~)	好~(こう kō)	1908(《대동학회월보》제1호)

| 활(活)~ | 活~(かつ katsu) | 1933(《동아일보》) |

접미사

우리말 접사	일본어 접사	출현 시기와 자료
~가(家)	~家(か ka)	1896(《태극학보》 제2호)
~가(街)	~街(がい gai)	1927(《동아일보》)
~감(感)	~感(かん kan)	1923(《개벽》 제39호)
~건(腱)	~腱(けん ken)	1934(《조선일보》)
~계(~計)	~計(~けい kei)	1889(헐버트 《사민필지》)
~계(係)	~係(かかり kakari)	1926(《별곤건》 2호)
~계(届)	~届け(とどけ todoke)	1921(《조선일보》)
~계(界)	~界(かい kai)	1909(《대한흥학보》 1호)
~계(系)	~系(けい kei)	1909(《대동학회월보》 제20호)
~계급(階級)	~階級(かいきゅう kaikyū)	1910(《대한흥학보》 10호)
~고(高)	~高(たか taka)	1906(《관보》 부록)
~곡(曲)	~曲(きょく kyoku)	1922(《개벽》 제19호)
~과(科)	~科(か ka)	1899(《관보》 제1307호)
~관(菅)	~菅(かん kan)	1927(《동아일보》)
~관(觀)	~觀(かん kan)	1908(《대한학회월보》 제9호)
~관(館)	~館(かん kan)	1881(《日槎集略》)
~광(狂)	~狂(きょう kyō)	1920(《개벽》 제1호)
~교(敎)	~教(きょう kyō)	1895(대한제국 《관보》 제197호)
~구(口)	~口(くち kuchi)/~こう kō)	1895(《관보》 제144호)
~국(國)	~国(こく koku)	1895(학부 《국민소학독본》 제12과)
~국(局)	~局(きょく)	1895(《관보》 제3호)
~권(圈)	~圈(けん ken)	1922(《개벽》 제29호)
~권(權)	~権(けん ken)	1895(《관보》 제211호)
~균(菌)	~菌(きん kin)	1897(《관보》 제1355호)
~금(金)	~金(きん kin)	1896(《독립신문》)
~급(級)	~級(kyū)	1909(《대동학회월보》 제15호)
~급(給)	~給(きゅう kyū)	1925(《동아일보》)
~기(器)	~器(き ki)	1909(《대한흥학보》 제1호)

~기(期)	~期(き ki)	1909(《관보》 제4163호)
~기(機)	~機(き ki)	1908(《관보》 부록)
~난(~難)	~難(~なん nan)	1921(《개벽》 제11호)
~농(農)	~農(のう nō)	1921(《개벽》 제11호)
~단(團)	~団(だん dan)	1895(대한제국 《관보》 제42호)
~담(談)	~談(だん dan)	1921(《개벽》 제12호)
~당(當)	~当たり(あたり atari)	1899(《관보》 호외)
~대(帶)	~帶(たい tai)	1923(《동아일보》)
~대(隊)	~隊(たい tai)	1907(《대한유학생회학보》 제2호)
~도(圖)	~図(ず zu)	1908(《관보》 제4165호)
~도(渡)	~渡し(わたし watasi)	1959(《경향신문》)
~력(力)	~力(りょく ryoku)	1908(《기호흥학회월보》 제3호)
~로(路)	~路(ろ ro)	1897(《독립신문》)
~론(論)	~論(ろん ron)	1906(《대한자강회월보》 제4호)
~료(料)	~料(りょう ryō)	1906(《관보》 제3544호)
~류(~流)	~流(りゅう ryū)	1923(《동아일보》)
~류(~瘤)	~瘤(りゅう ryū)	1928(《동아일보》)
~류(~類)	~類(るい ~rui)	1895(학부간행 《국민소학독본》)
~막(膜)	~膜(まく maku)	1909(《대동학회월보》 제20호)
~매(枚)	~枚(まい mai)	1895(《서유견문》 備考)
~문제(問題)	~問題(もんだい mondai)	1921(《개벽》 제12호)
~물(物)	~物(ぶつ butsu)	1906(《서우》 제1호)
~미만(未滿)	~未満(みまん miman)	1895(《관보》 제2호)
~범(犯)	~犯(はん han)	1896(《관보》 제293호)
~법(法)	~法(~ほう ~hō)	1896(《대조선독립협회회보》 제2호)
~병(兵)	~兵(へい hei)	1895(《서유견문》 제13편)
~병(病)	~病(びょう byō)	1909(《관보》 제4416호)
~복(服)	~服(ふく fuku)	1922(《개벽》 제23호)
~본(本)	~本(ほん hon)	1922(최록동 《현대신어석의》)
~부(夫)	~夫(ふ fu)	1909(《관보》 부록)
~부(婦)	~婦(ふ fu)	1906(《관보》 제3326호)
~부(部)	~部(ぶ bu)	1895(《관보》 제42호)

~불(拂)	~払い(はらい/ばらい harai/barai) 1921(《동아일보》)	
~비(~費)	~費(ひ hi)	1896(《관보》 제226호)
~사(史)	~史(し si)	1897(《대조선독립협회회보》 제15호)
~사(士)	~士(し si)	1895(《서유견문》)
~사(師)	~師(し shi)	1908(《대한학회월보》 제6호)
~사(社)	~社(しゃ sha)	1896(《관보》 제326호)
~사(詞)	~詞(し si)	1920(《개벽》 제6호)
~사회(社會)	~社会(しゃかい shakai)	1895(《관보》 제135호)
~산(酸)	~酸(~さん ~san)	1898(《독립신문》)
~상(上)	~上(じょう jyō)	1895(《서유견문》 제10편)
~상(商)	~商(しょう syō)	1908(《대한협회회보》 제5호)
~생(生)	~生(せい sei)	1895(《관보》 제19호)
~서(書)	~書(しょ sho)	1895(《관보》 제4호)
~서(署)	~署(~しょ, sho)	1895(《관보》 제83호)
~석(席)	~席(せき seki)	1908(《태극학보》 제25호)
~선(先)	~先(さき saki)	1923(《동아일보》)
~선(線)	~線(せん sen)	1907(《대한자강회월보》 제12호)
~선(腺)	~腺(せん sen)	1907(《태극학보》 제13호)
~선(船)	~船(~せん sen)	1905(《서유견문》 제18편)
~성(性)	~性(せい sei)	1908(《기호흥학회월보》 제2호)
~세(稅)	~税(ぜい zei)	1906(《대한자강회월보》 제4호)
~소(所)	~所(しょ syo)	1895(《관보》 제62호)
~소(素)	~素(そ so)	1922(《개벽》 제20호)
~수(手)	~手(しゅ syu).	1922(《개벽》 제27호)
~술(術)	~術(じゅつ zyutsu)	1907(《대한유학생회학보》 제2호)
~시(視)	~視(し si)	1920(《개벽》 제6호)
~시대(時代)	~時代(じだい zidai)	1895(《서유견문》 제10편)
~식(式)	~式(しき siki)	1921(《개벽》 제13호)
~식(食)	~食(~しょく shoku)	1929(《별곤건》 제20호)
~실(室)	~室(しつ sitsu)	1907(《태극학보》 제14호)
~심(心)	~心(しん sin)	1895(학부간행 《국민소학독본》)
~아(兒)	~児(じ zi)	1908(《대한학회월보》 제2호)

~암(巖)	~巖(がん gan)	1908(《태극학보》 제18호)
~애(愛)	~愛(あい ai)	1925(《개벽》 제56호)
~양(孃)	~孃(じょう zyō)	1906(이인직 《혈의 누》)
~어(語)	~語(ご go)	1920(《개벽》 제5호)
~업(業)	~業(ぎょう gyō)	1906(《태극학보》 제2호)
~역(役)	~役(やく yaku)	1906(《관보》 제3409호)
~열(熱)	~熱(ねつ netsu)	1917(이광수 《무정》)
~열(熱)	~熱(ねつ netsu)	1918(조선총독부 《조선사서원고》)
~염(炎)	~炎(えん en)	1918(조선총독부 《조선사서원고》)
~왕(王)	~王(おう ō)	1960(《동아일보》)
~운동(運動)	~運動(うんどう undō)	1908(《대동학회월보》 제4호)
~원(員)	~員(いん in)	1895(《관보》 제1호)
~원(園)	~園(えん en)	1895(《서유견문》 제17편)
~원(院)	~院(いん in)	1895(《서유견문》 제17편)
~율(率)	~率(りつ ritsu)	1926(《개벽》 제65호)
~의(醫)	~医(い i).	1909(《기호흥학회월보》 제7호)
~이상(以上)	~以上(いじょう izyō)	1895(《서유견문》 제9편)
~이하(以下)	~以下(いか ika)	1895(《관보》 제1호)
~인(人)	~人(じん zin)	1896(《관보》 제389호)
~자(者)	~者(しゃ sya)	1895(《관보》 제27호)
~장(長)	~長(ちょう chō)	1895(《관보》 제1호)
~장(場)	~場(じょう zyō)	1909(《관보》 제4343호)
~장(狀)	~狀(じょう zyō)	1906(《관보》 제3517호)
~적(的)	~的(てき teki)	1895(《관보》 제173호)
~전(戰)	~戰(せん sen)	1928(《별곤건》 제14호)
~점(店)	~店(てん ten)	1907(정운복 《독습일어정칙》 제11장)
~점(點)	~点(てん ten)	1908(《기호흥학회월보》 제2호)
~정(艇)	~艇(てい tei)	1907(《대한자강회월보》 제9호)
~제(~劑)	~劑(zai)	1908(《대동학회월보》 제8호)
~제(制)	~制(せい sei)	1926(《개벽》 제69호)
~제(祭)	~祭(さい sai)	1926(《개벽》 제71호)
~족(族)	~族(ぞく zoku)	1921(《동아일보》)

~종(種)	~種(しゅ shu)	1920(《개벽》 제4호)
~주(主)	~主(しゅ shu)	1918(조선총독부 《조선사서원고》)
~주의(主義)	~主義(しゅぎ syugi)	1899(《독립신문》)
~증(症)	~症(しょう shō)	1918(조선총독부 《조선사서원고》)
~증(證)	~証(しょう shō)	1895(《관보》 제123호)
~증후군(症候群)	~症候群(しょうこうぐん shōkō-gun)	
		1962(《경향신문》)
~지(地)	~地(ち chi)	1895(《서유견문》 제18편)
~지(紙)	~紙(し si)	1896(《관보》 제450호)
~지(誌)	~誌(し si)	1921(《동아일보》)
~지상주의(至上主義)	~至上主義(しじょうしゅぎ sizyō-shugi)	
		1922(《개벽》 제21호)
~질(質)	~質(しつ sitsu)	1906(《태극학보》 제5호)
~차(車)	~車(しゃ sha)	1895(《서유견문》 제18편)
~처(處)	~処(しょ sho)	1920(《개벽》 제11호)
~체(體/体)	~体(たい tai)	1907(《서우》 제2호)
~촌(村)	~村(むら mura)	1929(《별건곤》 제23호)
~충(蟲)	~虫(ちゅう/むし chū/musi)	1921(《개벽》 제11호)
~통(痛)	~痛(つう tsū)	1908(《대한흥학보》 제8호)
~파(派)	~派(は ha)	1909(《대동학회월보》 제14호)
~판(版)	~版(はん han)	1923(《개벽》 제40호)
~품(品)	~品(ひん hin)	1895(《서유견문》 제19편)
~학(學)	~学(がく gaku)	1895(《서유견문》 제8편)
~함(艦)	~艦(かん kan)	1896(《관보》 제364호)
~항(港)	~港(こう kō)	1895(《서유견문》 제20편)
~형(型)	~型(けい kei)	1922(《개벽》 제26호)
~형(形)	~形(けい kei)	1909(《기호흥학회월보》 제10호)
~화(化)	~化(か ka)	1924(《개벽》 제44호)
~화(畵)	~画(が ga)	1917(이광수 《무정》)
~회(會)	~会(かい kai)	1897(《대조선독립협회회보》 제11호)

위의 한자어계 접사 중 대~(大)와 비~(非), 무~(無), ~곡(曲), ~교(敎), ~론

(論), ~학(學) 등 일부 접사는 19세기말 이전부터 우리나라 자료에도 보이는 것이므로 접사 그 자체를 일본어에서 들어온 것으로 보기 어려우나 이들 접사가 사용된 말 중 19세기말 이후 새로 생겨난 어휘는 대부분이 일본어에서 들어온 말이다.

5. 어떤 방법으로 일본어를 받아들였나?

(1) 기본적인 도입 방법

우리말이 일본어를 받아들일 때는 크게 다음 세 가지 방법을 사용하였다.

첫째는 귀로 들은 일본어를 일본 사람들이 발음하는 대로 받아들이는 방법이다. 예를 들면 일본어 'さしみ(sashimi 생선회)'를 '사시미'로, 'くるま(kuruma 수레바퀴, 자동차)'를 '구루마'로, 'かいだん'(階段 kaidan 계단)을 '가이당'이라고 하는 경우가 그것이다.

둘째는 눈으로 본 일본어 문자표기를 우리식으로 읽어서 받아들이는 방법으로, 주로 한자로 표기된 어휘가 대상이다. 예를 들면 일본어 '憲法'(けんぽう kenpō)을 우리말 '헌법'으로, '演說'(えんぜつ enzetsu)을 '연설'로, '液晶(えきしょう ekishō)'을 '액정(液晶)'으로, '取調'(とりしらべ torisirabe)를 '취조(取調)'로, '倶楽部(クラブ kurabu)'를 '구락부'로, 일본어에서 한자로 표기되는 부분을 우리말 한자음으로 읽어서 받아들이는 방법이다. 이 방법은 한자문화권에서 과거부터 흔히 사용하는 방법으로, 문자(한자)를 읽을 줄 아는 사람이 주로 받아들인 방법이다. 과거에 우리가 중국어 어휘를 받아들일 때도 동일한 방법이 사용되었다.

셋째는 한 단어 내에 첫째와 둘째 방법을 동시에 사용하는 방법이다. 예를 들면 일본어 'そらいろ'(空色 sorairo: 하늘 빛깔과 같은 연한 파란색)'의 경우, 'そら(sora)'는 일본어 발음대로 '소라'라 하고, 'いろ(色)'는 한자표기 '色(いろ

iro)을 우리말 한자음 '색'으로 읽어서, 'そらいろ'를 '소라색'이라 하는 방법을 말한다. 또 '오방떡'의 경우는 'おおばん(ōban)'(大判 크기가 크다)은 일본어 발음대로 '오방'으로 읽고 여기에다 한국어 떡을 붙여 '오방떡'이라 하는 것도 여기에 해당한다.

이 책에서는 우리말에서 일본어를 받아들이는 방법을, ①귀로 들은 대로 발음하는 방법 ②눈으로 본 일본어표기를 우리식으로 읽어서 받아들이는 방법, ③위의 두 가지 방법을 혼합한 것 등 세 종류로 나누어 살펴보기로 하였다. 조사 결과는 〈표 7〉과 같다.

표 7. 일본어의 도입 방법

구분	단어	비율
① 귀로 들은 대로 받아들이는 방법	412	7.03%
② 눈으로 본 일본어표기를 우리식으로 읽어서 받아들이는 방법	5,427	92.55%
③ 두 가지 방법의 혼합(한국어＋일본어, 일본어＋한국어)	25	0.43%
계	5,864	100%

위의 표를 보면, 우리말에 들어온 5,864어 중, ①의 귀로 들은 대로 받아들인 어휘는 412단어(전체의 7.03%)에 불과하고(일제 강점기에는 그 비율이 더 높았을 것이다), ②의 눈으로 본 일본어표기를 우리말 발음으로 읽어 받아들인 어휘는 전체의 92.55%나 되는 5,427단어로 밝혀졌다. 여기에는 일본어에서 들어온 말에는 한자어가 많다는 것과 관련이 있다. 한자어는 일부를 제외하고 거의 다 한자표기를 우리말 한자음으로 읽어서 받아들인 것이다.

여기서는 이들 문제를 더 자세히 살펴보기로 한다.

(2) 귀로 들은 대로 받아들인 일본어

이 방법은 귀로 들어온 일본어를 일본어 발음대로 받아들인 말로, 주로 일본어를 잘 모르는 한국인이 일본인과 직접 접할 때 받아들이는 방법 중 하나이다. 일본어나 영어 등 외국어를 어느 정도 아는 사람이라면 현실 발음과 동떨어진 발음으로 받아들이기 어렵기 때문이다. 건설현장이나 봉제공장, 인쇄공장 등에서 이 방법을 통한 일본어가 많이 사용되는 이유는 이 때문이다.

우리말에 귀로 들은 대로 받아들인 어휘를 일본어 어종별로 나누어 살펴보면 〈표 8〉과 같다.

표 8. 어종별 일본식 발음으로 들어온 말

어종	어수	비율
고유일본어	105	25.49%
한자어	18	4.37%
외래어	253	61.41%
혼종어	36	8.74%
계	412	100.01%

〈표 8〉을 보면, 일본식 발음으로 들어온 말로는 외래어가 253어로 가장 많고, 그 다음이 고유일본어 105어, 혼종어 36어, 한자어 18어 등의 순으로 되어 있다. 어종별로 좀 더 자세히 알아보면 다음과 같다.

① 고유일본어

귀로 들은 대로 받아들인 고유일본어는 105단어이다. 이러한 결과는 예상보다 적은 수인데 여기에는 다음과 같은 해석이 가능하리라 본다. 첫째는 해방 전에는 귀로 들어서 받아들인 말이 이보다 훨씬 많았는데, 해방 후 '우리말 도로 찾기'와 '국어순화운동' 등으로 사용하지 않게 된 어휘가 많았을 것이라는 점이다. 또 하나의 해석은 이 책에서는 현재 사용하는 일본어 어휘가 조사 대상이었으므로 실제로 우리말에 들어왔었거나 현재 사용되면서도 조사 자료에 나타나지 않았기 때문일 것이라는 점이다. 귀로 들은 대로 들어온 고유일본어의 예를 몇 개 들면 다음과 같다.

가이바시라(貝柱 かいばしら(kaibasira)
고시히카리(越光 こしひかり kosihikari)
구두(くつ kutsu)
나와바리(縄張り なわばり nawabari)
사시꼬미(差込 さしこみ sasikomi)
사무라이(侍／士 さむらい samurai)
사시미(刺身 さしみ sasimi).
오꼬시(おこし okosi)
와리바시(割箸 わりばし waribasi)
와사비(わさび wasabi)

② 한자어

일본어 발음대로 들어온 한자어는 18단어로 비교적 적다. 그 이유는 일본 한자어는 기본적으로 우리말 한자음으로 음독해서 들여오는 것이 많았으므로 이러한 결과가 나온 것으로 보인다. 그 예를 일부 적어 본다.

가이당(階段 かいだん kaidan)
고바이(勾配 こうばい kōbai)
낫도(納豆 なっとう nattō)
노깡(土管 どかん dokan)
다꾸앙(沢庵 たくあん takuan)
루베(立米 りゅうべい ryūbei)
무대뽀(無鉄砲 むてっぽう muteppō)
자부동(座布団 ざぶとん zabuton)

③ 외래어

외래어는 253단어로, 외래어에 이 방법이 가장 많은 이유는 해방 이전 우리말에 들어온 서양외래어가 주로 일본을 경유해서 들어왔기 때문일 것이다. 오늘날은 서양어가 직접 우리말로 들어오기 때문에 일본식 발음으로 들어오는 일이 없지만 해방 전에는 대부분의 외래어가 일본어를 통하여 들어왔다. 일본식 발음으로 들어온 대표적인 단어 몇 개를 들면 다음과 같다.

도락쿠(도라꾸)(トラック torakku)
레루(레-루)(レール rēru)
모비루(モービル オイル(mōbiru oiru)
미싱(미신)(ミシン misin)
오토바이(オートバイ ōtobai)
왁찐(ワクチン wakuchin)
인프레(インフレ inhure)
조끼(チョッキ chokki)

④ 혼종어

어종이 다른 단어가 합쳐진 것으로, 36단어밖에 되지 않는다. 그 예를
들면 다음과 같다.

가라오케(からオケ karaoke).
가리방(がり版 がりばん gariban)
고수부지(高水敷地 고수＋ sikichi)
꼬붕(小分 こぶん kobun)
나마비루(生麦酒 なまビール namabīru)
단보루(段ボール だんボール danbōru)
돈가쓰(豚カツ とんかつ tonkatsu)
브라운관(管)ラウン管(buraunkan)

(3) 눈으로 본 일본어표기를 우리말 발음으로 읽어 받아들이는 방법

이 방법으로 들어온 일본어는 한자어가 대부분이나 고유일본어나 외래어
혼종어의 경우도 있다. 어떤 일본어가 이러한 방법으로 들어왔는지 자세히
살펴보기로 한다. 〈표 9〉는 한자표기를 우리말 한자음으로 읽어서 받아들
인 일본어 어휘를 어종별로 나누어 분석한 것이다.

표 9. 한자표기를 우리말 한자음으로 읽어서 받아들인 어종별 일본어 어휘

어종	어수	비율
고유일본어	195	3.60%
한자어	5,021	92.52%
외래어	19	0.35%
혼종어	192	3.54%
계	5,427	100.01%

① 고유일본어

한자로 표기된 고유일본어 가운데 우리말 한자음으로 받아들인 것은 195 단어가 있다(전체의 3.60%). 이들은 일본어에서 원래 한자어가 아니나 보통 한자로 표기하므로 우리말 한자음으로 음독된 말이다. 예를 들면 고유일본어 '建物'(たてもの tatemono)은 우리말에 들어와서는 '建物'을 우리말 한자음 '건물'로 읽어버리는 식이다. 예를 몇 개 들어보면 다음과 같다.

우리말	일본어
가봉(假縫)	仮縫(かりぬい karinui)
가철(假綴)	仮綴(かりとじ karitozi)
가출(家出)	家出(いえで iede)
각서(覺書)	覚書(おぼえがき oboegaki)
건물(建物)	建物(たてもの tatemono)
건평(建坪)	建坪(たてつぼ tatetsubo)
견습(見習)	見習い(みならい minairai)
견적(見積)	見積り(みつもり mitsumori)
견직(絹織)	絹織(きぬおり kinuori)
견직물(絹織物)	絹織物(きぬおりもの kinu-orimono)
견출지(見出紙)	見出紙(みだしがみ midasi-gami)
견취도(見取圖)	見取図(みとりず mitorizu)
경합(競合)	競合(せりあい/きょうごう seriai/kyōgō)

계출(屆出)　　　　届出(とどけで todokede)
골조(骨組)　　　　骨組(ほねぐみ honegumi)

② 한자어

일본어에서 한자로 표기되는 한자어는 우리말에 들어와서는 대부분 우리말 한자음으로 음독되었으며, 우리말에 들어온 일본어 어휘 가운데 그 수가 가장 많다(전체의 92.52%). 일부 예를 들어 본다.

우리말　　　　　　일본어
가결(可決)　　　　可決(かけつ kaketsu)
가계부(家計簿)　　家計簿(かけいぼ kakeibo)
가공(架空)　　　　架空(かくう kakū)
가극(歌劇)　　　　歌劇(かげき kageki)
가능성(可能性)　　可能性(かのうせい kanō-sei)
가등기(假登記)　　仮登記(かりとうき kari-tōki)
공룡(恐龍)　　　　恐竜(きょうりゅう kyōryū)

③ 외래어

우리 한자음으로 음독하는 외래어는 일부 한자 표기어에 국한된다. 예를 들면 일본어 '俱楽部'(일본에서는 クラブ(kurabu)로 읽음)를 '구락부'로 읽는 것이 그것이다. 오늘날 사용하는 '장티프스'를 예전에는 '장질부사(腸窒扶斯)'라고 부른 적이 있는데 '窒扶斯'는 네덜란드어 Typhus를 일본어로 음역한 말이다. 여기에 해당되는 어휘의 예를 들어본다.

가답아(加答兒) カタル(〈네덜란드어〉 catarrhe/〈독일어〉 Katarrh)
가리(加里) カリ(〈네덜란드어〉 kali)
구락부(俱楽部) クラブ(〈영어〉 club)
옥도정기(沃度丁幾) ヨードチンキ(〈독일어〉 Jodtinktur의 음역어)
인촌(燐寸) マッチ(〈영어〉 match)
질부사(窒扶斯) チフス(〈독일어〉 Typhus/〈네덜란드어〉 typhus)

초자(硝子) ガラス(〈영어〉 glass)

④ 혼종어

한자로 표기된 것이 우리말에 들어와 우리말 한자음으로 음독된 것인데,
그 수는 192어이다(전체의 3.54%). 일부 단어의 예를 들어본다.

우리말   일본어
결근계(缺勤屆)   欠勤屆(けっきんとどけ kekkin-todoke)
기합(氣合)   気合い(きあい kiai)
낙서(落書)   落書き(らくがき rakugaki)
내막(內幕)   內幕(うちまく uchimaku)
부도(不渡)   不渡(ふわたり fuwatari)
부지(敷地)   敷地(しきち sikichi)
적자(赤字)   赤字(あかじ akazi)

(4) 한 단어 내에 일본어와 한국어가 혼합된 것

'한국어＋일본어', '일본어＋한국어'의 구조를 가지는 것으로 그 예는 다
음과 같다.

오방떡: 일본어 大判＋한국어 떡
닭도리탕: 한국어 '닭'＋도리(鳥 tori)＋한국어 '탕(湯)'
마호병(魔法瓶): 일본어 魔法(まほう mahō)＋한국어 병(瓶)
상고머리: 일본어(三五 さんご)＋한국어 머리
소라색: 일본어 そら(sora)＋한국어 색(色)
하꼬방: 일본어 はこ(箱 hako)＋한국어 방
호리꾼: 일본어 掘り(ほり hori)＋꾼

6. 왜 일본어가 우리말에 들어왔을까?

근대 한국어 어휘에 일본어가 왜 대량으로 유입되었는가를 밝히는 것은 근대 어휘의 연구에 중요한 과제 중 하나이다.

본고에서는 다음 몇 가지 이유를 들어 필자 개인의 의견을 개진하는데 그치기로 한다. 필자가 생각하는 개화기 이후 일본어 유입의 이유로는 다음과 같은 것이 있다.

- ○ 우리말에 해당 단어가 없어서
- ○ 일본인, 일본문화와의 접촉
- ○ 일제가 강제로 쓰도록 해서
- ○ 개인적인 이유
- ○ 기타

우선 '우리말에 해당 단어가 없어서'의 경우는 개화기 우리말 사정과 관련이 있다. 1894년 갑오개혁 이전 우리나라에서는 공적 문서가 모두 한문으로 작성되었고 한글은 편지와 여성들의 사적(私的) 기록, 이야기책 등에 사용되는 것이 보통이었다. 물론 소설 등에 한글이 사용되기는 하였으나 점잖은 남성들이 흔히 사용하는 문자는 아니었다.

1894년 갑오경장 이후 모든 공적 문서가 한글문으로 작성하게 되면서 지식인들은 대 혼란에 빠졌을 것으로 생각된다. 익숙하지 않은 우리말 문장으로 문서를 작성할 때 무엇을 표현하려면 해당 단어가 없고, 또 해당 단어가 있다고 해도 문체에 어울리지 않는다는 문제가 있었을 것이다. 특히 민주와 공화, 자유, 독립, 혁명 등 서양의 새로운 사상과 개념을 표시하는 말이나 자연 과학 용어들은 개인이 만들어내는데 어려움이 있었을 것이다. 이때 사용된 방법이 중국어나 일본어를 익힌 사람들로 하여금 이미 존재하는 중국어와 일본어 어휘를 도입하는 방법이었지 않았을까? 1890년대 이후

신문 잡지 신소설의 등장으로 우리말로 기사를 작성하는 사람이 늘었고, 이는 한자를 기반으로 한 외국어 어휘도입을 가속화 시켰을 것으로 생각된다.

두 번째 '일본인 일본문화의 접촉'으로 인한 일본어 유입은 한국 내 일본인 증가와 일본 내의 유학생 및 거류자의 증가가 원인이었을 것이다. 〈표 2〉에서 본 바와 같이 1880년부터 1910년까지 한국에 온 일본인은 5만명을 넘었고, 1910년 이후 격증하여 1942년경에는 약 30만 명에 달했다 한다. 또한 1945년 해방직후 일본 경찰에서 조사한 자료에 의하면 일본 거류 한국인은 150만에 달했다. 한국 거주 일본인의 증가와 일본거류 한국인의 증가는 일본문화를 경험한 사람들의 증가로 이어져 자연스럽게 한국인이 일본어를 사용하는 결과를 만들었을 것이다.

세 번째 '일제가 강제로 쓰게 해서'는 일제 강점기 내내 이루어진 일본의 언어정책의 결과이다. 일본은 1910년 한국지배가 시작된 후 일본어를 '국어'로 정하고 관청 법원 등 공공장소에서 일본어만 사용하게 하였으며 학교교육에서도 일본어를 사용할 것을 강요하였다. 이로 인하여 한국인의 일본어 사용자가 증가하고 각종 용어에 자신이 익힌 일본어 용어를 사용하게 됨으로써 나중에 일본어 어휘가 우리말에 들어오게 되는 큰 원인이 되었다고 생각된다.

네 번째 '개인적인 이유'인데, 개인적으로 일본어를 익혀서 생활 속에나 저작 등에 일본어를 쓴 경우이다. 예를 들면 유길준의 《서유견문》에는 많은 일본어 어휘가 쓰였는데 이는 그가 일본 유학중 익힌 일본어가 《서유견문》에 반영된 결과라 할 수 있다. 또 이인직의 신소설이나 이광수 최남선 주요한 등 일본 유학 출신 작가들의 문학작품에 나오는 일본어도 같은 것으로 이해할 수 있다.

7. 해방 이후도 들어왔나?

앞에서도 언급하였지만 일본어 어휘는 그 수는 줄었지만 해방 후에도 계속해서 우리말에 들어왔다. 〈표 1〉에서 해방이후 우리말로 들어온 일본어 542단어를 소개한 적이 있는데, 이들을 다음 세 시기로 나누어 각 시기에 들어온 대표적인 어휘를 들어보기로 한다(괄호 안은 유입 시기).

1945~1960년대에 들어온 말

원자폭탄(1945)	전범(1946)
다국적(多國籍, 1946)	시한폭탄(1947)
잔업수당(1948)	품질보증(1948)
무인기(1949)	안보리(安保理, 1949)
수소폭탄(1950)	수폭(水爆, 1950)
위안부(1951)	원폭(原爆, 1951)
노출광(露出狂, 1952)	화염병(1952)
죽음의 재(死の灰, 1954)	심전도(心電圖, 1956)
경륜(競輪, 1958)	자주포(自走砲, 1959)

1960~1980년대에 들어온 말

아이돌(1960)	난민(難民 1960)
모두진술(冒頭陳述, 1961)	불쾌지수(不快指數, 1961)
사인펜(1965)	과로사(過勞死, 1968)
고속도로(1968)	택배(宅配, 1971)
물류(物流, 1972)	고독사(1973)
포르노(1974)	자판기(自販機, 1977)
아키바레(쌀이, 1977)	엔고(円高, 1978)
고시히카리(1980, 쌀이름)	정경유착(政經癒着, 1980)
서비스(1980)	혼외자(婚外子, 1980)
정경유착(政經癒着)	경정(競艇, 1984)
독거노인(獨居老人, 1986)	국민연금(1981)

러브호텔(1981)   위성방송(1987)
휴대전화(1988)

1990년대 이후 들어온 말
광우병(1990)   유턴(1991)
하지정맥류(下肢靜脈瘤, 1992)   이유식(離乳食, 1992)
가격파괴(1994)   단생보험(單生保險, 1996)
수타(手打, 1997)   원조교제(援助交際, 1997)
독거노인(1998)   영안실(靈安室, 2003)
덕후(おたく, 2009)   흑역사(黑歷史, 2015)
졸혼(卒婚, 2016)   전고체전지(全固體電池, 2016)

　이를 보면 일본어 어휘는 해방 이후에도 양은 줄었지만 계속해서 들어왔고 최근에도 들어오고 있음을 알 수 있다

　해방 이후 들어온 일본어 어휘를 분야별로 살펴보면, 의학 분야와 식음료 분야, IT분야, 자동차 분야 등의 어휘가 두드러지는데 이는 정치 행정 군사 법률 분야 어휘의 유입이 더 많았던 해방 전의 사정과 대조를 보인다. 이러한 사정은 해방 후 각종 분야에서 우리보다 여러모로 앞서 있던 일본으로부터 경제와 과학 기술 등을 도입하려 한 노력과 관련이 있어 보인다.

　해방 후 우리말에 들어 온 일본어 어휘를 분야별로 나누어 주요 어휘를 시기순으로 들어보면 다음과 같다(괄호 안은 도입 시기).

경제 분야
특수(特需, 1947)   잔업수당(1948)
불량채권(1954)   디프레(1955)
저개발(1957)   국민총생산(1958)
고도성장(1961)   종신고용(1962)
사인펜(1965)   종합상사(1966)
택배(宅配, 1971)   물류(物流, 1972)

점장(店長, 1972)　　　　　비즈니스 호텔(1973)
슈퍼(수퍼, 1973)　　　　　오일쇼크(1973)
양판점(1975)　　　　　　　엔고(円高, 1978)
정경유착(政經癒着, 1980)　인프라(1981)
벤처기업(1982)　　　　　　재택근무(1983)
재테크(財테크, 1986)　　　자금세탁(1990)
버블경제(1990)　　　　　　가격파괴(1994)

사회 분야

야미(1946)　　　　　　　　문화제(1948)
노출광(1952)　　　　　　　화염병(1952)
세뇌(洗腦, 1953)　　　　　압력단체(1954)
해적판(1959)　　　　　　　적선지대(1960)
난민(1960)　　　　　　　　연공서열(1962)
춘투(春鬪, 1962)　　　　　비행소년(1962)
다문화(1964)　　　　　　　비행소녀(非行少女, 1966)
고령화(高齡化, 1968)　　　우편번호(1968)
과로사(1968)　　　　　　　연상(年上, 1969)
와리깡(1973)　　　　　　　포르노(1974)
실버(silver, 1974)　　　　야쿠자(1977)
고령화사회(1978)　　　　　폭주족(1978)
혼외자(婚外子, 1980)　　　연하남(1981)
러브호텔(1981)　　　　　　인재파견(1981)
이지메(1985)　　　　　　　신인류(新人類, 1986)
반려동물(1989)　　　　　　원조교제(1997)
독거노인(1998)　　　　　　흑역사(2015)
졸혼(卒婚, 2016)

의학 분야

숙변(宿便, 1947)　　　　　알레르기(1947)
영양실조(1951)　　　　　　항생제(1953)

생리통(1955)   요실금(1955)

증후군(症候群, 1956)   심전도(心電圖, 1956)

충수염(蟲垂炎, 1957)   성감대(1957)

심부전(心不全, 1957)   심근경색(1958)

난관(卵管, 1959)   뗑깡(癲癇, 1959)

아까징끼(1960)   전립선(1960)

항암제(1961)   인간도크(1962)

성인병(1962)   헌혈(1962)

생리대(1962)   ~증후군(症候群, 1962)

자폐증(1963)   히로뽕(1966)

지체부자유아(1967)   내시경(1967)

지방간(1967)   오십견(1969)

치주염(1970)   만보계(1970)

냉방병(1970)   향정신(向精神, 1971)

척추측만증(1972)   고독사(1973)

심방세동(心房細動, 1978) 존엄사(1982)

공황장애(1986)   광우병(1990)

안락사(安樂死, 1990)   하지정맥류(1992)

식음료 분야

가이바시라(1947)   돈가쓰(1951)

고로께(1955)   식문화(食文化, 1957)

와사비(1960)   야끼만두(1963)

짬뽕(1963)   라면(1965)

다시(出し, 1967)   요깡(羊羹, 1969)

소보로빵(1970)   오꼬시(1970)

모나카(最中, 과자이름, 1970) 부사(富士, 사과이름, 1971)

후지(富士, 사과이름, 1971) 기내식(機內食, 1972)

외식산업(外食産業, 1974) 아키바레(쌀이름, 1977)

자판기(自販機, 1977)   고시히카리(쌀이름, 1980)

쓰키다시(1982)   낫도(1983)

로바타야키(1984)　　　　　　　　　식감(食感, 1984)
샤부샤부(1985)　　　　　　　　　　이유식(離乳食, 1992)
세꼬시(1995)　　　　　　　　　　　수타(手打, 1997)

IT관련 분야

전자계산기(1956)　　　　　　　　　반도체(1959)
이동전화(1960)　　　　　　　　　　인공지능(人工知能, 1960)
전산기(電算機, 1967)　　　　　　　브라운관(1967)
집적회로(1968)　　　　　　　　　　입력(入力, 1968)
이동통신(1969)　　　　　　　　　　정보화사회(1969)
단말기(端末機, 1969)　　　　　　　리모콘(1969)
액정(液晶, 1971)　　　　　　　　　가상현실(1972)
사시꼬미(1973)　　　　　　　　　　지적소유권(1974)
전자사전(1979)　　　　　　　　　　자연언어(1980)
워커맨(1981)　　　　　　　　　　　퍼스컴(1982)
정보공유(1988)　　　　　　　　　　휴대전화(1988)
지적재산권(1990)　　　　　　　　　동화(動畵, 1990)
아니메(1997)　　　　　　　　　　　덕후(2009)
전고체전지(全固體電池, 2016)

자동차 분야

구리스(1947)　　　　　　　　　　　중고차(中古車, 1955)
빠꾸(1958)　　　　　　　　　　　　오픈카(1960)
덤프카(1963)　　　　　　　　　　　사이드 브레이크(1963)
미숀(1965)　　　　　　　　　　　　상용차(商用車, 1966)
노견(路肩, 1967)　　　　　　　　　마이카(1967)
쇼바(1969)　　　　　　　　　　　　사이드 밀러(1969)
액셀(1970)　　　　　　　　　　　　캠핑카(1971)
급발진(急發進, 1982)　　　　　　　경자동차(輕自動車, 1984)
경차(輕車, 1987)　　　　　　　　　만차(滿車, 1990)
유턴(1991)　　　　　　　　　　　　엥꼬(1996)

만땅(満タンク, 1997)

군사 분야

원자폭탄(1945)	전범(1946)
대공포(1946)	시한폭탄(1947)
진두지휘(1947)	충격전(1947)
냉전(1948)	무인기(1949)
공정부대(空挺部隊, 1949)	수소폭탄(1950)
수폭(水爆, 1950)	위안부(1951)
자주포(1951)	원폭(原爆, 1951)
유도탄(1952)	불침번(1953)
죽음의 재(死の灰, 1954)	계기비행(1956)
관등성명(1957)	탄도탄(1957)
핵무장(1958)	양동작전(1961)
다탄두(1967)	융단폭격(1972)
종군위안부(1974)	열전지(熱電池 1982)
방위산업(1985)	다연장로켓포(1988)

산업 과학 분야

재생지(1946)	품질보증(1948)
공단(公團, 1949)	양자(陽子, 1949)
인공위성(1954)	비니루(1953)
화섬(化纖, 1955)	태양전지(1955)
냉방(1956)	기술혁신(1957)
내구연한(耐久年限, 1958)	복사기(1958)
콘센트(1959)	공업단지(1961)
화소(畵素, 1961)	양산(量産, 1962)
애프터 서비스(1967)	가전(家電, 1967)
소자(素子, 1968)	전자레인지(1969)
희토류(1970)	팩스(1971)
쌍동선(1976)	탄소섬유(1980)

고로(高爐, 1981)　　　　　형상기억합금(1982)

토목건축 분야

나대지(1947)　　　　　도란스(1947)

뻬빠(1949)　　　　　뻰찌(1952)

시방서(1955)　　　　　신나(1955)

아시바(1956)　　　　　빠데(1957)

빠루(1959)　　　　　쓰나미(1961)

가이당(1962)　　　　　루베(1962)

스라브(1962)　　　　　맨션(1964)

하구언(河口堰, 1965)　　　　　레미콘(1966)

건폐율(1968)　　　　　윤중제(輪中堤, 1968)

고속도로(1968)　　　　　리모콘(1969)

일조권(1971)　　　　　베드타운(1971)

자바라(1972)　　　　　격자문(1972)

사장교(1979)　　　　　테마파크(1984)

반네루(1982)

스포츠 오락 분야

골인(1949)　　　　　빠따(1951)

풀베이스(1952)　　　　　격투기(格鬪技, 1955)

나이타(1955)　　　　　구속(球速, 1955)

런닝 홈런(1955)　　　　　경륜(競輪, 1958)

등판(登板, 1959)　　　　　가라데(唐手, 1960)

포볼(1960)　　　　　겟투(1961)

오픈전(오픈게임 1961)　　　　　크린업 트리오(1961)

합기도(合氣道, 1961)　　　　　바톤터치(1962)

슈트(1962)　　　　　영봉(零封, 1962)

캐치 볼(1962)　　　　　데드볼(1963)

샌드백(1963)　　　　　쓰리번트(1966)

아킬레스건(아킬레스腱, 1966)　　　　　핸디(1966)

양궁(1967)   득점왕(1969)
아웃 코스(1969)   아베크 홈런(1970)
웨이팅 서클(1970)   헝그리 스포츠(1976)
팬 서비스(1980)   열기구(1981)
치어걸(1982)   게이트볼(1983)
경정(競艇, 1984)   그라운드골프(1994)
파크골프(1997)

보험 증권 연금 복지 분야
복리후생(福利厚生, 1954)   노령연금(老齡年金, 1956)
손절매(損切賣, 1962)   신용금고(信用金庫, 1966)
공매도(空賣渡, 1969)   국민연금(國民年金, 1981)
단생보험(單生保險, 1996)

방송 연예 오락 분야
단파방송(1946)   민방(民放, 1951)
생방송(1955)   예능인(1955)
육체파(1955)   골든아워(1957)
매스컴(매스콤 1958)   성인영화(1958)
녹화(錄畵, 1960)   아이돌(1960)
골든타임(1962)   난시청(1962)
생중계(1964)   그룹사운드(1969)
다중방송(1970)   가라오케(1978)
문자방송(1985)   위성방송(1987)

위의 어휘 중 스포츠 분야를 따로 언급하면 야구 용어의 유입이 두드러지게 많았다는 점을 지적할 수 있다. 또 해방 후 일본에서 생겨난 스포츠 명칭이 거의 다 들어 왔다는 것도 특기할만하다. 해방 후 일본에서 생겨난 스포츠 종목으로는 경륜(競輪)과 경정(競艇), 가라테(唐手), 합기도(合氣道), 게이트볼, 그라운드골프, 파크골프 등이 있는데 이들 종목의 일부는 올림픽 종목이 되어 있고(경륜, 가라테), 나머지도 현재 우리나라에 도입되어 사회인 스포츠로 성행되고 있다.

8. 맺으면서

이상 개화기 이후 우리말에 들어온 일본어 유래 어휘에 대하여 설명하였다. 이 책을 통하여 일본어 어휘는 개화기 이후 우리말에 들어오기 시작하여 일제강점기를 거치면서 많은 수가 들어왔고 해방 후에도 적지 않게 우리말에 들어왔음을 알 수 있었다.

이 어휘 중에는 오늘날 각 분야에서 주요 어휘로 사용되는 것이 많고 전문용어로도 중요한 역할을 하는 어휘가 적지 않다. 특이한 경우이지만 야구 용어처럼 일본어 유래 용어를 사용하지 않으면 야구 규칙을 논하고 경기 장면을 설명할 수 없는 경우도 적지 않다. 야구 용어 정도는 아니지만 법률 용어도 육법(헌법, 형법, 민법, 상법, 형사소송법, 민서소송법)의 명칭과 각 법률의 주요 용어 상당수가 일본 유래 용어라서 이들을 사용하지 않게 되면 각종 법률 조항을 설명하기가 쉽지 않을 것이다. 아마도 의학용어 등도 사정은 비슷할 것이다.

그러나 우리 주변에서는 이들 일본어 유래 어휘에 대하여 애써 그 존재를 가볍게 보거나 곱지 않은 시선으로 보는 사람이 적지 않다. 혹자는 일본어에서 들어온 말을 '일제의 잔재'라 하여 무작정 혐오하고, 또 어떤 사람들은 이들을 '일본말 찌꺼기'니 '청산'해야 한다느니 말하기도 한다. 우리 학계에서도 이와 비슷한 생각을 가진 사람들이 적지 않은 듯하다. 일본의 강제 지배로 민족적 고통을 당해온 우리로서는 우리말을 지키고 가꾸기 위하여 일본어에서 들어온 말을 '청산'하려고 애쓰는 것은 당연한 일이다. 그러한 연고로 지금까지 일본어 유래 어휘를 순화하려고 노력해 온 것이다.

그러나 개화기 이후 일본어에서 온 말을 일부러 축소하고 무시해도 되는 것일까? 필자는 그렇지 않다고 생각한다. 해방 후 꾸준히 국어순화운동을 벌인 결과 많은 일본어 유래 어휘가 쓰이지 않게 된 것은 사실이다. 그러나 우리말에는 아직도 5,000여 단어 이상의 일본어 유래 어휘가 사용되고 있는 것도 엄연한 현실이다. 여기에는 건설 분야나 봉제, 인쇄, 방송, 스포츠 등 현장에서 사용하는 것이 상당 부분 빠져 있고 학술분야와 의학, 경제, 군사, 과학 용어 등도 조사에서 누락된 것이 적지 않아 앞으로 이들 분야에 까지 조사가 진행된다면 우리말에는 이보다 훨씬 많은 일본어 유래 어휘가 존재할 가능성이 높다.

우리가 그동안 힘써 왔던 국어 순화운동은 ①일본어 발음으로 들어온 일본어(사라, 사시미, 와리바시 가이당 등)와 ②일본식 발음으로 들어온 외래어(데모, 도란스, 마후라 등), ③이미 알려진 일부 한자 표기어(낭하(廊下), 삭도(索道), 취체(取締), 개호(介護) 등)에 치우쳐 있어, 정작 주요 순화 대상인 한자어에 대해서는 거의 손을 대지 못했다. 일본어 유래 한자어는 이번 조사에서만 볼 때 5,000단어를 넘고(일본어 유래 어휘의 87%), 전문 영역에서 사용하는 한자어 수를 합치면 이보다 훨씬 많다. 일본어 유래 한자어는 거의가 우리말 한자음으로 음독되고 의미도 우리말 속에 녹아 있어 원래 우리말이었는지 일본어에서 들어온 것인지 쉽게 구분이 되지 않는다. 그래서 지금까지 '청산'대상에서 빠졌던 것이다.

일본어 유래 한자어는 단순히 어휘 목록에만 영향을 끼친 것이 아니라 복합어의 증가와 파생어의 형성 및 약어(略語) 등에도 적지 않은 영향을 준 것으로 보인다. 특히 일본어계 한자어 접사는 현대 일본어에서 사용되는 것이 상당수가 들어와 우리말 어휘 속에 자리 잡고 있다. 이들의 영향에 대해서는 이 책의 말미에 제시한 〈일본 한자어계 접사 일람〉을 참고하기 바란다.

끝으로 '일본어 유래 우리말 어휘'에 대하여 앞으로 어떻게 대처해야 할지, 필자의 견해를 적어본다. 첫 번째는 '일본어 유래 우리말 어휘' 전부를 폐지하고, 새로운 우리말로 대체하는 방안이다. 그러나 이 방법은 현실적으로 실현이 불가능하다. 그 까닭은, 일본어에서 유래한 말은 상당수가 우리말의 주요 의미 영역을 담당하고 있어 그것을 사용하지 않게 되면 큰 불편이 뒤따르기 때문이다. 또 이들 중에는 일제의 강요로 들어온 말도 있겠지만 상당 부분은 우리가 필요해서 받아들여 우리말의 비어 있는 어휘 공간을 채운 것으로 볼 수도 있다. 앞에서 언급한대로 우리말에 들어온 일본어의 53%(3,0180어)는 이미 개화기에 들어온 말이고 해방 후 들어온 말 9.24% (542)까지 합하면 62.24%가 순수 우리의 의사로 받아들인 말로 보아야 할 것이다.

어떤 사람들의 주장처럼 일본어 유래의 어휘를 모두 '청산'하게 되면 어떤 일이 일어날까? '대통령'은 무엇이라 할 것이며, '헌법'이나 '민주' '공화' '국회' '국회의원' '신문' '방송' '반도체' '연금'은 또 무엇이라 할 것인가? 영화 제목으로 세계적으로 유명한 '기생충'이나 매일같이 주부들이 사용하는 '냄비'[35], 직장인이 늘 입고 신는 '와이셔츠'나 '구두', 서민들이 자주 먹는 '라면'도 다른 말로 바꿔야 할 것이 아닌가? 또 교육이나 과학, 의학, 철학 등 전문 분야의 용어들은 어떻게 해야 할까? 생각만 해도 막막하다. 그 수가 줄잡아도 5,000을 넘으니 새로운 어휘를 만들어 대체하기도 어렵고, 또 새로 말을 만들어낸다 해도 이를 익히고 가르치는 데에 얼마나 많은 시간과 노력이 필요할지 가늠이 되지 않는다.

또 일본어 어휘를 대체할 새로운 어휘를 만드는 것도 쉬운 일은 아니다. 순수 우리말로 새 어휘를 만들 것인지 한자어로 만들 것인지가 문제가 될 것이다. 왜냐하면 새로 만든 말이 문체와 문맥에 어울릴지가 문제이기 때문이다. 이와 관련해서는 해방 직후의 일본어 어휘를 우리말로 대체하려 한

---

35) '냄비'는 일본어 'なべ(鍋 nabe)'가 '남베(nambe)' → '남비(nambi)' → '냄비'의 과정을 거쳐서 우리말에 정착된 것으로 보인다.

운동이 좋은 참고가 될 것이다. 건국 초기 최현배 문교부 편수국장 시절에 '학교'를 '배움집'으로, '비행기'를 '날틀'로, '이화여자대학교'를 '배꽃계집큰배움집'으로 하는 등 일본식 단어를 순수 우리말로 고치자는 주장이 있었다. 그러나 이러한 류의 주장은 대부분 언중이 따르지 않아서 실패하고 말았다.

두 번째 방안으로는 '일본어에서 들어온 말' 가운데 '대통령'이나 '헌법' '반도체'처럼 이미 완전히 우리말이 되어버린 것은 그대로 우리말로 인정하고 용인하는 대신 문제가 있는 일부에 대해서만 우리말로 순화하는 것이다. 예를 들면 의미 파악이 어려운 한자어(예: 부도(不渡), 조달(調達), 지분(持分), 지양(止揚)) 등을 알기 쉬운 우리말로 순화한다든지 일본어식 발음으로 들어온 외래어 발음을 원어에 가까운 발음으로 고치는 노력을 하는 것(예: 다이알(dial) 휴즈(fuse), 보이라(boiler)를 다이얼, 퓨즈, 보일러로) 등이 그것이다. 또 '사라'와 '쓰메끼리' '사시미' 등 순수 일본어를 '접시'와 '손톱깍기' '생선회' 등과 같이 우리말로 순화하는 방법도 이에 해당될 것이다. 이 방법은 국립국어원이나 여러 학술 단체에서 지금까지 노력해 온 방안의 하나이기도 한데. 이 방법을 성공시키기 위해서는 먼저 해야 할 일이 있다. 그것은 어떤 말이 일본어에서 들어온 것인가를 확실하게 밝히는 일이다. 어떤 말이 들어와 있는지 모르고서는 무엇을 어떻게 순화해야 할지 정하기 어렵기 때문이다. 이 책을 펴낸 목적 중 하나는 바로 여기에 있다.

우리말에는 지금까지 일본어 말고도 많은 외래어가 들어와 있다. 개화기 이전에는 중국어가, 개화기와 일제강점기에는 일본어가, 해방이후에는 영어가 많이 들어왔다. 요사이는 핀란드말 사우나(sauna)까지 들어와 있지 않은가?

이 책이 외국어에서 유래한 말, 특히 일본어에서 들어온 말에 대한 현황을 파악하고 이해를 넓히는데 도움이 되기를 바라며 아울러 국어의 순화와 발전을 위하여 우리가 무엇을 어떻게 해야 하는지 생각하는 기회가 되었으면 한다.

제2부

일본어 유래
우리말 어휘 일람

이곳에서는 필자가 조사 수집한 우리말에 들어온 일본어 어휘 5,864단어를 한글 자모순
으로 들었다. 독자들께서 글을 쓸 때 옆에 놓고 사용하면 어떤 말이 일본어 유래 어휘인
지 바로 확인할 수 있을 것이다.

일러두기

1. 제2부는 개화기 이후 우리말에 들어온 일본어 어휘를 조사하여 수록한 것이다. 수록 어휘는 필자가 지금까지 조사한 것에 한한다.

2. 이 책에서는 어떤 단어가, 언제쯤, 일본어에서 들어온 것인지를 파악하기 쉽게 제시한 것이므로 내용이 간략하게 되어 있다. 각 일본어 단어가 언제쯤, 어떤 자료를 통하여 나타나는지 등 더 자세한 정보를 알고 싶은 분들은 앞으로 나오게 될 개정판 《일본어에서 온 우리말 사전》을 같이 보면 좋을 것이다.

3. 수록 어휘의 구성은 올림말과 유래정보, 처음 들어온 시기 등 세 부분으로 되어 있다.

   (1) 올림말

   ① 이곳에 올린 말은 1,880년대 이후 지금까지 우리말에 들어온 일본어 유래 어휘들이며 그 수는 5,864단어이다.

   ② 원칙적으로 현재 우리말에 사용되는 말을 수록하였으나 개화기와 일제강점기의 문헌을 읽는 사람들의 편의를 위하여 현재 사용되지 않는 어휘도 일부 수록하였다.

   예: **가리방** 〔일〕 がり版(がりばん gariban)

   　　수형(手形) 〔일〕 手形(てがた tegata 어음)

   　　상신(上申) 〔일〕 上申(じょうしん zyōsin)

   ③ 일본어에서 들어온 말이 단순어뿐만 아니라 합성어(파생어, 복합어)도 적지 않다는 점을 고려하여 합성어 어휘를 대폭 추가하였다.

   예: **노동운동(勞動運動)** 〔일〕 労働運動(ろうどううんどう rōdō-undō),

   　　인신매매(人身賣買) 〔일〕 人身売買(じんしんばいばい zinsin-baibai),

   　　뇌출혈(腦出血) 〔일〕 脳出血(のうしゅっけつ nō-shukketsu)

   ④ 올림말은 지면 관계상 이표기(異表記)를 모두 표시하지 않고 오늘날 사용하는 표기만을 대표로 수록하였다.

   ⑤ 한자 어휘는 한자를 한글로 읽어서 표제어로 삼고 괄호 안에 그 한자를 넣어 알기 쉽게 하였다.

   예: 가족(家族)

⑥ 고유일본어와 외래어는 한글 표기를 표제어로 삼고 괄호 속에 원어를 적어 넣었다.

예: 구두(くつ kutsu)

　　게임 세트(ゲーム·セット gēmu setto)

(2) 유래 정보

① 각 단어가 일본어에서 들어온 것임을 알 수 있도록 일본어의 단어 형태와 발음 정보를 제시하였다.

예: 각서(覺書) 일 覚書(おぼえがき oboegaki)

　　공동(共同) 일 共同(きょうどう kyōdō)

　　급성(急性) 일 急性(きゅうせい kyūsei)

② 일본어 단어에는 독자들의 편의를 위하여 로마자로 일본어 발음정보를 제시하였다. 이 때 일본어 장음표기는 해당 모음 위에 ā ī ū ē ō처럼 장음부호(-)를 달아 표시하였다.

예: 일 グラマー(guramā).　　일 コンクリート(konkurīto).

　　일 高空(こうくう kōkū).　　일 ゲートボール(gēto bōru).

　　일 競走(きょうそう kyōsō).

(3) 우리말에 들어온 시기

① 우리말에 처음 들어온 시기는 필자가 금번 조사한 범위 내에서의 가장 빠른 용례가 수록된 자료와 그 발행 연도를 제시하였다.

예: 가족(家族) 일 家族(かぞく kazoku). (초출: 1895,《서유견문》제4편)

　　배우자(配偶者) 일 配偶者(はいぐうしゃ haigū-sha). (초출: 1908,《관보》제4261호)

유입된 외래 어휘가 신문이나 잡지, 소설 등 실제 자료에 나타나는 것은 처음 사용된 시기보다 늦는 것이 보통이다. 이 책을 이용하시는 분들은 이 점을 꼭 유의하시기 바란다.

② 이 책을 내면서 조사한 자료는 책의 뒷부분에 제시하였다. 조사 범위에 들어 있지 않은 자료에 나오는 어휘는 빠져 있다.

4. 이 책에는 개화기 및 일제 강점기에 들어온 말 가운데 지금은 쓰이지 않는 단어가 일부 수록 되어 있다. 개화기와 일제 강점기 자료를 연구하는 분들에게 도움이 되었으면 한다.

일본어 유래
우리말 어휘 일람

【가】

~가(家) 일 ~家(か ka). (초출: 1896,《태극학보》제2호)

가~(假~) 일 仮~(かり kari). (초출: 1898,《관보》제852호)

~가(街) 일 ~街(がい gai). (초출: 1927,《동아일보》)

가건물(假建物) 일 仮建物(かりたてもの kari-tatemono). (초출: 1923,《동아일보》)

가건축(假建築) 일 仮建築(かりけんちく kari-kenchiku). (초출: 1919,《매일신보》)

가격(價格) 일 価格(かかく kakaku). (초출: 1895,《관보》제93호)

가격파괴(價格破壞) 일 価格破壞(かかくはかい kakaku-hakai). (초출: 1994,《경향신문》)

가격표(價格表) 일 価格表(かかくひょう kakaku-hyō). (초출: 1908,《관보》제4164호)

가결(可決) 일 可決(かけつ kaketsu). (초출: 1895,《관보》제204호)

가결의(假決議) 일 仮決議(かりけつぎ kari-ketsugi). (초출: 1908,《관보》부록)

가계부(家計簿) 일 家計簿(かけいぼ kakei-bo). (초출: 1922,《동아일보》)

가계약(假契約) 일 仮契約(かりけいやく kari-keiyaku). (초출: 1905,《황성신문》)

가공(架空) 일 架空(かくう kakū). (초출: 1908,《대동학회월보》제2호)

가공선(架空線) 일 架空線(かくうせん kakū-sen). (초출: 1922,《동아일보》)

가교(假橋) 일 仮橋(かりばし kari-basi). (초출: 1906,《황성신문》)

가극(歌劇) 일 歌劇(かげき kageki). (초출: 1914,《청춘》제1호)

가께우동 일 掛饂飩(かけうどん kake-udon). (초출: 1928,《동아일보》)

가급적(可及的) 일 可及的(かきゅうてき kakyū-teki). (초출: 1908,《대동학회월보》제2호)

가납(假納) 일 仮納(かのう kanō). (초출: 1909(《관보》호외)

가내공업(家內工業) 일 家内工業(かないこうぎょう kanai-kōgyō). (초출: 1920, 《동아일보》)

가농포(加農砲) 일 加農砲(かのうほう kanō-hō). (초출: 1900, 《황성신문》)

가능성(可能性) 일 可能性(かのうせい kanō-sei). (초출: 1908, 《기호흥학회월보》 제2호)

가다루(加答兒) 일 カタル(kataru). (초출: 1910, 《대한흥학보》 제12호)

가도(假道) 일 仮道(かりみち kari-michi). (초출: 1921, 《동아일보》)

가동(稼動) 일 稼働/稼動(かどう kadō). (초출: 1948, 《동아일보》)

가두방송(街頭放送) 일 街頭放送(がいとうほうそう gaitō-hōsō). (초출: 1936, 《동아일보》)

가등(街燈) 일 街灯(がいとう gaitō). (초출: 1920, 《동아일보》)

가등기(假登記) 일 仮登記(かりとうき kari-tōki). (초출: 1920, 《동아일보》)

가라 일 空(から kara). (초출: 1979, 《동아일보》)

가라데(唐手) 일 唐手(からて karate). (초출: 1960, 《경향신문》)

가라오케 일 からオケ(karaoke). (초출: 1978, 《조선일보》)

가로등(街路燈) 일 街路灯(がいろとう gairo-tō). (초출: 1922, 최록동 《현대신어석의》)

가로수(街路樹) 일 街路樹(がいろじゅ gairo-zyu). (초출: 1921, 《조선일보》)

가료(加療) 일 加療(かりょう karyō). (초출: 1921, 《조선일보》)

가리(加里) 일 加里((カリ kari). (초출: 1908, 《대동학회월보》 제5호)

가리방 일 がり版(がりばん gariban). (초출: 1948, 《민중일보》 316호)

가마니 일 かます(叺 kamasu). (초출: 1920, 《동아일보》)

가매장(假埋葬) 일 仮埋葬(かりまいそう kari-maisō). (초출: 1898, 《관보》 제852호)

가맹(加盟) 일 加盟(かめい kamei). (초출: 1907, 《태극학보》 제8호)

가면극(假面劇) 일 仮面劇(かめんげき kamen-geki). (초출: 1925, 《조선일보》)

가발(假髮) 일 仮髪(かはつ kahatsu). (초출: 1920, 《동아일보》)

가방(鞄) 일 かばん(鞄 kaban). (초출: 1898, 《독립신문》)

가변자본(可變資本) 일 可変資本(かへんしほん kahen-sihon). (초출: 1922, 《동아일보》)

가봉(假縫) 일 仮縫(かりぬい karinui). (초출: 1930, 《별건곤》 제28호)

가분수(假分數) 일 仮分数(かぶんすう kabunsū). (초출: 1932, 《동아일보》)

가불(假拂) 일 かりばらい(仮払い kari-barai). (초출: 1907, 《황성신문》)

가사(假死) 일 仮死(かし kasi). (초출: 1908, 《대한민일신보》)

가사심판(家事審判) 일 家事審判(かじしんぱん kazi-sinpan). (초출: 1925, 《동아일보》)

가사용(假使用) 일 仮使用(kari-siyō). (초출: 1972, 《경향신문》)

가상(假想) 일 仮想(かそう kasō). (초출: 1895, 《관보》 제152호)

가상적(假想敵) 일 仮想敵(かそうてき kasō-teki). (초출: 1920, 《조선일보》)

가상현실(假想現實) 일 仮想現実(かそうげんじつ kasō-genzitsu). (초출: 1972, 《동아일보》)

가석방(假釋放) 일 仮釋放(かりしゃくほう kari-syakuhō). (초출: 1920, 《동아일보》)

가선(架線) 일 架線(かせん kasen). (초출: 1923, 《동아일보》)

가설(假說) 일 仮説(かせつ kasetsu). (초출: 1918(조선총독부《조선사서원고》)

가설(架設) 일 架設(かせつ kasetsu). (초출: 1895, 《서유견문》 제9편)

가성소다(苛性遭達) 일 苛性ソーダ(かせいソーダ kasei-sōda). (초출: 1899, 《황성신문》)

가속(加速) 일 加速(かそく kasoku). (초출: 1925, 《개벽》 제58호)

가속도(加速度) 일 加速度(かそくど kasokudo). (초출: 1909, 《황성신문》)

가수(歌手) 일 歌手(かしゅ kasyu). (초출: 1918, 최남선역 《자조론》)

가수금(假受金) 일 仮受金(かりうけきん kariuke-kin). (초출: 1907, 《황성신문》)

가수요(假需要) 일 仮需要(かりじゅよう kari-zyuyō). (초출: 1924, 《조선일보》)

가스 일 ガス(gasu). (초출: 1922, 최록동 《현대신어석의》)

가시광선(可視光線) 일 可視光線(かしこうせん kasi-kōsen). (초출: 1932, 《동아일보》)

가식(假植) 일 仮植(かしょく kasyoku). (초출: 1907, 《태극학보》 제16호)

가압류(假押留) 일 仮押留(かりおうりゅう kari-ōryū). (초출: 1962, 《동아일보》)

가액(價額) 일 価額(かがく kagaku). (초출: 1895, 《관보》 제80호)

가연성(可燃性) 일 可燃性(かねんせい kanen-sei). (초출: 1907, 《대한자강회월보》 제7호)

가열(加熱) 일 加熱(かねつ kanetsu). (초출: 1918, 조선총독부 《조선사서원고》)

가오 일 顔(かお kao). (초출: 1959, 《동아일보》)

가용성(可溶性) 일 可溶性(かようせい kayō-sei). (초출: 1908, 《서북학회월보》 제5호)

가이당 일 階段(かいだん kaidan). (초출: 1962, 《경향신문》)

가이바시라 일 かいばしら(kaibasira). (초출: 1947, 《동아일보》)

가입(加入) 일 加入(かにゅう kanyū). (초출: 1896, 《관보》 제276호)

가장(假裝) 일 仮装(かそう kasō). (초출: 1907, 《대한유학생회회보》 제1호)

가장행렬(假裝) 일 仮装(かそうぎょうれつ kasō-gyōretsu). (초출: 1921, 《동아일보》)

가전(家電) 일 家電(かでん kaden). (초출: 1967, 《동아일보》)

가정(家庭) 일 家庭(かてい katei). (초출: 1898, 《황성신문》)

가정(假定) 일 仮定(かてい katei). (초출: 1896, 《관보》 제226호)

가정부(假政府) 일 仮政府(かりせいふ kari-seifu). (초출: 1920, 《매일신보》)

가정부(家政婦) 일 家政婦(かせいふ kasei-fu). (초출: 1926, 《조선일보》)

가제목(假題目) 일 仮題目(かりだいもく kari-daimoku). (초출: 1940, 《삼천리》 제12권 제5호)

가조약(假條約) 일 仮条約(かりじょうやく kari-zyōyaku). (초출: 1907, 《태극학보》 제7호)

가조인(假調印) 일 仮調印(かりちょういん kari-chōin). (초출: 1921, 《동아일보》)

가족(家族) 일 家族(かぞく kazoku). (초출: 1895, 《서유견문》 제4편)

가주소(假住所) 일 仮住所(かりじゅうしょ kari-zyūsyo). (초출: 1907, 《황성신문》)

가집행(假執行) 일 仮執行(かりしっこう kari-sikkō). (초출: 1910, 《황성신문》)

가차압(假差押) 일 仮差押(かりさしおさえ kari-sasiosae). (초출: 1909, 《대동학회월보》 제20호)

가처분(假處分) 일 仮処分(かりしょぶん kari-syobun). (초출: 1908, 《관보》 호외)

가철(假綴) 일 仮綴(かりとじ kari-tozi). (초출: 1906, 《대한자강회월보》 제2호)

가출(家出) 일 家出(いえで iede). (초출: 1914, 《매일신보》)

가출소(假出所) 일 仮出所(かりしゅっしょ kari-shussho). (초출: 1930, 《조선일보》)

가출옥(假出獄) 일 仮出獄(かりしゅつごく kari-syutsugoku). (초출: 1895, 《관보》 제18호)

가치(價値) 일 価値(かち kachi). (초출: 1895,《서유견문》제8편)

가택수색(家宅搜索) 일 家宅搜索(かたくそうさく kataku-sōsaku). (초출: 1920, 《조선일보》)

가퇴원(假退院) 일 仮退院(かりたいいん kari-taiin). (초출: 1923,《동아일보》)

가필(加筆) 일 加筆(かひつ kahitsu). (초출: 1925,《동아일보》)

가해자(加害者) 일 加害者(かがいしゃ kagai-sha). (초출: 1907, 정운복《독습일어정칙》)

가환부假還付) 일 仮還付(かりかんぷ kari-kanpu. (초출: 1947,《조선일보》)

각광(脚光) 일 脚光(きゃっこう kyakkō). (초출: 1921 ,《조선일보》)

각막(角膜) 일 角膜(かくまく kakumaku). (초출: 1909,《기호흥학회월보》제12호)

각반(脚絆) 일 脚絆(きゃはん kyahan). (초출: 1906,《관보》제3462호)

각본(脚本) 일 脚本(きゃくほん kyakuhon). (초출: 1908,《관보》부록)

각색(脚色) 일 脚色(きゃくしょく kyakusyoku). (초출: 1920,《동아일보》)

각서(覺書) 일 書(おぼえがき oboegaki). (초출: 1909,《대동학회월보》제12호)

각성제(覺醒劑) 일 覚醒剤(かくせいざい kakusei-zai). (초출: 1923,《개벽》제32호)

각위(各位) 일 各位(かくい kakui). (초출: 1907,《대한자강회월보》제10호)

각의(閣議) 일 閣議(かくぎ kakugi). (초출: 1895,《관보》제2호)

각주(脚注, 脚註) 일 脚注(きゃくちゅう kyakuchū). (초출: 1938, 문세영《조선어사전》)

각축장(角逐場) 일 角逐の場(かくちのば kakuchikuno-ba). (초출: 1925,《개벽》제55호)

각하(却下) 일 却下(きゃっか kyakka). (초출: 1895,《관보》제27호)

간담회(懇談會) 일 懇談会(こんだんかい kondan-kai). (초출: 1906,《황성신문》)

간데라 일 カンテラ(kantera). (초출: 1930,《별건곤》제26호)

간벌(間伐) 일 間伐(かんばつ kanbatsu). (초출: 1922,《동아일보》)

간경변(肝硬變) 일 肝硬変(かんこうへん kan-kōhen). (초출: 1930,《조선일보》)

간부(幹部) 일 幹部(かんぶ kanbu). (초출: 1896,《관보》제463호)

간사(幹事) 일 幹事(かんじ kanzi). (초출: 1884,《한성순보》제34호)

간석지(干潟地) 일 干潟地(ひがたじ higata-zi). (초출: 1918,《조선사서원고》)

간선(幹線) 일 幹線(かんせん kansen). (초출: 1896,《관보》제358호)

간수(看守) 일 看守(かんしゅ kansyu). (초출: 1895, 《관보》 제27호)

간식(間食) 일 間食(かんしょく kanshoku). (초출: 1907, 《서우》 제4호)

간유(肝油) 일 肝油(かんゆ kanyu). (초출: 1907, 정운복 《독습일어정칙》)

간이식(簡易式) 일 簡易式(かんいしき kani-siki). (초출: 1938, 《조선신문》)

간접(間接) 일 間接(かんせつ kansetsu). (초출: 1895, 학부 《국민소학독본》)

간접세(間接稅) 일 間接稅(かんせつぜい kansetsu-zei). (초출: 1910, 《대한흥학보》
제10호)

간조(干潮) 일 干潮(かんちょう kanchō). (초출: 1907, 《서우》 제11호)

간죠(勘定) 일 勘定(かんじょう kanzyō). (초출: 1926, 《동광》 제5호)

간주(看做) 일 看做し/見做し(みなし minasi). (초출: 18956, 《관보》 제4호)

간즈메(간쓰메) 일 缶詰(かんづめ kanzume). (초출: 1920, 《동아일보》)

간척지(干拓地) 일 干拓地(かんたくち kantaku-chi). (초출: 1922, 《동아일보》)

간친회(懇親會) 일 懇親会(こんしんかい konsin-kai). (초출: 1899, 《독립신문》)

간통(姦通) 일 姦通(かんつう kantsū). (초출: 1918, 조선총독부 《조선사서원고》)

간투사(間投詞) 일 間投詞(かんとうし kantō-si). (초출: 1924, 《조선일보》)

간판(看板) 일 看板(かんばん kanban). (초출: 1890, 《한영자전(언더우드)》 부록)

간행물(刊行物) 일 刊行物(かんこうぶつ kankō-butsu). (초출: 1906, 《대한자강회
월보》 제3호)

간헐열(間歇熱) 일 間欠熱(かんけつねつ kanketsu-netsu). (초출: 1918, 조선총독부
《조선사서원고》)

간호병(看護兵) 일 看護兵(かんごへい kango-hei). (초출: 1927, 《조선일보》)

간호부(看護婦) 일 看護婦(かんごふ kango-fu). (초출: 1905, 《관보》 제3326호)

간호사(看護師) 일 看護師(かんごし kango-si). (초출: 1930, 《별건곤》 제31호)

간호원(看護員) 일 看護員(かんごいん kango-in). (초출: 1920, 《동아일보》)

~감(感) 일 ~感(かん kan). (초출: 1923, 《개벽》 제39호)

감각(感覺) 일 感覚(かんかく kankaku). (초출: 1895, 《서유견문》)

감개무량(感慨無量) 일 感慨無量(かんがいむりょう kangai-muryō). (초출: 1921,
《개벽》 제15호)

감광(感光) 일 感光(かんこう kankō). (초출: 1909, 《관보》 부록)

감방(監房) 일 監房(かんぼう kanbō). (초출: 1897, 《관보》 제850호)

감봉(減俸) 일 減俸(げんぽう genpō). (초출: 1895, 《관보》 제25호)

감사(監査) 일 監査(かんさ kansa). (초출: 1899, 《독립신문》)

감사역(監査役) 일 監査役(かんさやく kansa-yaku). (초출: 1899, 《독립신문》)

감산(減産) 일 減産(げんさん gensan). (초출: 1922, 《동아일보》)

감상문(感想文) 일 感想文(かんそうぶん kansō-bun). (초출: 1921, 《개벽》 제16호)

감상적(感傷的) 일 感傷的(かんしょうてき kansyō-teki). (초출: 1920, 《개벽》 제6호)

감성(感性) 일 感性(かんせい kansei). (초출: 1902, 《신학월보》 제2권 제6호)

감수성(感受性) 일 感受性(かんじゅせい kanzyu-sei). (초출: 1908, 《대한학회월보》 제4호)

감염(感染) 일 感染(かんせん kansen). (초출: 1895, 《관보》 호외)

감원(減員) 일 減員(げんいん genin). (초출: 1921, 《조선일보》)

감전(感電) 일 感電(かんでん kanden). (초출: 1921, 《개벽》 제15호)

감정(感情) 일 感情(かんじょう kanzyō). (초출: 1895, 《서유견문》 제13편)

감정(鑑定) 일 鑑定(かんてい kantei). (초출: 1895, 《관보》 제26호)

감정서(鑑定書) 일 鑑定書(かんていしょ kantei-sho). (초출: 1908, 《관보》 호외)

감정이입(感情移入) 일 感情移入(かんじょういにゅう kanzyō-inyū). (초출: 1921, 《동아일보》)

감치(監置) 일 監置(かんち kanchi). (초출: 1925, 《동아일보》)

감탄사(感歎詞) 일 感嘆詞(かんたんし kantan-si). (초출: 1921, 현진건 《빈처》)

갑각류(甲殼類) 일 甲殼類(こうかくるい kōkaku-rui). (초출: 1918, 《조선사서원고》)

갑상선(甲狀腺) 일 甲状腺(こうじょうせん kōzyō-sen). (초출: 1921, 《동아일보》)

갑종(甲種) 일 甲種(こうしゅ kōsyu). (초출: 1895, 《관보》 제62호)

강단(講壇) 일 講壇(こうだん kōdan). (초출: 1904, 《신학월보》 제4권 2호)

강도(强度) 일 強度(きょうど kyōdo). (초출: 1908, 《대한학회월보》 제4호)

강력범(强力犯) 일 強力犯(ごうりきはん gōriki-han). (초출: 1923, 《동아일보》)

강렬(强烈) 일 強烈(きょうれつ kyōretsu). (초출: 1899, 《관보》 제1361호)

강박관념(強迫觀念) 일 強迫観念(きょうはくかんねん kyōhaku-kannen). (초출: 1922, 최록동 《현대신어석의》)

강사(講師) 일 講師(こうし kōsi). (초출: 1906, 《관보》 제3506호)

강수(降水) 일 降水(こうすい kōsui). (초출: 1908, 《관보》 제4215호)

강습소(講習所) 일 講習所(こうしゅうじょ kōshū-zyo). (초출: 1895, 《국민소학독본》)

강심장(強心臟) 일 強心臓(きょうしんぞう kyōsinzō). (초출: 1937, 《조선일보》)

강심제(強心劑) 일 強心剤(きょうしんざい kyōsin-zai). (초출: 1924, 《조선일보》)

강연(講演) 일 講演(こうえん kōen). (초출: 1898, 《독립신문》)

강연회(講演會) 일 講演会(こうえんかい kōen-kai). (초출: 1906, 《태극학보》 제1호)

강장제(強壯劑) 일 強壮剤(きょうそうざい kyōsō-zai). (초출: 1918, 《조선사서원고》)

강점(強點) 일 強点(きょうてん). (초출: 1899, 《독립신문》)

강조(強調) 일 強調(きょうちょう kyōchō). (초출: 1921, 《개벽》 제18호)

강좌(講座) 일 講座(こうざ kōza). (초출: 1921, 《개벽》 제8호)

강타(強打) 일 強打(きょうだ kyōda). (초출: 1923, 《개벽》 제35호)

강타자(強打者) 일 強打者(きょうだしゃ kyōdasha). (초출: 1923, 《개벽》 제35호)

강화(強化) 일 強化(きょうか kyōka). (초출: 1906, 《대한자강회월보》 제1호)

개관(概觀) 일 概観(がいかん gaikan). (초출: 1910, 《서북학회월보》 제19호)

개괄(槪括) 일 概括(がいかつ gaikatsu). (초출: 1906, 《황성신문》)

개근(皆勤) 일 皆勤(かいきん kaikin). (초출: 1922, 《동아일보》)

개념(槪念) 일 概念(がいねん gainen). (초출: 1902, 《신학월보》 제2권 제12호)

개략(槪略) 일 概略(がいりゃく gairyaku). (초출: 1895, 《국민소학독본》)

개량(改良) 일 改良(かいりょう kairyō). (초출: 1884, 《한성순보》 제21호)

개량종(改良種) 일 改良種(かいりょうしゅ kairyō-shu). (초출: 1909, 《대한흥학보》 제2호)

개막(開幕) 일 開幕(かいまく kaimaku). (초출: 1909, 《기호흥학회월보》 제8호)

개발(開發) 일 開発(かいはつ kaihatsu). (초출: 1895, 《국민소학독본》)

개방(開放) 일 開放(かいほう kaihō). (초출: 1897, 《관보》 제587호)

개별(個別) 일 個別(こべつ kobetsu). (초출: 1909, 《서북학회월보》 제8호)

개산(槪算) 일 槪算(がいさん gaisan). (초출: 1896,《관보》제226호)

개선(改善) 일 改善(かいぜん kaizen). (초출: 1895,《관보》제156호)

개선문(凱旋門) 일 凱旋門(がいせんもん gaisen-mon). (초출: 1895,《서유견문》)

개설(槪說) 일 槪説(がいせつ gaisetsu). (초출: 1907,《대한자강회월보》제8호)

개성(個性) 일 個性(こせい kosei). (초출: 1908,《대한학회월보》제8호)

개소(個所) 일 箇所/個所(かしょ kasho). (초출: 1895,《서유견문》제19편)

개악(改惡) 일 改悪(かいあく kaiaku). (초출: 1917, 이광수《무정》)

개연성(蓋然性) 일 蓋然性(がいぜんせい gaizen-sei). (초출: 1923,《개벽》제40호)

개인(個人) 일 個人(こじん kozin). (초출: 1896,《친목회회보》제2호)

개인적(個人的) 일 個人的(こじんてき kozin-teki). (초출: 1906,《대한자강회월보》
제1호)

개인주의(個人主義) 일 個人主義(こじんしゅぎ kozin-syugi). (초출: 1908,《서우》
제17호)

개입(介入) 일 介入(かいにゅう kainyū). (초출: 1907,《태극학보》제7호)

개전(改悛) 일 改悛(かいしゅん kaisyun). (초출: 1907, 대한제국《관보》, 제3856호)

개전의 정(改悛의 情) 일 改悛の情(かいしゅんのじょう kaishun-no-zyō). (초출:
1930,《조선일보》)

개전(開戰) 일 開戦(かいせん kaisen). (초출: 1895, 학부《국민소학독본》)

개점휴업(開店休業) 일 開店休業(かいてんきゅうぎょう kaiten-kyūgyō). (초출:
1933,《동아일보》)

개정(改訂) 일 改訂(かいてい kaitei). (초출: 1897,《친목회회보》제4호)

개정(開廷) 일 開廷(かいてい kaitei). (초출: 1895,《관보》제14호)

개정안(改正案) 일 改正案(かいせいあん kaisei-an). (초출: 1896,《관보》제439호)

개조식(個(箇)條式) 일 箇条式(かじょうしき kazyō-siki). (초출: 1930,《조선일보》)

개진(改進) 일 改進(かいしん kaisin). (초출: 1884,《한성순보》)

개진당(開進黨) 일 改進党(かいしんとう kaisin-tō). (초출: 1895,《서유견문》제11편)

개찰(改札) 일 改札(かいさつ kaisatsu). (초출: 1912, 선우일《두견성》)

개찰구(開札口) 일 改札口(かいさつぐち kaisatsu-guchi). (초출: 1912, 선우일《두견성》)

개척자(開拓者) 일 開拓者(かいたくしゃ kaitaku-sha). (초출: 1918, 최남선역《자조론》)

개척지(開拓地) 일 開拓地(かいたくち kaitaku-chi). (초출: 1921,《동아일보》)

개체(個體) 일 個体(こたい kotai). (초출: 1907,《대한유학생회회보》제3호)

개최(開催) 일 開催(かいさい kaisai). (초출: 1908,《관보》제4247호)

개편(改編) 일 改編(かいへん kaihen). (초출: 1921,《동아일보》)

개표(開票) 일 開票(かいひょう kaihyō). (초출: 1920,《조선일보》)

개항(開港) 일 開港(かいこう kaikō). (초출: 1897,《독립신문》)

개항장(開港場) 일 開港場(かいこうじょう kaikō-zyō). (초출: 1895,《관보》제62호)

개행(改行) 일 改行(かいぎょう kaigyō). (초출: 1940,《삼천리》제12권 4호)

개혁파(改革派) 일 改革派(かいかくは kaikaku-ha). (초출: 1907,《대한자강회월
　보》제11호)

개호(介護) 일 介護(かいご kaigo). (초출: 1922,《동아일보》)

개화(開化) 일 開化(かいか kaika). (초출: 1881, 이헌영《일사집략(日槎集略)》)

개황(槪況) 일 概況(がいきょう gaikyō). (초출: 1895,《관보》제201호)

개회(開會) 일 開会(かいかい kaikai). (초출: 1895,《관보》제2호)

개회식(開會式) 일 開会式(かいかいしき kaikai-siki). (초출: 1907,《서우》제12호)

객관(客觀) 일 客観(きゃっかん kyakkan). (초출: 1902,《신학월보》제2권 제6호)

객관성(客觀性) 일 客観性(きゃっかんせい kyakkan-sei). (초출: 1921,《개벽》제10호)

객관적(客觀的) 일 客観的(きゃっかんてき kyakkan-teki). (초출: 1908,《대동학회
　월보》제1호)

객체(客體) 일 客体(きゃくたい kyakutai). (초출: 1907,《대한유학생회회보》제1호)

갱구(坑口) 일 坑口(こうぐち kōguchi). (초출: 1906,《관보》부록)

갱도(坑道) 일 坑道(こうどう kōdō). (초출: 1906,《관보》부록)

갱목(坑木) 일 坑木(こうぼく kōboku). (초출: 1908,《관보》제4188호)

거두(巨頭) 일 巨頭(きょとう kyotō). (초출: 1907,《서우》제10호)

거류(居留) 일 居留(きょりゅう kyoryū). (초출: 1896,《관보》제397호)

거류민(居留民) 일 居留民(きょりゅうみん kyoryū-min). (초출: 1898,《독립신문》)

거류지(居留地) 일 居留地(きょりゅうち kyoryū-chi). (초출: 1895,《관보》제15호)

거리감(距離感) 일 距離感(きょりかん kyori-kan). (초출: 1940, 채만식《냉동어》)

거부(拒否) 일 拒否(きょひ kyohi). (초출: 1909,《관보》부록)

거부권(拒否權) 일 拒否権(きょひけん kyohi-ken). (초출: 1921,《조선일보》)

거성(巨星) 일 巨星(きょせい kyosei). (초출: 1921,《개벽》제11호)

거시적(巨視的) 일 巨視的(きょしてき kyosi-teki). (초출: 1936,《조선일보》)

거식(擧式) 일 挙式(きょしき kyosiki). (초출: 1920,《동아일보》)

거액(巨額) 일 巨額(きょがく gyogaku). (초출: 1895,《관보》제182호)

거치(据置) 일 据置(すえおき sueoki). (초출: 1899,《독립신문》)

~건(腱) 일 ~腱(けん ken). (초출: 1934,《조선일보》)

건강(健康) 일 健康(けんこう kenkō). (초출: 1895,《관보》제83호)

건강보험(健康保險) 일 健康保険(けんこうほけん kenkō-hoken). (초출: 1921,《동
아일보》)

건강진단(健康診斷) 일 健康診断(けんこうしんだん kenkō-sindan). (초출: 1895,
《관보》제85호)

건망증(健忘症) 일 健忘症(けんぼうしょう kenbō-syō). (초출: 1918, 조선총독부
《조선사서원고》)

건물(建物) 일 建物(たてもの tatemono). (초출: 1895,《관보》제27호)

건반(鍵盤) 일 鍵盤(けんばん keban). (초출: 1917, 이광수《무정》)

건배(乾杯) 일 乾杯(かんぱい kanpai). (초출: 1921,《동아일보》)

건재(建材) 일 建材(けんざい kenzai). (초출: 1937,《동아일보》)

건전(健全) 일 健全(けんぜん kenzen). (초출: 1895,《관보》제121호)

건착망(巾着網) 일 巾着網(きんちゃくあみ kinchaku-ami). (초출: 1907,《대한자강
회월보》제13호)

건초(乾草) 일 乾草(かんそう kansō). (초출: 1895,《서유견문》제16편)

건축(建築) 일 建築(けんちく kenchiku). (초출: 1895,《서유견문》)

건축물(建築物) 일 建築物(けんちくぶつ kenchiku-butsu). (초출: 1900,《관보》제
1683호)

건평(建坪) 일 建坪(たてつぼ tatetsubo). (초출: 1908,《관보》제4153호)

건폐율(建蔽率) 일 建蔽率(けんぺいりつ kenpei-ritsu). (초출: 1968,《조선일보》)

검문소(檢問所) 일 検問所(けんもんじょ kenmon-zyo). (초출: 1926,《동아일보》)

검사(檢事) 일 検事(けんじ kenzi). (초출: 1883,《한성순보》7호)

검사(檢査) 일 検査(けんさ kensa). (초출: 1895,《관보》제4호)

검사역(檢査役) 일 検査役(けんさやく kensa-yaku). (초출: 1908,《관보》부록)

검색(檢索) 일 検索(けんさく kensaku). (초출: 1909,《관보》제4314호)

검안(檢眼) 일 検眼(けんがん kengan). (초출: 1931,《조선일보》)

검역(檢疫) 일 検疫(けんえき keneki). (초출: 1895,《관보》제16호)

검역소(檢疫所) 일 検疫所けんえきしょ keneki-sho). (초출: 1895,《관보》제83호)

검온기(檢溫器) 일 (けんおんき kenon-ki). (초출: 1907,《태극학보》제11호)

검인(檢印) 일 検印(けんいん kenin). (초출: 1895,《관보》제1호)

검정(檢定) 일 検定(けんてい kentei). (초출: 1895,《관보》제19호)

검증(檢證) 일 検証(けんしょう kensyō). (초출: 1901,《관보》제2515호)

검진(檢診) 일 検診(けんしん kensin). (초출: 1895,《관보》제184호)

검찰(檢察) 일 検察(けんさつ kensatsu). (초출: 1895,《관보》제44호)

검찰관(檢察官) 일 検察官(けんさつかん kensatsu-kan). (초출: 1897,《독립신문》)

검찰청(檢察廳) 일 検察庁(けんさつちょう kensatsu-chō). (초출: 1921,《동아일보》)

검침(檢針) 일 検針(けんしん kensin). (초출: 1936,《조선일보》)

검파기(檢波器) 일 検波器(けんぱき kenpaki). (초출: 1924,《동아일보》)

게다 일 下駄(げた geta). (초출: 1922,《개벽》제29호)

게라 일 ゲラ(gera). (초출: 1938, 문세영《조선어사전》)

게양(揭揚) 일 揭揚(けいよう keiyō). (초출: 1907,《서우》제13호)

게이트볼 일 ゲートボール(gēto bōru). (초출: 1983,《동아일보》)

게임세트 일 ゲーム・セット(gēmu setto). (초출: 1923,《동아일보》)

겟투(겥투) 일 ゲッツー(getsū). (초출: 1961,《경향신문》)

격감(激減) 일 激減(げきげん gekigen). (초출: 1922,《개벽》제20호)

격납(格納) 일 格納(かくのう kakunō). (초출: 1914,《매일신보》)

격납고(格納庫) 일 格納庫(かくのうこ kakunō-ko). (초출: 1921,《동아일보》)

격돌(激突) 일 激突(げきとつ gekitotsu). (초출: 1933, 《동아일보》)

격동(激動) 일 激動(げきどう gekidō). (초출: 1908, 《관보》 제3980호)

격무(激務) 일 激務(げきむ gekimu). (초출: 1924, 《동아일보》)

격변(激變) 일 激変(げきへん gekihen). (초출: 1910, 《관보》 부록)

격상(格上) 일 格上げ(かくあげ kakuage). (초출: 1925, 《동아일보》)

격자문(格子門) 일 格子門(こうしもん kōsi-mon). (초출: 1972, 《조선일보》)

격전(激戰) 일 激戦(げきせん gekisen). (초출: 1897, 《대조선독립협회회보》 제10호)

격증(激增) 일 激増(げきぞう gekizō). (초출: 1906, 《태극학보》 제4호)

격차(格差) 일 格差(かくさ kakusa). (초출: 1921, 《동아일보》)

격추(撃墜) 일 撃墜(げきつい gekitsui). (초출: 1932, 《별곤건》 제52호)

격침(撃沈) 일 撃沈(げきちん gekichin). (초출: 1920, 《동아일보》)

격투기(格鬪技) 일 格闘技(かくとうぎ kakutō-gi). (초출: 1955, 《경향신문》)

격하(格下) 일 格下げ(かくさげ kakusage). (초출: 1928, 《동아일보》)

격화(激化) 일 激化(げきか gekika). (초출: 1930, 《별건곤》 제33호)

견본(見本) 일 見本(みほん mihon). (초출: 1895, 《서유견문》)

견본시(見本市) 일 見本市(みほんいち mihon-ichi). (초출: 1924, 《조선일보》)

견습(見習) 일 見習い(みならい minarai). (초출: 1895, 《관보》 제29호)

견인차(牽引車) 일 牽引車(けんいんしゃ kenin-sya). (초출: 1931, 《동아일보》)

견적(見積) 일 見積り(みつもり mitsumori). (초출: 1895, 《관보》 제147호)

견적서(見積書) 일 見積書(みつもりしょ mitsumori-syo). (초출: 1908, 《관보》 제4118호)

견지(見地) 일 見地(けんち kenchi). (초출: 1920, 《동아일보》)

견직(絹織) 일 絹織(きぬおり kinuori). (초출: 1897, 《대조선독립협회회보》 제9호)

견직물(絹織物) 일 絹織物(きぬおりもの kinuori-mono). (초출: 1908, 《대한학회월보》 제5호)

견출지(見出紙) 일 見出紙(みだしがみ midasi-gami). (초출: 1977, 《경향신문》)

견취도(見取圖) 일 見取図(みとりず mitori-zu). (초출: 1909, 《관보》 부록)

견학(見學) 일 見学(けんがく kengaku). (초출: 1907, 《서우》 제8호)

결격(缺格) 일 欠格(けっかく kekkaku). (초출: 1908, 《대동학회월보》)

결과(結果) 일 結果(けっか kekka). (초출: 1898, 《독립신문》)

결근계(缺勤届) 일 欠勤届(けっきんとどけ kekkin-todoke). (초출: 1924, 《조선일보》)

결렬(決裂) 일 決裂(けつれつ ketsuretsu). (초출: 1908, 《대동학회월보》제2호)

결로(結露) 일 結露(けつろ ketsuro). (초출: 1964, 《동아일보》)

결론(結論) 일 結論(けつろん ketsuron). (초출: 1906~1910, 《보감》부록 '휘집' 3권)

결막(結膜) 일 結膜(けつまく ketsumaku). (초출: 1918, 조선총독부 《조선사서원고》)

결막염(結膜炎) 일 結膜炎(けつまくえん ketsumaku-en). (초출: 1918, (조선총독부 《조선사서원고》)

결사대(決死隊) 일 決死隊(けっしたい kessi-tai). (초출: 1907, 《태극학보》제16호)

결산(決算) 일 決算(けっさん kessan). (초출: 1895, 《관보》제211호)

결석(結石) 일 結石(けっせき kesseki). (초출: 1908, 《서북학회월보》제1호)

결석계(缺席届) 일 欠席届(けっせきとどけ kesseki-todoke). (초출: 1925, 《조선일보》)

결석재판(缺席裁判) 일 欠席裁判(せきさいばん kesseki-saiban). (초출: 1895, 《관보》제115호)

결선투표(決選投票) 일 決選投票(けっせんとうひょう kessen-tōhyō). (초출: 1921, 《조선일보》)

결손(缺損) 일 欠損(けっそん kesson). (초출: 1899, 《황성신문》)

결승전(決勝戰) 일 決勝戰(けっしょうせん kesshō-sen). (초출: 1922, 《개벽》제26호)

결식아동(缺食兒童) 일 欠食児童(けっしょくじどう kessyoku-zidō). (초출: 1931, 《매일신보》)

결심(結審) 일 結審(けっしん kessin). (초출: 1895, 《관보》제27호)

결재(決裁) 일 決裁(けっさい kessai). (초출: 1895, 《관보》제1호)

결전장(決戰場) 일 決戦場(けっせんじょう kessen-zyō). (초출: 1933, 《조선일보》)

결점(缺點) 일 欠点(けってん ketten). (초출: 1906, 이인직 《혈의 누》)

결정(結晶) 일 結晶(けっしょう kessyō). (초출: 1908, 《대한학회월보》제2호)

결정적(決定的) 일 決定的(けっていてき gettei-teki). (초출: 1921, 《개벽》제11호)

결정체(結晶體) 일 結晶体(けっしょうたい kesshō-tai). (초출: 1908, 《태극학보》

제19호)

결정판(決定版) 일 決定版(けっていばん kettei-ban). (초출: 1935, 《동아일보》)

결제(決濟) 일 決済(けっさい kessai). (초출: 1908, 《대한협회월보》 제5호)

결착(決着) 일 決着(けっちゃく ketchaku). (초출: 1907, 《대한유학생회학보》 제2호)

결핵(結核) 일 結核(けっかく kekkaku). (초출: 1899, 《독립신문》)

결호(缺號) 일 欠号(けつごう ketsugō). (초출: 1921, 《조선일보》)

결혼식(結婚式) 일 結婚式(けっこんしき kekkon-siki). (초출: 1906, 《태극학보》 제5호)

경(輕)~ 일 軽~(けい kei). (초출: 1895, 《관보》 제62호)

경공업(輕工業) 일 軽工業(けいこうぎょう kei-kōgyō). (초출: 1925, 《조선일보》)

경관(景觀) 일 景観(けいかん keikan). (초출: 1923, 《조선일보》)

경관(警官) 일 警官(けいかん keikan). (초출: 1895, 《관보》 호외)

경구(經口) 일 経口(けいこう keikō). (초출: 1931, 《별건곤》 제36호)

경기(景氣) 일 景気(けいき keiki). (초출: 1909, 《대한민보》)

경기(競技) 일 競技(きょうぎ kyōgi). (초출: 1906, 《황성신문》)

경기구(輕氣球) 일 軽気球(けいききゅう kei-kikyū). (초출: 1898, 《독립신문》)

경기장(競技場) 일 競技場(きょうぎじょう kyōgi-zyō). (초출: 1920, 《동아일보》)

경동맥(頸動脈) 일 頸動脈(けいどうみゃく kei-dōmyaku). (초출: 1921, 《개벽》 제13호)

경락(競落) 일 競落(きょうらく kyōraku). (초출: 1907, 《황성신문》)

경련(痙攣) 일 痙攣(けいれん keiren). (초출: 1908, 《대한학회월보》 제8호)

경륜(競輪) 일 競輪(けいりん keirin). (초출: 1958, 《경향신문》)

경리(經理) 일 経理(けいり keiri). (초출: 1895, 《관보》 제17호)

경마(競馬) 일 競馬(けいば keiba). (초출: 1897, 《독립신문》)

경마장(競馬場) 일 競馬場(けいばじょう keiba-zyō). (초출: 1908, 《태극학보》 제21호)

경매(競賣) 일 競売(きょうばい kyōbai). (초출: 1883, 《한성순보》)

경범죄(輕犯罪) 일 軽犯罪(けいはんざい kei-hanzai). (초출: 1895, 《관보》 제62호)

경비대(警備隊) 일 警備隊(けいびたい kebi-tai). (초출: 1896, 《관보》 제284호)

경비행기(輕飛行機) 일 軽飛行機(けいひこうき kei-hikōki). (초출: 1931, 《동아일보》)

경사면(傾斜面) 일 傾斜面(けいしゃめん keisya-men). (초출: 1906, 《서우》 1호)

경상(輕傷) 일 軽傷(けいしょう keisyō). (초출: 1899, 《황성신문》)

경상비(經常費) 일 経常費(けいじょうひ keizyō-hi). (초출: 1897, 《대조선독립협회 회보》 제8호)

경색(梗塞) 일 梗塞(こうそく kōsoku). (초출: 1918, 《조선사서원고》)

경어(敬語) 일 敬語(けいご keigo). (초출: 1917, 《무정》)

경연(競演) 일 競演(きょうえん kyōen). (초출: 1926, 《동아일보》)

경영(競泳) 일 競泳(きょうえい kyōei). (초출: 1923, 《조선일보》)

경우(境遇) 일 境遇(きょうぐう kyōgū). (초출: 1895, 《관보》)

경유(輕油) 일 軽油(けいゆ keiyu). (초출: 1921, 《동아일보》)

경자동차(輕自動車) 일 軽自動車(けいじどうしゃ kei-zidōsha). (초출: 1984, 《매 일경제》)

경쟁(競爭) 일 競争(きょうそう kyōsō). (초출: 1895, 《서유견문》 제10편)

경쟁력(競爭力) 일 競争力(きょうそうりょく kyōsō-ryoku). (초출: 1907, 《대한유 학생회학보》 제2호)

경정(競艇) 일 競艇(きょうてい kyōtei). (초출: 1984, 《경향신문》)

경제(經濟) 일 経済(けいざい keizai). (초출: 1884, 《한성순보》 제9호)

경제계(經濟界) 일 (けいざいかい keizai-kai). (초출: 1906, 《태극학보》 제3호)

경제공황(經濟恐慌) 일 経済恐慌(けいざいきょうこう keizai-kyōkō). (초출: 1906, 《태극학보》 제4호)

경제권(經濟圈) 일 経済圏(けいざいけん keizai-ken). (초출: 1922, 《개벽》 제29호)

경제봉쇄(經濟封鎖) 일 経済封鎖(けいざいふうさ keizai-fūsa). (초출: 1928, 《동아 일보》)

경제인(經濟人) 일 経済人(けいざいじん keizai-zin). (초출: 1895, 《서유견문》)

경제적(經濟的) 일 経済的(けいざいてき keizai-teki). (초출: 1908, 《관보》 제4059호)

경제학(經濟學) 일 経済学(けいざいがく keizai-gaku). (초출: 1895, 《서유견문》)

경주(競走) 일 競走(きょうそう kyōsō). (초출: 1899, 《독립신문》)

경직(硬直) 일 硬直(こうちょく kōchoku). (초출: 1907, 《태극학보》 제4호)

경차(輕車) 일 軽車(けいしゃ keisha). (초출: 1987, 《동아일보》)

경찰(警察) 일 警察(けいさつ keisatsu). (초출: 1881, 이헌영 《일사집략》)

경찰관(警察官) 일 警察官(けいさつかん keisatsu-kan). (초출: 1895, 《관보》 제15호)

경찰국가(警察國家) 일 警察国家(keisatsu-kokka). (초출: 1921, 《동아일보》)

경찰서(警察署) 일 警察署(けいさつしょ keisatsu-sho). (초출: 1895, 《관보》 제83호)

경품(景品) 일 景品(けいひん keihin). (초출: 1903, 《황성신문》)

경합(競合) 일 競合(せりあい/きょうごう seriai/kyōgō). (초출: 1922, 《조선일보》)

경향(傾向) 일 傾向(けいこう keikō). (초출: 1906, 《대한자강회월보 제2호》)

경향소설(傾向小說) 일 傾向小説(けいこうしょうせつ keikō-syōsetsu). (초출: 1934, 《삼천리》 제6권 9호)

경험(經驗) 일 経験(けいけん keiken). (초출: 1886, 《한성주보》 제23호)

경호(警護) 일 警護(けいご keigo). (초출: 1909, 《관보》 제4516호)

경화(硬化) 일 硬化(こうか kōka). (초출: 1908, 《대한학회월보》 제6호)

경화(硬貨) 일 硬貨(こうか kōka). (초출: 1920, 《동아일보》)

~계(系) 일 ~系(けい kei). (초출: 1909, 《대동학회월보》 제20호)

~계(係) 일 ~係(かかり kakari). (초출: 1922, 《동아일보》)

~계(~計) 일 ~計(~けい kei). (초출: 1889, 헐버트 《사민필지》)

~계(界) 일 ~界(かい kai). (초출: 1909, 《대한흥학보 1호》)

~계(届) 일 ~届け(とどけ todoke). (초출: 1921, 《조선일보》)

~계급(階級) 일 ~階級(かいきゅう kaikyū). (초출: 1910, 《대한흥학보》 제10호)

계급투쟁(階級鬪爭) 일 階級闘争(かいきゅうとうそう kaikyū-tōsō). (초출: 1921, 《개벽》 11호)

계기(契機) 일 契機(けいき keiki). (초출: 1921, 《개벽》 11호)

계기비행(計器飛行) 일 計器飛行(けいきひこう keiki-hikō). (초출: 1935, 《동아일보》)

계단(階段) 일 階段(かいだん kaidan). (초출: 1901, 《황성신문》)

계리(計理) 일 計理(けいり keiri). (초출: 1908, 《관보》 제4108호)

계산기(計算機/計算器) 일 計算機/計算器(けいさんき keisan-ki). (초출: 1907, 《태극학보》 제1호)

계산서(計算書) 일 計算書(けいさんしょ keisan-syo). (초출: 1896,《관보》제238호)

계상(計上) 일 計上(けいじょう keizyō). (초출: 1909,《관보》제4515호)

계수(係數) 일 係数(けいすう keisū). (초출: 1909,《서북학회월보》제13호)

계약(契約) 일 契約(けいやく keiyaku). (초출: 1895,《관보》제78호)

계약서(契約書) 일 (けいやくしょ keiyaku-sho). (초출: 1895,《관보》제78호)

계엄령(戒嚴令) 일 戒厳令(かいげんれい kaigen-rei). (초출: 1899,《황성신문》)

계열(系列) 일 系列(けいれつ keiretsu). (초출: 1922,《개벽》제24호)

계영(繼泳) 일 継泳(けいえい keiei). (초출: 1932,《동아일보》)

계원(係員) 일 係員(かかりいん kakari-in). (초출: 1920,《조선일보》)

계인(契印) 일 契印(けいいん keiin). (초출: 1895,《관보》제28호)

계장(係長) 일 係長(かかりちょう kakarichō). (초출: 1895,《관보》제94호)

계절풍(季節風) 일 季節風(きせつふう kisetsu-fū). (초출: 1910,《대한흥학보》제11호)

계주(繼走) 일 継走(けいそう keisō). (초출: 1929,《동아일보》)

계출(届出) 일 届出(とどけで todokede). (초출: 1899,《미일신문》)

계측(計測) 일 計測(けいそく keisoku). (초출: 1907,《태극학보》제11호)

계통(系統) 일 系統(けいとう keitō). (초출: 1897,《친목회회보》제5호)

고~(高~) 일 高~(ｋ ō~). (초출: 1910,《대한흥학보》제11호)

~고(高) 일 ~高(たか taka). (초출: 1906,《관보》부록)

고가교(高架橋) 일 高架橋(こうかきょう kōkakyō). (초출: 1936,《동아일보》)

고객(顧客) 일 顧客(こきゃく kokyaku). (초출: 1901,《황성신문》)

고고학(考古學) 일 考古学(こうこがく kōko-gaku). (초출: 1907,《서우》제7호)

고공(高空) 일 高空(こうくう kōkū). (초출: 1909,《대한흥학보》제8호)

고관절(股關節) 일 股関節(こかんせつ ko-kansetsu). (초출: 1926,《동아일보》)

고교(高校) 일 高校(こうこう kōkō). (초출: 1922,《개벽》제26호)

고구마 일 孝行芋(こうこういも kōkō-imo). (초출: 1920,《개벽》제3호)

고급(高級) 일 高級(こうきゅう kōkyū). (초출: 1906,《관보》제3641호)

고기압(高氣壓) 일 高気圧(こうきあつ kō-kiatsu). (초출: 1907,《서우》제12호)

고다쓰 일 火燵(こたつ kotatsu). (초출: 1923,《조선일보》)

고답파(高踏派) 일 踏派(こうとうは kōtō-ha). (초출: 1918, 《태서문예신보》 제10호)

고데 일 こて(鏝 kote). (초출: 1926, 《개벽》 제68호)

고도(高度) 일 高度(こうど kōdo). (초출: 1907, 《태극학보》 제14호)

고도성장(高度成長) 일 高度成長(こうどせいちょう kōdo-seichō). (초출: 1961, 《경향신문》)

고독사(孤獨死) 일 孤独死(こどくし kodoku-si). (초출: 1973, 《경향신문》)

고등학교(高等學校) 일 高等学校(こうとうがっこう kōtō-gakkō). (초출: 1895, 《서유견문》)

고려(考慮) 일 考慮(こうりょ kōryo). (초출: 1907, 《서우》 제4호)

고령화(高齡化) 일 高齢化(こうれいか kōrei-ka). (초출: 1968, 《경향신문》)

고령화사회(高齡化社會) 일 高齢化社会(こうれいかしゃかい kōreika-shakai). (초출: 1978, 《경향신문》)

고로(高爐) 일 高炉(こうろ kōro). (초출: 1966, 《매일경제》)

고로께 일 コロッケ(korokke). (초출: 1955, 《동아일보》)

고료(稿料) 일 稿料(こうりょう kōryō). (초출: 1926, 《동아일보》)

고리(高利) 일 高利(こうり kōri). (초출: 1907, 《대한유학생회회보》 제2호)

고리대금(高利貸金) 일 高利貸金(こうりかしきん kōri-kasikin). (초출: 1918, 《태서문예신보》 제6호)

고막(鼓膜) 일 鼓膜(こまく komaku). (초출: 1908, 《기호흥학회월보》 제3호)

고무 일 ゴム(gomu). (초출: 1897, 《독립신문》)

고무적(鼓舞的) 일 鼓舞的(こぶてき kobu-teki). (초출: 1923, 《동아일보》)

고미술(古美術) 일 古美術(こびじゅつ ko-bizyutsu). (초출: 1918, 최남선역 《자조론》)

고바이 일 勾配(こうばい kōbai). (초출: 1976, 《경향신문》)

고백(告白) 일 告白(こくはく kokuhaku). (초출: 1918, 《태서문예신보》 제9호)

고별식(告別式) 일 告別式(こくべつしき kokubetsu-siki). (초출: 1920, 《동아일보》)

고보(高普) 일 高普(こうふ kōfu). (초출: 1921, 《개벽》 제11호)

고뿌 일 コップ(koppu). (초출: 1921, 《개벽》 제7호)

고사포(高射砲) 일 高射砲(こうしゃほう kōsya-hō). (초출: 1925, 《조선일보》)

고생대(古生代) 일 古生代(こせいだい koseidai). (초출: 1907, 《대한유학생회회보》 제3호)

고속(高速) 일 高速(こうそく kōsoku). (초출: 1906, 《관보》 제3547호)

고속도로(高速道路) 일 高速道路(こうそくどうろ kōsoku-dōro). (초출: 1968, 《동아일보》)

고수부지(高水敷地) 일 高水＋敷地(しきち sikichi). (초출: 1964, 《동아일보》)

고시히카리 일 こしひかり(越光 kosihikari). (초출: 1980, 《동아일보》)

고식적(姑息的) 일 姑息的(こそくてき kosoku-teki). (초출: 1907, 《태극학보》 제14호)

고심담(苦心談) 일 苦心談(くしんだん kusin-dan). (초출: 1920, 《동아일보》)

고아원(孤兒院) 일 孤児院(こじいん kozi-in). (초출: 1895, 《서유견문》 제17편)

고압(高壓) 일 高圧(こうあつ kōatsu). (초출: 1907, 《태극학보》 제8호)

고압선(高壓線) 일 高圧線(こうあつせん kōatsu-sen). (초출: 1921, 《동아일보》)

고압적(高壓的) 일 高圧的(こうあつてき kōatsu-teki). (초출: 1921, 《동아일보》)

고액(高額) 일 高額(こうがく kōgaku). (초출: 1895, 《서유견문》 제7편)

고온(高溫) 일 高温(こうおん kōon). (초출: 1906, 《태극학보》 제2호)

고용주(雇用主) 일 雇用主(こようぬし koyō-nusi). (초출: 1918, 《태서문예신보》 제5호)

고유명사(固有名詞) 일 固有名詞(こゆうめいし koyū-meisi). (초출: 1908, 《대한학회월보》 제9호)

고유어(固有語) 일 固有語(こゆうご koyū-go). (초출: 1923, 《동아일보》)

고자세(高姿勢) 일 高姿勢(こうしせい kō-sisei). (초출: 1958, 《동아일보》)

고장(故障) 일 故障(こしょう kosyō). (초출: 1906, 《관보》 제3388호)

고적대(鼓笛隊) 일 鼓笛隊(こてきたい koteki-tai). (초출: 1937, 《조선일보》)

고정자본(固定資本) 일 固定資本(こていしほん kotei-sihon). (초출: 1905, 《관보》 제3330)

고정자산(固定資産) 일 固定資産(こていしさん kotei-sisan). (초출: 1931, 《동아일보》)

고조(高潮) 일 高潮(こうちょう kōchō). (초출: 1909, 《대한흥학보》 제2호)

고주파(高周波) 일 高周波(こうしゅうは kō-syūha). (초출: 1925, 《조선일보》)

고지서(告知書) 일 告知書(こくちしょ kokuchi-sho). (초출: 1895, 《관보》 제4호)

고차원(高次元) 일 高次元(こうじげん kō-zigen). (초출: 1938,《조선일보》)

고참(古參) 일 古参(こさん kosan). (초출: 1922,《동아일보》)

고체(固體) 일 固体(こたい kotai). (초출: 1906,《태극학보》제1호)

고학생(苦學生) 일 苦学生(くがくせい kugaku-sei). (초출: 1907,《태극학보》제12호)

고혈압(高血壓) 일 高血圧(こうけつあつ kō-ketsuatsu). (초출: 1927,《동아일보》)

~곡(曲) 일 ~曲(きょく kyoku). (초출: 1922,《개벽》제19호)

곡선미(曲線美) 일 曲線美(きょくせんび kyokusen-bi). (초출: 1922,《개벽》제22호)

곡예비행(曲藝飛行) 일 曲芸飛行(きょくげいひこう kyokugei-hikō). (초출: 1921, 《동아일보》)

곤냐쿠(곤냐꾸) 일 蒟蒻(こんにゃく konnyaku). (초출: 1924,《동아일보》)

곤로(焜爐) 일 焜炉(こんろ konro). (초출: 1907,《태극학보》제16호)

곤색(紺色) 일 紺色(こんいろ koniro). (초출: 1906,《관보》호외)

곤조(根性) 일 根性(こんじょう konzyō). (초출: 1932,《동아일보》)

골든아워 일 ゴールデン・アヮー(gōruden awā). (초출: 1957,《경향신문》)

골든위크 일 ゴールデン・ウィーク(golden wīku). (초출: 1959,《동아일보》)

골든 타임 일 ゴールデン・タイム(gōruden taimu). (초출: 1962,《동아일보》)

골막(骨膜) 일 骨膜(こつまく kotsumaku). (초출: 1908,《기호흥학회월보》제2호)

골막염(骨膜炎) 일 骨膜炎(こつまくえん kotsumaku-en). (초출: 1918, 조선총독부 《조선사서원고》)

골인 일 ゴール・イン(gōru in). (초출: 1939,《동아일보》)

골재(骨材) 일 骨材(こつざい kotsuzai). (초출: 1932,《동아일보》)

골절(骨折) 일 骨折(こっせつ kossetsu). (초출: 1908,《서북학회월보》제4호)

골조(骨組) 일 骨組(ほねぐみ honegumi). (초출: 1922,《동아일보》)

공(空)~ 일 空(から/くう kara/kū). (초출: 1928,《동아일보》)

공간(空間) 일 空間(くうかん kūkan). (초출: 1903,《황성신문》)

공개(公開) 일 公開(こうかい kōkai). (초출: 1895,《관보》제111호)

공과(工科) 일 工科(こうか kōka). (초출: 1906,《관보》제3394호)

공과대학(工科大學) 일 工科大学(こうかだいがく kōka-daigaku). (초출: 1908,《태

극학보》 제1호)

공교육(公敎育) 일 公教育(こうきょういく kō-kyōiku). (초출: 1930, 《조선일보》)

공구(工具) 일 工具(こうぐ kōgu). (초출: 1905, 《관보》 제3234호)

공구(工區) 일 工区(こうく kōku). (초출: 1922, 《동아일보》)

공구리(공구리도) 일 コンクリート(konkurīto). (초출: 1921, 《동아일보》)

공군(空軍) 일 空軍(くうぐん kūgun). (초출: 1924, 《개벽》 제47호)

공권(公權) 일 公権(こうけん kōken). (초출: 1895, 《서유견문》 제15편)

공권력(公權力) 일 公権力(こうけんりょく kōken-ryoku). (초출: 1907, 《대한유학
생회학보》 제3호)

공급(供給) 일 供給(きょうきゅう kyōkyū). (초출: 1887, 예수성교전서 《누가복음》
11:07절)

공급선(供給先) 일 供給先(きょうきゅうさき kyōkyū-saki). (초출: 1938, 《동아일보》)

공기총(空氣銃) 일 空気銃(くうきじゅう kūki-zyū). (초출: 1921, 《동아일보》)

공단(公團) 일 公団(こうだん kōdan). (초출: 1949, 《경향신문》)

공동(共同) 일 共同(きょうどう kyōdō). (초출: 1896, 《관보》 제234호)

공동구(共同溝) 일 共同溝(きょうどうこう kyōdō-kō). (초출: 1938, 《동아일보》)

공동묘지(共同墓地) 일 共同墓地(きょうどうぼち kyōdō-bochi). (초출: 1921, 《개벽》
제12호)

공동변소(共同便所) 일 共同便所(きょうどうべんじょ kyōdō-benzyo). (초출:
1921, 《동아일보》)

공동정범(共同正犯) 일 共同正犯(きょうどうせいはん kyōdō-seihan). (초출:
1924, 《동아일보》)

공동체(共同體) 일 共同体(きょうどうたい kyōdō-tai). (초출: 1906, 《대한자강회
월보》 제3호)

공동화(空洞化) 일 空洞化(くうどうか kūdō-ka). (초출: 1966, 《동아일보》)

공란(空欄) 일 空欄(くうらん kūran). (초출: 1926, 《매일신보》)

공람(供覽) 일 供覧(きょうらん kyōran). (초출: 1896, 《관보》 제284호)

공략(攻略) 일 攻略(こうりゃく kōryaku). (초출: 1938, 《대한협회회보》 제3호)

공룡(恐龍) 일 恐龍(きょうりゅう kyōryū). (초출: 1923,《동아일보》)

공률(工率) 일 工率(こうりつ kōritsu). (초출: 1920,《동아일보》)

공리주의(功利主義) 일 功利主義(こうりしゅぎ kōri-syugi). (초출: 1907,《태극학보》제15호)

공립(公立) 일 公立(こうりつ kōritsu). (초출: 1895,《관보》제2호)

공립학교(公立學校) 일 公立学校(こうりつがっこう kōritsu-gakkō). (초출: 1895,《서유견문》제18편)

공매(公賣) 일 公売(こうばい kōbai). (초출: 1898,《믹일신문》)

공매도(空賣渡) 일 空売り渡し(からうりわたし karauri-watasi). (초출: 1965,《동아일보》)

공매매(空賣買) 일 空売買(くうばいばい kū-baibai). (초출: 1920,《동아일보》)

공명(共鳴) 일 共鳴(きょうめい kyōmei). (초출: 1921,《개벽》제10호)

공명심(功名心) 일 功名心(こうみょうしん kōmyō-sin). (초출: 1908,《대한협회회보》제2호)

공명정대(公明正大) 일 公明正大(こうめいせいだい kōmei-seidai). (초출: 1906,《태극학보》제2호)

공모(公募) 일 公募(こうぼ kōbo). (초출: 1909,《대한믹일신보》)

공무원(公務員) 일 公務員(こうむいん kōmu-in). (초출: 1909,《관보》제4522호)

공문서(公文書) 일 公文書(こうぶんしょ kō-bunsho). (초출: 1895,《관보》제12호)

공민(公民) 일 公民(こうみん kōmin). (초출: 1899,《황성신문》)

공민권(公民權) 일 公民権(こうみんけん kōmin-ken). (초출: 1906,《대한자강회월보》제5호)

공법(工法) 일 工法(こうほう kōhō). (초출: 1923,《개벽》제33호)

공병(工兵) 일 工兵(こうへい kōhei). (초출: 1895,《관보》제3호)

공병대(工兵隊) 일 工兵隊(こうへいたい kōhei-tai). (초출: 1895,《관보》제52호)

공보(公報) 일 公報(こうほう kōhō). (초출: 1895,《관보》제199호)

공복(公僕) 일 公僕(こうぼく kōboku). (초출: 1907,《대한자강회월보》제13호)

공사(工事) 일 工事(こうじ kōzi). (초출: 1895,《관보》제7호)

공사(公使) 일 公使(こうし kōsi). (초출: 1891, 스콧《ENGLISH-COREAN DICTIONARY》)

공사관(公使館) 일 公使館(こうしかん kōsi-kan). (초출: 1895,《관보》)

공산(公算) 일 公算(こうさん kōsan). (초출: 1927,《동아일보》)

공산당(共産黨) 일 共産党(きょうさんとう kyōsan-tō). (초출: 1920,《동아일보》)

공산주의(共産主義) 일 共産主義(きょうさんしゅぎ kyōsan-syugi). (초출: 1906, 《황성신문》)

공산화(共産化) 일 共産化(きょうさんか kyōsan-ka). (초출: 1920,《동아일보》)

공상(空想) 일 空想(くうそう kūsō). (초출: 1895, 학부《국민소학독본》제17과)

공상(公傷) 일 公傷(こうしょう kōsyō). (초출: 1908,《관보》, 제4417호)

공석(空席) 일 空席(くうせき kūseki). (초출: 1920,《개벽》, 제2호)

공선(空船) 일 空船(くうせん kūsen). (초출: 1920,《동아일보》)

공설(公設) 일 公設(こうせつ kōsetsu). (초출: 1908,《대한학회월보》제4호)

공소(公訴) 일 公訴(こうそ kōso). (초출: 1895,《관보》제15호)

공소권(公訴權) 일 公訴権(こうそけん kōso-ken). (초출: 1921,《동아일보》)

공소장(控訴狀) 일 控訴状(こうそじょう kōso-zyō). (초출: 1921,《조선일보》)

공수(空輸) 일 空輸(くうゆ kūyu). (초출: 1930,《동아일보》)

공수동맹(攻守同盟) 일 攻守同盟(こうしゅどうめい kōsyu-dōmei). (초출: 1900, 《관보》 부록)

공수병(恐水病) 일 恐水病(きょうすいびょう kyōsui-byō). (초출: 1899,《독립신문》)

공술(供述) 일 供述(きょうじゅつ kyōzyutsu). (초출: 1899,《관보》제1279호)

공습(空襲) 일 空襲(くうしゅう kūshū). (초출: 1931,《조선일보》)

공습경보(空襲警報) 일 空襲警報(くうしゅうけいほう kūsyū-keihō). (초출: 1936, 《개벽》 신간 제3호)

공시(公示) 일 公示(こうじ kōzi). (초출: 1899,《황성신문》)

공식(公式) 일 公式(こうしき kōsiki). (초출: 1895,《관보》제10호)

공안(公安) 일 公安(こうあん kōan). (초출: 1908,《관보》호외)

공약(公約) 일 公約(こうやく kōyaku). (초출: 1909,《대한흥학보》제1호)

공업(工業) 일 工業(こうぎょう kōgyō). (초출: 1883,《한성순보》제5호)

공업국(工業國) 일 工業国(こうぎょうこく kōgyō-koku). (초출: 1895,《관보》제
182호)

공업단지(工業團地) 일 工業団地(こうぎょうだんち kōgyō-danchi). (초출: 1961,
《조선일보》)

공업도시(工業都市) 일 工業都市(こうぎょうとし kōgyō-tosi). (초출: 1920,《조선
일보》)

공업화(工業化) 일 工業化(こうぎょうか kōgyō-ka). (초출: 1922,《조선일보》)

공여(供與) 일 供与(きょうよ kyōyo). (초출: 1906,《서우》제1호)

공영(公營) 일 公営(こうえい kōei). (초출: 1921,《동아일보》)

공예품(工藝品) 일 工芸品(こうげいひん kōgei-hin). (초출: 1906,《태극학보》제5호)

공원(工員) 일 工員(こういん kōin). (초출: 1901,《관보》호외)

공원(公園) 일 公園(こうえん kōen). (초출: 1895, 학부《국민소학독본》제21과)

공익(公益) 일 公益(こうえき kōeki). (초출: 1899,《독립신문》)

공익법인(公益法人) 일 公益法人(こうえきほうじん kōeki-hōzin). (초출: 1907,
《서우》제13호)

공인(公人) 일 公人(こうじん kōzin). (초출: 1918, 최남선《자조론》)

공인(公認) 일 公認(こうにん kōnin). (초출: 1898,《매일신문》)

공임(工賃) 일 工賃(こうちん kōchin). 품삯(초출: 1899,《황성신문》)

공작(工作) 일 工作(こうさく kōsaku). (초출: 1934,《신어사전》)

공작원(工作員) 일 工作員(こうさくいん kōsaku-in). (초출: 1928,《동아일보》)

공장(工場) 일 工場(こうじょう kōzyō)/工場(こうば kōba). (초출: 1886,《한성주
보》제3호)

공장도(工場渡) 일 工場渡し(こうじょうわたし kōzyō-watasi). (초출: 1939,《조선
일보》)

공전(公轉) 일 公転(こうてん kōten). (초출: 1896, 학부《신정심상소학》제19과)

공전(空前) 일 空前(くうぜん kūzen). (초출: 1908,《대한학회월보》제4호)

공정가격(公定價格) 일 公定価格(こうていかかく kōtei-kakaku). (초출: 1920,《동
아일보》)

공정부대(空挺部隊) 일 空挺部隊(くうていぶたい kūtei-butai). (초출: 1949,《동아일보》)

공제(控除) 일 控除(こうじょ kōzyo). (초출: 1896,《관보》제226호)

공제조합(共濟組合) 일 共済組合(きょうさいくみあい kyōsai-kumiai). (초출: 1921,《동아일보》)

공조(空調) 일 空調(くうちょう kūchō). (초출: 1967,《매일경제》)

공존(共存) 일 共存(きょうそん kyōson). (초출: 1902,《신학월보》제2권 제9호)

공중(公衆) 일 公衆(こうしゅう kōsyū). (초출: 1884,《한성순보》)

공중분해(空中分解) 일 空中分解(くうちゅうぶんかい kūchū-bunkai). (초출: 1939,《동아일보》)

공중위생(公衆衛生) 일 公衆衛生(こうしゅうえいせい kōshū-eisei). (초출: 1895, 《관보》제15호)

공중전(空中戰) 일 空中戦(くうちゅうせん kūchū-sen). (초출: 1921,《동아일보》)

공중전화(公衆電話) 일 公衆電話(こうしゅうでんわ kōsyū-denwa). (초출: 1921, 《동아일보》)

공증(公證) 일 公証(こうしょう kōsyō). (초출: 1907,《서우》제9호)

공증인(公證人) 일 公証人(こうしょうにん kōsyō-nin). (초출: 1907,《서우》제10호)

공직(公職) 일 公職(こうしょく kōshoku). (초출: 1907,《대한자강회월보》제10호)

공직자(公職者) 일 公職者(こうしょくしゃ kōshoku-sha). (초출: 1924,《개벽》제49호)

공진회(共進會) 일 共進会(きょうしんかい kyōsinkai). (초출: 1908,《관보》부록)

공차(空車) 일 空車(くうしゃ kūsya). (초출: 1906,《황성신문》)

공채(公債) 일 公債(こうさい kōsai). (초출: 1895,《관보》제94호)

공처가(恐妻家) 일 恐妻家(きょうさいか kyōsai-ka). (초출: 1955,《경향신문》)

공청회(公聽會) 일 公聴会(こうちょうかい kōchō-kai). (초출: 1932,《삼천리》제4권 9호)

공칭(公稱) 일 公称(こうしょう kōsyō). (초출: 1895,《서유견문》제12편)

공탁(供託) 일 供託(きょうたく kyōtaku). (초출: 1908,《관보》호외)

공탁금(供託金) 일 供託金(きょうたくきん kyōtaku-kin). (초출: 1921,《동아일보》)

공판(公判) 일 公判(こうはん kōhan). (초출: 1895, 《관보》 제27호)

공판정(公判廷) 일 公判廷(こうはんてい kōhantei). (초출: 1921, 《동아일보》)

공표(公表) 일 公表(こうひょう kōhyō). (초출: 1908, 《태극학보》 제17호)

공학(工學) 일 工学(こうがく kōgaku). (초출: 1895, 《관보》 제82호)

공학(共學) 일 共学(きょうがく kyōgaku). (초출: 1922, 《개벽》 제20호)

공한지(空閑地) 일 空閑地(くうかんち kūkan-chi). (초출: 1921, 《동아일보》)

공항(空港) 일 空港(くうこう kūkō). (초출: 1934, 《별건곤》 제73호)

공해(公害) 일 公害(こうがい kōgai). (초출: 1908, 《태극학보》 제24호)

공해(公海) 일 公海(こうかい kōkai). (초출: 1907, 《대한유학생회회보》 제3호)

공화(共和) 일 共和(きょうわ kyōwa). (초출: 1883, 《한성순보》)

공화국(共和國) 일 共和国(きょうわこく kyōwa-koku). (초출: 1895, 학부 《국민소학독본, 제12과)

공화당(共和黨) 일 共和党(きょうわとう kyōwa-tō). (초출: 1895, 《서유견문》 제11편)

공화주의(共和主義) 일 共和主義(きょうわしゅぎ kyōwa-shugi). (초출: 1908, 《태극학보》 제26호)

공황(恐慌) 일 恐慌(きょうこう kyōkō). (초출: 1906, 《태극학보》 제4호)

공황장애(恐慌障碍) 일 恐慌障害(きょうこうしょうがい kyōkō-shōgai). (초출: 1986, 《경향신문》)

공회당(公會堂) 일 公会堂(こうかいどう kōkai-dō). (초출: 1907, 《서우》 제8호)

공휴일(公休日) 일 公休日(こうきゅうび kōkyū-bi). (초출: 1920, 《동아일보》)

~과(科) 일 ~科(か ka). (초출: 1899, 《관보》 제1307호)

과격파(過激派) 일 過激派(かげきは kageki-ha). (초출: 1920, 《개벽》 제4호)

과년도(過年度) 일 過年度(かねんど kanendo). (초출: 1908, 《관보》 부록)

과대시(過大視) 일 過大視(かだいし kadai-si). (초출: 1920, 《개벽》 제6호)

과도(過渡) 일 過渡(かと kato). (초출: 1907, 《태극학보》 제6호)

과도기(過渡期) 일 過渡期(かとき kato-ki). (초출: 1917, 이광수 《무정》)

과두정치(寡頭政治) 일 寡頭政治(かとうせいじ katō-seizi). (초출: 1906-1910, 《보감》 부록 '휘집 4권)

과로사(過勞死) 일 過労死(かろうし karō-si). (초출: 1968, 《조선일보》)

과목(科目) 일 科目(かもく kamoku). (초출: 1895, 《관보》 제81호)

과반수(過半數) 일 過半数(かはんすう kahan-sū). (초출: 1895, 《관보》 제155호)

과수원(果樹園) 일 果樹園(かじゅえん kazyu-en). (초출: 1908, 《관보》 제4171호)

과실범(過失犯) 일 過失犯(かしつはん kasitsu-han). (초출: 1908, 《대동학회월보》 제3호)

과오납(過誤納) 일 過誤納(かごのう kago-nō). (초출: 1895, 《관보》 제4호)

과잉(過剩) 일 過剰(かじょう kazyō). (초출: 1896, 《관보》 제238호)

과장(課長) 일 課長(かちょう kachō). (초출: 1895, 《관보》 제1호)

과정(過程) 일 過程(かてい katei). (초출: 1907, 《대한유학생회학보》 제2호)

과정(課程) 일 過程(かてい katei). (초출: 1895, 《관보》 제121호)

과징금(課徵金) 일 課徴金(かちょうきん kachō-kin). (초출: 1952, 《동아일보》)

과채류(果菜類) 일 果菜類(かさいるい kasai-rui). (초출: 1927, 《동아일보》)

과태료(過怠料) 일 過怠料(かたいりょう katai-ryō). (초출: 1926, 《조선일보》)

과학(科學) 일 科学(かがく kagaku). (초출: 1902, 《신학월보》 제2권 제6호)

과학자(科學者) 일 科学者(かがくしゃ kagaku-sha). (초출: 1907, 《대한유학생회학보》 제2호)

과학적(科學的) 일 科学的(かがくてき kagaku-teki). (초출: 1907, 《대한유학생회학보》 제2호)

~관(~官) 일 ~官(かん kan). (초출: 1895, 대한제국 《관보》)

~관(菅) 일 ~菅(かん kan). (초출: 1927, 《동아일보》)

~관(館) 일 ~館(かん kan). (초출: 1881, 《일사집략(日槎集略)》)

~관(觀) 일 ~観(かん kan). (초출: 1908, 《대한학회월보》 제9호)

관객(觀客) 일 観客(かんきゃく). (초출: 1906, 《태극학보》 제1호)

관계(關係) 일 関係(かんけい kankei). (초출: 1899, 헐버트 《사민필지》)

관계대명사(關係代名詞) 일 関係代名詞(かんけいだいめいし kankei-daimeisi). (초출: 1925, 《동아일보》)

관계자(關係者) 일 関係者(かんけいしゃ kankei-sha). (초출: 1895, 《관보》 제211호)

관광(觀光) 일 観光(かんこう kankō). (초출: 1898, 《미일신문》)

관광객(觀光客) 일 観光客(かんこうきゃく kakō-kyaku). (초출: 1921, 《동아일보》)

관권(官權) 일 官権(かんけん kanken). (초출: 1906, 《대한자강회월보》 제6호)

관념(觀念) 일 観念(かんねん kannen). (초출: 1896, 《대조선독립협회회보》 제2호)

관능(官能) 일 官能(かんのう kannō). (초출: 1902, 《신학월보》 제2권 제12호)

관능적(官能的) 일 官能的(かんのうてき kannō-teki). (초출: 1921, 《개벽》 제15호)

관등성명(官等姓名) 일 官等姓名(かんとうせいめい kantō-seimei). (초출: 1957, 《경향신문》)

관람료(觀覽料) 일 観覧料(かんらんりょう karan-ryō). (초출: 1907, 《태극학보》 제11호)

관료정치(官僚政治) 일 官僚主義(かんりょうせいじ kanryō-seizi). (초출: 1908, 《대한학회월보》 제6호)

관료주의(官僚主義) 일 官僚主義(かんりょうしゅぎ kanryō-shugi). (초출: 1922, 《동아일보》)

관리인(管理人) 일 管理人(かんりにん kanri-nin). (초출: 1905, 《관보》 제3127호)

관립(官立) 일 官立(かんりつ kanritsu). (초출: 1895, 《관보》 제102호)

관립학교(官立學校) 일 官立学校(かんりつがっこう kanritsu-gakkō). (초출: 1896, 《독립신문》)

관병식(觀兵式) 일 観兵式(かんぺいしき kanpei-siki). (초출: 1895, 《관보》 제10호)

관보(官報) 일 官報(かんぽう kanpō). (초출: 1883, 《한성순보》 제1호)

관사(冠詞) 일 冠詞(かんし kansi). (초출: 1920, 《동아일보》)

관상동맥(冠狀動脈) 일 冠状動脈(かんじょうどうみゃく kamzyō-dōmyaku). (초출: 1930, 《조선일보》)

관선(官選) 일 官選(かんせん kansen). (초출: 1924, 《개벽》 제54호)

관성(慣性) 일 慣性(かんせい kansei). (초출: 1908, 《대한학회월보》 제2호)

관세(關稅) 일 関税(かんぜい kanzei). (초출: 1895, 《관보》 제15호)

관악기(管楽器) 일 管楽器(かんがっき kan-gakki). (초출: 1923, 《개벽》 제33호)

관영(官營) 일 官営(かんえい kanei). (초출: 1909, 《대한흥학보》 제2호)

관장(灌腸) 일 灌腸(かんちょう kanchō). (초출: 1908, 《서북학회월보》 제3호)

관절염(關節炎) 일 関節炎(かんせつえん kansetsu-en). (초출: 1921, 《동아일보》)

관점(觀點) 일 観点(かんてん kanten). (초출: 1921, 《개벽》 제9호)

관제(管制) 일 管制(かんせい kansei). (초출: 1895, 《관보》 제17호)

관제엽서(官製葉書) 일 官制葉書(かんせいはがき kansei-hagaki). (초출: 1922, 《동아일보》)

관조(觀照) 일 観照(かんしょう kansyō). (초출: 1921, 《개벽》 제10호)

관중(觀衆) 일 観衆(かんしゅう kanshū). (초출: 1918, 《태서문예신보》 제4호)

관찰(觀察) 일 観察(かんさつ kansatsu). (초출: 1895, 《서유견문》 제18편)

관측(觀測) 일 観測(かんそく kansoku). (초출: 1899, 《독립신문》)

관측소(觀測所) 일 観測所(かんそくじょ kansoku-zyo). (초출: 1904, 《대한민일신보》)

관함식(觀艦式) 일 観艦式(かんかんしき kankan-siki). (초출: 1907, 《대한민일신보》)

관행(慣行) 일 慣行(かんこう kankō). (초출: 1907, 《대한자강회월보》 제12호)

괄약근(括約筋) 일 括約筋(かつやくきん katsuyaku-kin). (초출: 1918, 《조선사서원고》)

~광(狂) 일 ~狂(きょう kyō). (초출: 1920, 《개벽》 제1호)

광견병(狂犬病) 일 狂犬病(きょうけんびょう kyōken-byō). (초출: 1909, 《관보》 제4447호)

광고(廣告) 일 広告(こうこく kōkoku). (초출: 1906, 《대한자강회월보》 제6호)

광궤(廣軌) 일 広軌(こうき kōki). (초출: 1921, 《동아일보》)

광년(光年) 일 光年(こうねん kōnen). (초출: 1926, 《동광》 제2호)

광도(光度) 일 光度(こうど kōdo). (초출: 1908, 《관보》 제4187호)

광맥(鑛脈) 일 鉱脈(こうみゃく kōmyaku). (초출: 1904, 《대한민일신보》)

광물(鑛物) 일 鉱物(こうぶつ kōbutsu). (초출: 1895, 《서유견문》 제1편)

광물학(鑛物學) 일 鉱物学(こうぶつがく kōbutsu-gaku). (초출: 1895, 《서유견문》 제13편)

광범위(廣範圍) 일 広範囲(こうはんい kō-hani). (초출: 1909, 《기호흥학회월보》 제9호)

광보(廣報) 일 広報(こうほう kōhō). (초출: 1962, 《경향신문》)

광산물(鑛産物) 일 鉱産物(こうさんぶつ kōsan-butsu). (초출: 1906, 《대한자강회월보》 제4호)

광상곡(狂想曲) 일 狂想曲(きょうそうきょく kyōsōkyoku). (초출: 1931, 《동광》 제22호)

광석(鑛石) 일 鉱石(こうせき kōseki). (초출: 1898, 《독립신문》)

광선(光線) 일 光線(こうせん kōsen). (초출: 1895, 《서유견문》 제13편)

광시곡(狂詩曲) 일 狂詩曲(きょうしきょく kyōsi-kyoku). (초출: 1932, 《조선일보》)

광업(鑛業) 일 鉱業(こうぎょう kōgyō). (초출: 1895, 학부간행 《국민소학독본》)

광열비(光熱費) 일 光熱費(こうねつひ kōnetsu-hi). (초출: 1928, 《별건곤》 제16·17호)

광우병(狂牛病) 일 狂牛病(きょうぎゅうびょう kyōgyū-byō). (초출: 1990, 《동아일보》)

광의(廣義) 일 広義(こうぎ kōgi). (초출: 1906, 《태극학보》 제2호)

광장(廣場) 일 広場(ひろば hiroba). (초출: 1907, 《황성신문》)

광합성(光合成) 일 光合成(こうごうせい kōgōsei). (초출: 1950, 《경향신문》)

괘도(掛圖) 일 掛図(かけず kakezu). (초출: 1913, 《매일신보》)

괘선(罫線) 일 罫線(けいせん keisen). (초출: 19255, 《동아일보》)

괘지(罫紙) 일 罫紙(けいし keisi). (초출: 1908, 《관보》 호외)

괴문서(怪文書) 일 怪文書(かいぶんしょ kai-bunshō). (초출: 1926, 《동아일보》)

괴혈병(壞血病) 일 壊血病(かいけつびょう kaiketsu-byō). (초출: 1910, 《대한흥학보》 제12호)

~교(教) 일 ~教(きょう kyō). (초출: 1895, 《관보》 제197호)

교가(校歌) 일 校歌(こうか kōka). (초출: 1899, 《독립신문》)

교각(橋脚) 일 橋脚(きょうきゃく kyōkyaku). (초출: 1921, 《동아일보》)

교감신경(交感神經) 일 交感神経(こうかんしんけい kōkan-sinkei). (초출: 1908, 《태극학보》 제26호)

교과서(教科書) 일 教科書(きょうかしょ kyōkasyo). (초출: 1896, 《관보》 제226호)

교권(教權) 일 教権(きょうけん kyōken). (초출: 1920, 《개벽》 제2호)

교내(校內) 일 校内(こうない kōnai). (초출: 1896, 《관보》 제222호)

교단(教團) 일 教団(きょうだん kyōsdan). (초출: 1921, 《개벽》 제13호)

교단(教壇) 일 教壇(きょうだん kyōdan). (초출: 1922, 《개벽》 제25호)

교류(交流) 일 交流(こうりゅう kōryū). (초출: 1905, 《관보》 제3115호)

교류(交流) 일 交流(こうりゅう kōryū). (초출: 1921, 《조선일보》). ※전기용어

교무실(教務室) 일 教務室(きょうむしつ kyōmu-sitsu). (초출: 1921, 《개벽》 제13호)

교배(交配) 일 交配(こうはい kōhai). (초출: 1907, 《태극학보》 제9호)

교배종(交配種) 일 交配種(kōhai-shu). (초출: 1922, 《동아일보》)

교복(校服) 일 校服(こうふく kōfuku). (초출: 1920, 《개벽》 제5호)

교사(教師) 일 教師(きょうし kyōsi). (초출: 1895, 《서유견문》 제8편)

교수(教授) 일 教授(きょうじゅ kyōzyu). (초출: 1895, 《관보》 제31호)

교수(絞首) 일 絞首(こうしゅ kōshu). (초출: 1922, 《개벽》 제27호)

교수법(教授法) 일 教授法(きょうじゅほう kyōzyu-hō). (초출: 1895 《관보》 제121호)

교습소(教習所) 일 教習所(きょうしゅうじょ kyōshū-zyo). (초출: 1906, 《관보》 제 3506호)

교실(教室) 일 教室(きょうしつ kyōsitsu). (초출: 1895, 《서유견문》 제20편)

교양(教養) 일 教養(きょうよう kyōyō). (초출: 1895, 《관보》 제121호)

교원(教員) 일 教員(きょういん kyōin). (초출: 1886, 《한성주보》)

교육(教育) 일 教育(きょういく kyōiku). (초출: 1884, 《한성순보》)

교육계(教育界) 일 教育界(きょういくかい kyōiku-kai). (초출: 1907, 《서우》 제2호)

교육과정(教育課程) 일 教育課程(きょういくかてい kyōiku-katei). (초출: 1937, 《동아일보》)

교육열(教育熱) 일 教育熱(きょういくねつ kyōiku-netsu). (초출: 1908, 《대한협회 회보》 제4호)

교육자(教育者) 일 教育者(きょういくしゃ kyōiku-sha). (초출: 1907, 《대한유학생 회학보》 제2호)

교육학(教育學) 일 教育学(きょういくがく kyōiku-gaku). (초출: 1907, 《서우》 제5호)

교장(校長) 일 校長(こうちょう kōchō). (초출: 1895, 《관보》 제121호)

교재(教材) 일 教材(きょうざい kyōzai). (초출: 1909, 《대한흥학보》 제3호)

교전국(交戰國) 일 交戦国(こうせんこく kōsen-koku). (초출: 1896, 《관보》 제273호)

교전단체(交戰團體) 일 交戦団体(こうせんだんたい kōsen-dantai). (초출: 1924, 《개벽》제53호)

교정(校庭) 일 校庭(こうてい kōtei). (초출: 1921, 《개벽》제16호)

교정쇄(校正刷) 일 校正刷(こうせいずり kōsei-zuri). (초출: 1929, 《조선일보》)

교조주의(敎條主義) 일 教条主義(きょうじょうしゅぎ kyōzyō-shugi). (초출: 1957, 《경향신문》)

교차로(交叉路) 일 交叉路(こうさろ kōsa-rō). (초출: 1906, 《관보》부록)

교착어(膠着語) 일 膠着語(こうちゃくご kōchaku-go). (초출: 1933, 《조선일보》)

교통(交通) 일 交通(こうつう kōtsū). (초출: 1895, 《관보》제65호)

교통망(交通網) 일 交通網(こうつうもう kōtsū-mō). (초출: 1921, 《동아일보》)

교통사고(交通事故) 일 交通事故(こうつうじこ kōttsū-ziko). (초출: 1921, 《동아일보》)

교통전쟁(交通戰爭) 일 交通戦争(こうつうせんそう kōtsū-sensō). (초출: 1962, 《경향신문》)

교향곡(交響曲) 일 交響曲(こうきょうきょく kōkyō-kyoku). (초출: 1926, 《별건곤》제1호)

교향악(交響樂) 일 交響楽(こうきょうがく kōkyō-gaku). (초출: 1922, 《개벽》제21호)

교환수(交換手) 일 交換手(こうかんしゅ kōkan-shu). (초출: 1921, 《동아일보》)

교훈(校訓) 일 校訓(こうくん kōkun). (초출: 1925, 《조선일보》)

~구(口) 일 ~口(くち kuchi)/~こう kō). (초출: 1895, 《관보》제144호)

구강(口腔) 일 口腔(こうくう kōkū). (초출: 1907, 《서우》제2호)

구개(口蓋) 일 口蓋(こうがい kōgai). (초출: 1908, 《기호흥학회월보》제5호)

구개화(口蓋化) 일 口蓋化(こうがいか kōgai-ka). (초출: 1927, 《동광》제10호)

구경(口徑) 일 口径(こうけい kōkei). (초출: 1895, 《관보》제78호)

구근(球根) 일 球根(きゅうこん kyūkon). (초출: 1909, 《대한협회회보》제10호)

구급차(救急車) 일 救急車(きゅうきゅうしゃ kyūkyū-sha). (초출: 1938, 《동아일보》)

구기(球技) 일 球技(きゅうぎ kyūgi). (초출: 1927, 《동아일보》)

구내(構內) 일 構内(こうない kōnai). (초출: 1905, 《관보》제3329호)

구도(構圖) 일 構図(こうず kōzu). (초출: 1921, 《조선일보》)

구독(購讀) 일 購読(こうどく kōdoku). (초출: 1895,《관보》제45호)

구동(驅動) 일 駆動(くどう kudō). (초출: 1953,《동아일보》)

구두 일 くつ(kutsu). (초출: 1899,《독립신문》)

구두(口頭) 일 口頭(こうとう kōtō). (초출: 1908,《관보》호외)

구두시험(口頭試驗) 일 口頭試験(kōtō-siken). (초출: 1921,《동아일보》)

구라 일 暗ます(くらます kuramasu). (초출: 1986,《동아일보》)

구락부(俱樂部) 일 倶楽部(くらぶ kurabu). (초출: 1899,《독립신문》)

구루마 일 くるま(車 kuruma). (초출: 1898,《ᄆᆡ일신문》)

구류(拘留) 일 拘留(こうりゅう kōryū). (초출: 1895,《관보》제15호)

구리스 일 グリース(gurīsu). (초출: 1946,《조선일보》)

구명동의(救命胴衣) 일 救命胴衣(きゅうめいどうい kyūmei-dōi). (초출: 1934,
《삼천리》제6권 9호)

구문(構文) 일 構文(こうぶん kōbun). (초출: 1935,《동아일보》)

구미(歐美) 일 欧米(おうべい ōbei). (초출: 1895,《관보》제1호)

구보(驅步) 일 駆歩(くほ kuho). (초출: 1917, 이광수《무정》)

구사리(쿠사리) 일 臭い(くさい kusai). (초출: 1959,《동아일보》)

구상(構想) 일 構想(こうそう kōsō). (초출: 1918, 최남선역《자조론》)

구상권(求償權) 일 求償権(きゅうしょうけん kyūshō-ken). (초출: 1924,《동아일보》)

구상서(口上書) 일 口上書(こうじょうしょ kōzyō-syo). (초출: 1923,《조선일보》)

구석기시대(舊石器時代) 일 旧石器時代(きゅうせっきじだい kyūsekki-zidai). (초
출: 1922,《개벽》제24호)

구속(球速) 일 球速(きゅうそく kyūsoku). (초출: 1955,《동아일보》)

구술시험(口述試驗) 일 口述試験(こうじゅつしけん kōzyutsu-siken). (초출: 1905,
《관보》제3299호)

구신(具申) 일 具申(ぐしん gusin). (초출: 1895,《관보》제27호)

구심력(求心力) 일 求心力(きゅうしんりょく kyūsin-ryoku). (초출: 1908,《기호흥
학회월보》제2호)

구인(拘引) 일 拘引(こういん kōin). (초출: 1898,《황성신문》)

구인(求人) 일 求人(きゅうじん kyūzin). (초출: 1922, 《조선일보》)

구입(購入) 일 購入(こうにゅう kōnyū). (초출: 1895, 《관보》 호외)

구입선(購入先) 일 購入先(こうにゅうさき kōunyū-saki). (초출: 1936, 《동아일보》)

구장(球場) 일 球場(きゅうじょう gyūzyō). (초출: 1924, 《조선일보》)

구제역(口蹄疫) 일 口蹄疫(こうていえき kōtei-eki). (초출: 1928, 《동아일보》)

구조(構造) 일 構造(こうぞう kōzō). (초출: 1895, 《서유견문》 제20편)

구좌(口座) 일 口座(こうざ kōza). (초출: 1909, 《관보》 부록)

구좌번호(口座番號) 일 口座番号(こうざばんごう kōza-bangō). (초출: 1909, 《관보》 부록)

구주(歐洲) 일 欧州(おうしゅう ōshū). (초출: 1895, 《관보》 제137호)

구직(求職) 일 求職(きゅうしょく kyūsyoku). (초출: 1907, 《대한자강회월보》 제11호)

구체(具體) 일 具体(ぐたい gutai). (초출: 1907, 《대한유학생회회보》 제1호)

구체적(具體的) 일 具体的(ぐたいてき gutai-teki). (초출: 1907, 《태극학보》 제6호)

구축함(驅逐艦) 일 駆逐艦(くちくかん kuchiku-kan). (초출: 1908, 《서우》 제14호)

구충제(驅蟲劑) 일 駆虫剤(くちゅうざい kuchū-zai). (초출: 1909, 《대한흥학보》 제1호)

구찌베니 일 口紅(くちべに kuchibeni). (초출: 1935, 《삼천리》 제7권 11호)

구치소(拘置所) 일 拘置所(こうちしょ kōchi-sho). (초출: 1937, 《동아일보》)

구태의연(舊態依然) 일 旧態依然(きゅうたいいぜん kyūtai-izen). (초출: 1921, 《조선일보》)

구형(求刑) 일 求刑(きゅうけい kyūkei). (초출: 1921, 《개벽》 제13호)

구형(舊型) 일 旧型(きゅうがた kyūgata). (초출: 192, 《동아일보》)

~국(局) 일 ~局(きょく). (초출: 1895, 《관보》 제3호)

~국(國) 일 ~国(こく koku). (초출: 1895, 학부 《국민소학독본》 제12과)

국가(國歌) 일 国歌(こっか kokka). (초출: 1898, 《독립신문》)

국공립(國公立) 일 国公立(こっこうりつ kokkōritsu). (초출: 1950, 《동아일보》)

국광(國光) 일 国光(こっこう kokkō). (초출: 1909, 《서북학회월보》 제14호)

국교(國敎) 일 国教(こっきょう kokkyō). (초출: 1897, 《대조선독립협회회보》 제5호)

국군(國軍) 일 国軍(こくぐん kokugun). (초출: 1921, 《동아일보》)

국기(國旗) 일 国旗(こっき kokki). (초출: 1895, 학부 《국민소학독본》)

국기게양(國旗揭揚) 일 国旗揭揚(こっきけいよう kokki-keiyō). (초출: 1924, 《동아일보》)

국도(國道) 일 国道(こくどう kokudō). (초출: 1909, 《대한흥학보》 제1호)

국립(國立) 일 国立(こくりつ kokuritsu). (초출: 1897, 《대조선독립협회회보》 제10호)

국립대학(國立大學) 일 国立大学(こくりつだいがく kokuritsu-daigaku). (초출: 1920, 《동아일보》)

국문학(國文學) 일 国文学(こくぶんがく koku-bungaku). (초출: 1909, 《기호흥학회월보》 제12호)

국민가요(國民歌謠) 일 国民歌謠(こくみんかよう kokumin-kayō). (초출: 1937, 《동아일보》 1937년)

국민건강보험(國民健康保險) 일 国民健康保険(こくみんけんこうほけん koku-min-kenkō-hoken). (초출: 1937, 《동아일보》)

국민성(國民性) 일 国民性(こくみんせい kokumin-sei). (초출: 1907, 《대한유학생회회보》 제1호)

국민연금(國民年金) 일 國民年金(こくみんねんきん kokumin-nenkin). (초출: 1981, 《경향신문》)

국민운동(國民運動) 일 国民運動(こくみんうんどう kokumin-undō). (초출: 1921, 《동아일보》)

국민의례(國民儀禮) 일 国民儀礼(こくみんぎれい kokumin-girei). (초출: 1941, 《삼천리》 제13권 제11호)

국민총생산(國民總生産) 일 国民総生産(こくみんそうせいさん kokumin-sōsei-san). (초출: 1952, 《경향신문》)

국민투표(國民投票) 일 国民投票(こくみんとうひょう kokumin-tōhyō). (초출: 1920, 《동아일보》)

국민학교(國民學校) 일 国民学校(こくみんがっこう kokumin-gakko). (초출: 1941, 《삼천리》 제13권 제4호)

국방(國防) 일 国防(こくぼう kokubō). (초출: 1897, 《대조선독립협회회보》 제4호)

국방색(國防色) 일 国防色(こくぼうしょく kokubō-syoku). (초출: 1934, 《동아일보》)

국부(局部) 일 局部(きょくぶ kyokubu). (초출: 1921, 《개벽》 제12호)

국사범(國事犯) 일 国事犯(こくじはん kokuzi-han). (초출: 1896, 《관보》 제293호)

국산(國産) 일 国産(こくさん kokusan). (초출: 1922, 《개벽》 제21호)

국산품(國産品) 일 国産品(こくさんひん kokusan-hin). (초출: 1923, 《개벽》 제34호)

국세(國稅) 일 国税(こくぜい kokuzei). (초출: 1905, 《관보》 호외)

국세조사(國勢調査) 일 国勢調査(こくせいちょうさ kokusei-chōsa). (초출: 1920, 《동아일보》)

국수주의(國粹主義) 일 国粋主義(こくすいしゅぎ kokusui-syugi). (초출: 1920, 《동아일보》)

국어(國語) 일 国語(こくご kokugo). (초출: 1895, 《관보》 제15호)

국어학(國語學) 일 国語学(こくごがく kokugo-gaku). (초출: 1938, 《동아일보》)

국영(國營) 일 国営(こくえい kokuei). (초출: 1922, 《동아일보》)

국외자(局外者) 일 局外者(きょくがいしゃ kyokugai-sha). (초출: 1908, 《서우》 제14호)

국외중립(國外中立) 일 局外中立(きょくがいちゅうりつ kyokugai-chūritsu). (초출: 1907, 《대한유학생회학보》 제2호)

국위선양(國威宣揚) 일 国威宣揚(こくいせんよう kokui-senyō). (초출: 1908, 《대한학회월보》 제5호)

국유(國有) 일 国有(こくゆう kokuyū). (초출: 1906, 《관보》 제3518호)

국유림(國有林) 일 国有林(こくゆうりん kokuyū-rin). (초출: 1908, 《대한협회회보》 제1호)

국장(局長) 일 局長(きょくちょう kyokuchō). (초출: 1895, 《관보》 제1호)

국적(國籍) 일 国籍(こくせき kokuseki). (초출: 1906, 《관보》 제3488호)

국정교과서(國定敎科書) 일 国定教科書(こくていきょうかしょ kokutei-kyōka-sho). (초출: 1907, 정운복 《독습일어정칙》)

국제(國際) 일 国際(こくさい kokusai). (초출: 1895, 《관보》 제120호)

국제결혼(國際結婚) 일 国際結婚(こくさいけっこん kokusai-kekkon). (초출: 1927, 《동아일보》)

국제공법(國際公法) 일 国際公法(こくさいこうほう kokusai-kōhō). (초출: 1906, 《관보》 제3366호)

국제법(國際法) 일 国際法(こくさいほう kokusai-hō). (초출: 1899, 《독립신문》)

국제적(國際的) 일 国際的(こくさいてき kokusai-teki). (초출: 1905, 《관보》 제3325호)

국제정세(國際情勢) 일 国際情勢(こくさいじょうせい kokusai-zyōsei). (초출: 1928, 《동아일보》)

국제화(國際化) 일 国際化(こくさいか kokusai-ka). (초출: 1921, 《동아일보》)

국지전(局地戰) 일 局地戦(きょくちせん kyokuchi-sen). (초출: 1921, 《조선일보》)

국채(國債) 일 国債(こくさい kokusai). (초출: 1983, 《한성순보》)

국판(菊版) 일 菊判(きくばん kikuban). (초출: 1921, 《개벽》 제11호)

국한(局限) 일 局限(きょくげん kyokugen). (초출: 1906, 《태극학보》 제3호)

국한문(國漢文) 일 国漢文(こっかんぶん kokkanbun). (초출: 1895, 《관보》 제35호)

국회(國會) 일 国会(こっかい kokkai). (초출: 1881, 이헌영 《일사집략(日槎集略)》)

국회의원(國會議員) 일 国会議員(こっかいぎいん kokkai-giin). (초출: 1895, 학부 간행 《국민소학독본》)

군가(軍歌) 일 軍歌(ぐんか gunka). (초출: 1896, 학부 《신정심상소학》)

군구(軍區) 일 軍区(ぐんく gunku). (초출: 1908, 《대동학회월보》 제3호)

군국주의(軍國主義) 일 軍国主義(ぐんこくしゅぎ gunkoku-syugi). (초출: 1903, 《대한믹일신보》)

군단(軍團) 일 軍団(ぐんだん gundan). (초출: 1897, 《독립신문》)

군대(軍隊) 일 軍隊(ぐんたい guntai). (초출: 1895, 《국민소학독본》)

군도(軍刀) 일 軍刀(ぐんとう guntō). (초출: 1896, 학부 《신정심상소학》)

군도(群島) 일 群島(ぐんとう guntō). (초출: 1897, 《대조선독립협회회보》 제7호)

군민공치(君民共治) 일 君民共治(くんみんきょうち gunmin-kyōchi). (초출: 1895, 《서유견문》 제5편)

군법회의(軍法會議) 일 軍法会議(ぐんぽうかいぎ gunpō-kaigi). (초출: 1900, 《관

보》제1685호)

군복(軍服) 일 軍服(ぐんぷく gunpuku). (초출: 1896, 학부《신정심상소학》제33과)

군사재판(軍事裁判) 일 軍事裁判(ぐんじさいばん gunzi-saiban). (초출: 1909,《대동학회월보》제20호)

군속(軍屬) 일 軍属(ぐんぞく gunzoku). (초출: 1895,《관보》제136호)

군수품(軍需品) 일 軍需品(ぐんじゅひん gunzyu-hin). (초출: 1897,《대조선독립협회회보》제8호)

군악대(軍樂隊) 일 軍楽隊(ぐんがくたい gungaku-tai). (초출: 1895,《관보》제88호)

군의(軍醫) 일 軍医(ぐんい guni). (초출: 1895,《서유견문》)

군의관(軍醫官) 일 軍医官(guni-kan). (초출: 1908,《대한협회회보》제7호)

군주국(君主國) 일 君主国(くんしゅこく kunshu-koku). (초출: 1906,《대한자강회월보》제3호)

군주독재(君主獨裁) 일 君主独裁(くんしゅどくさい kunshu-dokusai). (초출: 1909,《서북학회월보》제13호)

군주전제(君主專制) 일 君主専制(くんしゅせんせい kunshu-sensei). (초출: 1897,《대조선독립협회회보》제7호)

군축(軍縮) 일 軍縮(ぐんしゅく gunsyuku). (초출: 1921,《개벽》제18호)

군표(軍票) 일 軍票(ぐんぴょう gunpyō). (초출: 1920,《동아일보》)

군함(軍艦) 일 軍艦(ぐんかん gunkan). (초출: 1895,《서유견문》)

군항(軍港) 일 軍港(ぐんこう gunkō). (초출: 1897,《친목회회보》제5호)

굴삭(掘削) 일 掘削(くっさく kussaku). (초출: 1970,《매일경제》)

굴삭기(掘削機) 일 掘削機(くっさくき kussaku-ki). (초출: 1968,《매일경제》)

궁도(弓道) 일 弓道(きゅうどう kyūdō). (초출: 1926,《조선일보》)

~권(券) 일 ~券(けん ken). (초출: 1905,《관보》제3329호)

~권(圈) 일 ~圏(けん ken). (초출: 1922,《개벽》제29호)

~권(權) 일 ~権(けん ken). (초출: 1895,《관보》제211호)

권두언(卷頭言) 일 巻頭言(かんとうげん kantō-gen). (초출: 1920,《개벽》제6호)

권력(權力) 일 権力(けんりょく kenryoku). (초출: 1895,《서유견문》제3편)

권력자(權力者) 일 権力者(けんりょくしゃ kenryoku-sha). (초출: 1907, 《대한자강
  회월보》 제13호)

권리(權利) 일 権利(けんり kenri). (초출: 1895, 《관보》 제93호)

권번(券番) 일 券番(けんばん kenban). (초출: 1920, 《동아일보》)

권상기(捲上機, 巻上機) 일 巻上機(まきあげき makiage-ki). (초출: 1925, 《동아일보》)

권연(卷煙) 일 巻煙(まきタバコ maki-tabako). (초출: 1897, 《독립신문》)

권위(權威) 일 権威(けんい keni). (초출: 1896, 대한제국 《관보》 제240호)

권위주의(權威主義) 일 権威主義(けんいしゅぎ keni-shugi). (초출: 1926, 《동아일보》)

권익(權益) 일 権益(けんえき keneki). (초출: 1926, 《동아일보》)

권척(卷尺) 일 巻尺(まきじゃく makizyaku). (초출: 1902, 《관보》 호외)

권총(拳銃) 일 拳銃(けんじゅう kenzyū). (초출: 1895, 《관보》 제87호)

권총강도(拳銃强盜) 일 拳銃強盗(けんじゅうごうとう kenzyū-gōtō). (초출: 1921,
  《동아일보》)

권투(拳鬪) 일 拳闘(けんとう kentō). (초출: 1907, 《서우》 제10호)

권한(權限) 일 権限(けんげん kengen). (초출: 1895, 《관보》 제2호)

궐석재판(闕席裁判) 일 闕席裁判(けっせきさいばん kesseki-saiban). (초출: 1934,
  《동아일보》)

궤양(潰瘍) 일 潰瘍(かいよう kaiyō). (초출: 1910, 《대한흥학보》 제12호)

귀금속(貴金屬) 일 貴金属(ききんぞく ki-kinzoku). (초출: 1908, 《관보》 부록)

귀납(歸納) 일 帰納(きのう kinō). (초출: 1896, 《대조선독립협회회보》 제2호)

귀납법(歸納法) 일 帰納法(きのうほう kinō-hō). (초출: 1896, 《대조선독립협회회
  보》 제2호)

귀중품(貴重品) 일 貴重品(きちょうひん kichō-hin). (초출: 1907, 《서우》 제10호)

귀하(貴下) 일 貴下(きか kika). (초출: 1907, 《태극학보》 제8호)

귀항(歸航) 일 帰航(きこう kikō). (초출: 1895, 《관보》 제101호)

귀화(歸化) 일 帰化(きか kika). (초출: 1895, 《관보》 제194호)

규격(規格) 일 規格(きかく kikaku). (초출: 1921, 《동아일보》)

규범문법(規範文法) 일 規範文法(きはんぶんぽう kihan-bunpō). (초출: 1959, 《조

선일보》)

규소(硅素) 일 珪素/硅素(けいそ keiso). (초출: 1908,《태극학보》제18호)

균(菌) 일 菌(きん kin). (초출: 1897,《관보》제1355호)

그라운드 골프 일 グラウンド ゴルフ(guraundo-gorufu). (초출: 1994,《동아일보》)

그룹사운드 일 グループ・サウンド(gurūpu saundo). (초출: 1969,《매일경제》)

극(極)~ 일 極~(きょく kyoku). (초출: 1921,《동아일보》)

극광(極光) 일 極光(きょっこう kyokkō). (초출: 1909,《황성신문》)

극단(極端) 일 極端(きょくたん kyokutan). (초출: 1906,《태극학보》제3호)

극단(劇團) 일 劇団(げきだん gekidan). (초출: 1921,《개벽》제19호)

극동(極東) 일 極東(きょくとう kyokutō). (초출: 1895,《서유견문》)

극영화(劇映畫) 일 劇映画(げきえいが geki-eiga). (초출: 1932,《만국부인》제1호)

극우(極右) 일 極右(きょくう kyoku-u). (초출: 1920,《조선일보》)

극우파(極右派) 일 極右派(きょくうは kyokuu-ha). (초출: 1926,《개벽》제72호)

극장(劇場) 일 劇場(げきじょう gekizyō). (초출: 1884,《한성순보》제9호)

극장가(劇場街) 일 劇場街(げきじょうがい gekizyō-gai). (초출: 1922,《동아일보》)

극적(劇的) 일 劇的(げきてき gekiteki). (초출: 1920,《개벽》제2호)

극좌(極左) 일 極左(きょくさ kyokusa). (초출: 1908,《서우》제14호)

극좌파(極左派) 일 極左派(きょくさは kyokusa-ha). (초출: 1921,《조선일보》)

근간(近刊) 일 近刊(きんかん kinkan). (초출: 1896,《관보》제300호)

근거리(近距離) 일 近距離(きんきょり kin-kyori). (초출: 1907,《태극학보》제14호)

근거지(根據地) 일 根拠地(こんきょち konkyo-chi). (초출: 1895,《관보》제188호)

근대(近代) 일 近代(きんだい kindai). (초출: 1906,《태극학보》제4호)

근대적(近代的) 일 近代的(きんだいてき kindai-teki). (초출: 1921,《개벽》제11호)

근대화(近代化) 일 近代化(きんだいか kindai-ka). (초출: 1924,《개벽》제45호)

근로봉사(勤勞奉仕) 일 勤労奉仕(きんろうほうし kinrō-hōsi). (초출: 1937,《동아일보》)

근로소득(勤勞所得) 일 勤労所得(きんろうしょとく kinrō-shotoku). (초출: 1922,
《동아일보》)

근무(勤務) 일 勤務(きんむ kinmu). (초출: 1895,《관보》제10호)

근본적(根本的) 일 根本的(こんぽんてき konpon-teki). (초출: 1907,《태극학보》제8호)

근시(近視) 일 近視(きんし kinsi). (초출: 1895,《관보》제132호)

근저당(根抵當) 일 根抵当(ねていとう ne-teitō). (초출: 1924,《동아일보》)

근친상간(近親相姦) 일 近親相姦(きんしんそうかん kinsin-sōkan). (초출: 1924,
《동아일보》)

글래머(글래마) 일 グラマー(guramā). (초출: 1962,《경향신문》)

~금(金) 일 ~金(きん kin). (초출: 1896,《독립신문》)

금강석(金剛石) 일 金剛石(こんごうせき kongō-seki). (초출: 1889, 헐버트《사민필지》)

금고(金庫) 일 金庫(きんこ kinko). (초출: 1899,《독립신문》)

금고(禁錮) 일 禁錮／禁固 きんこ kinko). (초출: 1896,《관보》제231호)

금년도(今年度) 일 今年度(こんねんど kon-nendo). (초출: 1896,《관보》제502호)

금단증상(禁斷症狀) 일 禁断症状(きんだんしょうじょう kindan-shōzyō). (초출:
1927,《동아일보》)

금비(金肥) 일 金肥(きんぴ kinpi). (초출: 1922, 최록동《현대신어석의》)

금속(金屬) 일 金属(きんぞく kinzoku). (초출: 1895,《관보》제85호)

금시계(金時計) 일 金時計(きんどけい kin-dokei). (초출: 1896,《독립신문》)

금액(金額) 일 金額(きんがく kingaku). (초출: 1895,《관보》제4호)

금요일(金曜日) 일 金曜日(きんようび kin-yōbi). (초출: 1895,《국한회어》)

금융(金融) 일 金融(きんゆう kinyū). (초출: 1896,《관보》제268호)

금융계(金融界) 일 金融界(きんゆうかい kinyū-kai). (초출: 1907,《태극학보》제6호)

금자탑(金字塔) 일 金字塔(きんじとう kinzi-tō). (초출: 1908,《대한협회회보》제5호)

금주(今週) 일 今週(こんしゅう konsyū). (초출: 1907,《황성신문》)

금치산자(禁治産者) 일 禁治産者(きんちさんしゃ kinchisan-sha). (초출: 1907,《서
우》제13호)

금형(金型) 일 金型(かながた kanagata). (초출: 1938,《동아일보》)

금혼식(金婚式) 일 金婚式(きんこんしき kinkon-siki). (초출: 1925,《조선일보》)

금회(今回) 일 今回(こんかい konkai). (초출: 1895,《관보》제84호)

급(急)~ 일 急~(きゅう kyū). (초출: 1925,《개벽》제58호)

~급(級) 일 ~級(kyū). (초출: 1909, 《대동학회월보》 제15호)

~급(給) 일 ~給(きゅう kyū). (초출: 1925, 《동아일보》)

급격(急激) 일 急激(きゅうげき kyūgeki). (초출: 1908, 《대동학회월보》 제4호)

급발진(急發進) 일 急発進(きゅうはっしん kyū-hassin). (초출: 1982, 《매일경제》)

급사(給仕) 일 給仕(きゅうじ kyūzi). (초출: 1907, 《태극학보》 제9호)

급성(急性) 일 急性(きゅうせい kyūsei). (초출: 1908, 《호남학보》 제3호)

급소(急所) 일 急所(きゅうしょ kyūsho). (초출: 1921, 《개벽》 제14호)

급식(給食) 일 給食(きゅうしょく kyūshoku). (초출: 1908, 《태극학보》 제21호)

급양(給養) 일 給養(きゅうよう kyūyō). (초출: 1905, 《관보》 호외)

급진당(急進黨) 일 急進党(きゅうしんとう kyūsin-tō). (초출: 1909, 《대한민일신보》)

급행(急行) 일 急行(きゅうこう kyūkō). (초출: 1907, 《대한민일신보》)

급행열차(急行列車) 일 急行列車(きゅうこうれっしゃ kyūkō-ressha). (초출: 1922, 《개벽》 제23호)

긍정(肯定) 일 肯定(こうてい kōtei). (초출: 1918, 《태서문예신보》 제10호)

~기(期) 일 ~期(き ki). (초출: 1909, 《관보》 제4163호)

~기(器) 일 ~器(き ki). (초출: 1909, 《대한흥학보》 제1호)

~기(機) 일 ~機(き ki). (초출: 1908, 《관보》 부록)

기갑부대(機甲部隊) 일 機甲部隊(きこうぶたい kikō-butai). (초출: 1938, 《동아일보》)

기결수(旣決囚) 일 旣決囚(きけつしゅう kiketsu-shū). (초출: 1909, 《관보》 제4498호)

기계문명(機械文明) 일 機械文明(きかいぶんめい kikai-bunmei). (초출: 1925, 《개벽》 제52호)

기계적(機械的) 일 機械的(きかいてき kikai-teki). (초출: 1908, 《대한학회월보》 제5호)

기계화(機械化) 일 機械化(きかいか kikai-ka). (초출: 1922, 《개벽》 제27호)

기공(技工) 일 技工(ぎこう gikō). (초출: 1902, 《관보》 호외)

기공(起工) 일 起工(きこう kikō). (초출: 1895, 《관보》 제84호)

기관(機關) 일 機関(きかん kikan). (초출: 1883, 《한성순보》 제7호)

기관사(機關士) 일 機関士(きかんし kikan-si). (초출: 1895, 《서유견문》 제18편)

기관지(機關紙) 일 機関紙／機関誌(きかんし kikan-si). (초출: 1921, 《개벽》 제13호)

기관지염(氣管支炎) 일 気管支炎(きかんしえん kikansi-en). (초출: 1909,《대한흥학보》제3호)

기관차(機關車) 일 機関車(きかんしゃ kikan-sya). (초출: 1895,《서유견문》제18편)

기관총(機關銃) 일 機関銃(きかんじゅう kikan-zyū). (초출: 1921,《개벽》제7호)

기관포(機關砲) 일 機関砲(きかんほう kikan-hō). (초출: 1895,《관보》제77호)

기구(氣球) 일 気球(ききゅう kikyū). (초출: 1895,《국한회어》)

기구(機構) 일 機構(きこう kikō). (초출: 1920,《동아일보》)

기권(棄權) 일 棄権(きけん kiken). (초출: 1921,《동아일보》)

기내식(機內食) 일 機内食(きないしょく kinai-shoku). (초출: 1972,《매일경제》)

기념(記念, 紀念) 일 記念/紀念(きねん kinen). (초출: 1895,《관보》제31호)

기념비(記念碑, 紀念碑) 일 記念碑(きねんひ kinen-hi). (초출: 1907,《대한자강회 월보》제7호)

기념사진(紀念寫眞/記念寫眞) 일 記念写真(きねんしゃしん kinen-syasin). (초출: 1908,《관보》제4046호)

기념식(記念式) 일 記念式(きねんしき kinen-siki). (초출: 1907,《대한민일신보》)

기념품(紀念品) 일 記念品(きねんひん kinen-hin). (초출: 1909,《대한흥학보》제4호)

기념회(紀念會) 일 紀念会(きねんかい kinen-kai). (초출: 1907,《대한자강회월보》제12호)

기능(機能) 일 機能(きのう kinō). (초출: 1908,《관보》제3964호)

기능사(技能士) 일 技能士(ぎのうし kinō-si). (초출: 1966,《경향신문》)

기도(企圖) 일 企図(きと kito). (초출: 1895,《서유견문》제4편)

기독교(基督教) 일 基督教(キリストきょう kirisuto-kyō). (초출: 1895,《관보》제197호)

기동연습(機動演習) 일 機動演習(きどうえんしゅう kidō-ensyū). (초출: 1906,《관보》제3462호)

기득권(旣得權) 일 既得権(きとくけん kitoku-ken). (초출: 1910,《대한흥학보》제10호)

기라성(綺羅星) 일 綺羅星(きらぼし kira-bosi). (초출: 1903,《황성신문》)

기록영화(記錄映畵) 일 記録映画(きろくえいが kiroku-eiga). (초출: 1931, 《동아일보》)

기뢰(機雷) 일 機雷(きらい kirai). (초출: 1920, 《동아일보》)

기류(氣流) 일 気流(きりゅう kiryū). (초출: 1910, 《대한흥학보》 제12호)

기리까에 일 切り替え(きりかえ kirikae). (초출: 19383, 《동아일보》)

기마에 일 気前(きまえ kimae). (초출: 1935, 《삼천리》 제7권 제10호)

기마전(騎馬戰) 일 騎馬戦(きばせん kiba-sen). (초출: 1934, 《조선일보》)

기본어휘(基本語彙) 일 基本語彙(きほんごい kihin-goi). (초출: 1958, 《동아일보》)

기부금(寄附金) 일 寄付金(きふきん kifu-kin). (초출: 1905, 《대한민일신보》)

기부스 일 ギブス(gibusu). (초출: 1934, 《동아일보》)

기분(氣分) 일 気分(きぶん kibun). (초출: 1918, 조선총독부 《조선사서원고》)

기사(技師) 일 技師(ぎし gisi). (초출: 1887, 《한성주보》 제69호)

기사(記事) 일 記事(きじ kizi). (초출: 1906, 《관보》 제3488호)

기사(騎士) 일 騎士(きし kisi). (초출: 1895, 《국한회어》)

기상(起床) 일 起床(きしょう kishō). (초출: 1899, 《황성신문》)

기상(氣象) 일 気象(きしょう kisyō). (초출: 1895, 《관보》 제204호)

기상곡(綺想曲, 奇想曲) 일 綺想曲/奇想曲(きそうきょく kisō-kyoku). (초출: 1940, 《조선일보》)

기상대(氣象臺) 일 気象台(きしょうだい kishōdai). (초출: 1895, 《관보》 제204호)

기생충(寄生蟲) 일 寄生虫(きせいちゅう kisei-chū). (초출: 1906, 《태극학보》 제2호)

기선(汽船) 일 汽船(きせん kisen). (초출: 1883년, 《한성순보》 제5호)

기소(起訴) 일 起訴(きそ kiso). (초출: 1905, 《관보》 부록)

기소유예(起訴猶豫) 일 起訴猶予(きそゆうよ kiso-yūyo). (초출: 1909, 《관보》 제4355호)

기숙사(寄宿舍) 일 寄宿舎(きしゅくしゃ kishukusha(초출: 1895, 학부간행 《국민소학독본》)

기술(技術) 일 技術(ぎじゅつ gizyutu). (초출: 1895, 《관보》 제15호)

기술문법(記述文法) 일 記述文法(きじゅつぶんぽう kizyutsu-bunpō). (초출: 1955, 《조선일보》)

기술자(技術者) 일 技術者(ぎじゅつしゃ gizyutsu-sha). (초출: 1895,《관보》호외)

기술혁신(技術革新) 일 技術革新(ぎじゅつかくしん gizyutsu-kakusin). (초출: 1957,《동아일보》)

기스 일 傷(きず kizu). (초출: 1972,《경향신문》)

기안(起案) 일 起案(きあん kian). (초출: 1895,《관보》제1호)

기압(氣壓) 일 気圧(きあつ kiatsu). (초출: 1907,《태극학보》제14호)

기억력(記憶力) 일 記憶力(きおくりょく kioku-ryoku). (초출: 1907,《독습일어정칙》제10장)

기업(企業) 일 企業(きぎょう kigyō). (초출: 1896,《친목회회보》제2호)

기업인(企業人) 일 企業人(きぎょうじん kigyō-zin). (초출: 1935,《삼천리》제7권 8호)

기업체(企業體) 일 企業体(きぎょうたい kigyō-tai). (초출: 1935,《동아일보》)

기온(氣溫) 일 気温(きおん kion). (초출: 1908,《관보》제4114호)

기원전(紀元前) 일 紀元前(きげんぜん kigen-zen). (초출: 1895,《서유견문》제10편)

기원후(紀元後) 일 紀元後(きげんご kigen-go). (초출: 1906,《서우》제1호)

기입(記入) 일 記入(きにゅう kinyū). (초출: 1895,《관보》제1호)

기자(記者) 일 記者(きしゃ kisha). (초출: 1895,《관보》제139호)

기적(汽笛) 일 汽笛(きてき kiteki). (초출: 1906,《태극학보》제2호)

기적(奇蹟, 奇跡) 일 奇跡/奇績(きせき kiseki). (초출: 1902,《신학월보》제2권 10호)

기점(起點) 일 起点(きてん kiten). (초출: 1895,《관보》제135호)

기정사실(旣定事實) 일 既定事実(きていじじつ kitei-zizitsu). (초출: 1932,《동광》제32호)

기조(基調) 일 基調(きちょう kichō). (초출: 1921,《개벽》제14호)

기준(基準) 일 基準(きじゅん kizyun). (초출: 1909,《대한협회회보》제10호)

기중(忌中) 일 忌中(きちゅう kichū). (초출: 1929,《별건곤》제22호)

기중기(起重機) 일 起重機(きじゅうき kizyūki). (초출: 1899,《황성신문》)

기지 일 生地(きじ kizi). (초출: 1938,《동아일보》)

기차(汽車) 일 汽車(きしゃ kisya). (초출: 1882(박영효《使和記略》))

기채(起債) 일 起債(きさい kisai). (초출: 1907,《서우》제9호)

기체(氣體) 일 気体(きたい kitai). (초출: 1906(국민교육회《初等小學 6》)

기초(基礎) 일 基礎(きそ kiso). (초출: 1895(학부《국민소학독본》)

기포(氣泡) 일 気泡(きほう kihō). (초출: 1908,《대동학회월보》제3호)

기함(旗艦) 일 旗艦(きかん kikan). (초출: 1895,《관보》제99호)

기합(氣合) 일 気合い(きあい kiai). (초출: 1923,《개벽》제36호)

기형(畸形) 일 奇形/畸形(きけい kikei). (초출: 1909,《대한흥학보》제8호)

기형아(畸形兒) 일 奇形児/畸形児(きけいじ kikei-zi). (초출: 1921,《개벽》제12호)

기호(記號) 일 記号(きごう kigō). (초출: 1895,《서유견문》제17편)

기혼자(旣婚者) 일 既婚者(きこんしゃ kikon-sha). (초출: 1920,《동아일보》)

기회균등(機會均等) 일 機会均等(きかいきんとう kikai-kintō). (초출: 1922, 최록동《현대신어석의》)

기획(企劃) 일 企画(きかく kikaku). (초출: 1896,《관보》제358호)

긴장(緊張) 일 緊張(きんちょう kinchō). (초출: 1907,《태극학보》제9호)

긴장감(緊張感) 일 緊張感(きんちょうかん kinchō-kan). (초출: 1932,《동아일보》)

긴축(緊縮) 일 緊縮(きんしゅく kinsyuku). (초출: 1908,《태극학보》제18호)

깡기리 일 缶切り(かんきり kangiri). (초출: 1982,《동아일보》)

꼬붕(小分) 일 小分(こぶん kobun). (초출: 1940,《조선일보》)

끽연(喫煙) 일 喫煙(きつえん kitsuen). (초출: 1908,《관보》제4232호)

【나】

나가리(나가레) 일 流れ(ながれ nagare). (초출: 1984,《동아일보》)

나대지(裸垈地) 일 はだか(裸 hadaka) + 우리말 대지(垈地). (초출: 1947,《조선일보》)

나마비루(生麥酒) 일 生麦酒(なまビール namabīru). (초출: 1935,《조선일보》)

나사(羅紗) 일 羅紗(ラシャ rasha). (초출: 1881(이헌영《日槎集略》)

나선형(螺旋形) 일 螺旋形(らせんけい rasen-kei). (초출: 1918(조선총독부《조선사서원고》)

나와바리 일 縄張り(なわばり nawabari). (초출: 1955, 《동아일보》)

나용선(裸傭船) 일 裸傭船(はだかようせん hadaka-yōsen). (초출: 1967, 《매일경제》)

나이타 일 ナイター(naitā). (초출: 1955, 《경향신문》)

나체화(裸體畵) 일 裸体画(らたいが ratai-ga). (초출: 1917(이광수《무정》)

나팔관(喇叭管) 일 喇叭管(らっぱかん rappa-kan). (초출: 1909, 《서북학회월보》 제16호)

낙관(樂觀) 일 楽観(らっかん rakkan). (초출: 1919, 《태서문예신보》 제13호)

낙서(落書) 일 落書き(らくがき rakugaki). (초출: 1929, 《별건곤》 제20호)

낙선(落選) 일 落選(らくせん rakusen). (초출: 1920, 《동아일보》)

낙성식(落成式) 일 落成式(らくせいしき rakusei-siki). (초출: 1909, 《서북학회월보》 제8호)

낙승(樂勝) 일 楽勝(らくしょう rakushō). (초출: 1938, 《동아일보》)

낙오(落伍) 일 落伍(らくご rakugo). (초출: 1922, 《개벽》 제25호)

낙오자(落伍者) 일 落伍者(らくごしゃ rakugo-sya). (초출: 1921, 《개벽》 제10호)

낙원(樂園) 일 楽園(らくえん rakuen). (초출: 1900, 《신학월보》 제1권 1호)

낙차(落差) 일 落差(らくさ rakusa). (초출: 1923, 《동아일보》)

낙착(落着) 일 落着(らくちゃく rakuchaku). (초출: 1897, 《대조선독립협회회보》 제5호)

낙찰(落札) 일 落札(らくさつ rakusatsu). (초출: 1906, 《관보》 제3390호)

낙천주의(樂天主義) 일 楽天主義(らくてんしゅぎ rakuten-syugi). (초출: 1906- 1910, 《보감》 제2권)

낙하산(落下傘) 일 落下傘(らっかさん rakkasan). (초출: 1921, 《동아일보》)

난~(難~) 일 難~(なん ~ nan). (초출: 1909, 《대동학회월보》 제14호)

~난(~難) 일 ~難(~なん nan). (초출: 1921, 《개벽》 제11호)

난관(卵管) 일 卵管(らんかん rankan). (초출: 1959, 《동아일보》)

난교(亂交) 일 乱交(らんこう rankō). (초출: 1921, 《조선일보》)

난기류(亂氣流) 일 乱気流(らんきりゅう ran-kiryū). (초출: 1966, 《동아일보》)

난닝구 일 ランニング(ranningu). (초출: 1932, 《동아일보》)

난류(暖流) 일 暖流(だんりゅう danryū). (초출: 1907,《태극학보》제15호)

난립(亂立) 일 乱立(らんりつ ranritsu). (초출: 1928,《동아일보》)

난민(難民) 일 難民(なんみん nanmin). (초출: 1960,《경향신문》)

난반사(亂反射) 일 乱反射(らんはんしゃ ran-hansha). (초출: 1934,《별건곤》제69호)

난방(暖房) 일 暖房(だんぼう danbō). (초출: 1923,《개벽》제32호)

난소(卵巢) 일 卵巣(らんそう ransō). (초출: 1909,《기호흥학회월보》제6호)

난시(亂視) 일 乱視(らんし ransi). (초출: 1927,《동아일보》)

난시청(難視聽) 일 難視聴(なんしちょう nan-sichō). (초출: 1962,《동아일보》)

난자(卵子) 일 卵子(らんし ransi). (초출: 1920,《동아일보》)

난조(亂調) 일 乱調(らんちょう ranchō). (초출: 1920,《동아일보》)

난투(亂鬪) 일 乱闘(らんとう rantō). (초출: 1926,《개벽》제67호)

난폭(亂暴) 일 乱暴(らんぼう ranbō). (초출: 1895,《서유견문》제4편)

날염(捺染) 일 捺染(なっせん natsuen). (초출: 1931,《동아일보》)

남발(濫發) 일 濫発(らんぱつ ranpatsu). (초출: 1906,《태극학보》제2호)

남성(男性) 일 男性(だんせい dansei). (초출: 1908,《태극학보》제24호)

남우(男優) 일 男優(だんゆう danyū). (초출: 1928,《동아일보》)

남포(람포) 일 ランポ(ranpo). (초출: 1907, 학부《보통학교학도용 국어독본》권1)

납골(納骨) 일 納骨(のうこつ nōkotsu). (초출: 1907,《대한유학생회회보》제3호)

납골당(納骨堂) 일 納骨堂(のうこつどう nōkotsu-dō). (초출: 1928,《동아일보》)

납기(納期) 일 納期(のうき nōki). (초출: 1895,《관보》제4호)

납득(納得) 일 納得(なっとく nattoku). (초출: 1920,《동아일보》)

납세자(納稅者) 일 納税者(のうぜいしゃ nōzei-sha). (초출: 1921,《동아일보》)

납입(納入) 일 納入(のうにゅう nōnyū). (초출: 1905,《황성신문》)

납치(拉致) 일 拉致(らち/らっち rachi/ratchi). (초출: 1920,《동아일보》)

납회(納會) 일 納会(のうかい nōkai). (초출: 1920,《동아일보》)

낫도 일 納豆(なっとう nattō). (초출: 1983,《경향신문》)

낭독(朗讀) 일 朗読(ろうどく rōdoku). (초출: 1895(대한제국《관보》제2호)

낭만(浪漫) 일 浪漫(ろうまん rōman). (초출: 1921,《개벽》제9호)

낭만적(浪漫的) 일 浪漫的(ろうまんてき rōman-teki). (초출: 1921, 《개벽》 제17호)

낭만주의(浪漫主義) 일 浪漫主義(ろうまんしゅぎ rōman-syugi). (초출: 1918, 《태서문예신보》 제4호)

낭인(浪人) 일 浪人(ろうにん rōnin). (초출: 1918, 《태서문예신보》 제9호)

낭하(廊下) 일 廊下(ろうか rōka). (초출: 1909, 《관보》 제4468호)

내(內)~ 일 內~(ない nai). (초출: 1922, 최록동 《현대신어석의》)

내과(內科) 일 內科(ないか naika). (초출: 1899, 《관보》 제1307호)

내구연한(耐久年限) 일 耐久年限(たいきゅうねんげん taikyū-nengen). (초출: 1958, 《조선일보》)

내근(內勤) 일 內勤(ないきん naikin). (초출: 1905, 《관보》 제3163호)

내란죄(內亂罪) 일 內乱罪(ないらんざい nairan-zai). (초출: 1909 《관보》 제4295호)

내륜(內輪) 일 內輪(うちわ uchiwa). (초출: 1922, 《개벽》 제25호)

내막(內幕) 일 內幕(うちまく uchimaku). (초출: 1908, 《황성신문》)

내무성(內務省) 일 內務省(ないむしょう naimusyō). (초출: 1905, 《관보》 제3106호)

내분비(內分泌) 일 內分泌(ないぶんぴ/ないぶんぴつ nai-bumpi/nai-bunpitsu). (초출: 1929, 《별건곤》 제20호)

내사(內査) 일 (초출: 內査(ないさ naisa). (초출: 1925, 《동아일보》)

내성(耐性) 일 耐性(たいせい taisei). (초출: 1931, 《동아일보》)

내수(內需) 일 內需(ないじゅ naizyu). (초출: 1925, 《동아일보》)

내수성(耐水性) 일 耐水性(たいすいせい taisui-sei). (초출: 1908, 《대한학회월보》 제4호)

내시경(內視鏡) 일 內視鏡(ないしきょう naisi-kyō). (초출: 1967, 《동아일보》)

내신(內申) 일 內申(ないしん naisin). (초출: 1921, 《동아일보》)

내야(內野) 일 內野(ないや naiya). (초출: 1929, 《동아일보》)

내야수(內野手) 일 內野手(ないやしゅ naiya-shu). (초출: 1925, 《조선일보》)

내역(內譯) 일 內訳(うちわけ uchiwake). (초출: 1905, 《관보》 제3179호)

내연기관(內燃機關) 일 內燃機関(ないねんきかん nainen-kikan). (초출: 1920, 《개벽》 제1호)

내용(內容) 일 内容(ないよう naiyō). (초출: 1904, 《황성신문》)

내이(內耳) 일 内耳(ないじ naizi). (초출: 1908, 《대동학회월보》 제9호)

내재(內在) 일 内在(ないざい naizai). (초출: 1920, 《개벽》 제2호)

내주(來週) 일 来週(らいしゅう raisyū). (초출: 1921, 《동아일보》)

내지잡거(內地雜居) 일 内地雜居(ないちざっきょ naichi-zakkyo). (초출: 1907, 《서우》 제2호)

내진(耐震) 일 耐震(たいしん taisin). (초출: 1934, 《조선일보》)

내출혈(內出血) 일 内出血(ないしゅっけつ nai-shukketsu). (초출: 1930, 《동아일보》)

내측(內側) 일 内側(うちがわ uchigawa). (초출: 1908, 《기호흥학회월보》 제3호)

내포(內包) 일 内包(ないほう naihō). (초출: 1918, 조선총독부 《조선사서원고》)

내화성(耐火性) 일 耐火性(たいかせい taika-sei). (초출: 1918, 조선총독부 《조선사서원고》)

냄비(남비) 일 なべ(鍋 nabe). (초출: 1897, 《독립신문》)

냉각(冷却) 일 冷却(れいきゃく reikyaku). (초출: 1908, 《관보》 제3988호)

냉동(冷凍) 일 冷凍(れいとう reitō). (초출: 1922, 《동아일보》)

냉방(冷房) 일 冷房(れいぼう reibō). (초출: 1935, 《동아일보》)

냉방병(冷房病) 일 冷房病(れいぼうびょう reibō-byō). (초출: 1970, 《매일경제》)

냉장(冷藏) 일 冷蔵(れいぞう reozō). (초출: 1908, 《관보》 제4223호)

냉장고(冷藏庫) 일 冷蔵庫(れいぞうこ reizō-ko). (초출: 1909(대한제국, 《관보》 제4314호)

냉전(冷戰) 일 冷戦(れいせん reisen). (초출: 1948, 《경향신문》)

냉해(冷害) 일 冷害(れいがい reigai). (초출: 1934, 《동아일보》)

네임 밸류 일 ネーム バリュー[(nēmu-baryū). (초출: 1960, 《동아일보》)

네지마와시 일 ねじまわし(螺旋廻し, nezi-mawasi). (초출: 1942, 문세영 《수정증보 조선어사전》)

년도(年度) 일 年度(ねんど nendo). (초출: 1895, 《관보》 제4호)

노가다 일 土方(どかた dokata). (초출: 1924, 《동아일보》)

노견(路肩) 일 路肩(ろかた rokata). (초출: 1967, 《경향신문》)

노깡 일 土管(どかん dokan). (초출: 1938, 문세영 《수정증보 조선어사전》)

노동(勞動, 勞働) 일 労働(ろうどう rōdō). (초출: 1889, 《독립신문》)

노동당(勞動黨) 일 労働党(ろうどうとう rōdō-tō). (초출: 1908, 《대동학회월보》 제7호)

노동력(勞動力) 일 労働力(ろうどうりょく rōdō-ryoku). (초출: 1920, 《개벽》 제2호)

노동운동(勞動運動) 일 労働運動(ろうどううんどう rōdō-undō). (초출: 1921, 《개벽》 제12호)

노동자(勞動者) 일 労働者(ろうどうしゃ rōdō-sya). (초출: 1905, 《대한믹일신보》)

노동조합(勞動組合) 일 労働組合(ろうどうくみあい rōdō-kumiai). (초출: 1910, 《대한믹일신보》)

노령연금(老齡年金) 일 老齡年金(ろうれいねんきん rōrei-nenkin). (초출: 1956, 《경향신문》)

노면(路面) 일 路面(ろめん romen). (초출: 1924, 《개벽》 제51호)

노무(勞務) 일 労務(ろうむ rōmu). (초출: 1908, 《관보》 부록)

노무자(勞務者) 일 労務者(ろうむしゃ rōmu-sha). (초출: 1929, 《동아일보》)

노반(路盤) 일 路盤(ろばん roban). (초출: 1924, 《동아일보》)

노사(勞使) 일 労使(ろうし rōsi). (초출: 1954, 《경향신문》)

노선(路線) 일 路線(ろせん rosen). (초출: 1920, 《동아일보》)

노심(爐心) 일 炉心(ろしん rosin). (초출: 1958, 《동아일보》)

노안(老眼) 일 老眼(ろうがん rōgan). (초출: 1928, 《동아일보》)

노임(勞賃) 일 労賃(ろうちん rōchin). (초출: 1920, 《동아일보》)

노작(勞作) 일 労作(ろうさく rōsaku). (초출: 1920, 《동아일보》)

노점(露店) 일 露店(ろてん roten). (초출: 1913, 조선총독부 《고등조선어급한문독본》 권1)

노정(勞政) 일 労政(ろうせい rōsei). (초출: 1948, 《동아일보》)

노조(勞組) 일 労組(ろうそ rōso). (초출: 1920, 《매일신보》)

노지(露地) 일 露地(ろじ rozi). (초출: 1926, 《개벽》 제72호)

노출광(露出狂) 일 露出狂(ろしゅつきょう roshutsu-kyō). (초출: 1952, 《경향신문》)

노폐물(老廢物) ⓘ 老廃物(ろうはいぶつ rōhai-butsu). (초출: 1907,《서우》제6호)

노화(老化) ⓘ 老化(ろうか rōka). (초출: 1933,《동아일보》)

녹내장(綠內障) ⓘ 緑内障(りょくないしょう ryoku-naishō). 1909,《기호흥학회월보》제11호)

녹음(錄音) ⓘ 録音(ろくおん rokuon). (초출: 1933,《동아일보》)

녹음기(錄音器) ⓘ 録音機(ろくおんき rokion-ki). (초출: 1937,《동아일보》)

녹지(綠地) ⓘ 緑地(りょくち ryokuchi). (초출: 1936,《동아일보》)

녹취(錄取) ⓘ 錄取(ろくしゅ rokusyu). (초출: 1922,《동아일보》)

녹화(錄畵) ⓘ 録画(ろくが rokuga). (초출: 1960,《동아일보》)

녹화(綠化) ⓘ 緑化(りょくか ryokuka). (초출: 1918, 조선총독부《조선사서원고》)

논고(論告) ⓘ 論告(ろんこく ronkoku). (초출: 1895,《국민소학독본》)

논단(論壇) ⓘ 論壇(ろんだん rondan). (초출: 1922,《개벽》제19호)

논리(論理) ⓘ 論理(ろんり ronri). (초출: 1902,《신학월보》제2권 제3호)

논리적(論理的) ⓘ 論理的(ろんりてき ronri-teki). (초출: 1921,《개벽》제9호)

논리학(論理學) ⓘ 論理学(ろんりがく ronri-gaku). (초출: 1908,《관보》제4038호)

논문(論文) ⓘ 論文(ronbun). (초출: 1895,《관보》제132호)

논설(論說) ⓘ 論説(ろんせつ ronsetsu). (초출: 1896,《독립신문》)

논설문(論說文) ⓘ 論説文(ろんせつぶん ronsetsu-bun). (초출: 1895,《관보》제121호)

논외(論外) ⓘ 論外(ろんがい rongai). (초출: 1895,《관보》제146호)

논전(論戰) ⓘ 論戦(ろんせん ronsen). (초출: 1924,《개벽》제45호)

논점(論點) ⓘ 論点(ろんてん ronten). (초출: 1921,《동아일보》)

논조(論調) ⓘ 論調(ろんちょう ronchō). (초출: 1908,《대한협회회보》제6호)

논증(論證) ⓘ 論証(ろんしょう ronsyō). (초출: 1906-1910,《보감》부록 '휘집 4권')

논지(論旨) ⓘ 論旨(ろんし ronsi). (초출: 1895,《관보》제132호)

~농(農) ⓘ ~農(のう nō). (초출: 1921,《개벽》제11호)

농구(籠球) ⓘ 籠球(ろうきゅう rōkyū). (초출: 1925,《동아일보》)

농번기(農繁期) ⓘ 農繁期(のうはんき nōhan-ki). (초출: 1922,《개벽》제26호)

농산물(農産物) ⓘ 農産物(のうさんぶつ nōsan-butsu). (초출: 1895,《관보》제20호)

농아학교(聾啞學校) 일 聾唖学校(ろうあがっこう rōa-gakkō). (초출: 1906-1910, 《보감》附錄彙集 3권)

농약(農藥) 일 農薬(のうやく nōyaku). (초출: 1920, 《조선일보》)

농양(膿瘍) 일 膿瘍(のうよう nōyō). (초출: 1906-1910, 《보감》 부록)

농원(農園) 일 農園(のうえん nōen). (초출: 1922, 《개벽》 제21호)

농작물(農作物) 일 農作物(のうさくぶつ nōsaku-butsu). (초출: 1908, 《관보》 제4249호)

농장(農場) 일 農場(のうじょう nōzyō). (초출: 1907, 《태극학보》 제6호)

농학(農學) 일 農学(のうがく nōgaku). (초출: 1884, 《한성순보》 제29호)

농협(農協) 일 農協(のうきょう nōkyō). (초출: 1935, 《동아일보》)

뇌관(雷管) 일 雷管(らいかん raikan). (초출: 1895, 《관보》 제56호)

뇌리(腦裏) 일 脳裏(のうり nōri). (초출: 1906, 《대한자강회월보》 제5호)

뇌막(腦膜) 일 脳膜(のうまく nōmaku). (초출: 1907, 경향신문사 《京鄕新聞》 제37호)

뇌염(腦炎) 일 脳炎(のうえん nōen). (초출: 1920, 《동아일보》)

뇌졸중(腦卒中) 일 脳卒中(のうそっちゅう nō-sotchū). (초출: 1908, 《태극학보》 제26호)

뇌척수막염(腦脊髓膜炎) 일 脳脊髄膜炎(のうせきずいまくえん nōsekizuimaku-en). (초출: 1924, 《동아일보》)

뇌하수체(腦下垂體) 일 脳下垂体(のうかすいたい nōkasui-tai). (초출: 1928, 《동아일보》)

누선(淚腺) 일 涙腺(るいせん ruisen). (초출: 1926, 《동아일보》)

누전(漏電) 일 漏電(ろうでん rōden). (초출: 1921, 《동아일보》)

누진(累進) 일 累進(るいしん ruisin). (초출: 1895, 《관보》 제78호)

누진세(累進稅) 일 累進税(るいしんぜい ruisin-zei). (초출: 1922, 최록동 《현대신어석의》)

늑골(肋骨) 일 肋骨(ろっこつ rokkotsu). (초출: 1918, 조선총독부 《조선사서원고》)

늑막염(肋膜炎) 일 肋膜炎(ろくまくえん rokumaku-en). (초출: 1921, 《동아일보》)

능동(能動) 일 能動(のうどう nōdō). (초출: 1907, 《대한자강회월보》 제7호)

능력(能力) 〔일〕 能力(のうりょくnōryoku). (초출: 1895,《서유견문》제8편)

능률(能率) 〔일〕 能率(のうりつ nōritsu). (초출: 1920,《개벽》제3호)

니꾸사꾸 〔일〕 リュックザック/ルックサック(ryukkuzakku/rukkusakku). (초출: 1928, 《동아일보》)

니스 〔일〕 ニス(nisu). (초출: 1939,《동아일보》)

【다】

다~(多~) 〔일〕 多~(ta). (초출: 1901,《신학월보》제1권 제3호)

다각형(多角形) 〔일〕 多角形(たかくけい takaku-kei). (초출: 1918,《조선사서원고》)

다국적(多國籍) 〔일〕 多国籍(たこくせき ta-kokuseki). (초출: 1936,《조선일보》)

다꾸앙 〔일〕 沢庵(たくあん takuan). (초출: 1926,《동아일보》)

다년생(多年生) 〔일〕 多年生(たねんせい tanen-sei). (초출: 1909,《기호흥학회월보》 제7호)

다다미 〔일〕 たたみ(畳 tatami). (초출: 1908, 육정수《송뢰금》)

다데기 〔일〕 たたき(tataki). (초출: 1990,《경향신문》)

다도(茶道) 〔일〕 茶道(さどう/ちゃどう sadō/chadō) (초출: 1930,《동아일보》)

다라 〔일〕 盥(たらい tarai). (초출: 1990,《경향신문》)

다마 〔일〕 玉/球(たま tama). (초출: 1923,《동아일보》)

다마네기 〔일〕 玉葱(たまねぎ tamanegi). (초출: 1929,《별건곤》제24호)

다마치기 〔일〕 たま(tama)＋한국어 '치기'. (초출: 1958,《동아일보》)

다면체(多面體) 〔일〕 多面体(ためんたい tamen-tai). (초출: 1909,《서북학회월보》제 10호)

다모작(多毛作) 〔일〕 多毛作(たもうさく tamosaku). (초출: 1939,《조선일보》)

다문화(多文化) 〔일〕 多文化(たぶんか ta-bunka). (초출: 1964,《경향신문》)

다수결(多數決) 〔일〕 多数決(たすうけつ tasū-ketsu). (초출: 1905,《관보》부록)

다스 〔일〕 ダース(dāsu). (초출: 1927,《별건곤》제4호)

다시 일 出し(だし dasi). (초출: 1967, 《매일경제》)

다신교(多神教) 일 多神教(たしんきょう tasin-kyō). (초출: 1901, 《신학월보》 제1
권 제3호)

다연장로켓포(多連裝로켓砲) 일 多連装ロケット砲(たれんそうロケットほう ta-
rensō-rokketo-hō). (초출: 1988, 《동아일보》)

다오루 일 タオル(taoru). (초출: 1909, 《관보》 부록)

다원론(多元論) 일 多元論(たげんろん tagen-ron). (초출: 1908, 《태극학보》 제18호)

다의어(多義語) 일 多義語(たぎご tagi-go). (초출: 1977, 《경향신문》)

다이야 일 ダイヤ(daiya). (초출: 1908, 구연학 《설중매》) ※ 다이야몬드

다이야 일 タイヤ(taiya). (초출: 1909, 《관보》 부록) ※ 자동차의 tire

다중(多衆) 일 多衆(たしゅう tasyū). (초출: 1900, 《관보》 부록)

다중방송(多重放送) 일 多重放送(たじゅうほうそう tazyū-hōsō). (초출: 1970, 《조
선일보》)

다탄두(多彈頭) 일 多弾頭(ただんとう ta-dantō). (초출: 1967, 《매일경제》)

단(短)~ 일 短(たん tan). (초출: 1895, 《관보》 제10호)

단(單)~ 일 単(たん tan). (초출: 1895, 《관보》 제138호)

~단(團) 일 団(だん). (초출: 1895, 대한제국 《관보》 제42호)

단가(單價) 일 単価(たんか tanka). (초출: 1908, 《대동학회월보》 제8호)

단가(擔架) 일 担架(たんか tanka). (초출: 1922, 《개벽》 제25호)

단거리(短距離) 일 短距離(たんきょり tan-kyori). (초출: 1920, 《조선일보》)

단교(斷交) 일 断交(だんこう dankō). (초출: 1923, 《개벽》 제36호)

단도리 일 段取り(だんどり dandori). (초출: 1958, 《경향신문》)

단두대(斷頭臺) 일 断頭台(だんとうだい dantō-dai). (초출: 1906, 《태극학보》 제4호)

단리(單利) 일 単利(たんり tanri). (초출: 1924, 《동아일보》)

단말기(端末機) 일 端末機(たんまつき tanmatsu-ki). (초출: 1969, 《매일경제》)

단말마(斷末魔) 일 断末魔(だんまつま danmatsuma). (초출: 1920, 《동아일보》)

단발(單發) 일 単発(たんぱつ tanpatsu). (초출: 1938, 《동아일보》)

단백질(蛋白質) 일 蛋白質(たんぱくしつ tanpakusitsu). (초출: 1895, 학부 《국민소

학독본》)

단보루 ⓘ 段ボール(だんボール danbōru). (초출: 1966,《매일경제》)

단생보험(單生保險) ⓘ 単生保険(たんせいほけん tansei-hoken). (초출: 1996,《매일경제》)

단서(但書) ⓘ 但書(ただしがき tadasigaki). (초출: 1985,《관보》 제4호)

단선(單線) ⓘ 単線(たんせん tansen). (초출: 1899,《독립신문》)

단세포(單細胞) ⓘ 単細胞(たんさいぼう tan-saibō). (초출: 1921,《개벽》 제10호)

단수(單數) ⓘ 単数(たんすう tansū). (초출: 1907,《태극학보》)

단순(單純) ⓘ 単純(たんじゅん tanzyun). (초출: 1905,《관보》 제3260호)

단스 ⓘ 箪笥(たんす tansu). (초출: 1925,《동아일보》)

단스(딴스) ⓘ ダンス(dansu). (초출: 1920,《동아일보》)

단식(單式) ⓘ 単式(たんしき tansiki). (초출: 1908,《대한학회월보》 제3호)

단신(短信) ⓘ 短信(たんしん tansin). (초출: 1919,《태서문예신보》 제16호)

단신부임(單身赴任) ⓘ 単身赴任(たんしんふにん tansin-funin). (초출: 1922,《동아일보》)

단안(單眼) ⓘ 単眼(たんがん tangan). (초출: 1918, 조선총독부《조선사서원고》)

단어(單語) ⓘ 単語(たんご tango). (초출: 1895,《관보》 제138호)

단어장(單語帳) ⓘ 単語帳(たんごちょう tango-chō). (초출: 1930,《조선일보》)

단엽(單葉) ⓘ 単葉(たんよう tanyō). (초출: 1908,《기호흥학회월보》 제5호)

단원(單元) ⓘ 単元(たんげん tangen). (초출: 1955,《동아일보》)

단원(團員) ⓘ 団員(だんいん danin). (초출: 1921,《개벽》 제10호)

단자(團子) ⓘ 団子(だんご dango). (초출: 1918, 조선총독부《조선사서원고》)

단장(團長) ⓘ 団長(だんちょう danchō). (초출: 1907, 정운복《독습일어정칙》第八章)

단조(鍛造) ⓘ 鍛造(たんぞう tanzō). (초출: 1938,《조선일보》)

단지(團地) ⓘ 団地(だんち danchi). (초출: 1926,《동아일보》)

단차(段差) ⓘ 段差(だんさ dansa). (초출: 1972,《조선일보》)

단체(團體) ⓘ 団体(だんたい dantai). (초출: 1906,《관보》 제3409호)

단체경기(團體競技) 일 団体競技(だんたいきょうぎ dantai-kyōgi). (초출: 1922, 《동아일보》)

단축(短縮) 일 短縮(たんしゅく tansyuku). (초출: 1895, 《관보》 제101호)

단층(斷層) 일 断層(だんそう dansō). (초출: 1907, 《태극학보》 제9호)

단층(單層) 일 単層(たんそう tansō). (초출: 1895, 《서유견문》)

단타(短打) 일 短打(たんだ tanda). (초출: 1931, 《조선일보》)

단파(短波) 일 短波(たんぱ tanpa). (초출: 1926, 《별건곤》 제2호)

단파방송(短波放送) 일 短波放送(たんぱほうそう tanpa-hōsō). (초출: 1946, 《동아일보》)

단편소설(短篇小說) 일 短篇小説/短編小説(たんぺんしょうせつ tanpen-syōset-su). (초출: 1918, 《태서문예신보》 제10호)

단편적(斷片的) 일 断片的(だんぺんてき danpen-teki). (초출: 1921, 《개벽》 제11호)

단품(單品) 일 単品(たんぴん tanpin). (초출: 1933, 《동아일보》)

단항식(單項式) 일 単項式(たんこうしき tankō-siki). (초출: 1942, 《수정증보 조선어사전》)

단행본(單行本) 일 単行本(たんこうぼん tankō-bon). (초출: 1920, 《동아일보》)

단화(短靴) 일 短靴(たんぐつ tangutsu). (초출: 1897, 《관보》 제639호)

닭도리탕 일 한국어 '닭' + 도리(鳥 tori) + 한국어 '탕(湯)'(초출: 1982, 《동아일보》)

달변(達辯) 일 達弁/達辯(たつべん tatsuben). (초출: 1929, 《동아일보》)

달인(達人) 일 達人(たつじん tatsuzin). (초출: 1909, 《기호흥학회월보》 제9호)

~담(談) 일 ~談(だん dan). (초출: 1921, 《개벽》 제12호)

담배 일 たばこ(tabako). (초출: 1889, 《사민필지》)

담보(擔保) 일 担保(たんぽ tanpo). (초출: 1895, 《관보》 제120호)

담판(談判) 일 談判(だんぱん tanpan). (초출: 1895, 《관보》 제160호)

담합(談合) 일 談合(たんごう tangō). (초출: 1915, 《매일신보》)

답신(答申) 일 答申(とうしん tōsin). (초출: 1895, 《관보》 제211호)

~당(當) 일 ~当たり(あたり atari). (초출: 1899, 《관보》 호외)

당구(撞球) 일 撞球(どうきゅう dōkyū). (초출: 1926, 《별건곤》 제1호)

당국(當局) 일 当局(とうきょく tōkyoku). (초출: 1907, 《서우》 제3호)

당뇨병(糖尿病) 일 糖尿病(とうにょうびょう tōnyō-byō). (초출: 1918, 조선총독부 《조선사서원고》)

당도(糖度) 일 糖度(とうど tōdo). (초출: 1930, 《동아일보》)

당분간(當分間) 일 当分の間(とうぶんのあいだ tōbunno-aida). (초출: 1920, 《동아일보》)

당원(黨員) 일 党員(とういん tōin). (초출: 1906, 《서우》 제1호)

당좌대월(當座貸越) 일 当座貸越(とうざかしこし tōza-kasikosi). (초출: 1909, 《관보》 호외)

당좌예금(當座預金) 일 当座預金(とうざよきん tōza-yokin). (초출: 1906, 《관보》 제3140호)

당첨(當籤) 일 当籤(とうせん tōsen). (초출: 1895, 《서유견문》 제18편)

당파(黨派) 일 党派(とうは tōha). (초출: 1895, 《관보》 호외)

당혹(當惑) 일 当惑(とうわく tōwaku). (초출: 1923, 《개벽》 제40호)

대(大)~ 일 大~(だい dai). (초출: 1896, 《관보》 제298호)

~대(帶) 일 ~帶(たい tai). (초출: 1923, 《동아일보》)

~대(隊) 일 ~隊(たい tai). (초출: 1907, 《대한유학생회학보》 제2호)

대각선(對角線) 일 対角線(たいかくせん taikaku-sen). (초출: 1927, 《동광》 제16호)

대결(對決) 일 対決(たいけつ taiketsu). (초출: 1918, 조선총독부 《조선사서원고》)

대계(大系) 일 大系(たいけい taikei). (초출: 1924, 《개벽》 제52호)

대공포(對空砲) 일 対空砲(たいくうほう taikū-hō). (초출: 1946, 《조선일보》)

대관식(戴冠式) 일 戴冠式(たいかんしき taikan-siki). (초출: 1896, 《관보》 제301호)

대금(代金) 일 代金(だいきん daikin). (초출: 1897, 《관보》 호외)

대금(貸金) 일 貸し金/貸金(かしきん kasikin). (초출: 1907, 《서우》 제9호)

대금업(貸金業) 일 貸金業(かしきんぎょう kasikin-gyō). (초출: 1918, 조선총독부 《조선사서원고》)

대금업자(貸金業者) 일 貸金業者(かしきんぎょうしゃ kasikn-gyōsya). (초출: 1921, 《개벽》 제15호)

대금인환(代金引換) 일 代金引換(だいきんひきかえ daikin-hikikae). (초출: 1921, 《동아일보》)

대기(大氣) 일 大気(たいき taiki). (초출: 1895, 학부 《국민소학독본》 제16과)

대기권(大氣圈) 일 大気圏(たいきけん taiki-ken). (초출: 1931, 《동아일보》)

대기실(待機室) 일 (たいきしつ taiki-sitsu). (초출: 1927, 《동광》 제16호)

대다수(大多數) 일 大多数(だいたすう daitasū). (초출: 1896, 《관보》 제298호)

대대(大隊) 일 大隊(だいたい daitai). (초출: 1895, 《관보》 제27호)

대대적(大大的) 일 大々的(だいだいてき daidai-teki). (초출: 1906, 《태극학보》 제2호)

대동아(大東亞) 일 大東亜(だいとうあ dai-tōa). (초출: 1938, 《삼천리》 제10권 5호)

대륙(大陸) 일 大陸(たいりく tairiku). (초출: 1895, 《서유견문》 제2편)

대리(代理) 일 代理(だいり dairi). (초출: 1895, 《관보》 제6호)

대리석(大理石) 일 大理石(だいりせき dairi-seki). (초출: 1895, 학부 《국민소학독본》)

대리인(代理人) 일 代理人(だいりにん dairi-nin). (초출: 1896, 《독립신문》)

대매출(大賣出) 일 大売出(おおうりだし ō-uridasi). (초출: 1923, 《개벽》 제36호)

대명사(代名詞) 일 代名詞(だいめいし daimeisi). (초출: 1909, 《대한흥학보》 제4호)

대미(大尾) 일 大尾(たいび taibi). (초출: 1932, 《삼천리》 제4권 제4호)

대본(臺本) 일 台本(だいほん daihon). (초출: 1921, 《동아일보》)

대본영(大本營) 일 大本営(だいほんえい dai-honei). (초출: 1895, 《관보》 제154호)

대부(貸付) 일 貸付(かしつけ kasitsuke). (초출: 1905, 《황성신문》)

대비(對比) 일 対比(たいひ taihi). (초출: 1896, 《대조선독립협회회보》 제2호)

대사(大使) 일 大使(たいし taisi). (초출: 1895, 《관보》 제46호)

대사관(大使館) 일 使館(たいしかん taisi-kan). (초출: 1906, 《대한자강회월보》 제6호)

대상(大賞) 일 大賞(たいしょう taishō). (초출: 1923, 《개벽》 제42호)

대상(對象) 일 対象(たいしょう taisyō). (초출: 1907, 《태극학보》 제15호)

대상(隊商) 일 隊商(たいしょう taisyō). (초출: 1907, 《태극학보》 제7호)

대상포진(帶狀疱疹) 일 帯状疱疹(たいじょうほうしん taizyō-hōsin). (초출: 1939, 《조선일보》)

대심원(大審院) 일 大審院(だいしんいん daisin-in). (초출: 1895,《서유견문》제19편)

대안(代案) 일 代案(だいあん daian). (초출: 1924,《개벽》제46호)

대언인(代言人) 일 代言人(だいげんにん daigen-nin). (초출: 1897,《대조선독립협회회보》제10호)

대언장어(大言壯語) 일 大言壯語(たいげんそうご taigen-sōgo). (초출: 1924,《개벽》제50호)

대역(代役) 일 代役(だいやく daiyaku). (초출: 1925,《개벽》제63호)

대영제국(大英帝國) 일 大英帝国(だいえいていこく daiei-teikoku). (초출: 1921,《동아일보》)

대외(對外) 일 対外(たいがい taigai). (초출: 1897,《대조선독립협회회보》제10호)

대용품(代用品) 일 代用品(だいようひん daiyō-hin). (초출: 1906,《관보》부록)

대원(隊員) 일 隊員(たいいん taiin). (초출: 1910,《대한민일신보》)

대위(代位) 일 代位(だいい daii). (초출: 1909,《호남학보》제8호)

대위(大尉) 일 大尉(たいい taii). (초출: 1895,《관보》제140호)

대응(對應) 일 対応(たいおう taiō). (초출: 1920,《개벽》제1호)

대의명분(大義名分) 일 大義名分(たいぎめいぶん taigi-meibun). (초출: 1921,《조선일보》)

대의사(代議士) 일 代議士(だいぎし daigi-si). (초출: 1895,《관보》제134호)

대의원(代議員) 일 代議員(だいぎいん daigiin). (초출: 1910,《대한민일신보》)

대의정치(代議政治) 일 代議政治(だいぎせいじ daigi-seizi). (초출: 1906,《대한학회월보》제1호)

대전(帶電) 일 帯電(たいでん taiden). (초출: 1928,《별건곤》제11호)

대절(貸切) 일 貸切り(かしきり kasikiri). (초출: 1912,《매일신보》)

대조(對照) 일 対照(たいしょう taisyō). (초출: 1895,《관보》제76호)

대좌(大佐) 일 大佐(たいさ taisa). (초출: 1895,《관보》제77호)

대질(對質) 일 対質(たいしつ taisitu). (초출: 1895,《관보》제213호)

대차대조표(貸借對照表) 일 貸借対照表(たいしゃくたいしょうひょう taishaku-taishō-hyō). (초출: 1906,《관보》제3440호)

대체(代替) 일 代替(だいたい daitai). (초출: 1900, 대한제국《관보》부록)

대출(貸出) 일 貸出(かしだし kasidasi). (초출: 1901,《황성신문》)

대칭(對稱) 일 対称(たいしょう taisyō). (초출: 1907,《태극학보》제14호)

대통령(大統領) 일 大統領(だいとうりょう daitōryō). (초출: 1881, 이헌영《日槎集略》)

대퇴골(大腿骨) 일 大腿骨(だいたいこつ daitai-kotsu). (초출: 1908,《기호흥학회월보》제3호)

대폭(大幅) 일 大幅(おおはば ōhaba). (초출: 1921,《동아일보》)

대표(代表) 일 代表(だいひょう daihyō). (초출: 1895,《관보》제4호)

대표적(代表的) 일 代表的(だいひょうてき daihyō-teki). (초출: 1920,《개벽》제1호)

대피(待避) 일 待避(たいひ taihi). (초출: 1918, 최남선역《자조론》)

대학(大學) 일 大学(だいがく daigaku). (초출: 1886,《한성주보》제1호)

대학교(大學校) 일 大学校(だいがっこう daigakkō). (초출: 1883,《한성순보》제1호)

대학교수(大學敎授) 일 大学教授(だいがくきょうじゅ daigaku-kyōzyu). (초출: 1907,《대한자강회월보》제8호)

대학원(大學院) 일 大学院(だいがくいん daigakuin). (초출: 1906,《서우》제1호)

대합실(待合室) 일 待合室(まちあいしつ machiai-sitsu). (초출: 1908,《대한협회회보》제1호)

대항(對抗) 일 対抗(たいこう taikō). (초출: 1906,《관보》제3440호)

대항마(對抗馬) 일 対抗馬(たいこうば taikō-ba). (초출: 1956,《조선일보》)

대행(代行) 일 代行(だいこう daikō). (초출: 1895,《관보》제106호)

대형(大型) 일 大型(おおがた ōgata). (초출: 1907,《황성신문》)

대화퇴(大和堆) 일 大和堆(やまとたい yamatotai). (초출: 1967,《경향신문》)

덕육(德育) 일 徳育(とくいく tokuiku). (초출: 1908,《대한민일신보》)

덕후 일 おたく(otaku). (초출: 2009,《어퍼컷》미지북스)

덤프 카 일 ダンプカー(dampu kā). (초출: 1963,《경향신문》)

데드 볼 일 デッドボール(deddo bōru). (초출: 1963,《경향신문》)

데마(데마고기) 일 デマ(dema). (초출: 1930,《조선일보》)

데모 ⑨ デモ(demo). (초출: 1930,《별건곤》제32호)

데모토 ⑨ 手元/手許(てもと temoto). (초출: 1991,《경향신문》)

뎀뿌라 ⑨ 天麩羅/天婦羅(テンプラ tempura). (초출: 1922,《동아일보》)

~도(渡) ⑨ ~渡し(わたし watasi). (초출: 1959,《경향신문》)

~도(圖) ⑨ ~図(ず zu). (초출: 1908,《관보》제4165호)

도나스 ⑨ ドーナツ(dōnatsu). (초출: 1934,《동아일보》)

도난(盜難) ⑨ 盜難(とうなん tōnan). (초출: 1896, 학부《신정 심상소학》제3과)

도라무 ⑨ ドラム(doramu). (초출: 1939,《동아일보》)

도라이바 ⑨ ドライバー(doraibā). (초출: 1949,《경향신문》)

도락(道樂) ⑨ 道楽(どうらく dōraku). (초출: 1924,《동아일보》)

도락쿠(도라꾸) ⑨ トラック(torakku). (초출: 1932,《동아일보》)

도란스 ⑨ トランス(toransu). (초출: 1939,《동아일보》)

도료(塗料) ⑨ 塗料(とりょう toryō). (초출: 1908,《대한협회회보》)

도루(盜壘) ⑨ 盜壘(とうるい tōrui). (초출: 1922,《동아일보》)

도리우찌 ⑨ 鳥打(とりうち toriuchi). (초출: 1928,《동아일보》)

도발적(挑發的) ⑨ 挑発的(ちょうはつてき chōhatsu-teki). (초출: 1920,《동아일보》)

도색(桃色) ⑨ 桃色(ももいろ momoiro). (초출: 1925,《개벽》제62호)

도서관(圖書館) ⑨ 図書館(としょかん tosyo-kan). (초출: 1881, 이헌영《일사집략 (日槎集略)》)

도서실(圖書室) ⑨ 図書室(としょしつ tosyo-sitsu). (초출: 1906,《대한자강회월보》 제4호)

도선장(渡船場) ⑨ 渡船場(とせんば tosen-ba). (초출: 1907,《태극학보》제16호)

도수체조(徒手體操) ⑨ 徒手体操(としゅたいそう tosyu-taisō). (초출: 1921,《동아 일보》)

도안(圖案) ⑨ 図案(ずあん zuan). (초출: 1899,《황성신문》)

도예(陶藝) ⑨ 陶芸(とうげい tōgei). (초출: 1921,《조선일보》)

도외시(度外視) ⑨ 度外視(どがいし dogaisi). (초출: 1908,《서북학회월보》제1호)

도작(稻作) ⑨ 稻作(いなさく inasaku). (초출: 1908,《관보》제4177호)

도착(到着) 일 到着(とうちゃく tōchyaku). (초출: 1895, 대한제국《관보》제92호)

도청(盜聽) 일 盗聴(とうちょう tōchō). (초출: 1927,《동아일보》)

도체(導體) 일 導体(どうたい dōtai). (초출: 1908,《태극학보》제18호)

도출(導出) 일 導出(どうしゅつ dōshutsu). (초출: 1906,《태극학보》제5호)

도꾸리 일 德利(とくり tokuri). (초출: 1908,《관보》부록)

도화선(導火線) 일 導火線(どうかせん dōka-sen). (초출: 1897,《대조선독립협회회보》제5호)

독(獨)~ 일 独~(どく goku). (초출: 1922,《개벽》제30호)

독거노인(獨居老人) 일 獨居老人(どっきょろうじん dokkyo-rōzin). (초출: 1986,《경향신문》)

독농가(篤農家) 일 篤農家(とくのうか dokunō-ka). (초출: 1910,《황성신문》)

독림가(篤林家) 일 篤林家(とくりんか tokurin-ka). (초출: 1968,《매일경제》)

독립(獨立) 일 独立(どくりつ dokuritsu). (초출: 1895,《관보》)

독립국(獨立國) 일 独立国(どくりつこく dokuritsu-koku). (초출: 1895,《관보》)

독무대(獨舞臺) 일 独舞台(ひとりぶたい hitori-butai). (초출: 1922,《개벽》제30호)

독백(獨白) 일 独白(どくはく dokuhaku). (초출: 1921,《동광》제23호)

독본(讀本) 일 読本(とくほん/よみほん dokuhon/yomihon). (초출: 1895,《관보》제138호)

독설(毒舌) 일 毒舌(どくぜつ dokuzetsu). (초출: 1929,《별곤건》제22호)

독일(獨逸) 일 独逸(ドイツ doitsu). (초출: 1896,《독립신문》)

독재(獨裁) 일 独裁(どくさい dokusai). (초출: 1895,《서유견문》제10편)

독재자(獨裁者) 일 独裁者(どくさいしゃ dokusai-sha). (초출: 1920,《동아일보》)

독점(獨占) 일 独占(どくせん dokusen). (초출: 1906,《태극학보》제3호)

독주회(獨奏會) 일 独奏会(どくそうかい dokusō-kai). (초출: 1923,《동아일보》)

독지가(篤志家) 일 篤志家(とくしか tokusi-ka). (초출: 1905,《관보》제3284호)

독직(瀆職) 일 涜職(とくしょく tokushoku). (초출: 1908,《대한협회회보》제2호)

독창(獨創) 일 独創(どくそう dokusō). (초출: 1908,《대한학회월보》제7호)

독촉장(督促狀) 일 督促状(とくそくじょう tokusoku-zyō). (초출: 1920,《개벽》제4호)

독후감(讀後感) 일 読後感(どくごかん dokugo-kan). (초출: 1921, 《개벽》 제16호)

돈가쓰 일 豚カツ(とんかつ tonkatsu). (초출: 1951, 《동아일보》)

돌격대(突擊隊) 일 突擊隊(とつげきたい totsugeki-tai). (초출: 1922, 최록동 《현대 신어석의》)

돌관(突貫) 일 突貫(とっかん tokkan). (초출: 1908, 《관보》 제4249호)

돌발(突發) 일 突発(とっぱつ toppatsu). (초출: 1918, 조선총독부 《조선사서원고》)

돌연사(突然死) 일 突然死(とつぜんし tostsuzen-si). (초출: 1935, 《동아일보》)

돌풍(突風) 일 突風(とっぷう toppū). (초출: 1925, 《동아일보)

돔부리 일 どんぶり(donburi). (초출: 1925, 《동아일보》)

동경(憧憬) 일 憧憬(しょうけい syōkei). (초출: 1908, 《태극학보》제2호)

동공(瞳孔) 일 瞳孔(どうこう dōkō). (초출: 1909, 《기호흥학회월보》)

동구(東歐) 일 東欧(とうおう tō-ō). (초출: 1897, 《대조선독립협회회보》 제12호)

동기(動機) 일 動機(どうき dōki). (초출: 1895, 《서유견문》 제17편)

동력(動力) 일 動力(どうりょく dōryoku). (초출: 1895, 《서유견문》 제18편)

동맥(動脈) 일 動脈(どうみゃく dōmyaku). (초출: 1907, 《태극학보》 제8호)

동맥경화(動脈硬化) 일 動脈硬化(どうみゃくこうか dōmyaku-kōka). (초출: 1920, 《개벽》 제1호)

동맹국(同盟國) 일 同盟国(どうめいこく dōmei-koku). (초출: 1900, 《관보》 부록)

동맹파공(同盟罷工) 일 同盟罷工(どうめいひこう dōmei-hikō). (초출: 1906, 《태극 학보》 제3호)

동면(冬眠) 일 冬眠(とうみん tōmin). (초출: 1907, 《태극학보》 제13호)

동물(動物) 일 動物(どうぶつ dōbutsu). (초출: 1895, 《관보》 제138호)

동물원(動物園) 일 動物園(どうぶつえん dōbutsu-en). (초출: 1895, 《서유견문》 제 17편)

동물학(動物學) 일 動物学(どうぶつがく dōbutsu-gaku). (초출: 1895, 《서유견문》 제13편)

동반자(同伴者) 일 同伴者(どうはんしゃ dōhan-sha). (초출: 1920, 《동아일보》)

동복(冬服) 일 冬服(ふゆふく fuyufuku). (초출: 1896, 《관보》 제501호)

동사(動詞) 일 動詞(どうし dōsi). (초출: 1907, 《서우》 제10호)

동산(動産) 일 動産(どうさん dōsan). (초출: 1900, 《관보》 제1693호)

동성애(同姓愛) 일 同性愛(どうせいあい dōsei-ai)(초출: 1921, 《조선일보》)

동시통역(同時通譯) 일 同時通訳(どうじつうやく dōzi-tsūyaku). (초출: 1953, 《조
　　선일보》)

동아(東亞) 일 東亜(とうあ tōa). (초출: 1895, 학부 《국민소학독본》)

동양학(東洋学) 일 東洋学(とうようがく tōyō-gaku). (초출: 1918, 최남선역 《자조론》)

동양화(東洋畵) 일 東洋画(とうようが tōyō-ga). (초출: 1922, 《개벽》 제23호)

동원(動員) 일 動員(どういん dōin). (초출: 1903, 《관보》 제3075호)

동의(動議) 일 動議(どうぎ dōgi). (초출: 1896, 《관보》 제325호)

〔동음이의어〕 〔……〕. (초출: 1918, 조선총독부 《조선사서
　　원고》)

동인(同人) 일 同人(どうにん/どうじん dōnin/dōzin). (초출: 1920, 《개벽》 제1호)

동인잡지(同人雜誌) 일 同人雑誌(どうじんざっし dōzin-zassi). (초출: 1924, 《개
　　벽》 제45호)

동일시(同一視) 일 同一視(どういつし dōis-si). (초출: 1918, 《태서문예신보》 제10호)

동장군(冬將軍) 일 冬将軍(ふゆしょうぐん fuyu-syōgun). (초출: 1920, 《조선일보》)

동창회(同窓會) 일 同窓会(どうそうかい dōsō-kai). (초출: 1906, 이인직 《혈의 누
　　(상편)》)

동태(動態) 일 動態(どうたい dōtai). (초출: 1924, 《개벽》 제49호)

동향(動向) 일 動向(どうこう dōkō). (초출: 1920, 《조선일보》)

동호회(同好會) 일 同好会(どうこうかい dōkō-kai). (초출: 1923, 《동아일보》)

동화(同化) 일 同化(どうか dōka). (초출: 1907, 《태극학보》 제9호)

동화(童話) 일 童話(どうわ dōwa). (초출: 1922, 《개벽》 제27호)

동화(動畵) 일 動画(どうが dōga). (초출: 1990, 《한겨레》)

동화작용(同化作用) 일 同化作用(どうかさよう dōka-sayō). (초출: 1907, 《서우》
　　제7호)

두개골(頭蓋骨) 일 頭蓋骨(ずがいこつ zugaikotsu). (초출: 1907, 《서우》 제12호)

두수(頭數) 일 頭数(とうすう dōsū). (초출: 1907, 《태극학보》 제7호)

두취(頭取) 일 頭取(とうどり tōdori). (초출: 1908, 《관보》 제4133호)

둔감(鈍感) 일 鈍感(どんかん tonkan). (초출: 1920, 《개벽》 제6호)

둔화(鈍化) 일 鈍化(どんか donka). (초출: 1929, 《조선일보》)

득점(得點) 일 得点(とくてん tokuten). (초출: 1895, 《관보》 제121호)

득점왕(得點王) 일 得点王(とくてんおう tokuten-ō). (초출: 1969, 《동아일보》)

득표(得票) 일 得票(とくひょう tokuhyō). (초출: 1906, 《대한자강회월보》 제4호)

등고선(等高線) 일 等高線(とうこうせん tōkōsen). (초출: 1942, 문세영 《수정증보
  조선어사전》)

등교(登校) 일 登校(とうこう tōkō). (초출: 1899, 《관보》 제1356호)

등기(登記) 일 登記(とうき tōki). (초출: 1895, 《관보》 제4호)

등기소(登記所) 일 登記所(とうきしょ tōki-sho). (초출: 1908, 《관보》 부록)

등대(燈臺) 일 灯台(とうだい tōdai). (초출: 1895, 《서유견문》 제8편)

등록(登錄) 일 登録(とうろく tōroku). (초출: 1895, 《관보》 제208호)

등록상표(登錄商標) 일 登録商標(とうろくしょうひょう tōroku-shōhyō). (초출:
  1920, 《동아일보》)

등사판(謄寫版) 일 謄写版(とうしゃばん tōsya-ban). (초출: 1922, 《개벽》 제25호

등판(登板) 일 登板(とうばん tōban). (초출: 1959, 《동아일보》)

등한시(等閑視) 일 等閑視(とうかんし tōkansi). (초출: 1921, 《개벽》 제10호)

등화관제(燈火管制) 일 灯火管制(とうかかんせい tōka-kansei). (초출: 1924, 《동
  아일보》 제10권 제11호)

디프레 일 デフレ(でふれ defure). (초출: 1955, 《경향신문》)

뗑깡(癲癇) 일 癲癇(てんかん tenkan). (초출: 1959, 《동아일보》)

뗑뗑이 일 点点(てんてん tenten). (초출: 1973, 《매일경제》)

뚠뚠 일 とんとん(tonton). (초출: 1978, 《조선일보》)

【라】

라면 ⑪ ラーメン(rāmen). (초출: 1965,《동아일보》)

라이방 ⑪ ライバン(raiban). (초출: 1959,《동아일보》)

란도셀 ⑪ ランドセル(randoseru). (초출: 1937,《조선일보》)

러브호텔 ⑪ ラブホテル(rabu-hoteru). (초출: 1981,《조선일보》)

런닝 홈런 ⑪ ランニング ホームラン(ranningu hōmuran). (초출: 1955),《동아일보》)

레떼루 ⑪ レッテル(retteru). (초출: 1968,《매일경제》)

레루 ⑪ レール(rēru). (초출: 1920,《동아일보》)

레미콘 ⑪ レミコン(remikon). (초출: 1966,《매일경제》)

레자 ⑪ レザー(lezā). (초출: 1949,《경향신문》)

레지(네지) ⑪ レジ(rezi). (초출: 1946,《경향신문》)

~력(力) ⑪ ~力(りょく ryoku). (초출: 1908,《기호흥학회월보》 제3호)

~로(路) ⑪ ~路(ろ ro). (초출: 1897,《독립신문》)

로바타야키 ⑪ 炉端焼き(ろばたやき robata-yaki). (초출: 1984,《동아일보》)

로스 ⑪ ロース(rōsu). (초출: 1967,《경향신문》)

로케 ⑪ ロケ(roke). (초출: 1937,《동아일보》)

~론(論) ⑪ ~論(ろん ron). (초출: 1906,《대한자강회월보》 제4호)

~료(料) ⑪ ~料(りょう ryō). (초출: 1906,《관보》 제3544호)

루(壘) ⑪ 塁(るい rui). (초출: 1921,《동아일보》)

루마치스(僂麻質斯) ⑪ リウマチス(riumachisu). (초출: 1908,《태극학보》 제26호)

루베 ⑪ 立米(りゅうべい ryūbei). (초출: 1962,《동아일보》)

~류(~流) ⑪ ~流(りゅう ryū). (초출: 1923,《동아일보》)

~류(瘤) ⑪ ~瘤(りゅう ryū). (초출: 1928,《동아일보》)

~류(~類) ⑪ ~類(るい ~rui). (초출: 1895(학부간행《국민소학독본》)

리(哩) ⑪ 哩(マイル mairu). (초출: 1895,《관보》 제1호)

리(糎) ⑪ 糎(センチメートル senchi-mētoru). (초출: 1907,《태극학보》 제9호)

리모콘 ⑪ リモコン(rimokon). (초출: 1969,《매일경제》)

리야카 ⑪ リヤカー(riyakā). (초출: 1936, 《동아일보》)

【마】

마(碼) ⑪ 碼(ヤード yādo). (초출: 1881(이헌영《일사집략(日槎集略)》)

마각(馬脚) ⑪ 馬脚(ばきゃく bakyaku). (초출: 1927), 《조선일보》)

마구로 ⑪ まぐろ(鮪 maguro). (초출: 1925, 《동아일보》)

마대(麻袋) ⑪ 麻袋(あさぶくろ asabukuro). (초출: 1922, 《동아일보》)

마도로스 ⑪ マドロス(madorosu). (초출: 1929, 김동인《광염 소나타》)

마력(馬力) ⑪ 馬力(ばりき bariki). (초출: 1895, 《서유견문》 제18편)

마령서(馬鈴薯) ⑪ 馬鈴薯(ばれいしょ bareisyo). (초출: 1907, 《태극학보》 제8호)

마루타 ⑪ 丸太(まるた maruta). (초출: 1982, 《동아일보》)

마법(魔法) ⑪ 魔法(まほう mahō). (초출: 1918, 《태서문예신보》 제2호)

마분지(馬糞紙) ⑪ 馬糞紙(ばふんし bafunsi). (초출: 1918, 조선총독부《조선사서원고》)

마술(魔術) ⑪ 魔術(まじゅつ mazyutsu). (초출: 1918, 조선총독부《조선사서원고》)

마술사(魔術師) ⑪ 魔術師(まじゅつし mazyutsu-si). (초출: 1921, 《개벽》 제8호)

마약(麻藥) ⑪ 麻藥(まやく mayaku). (초출: 1924, 《개벽》 제51호)

마이너스 이메지 ⑪ マイナス イメージ(mainasu imezi). (초출: 1973, 《동아일보》)

마이카 ⑪ マイカー(mai kā). (초출: 1967, 《동아일보》)

마이크 ⑪ マイク(maiku). (초출: 1934, 《별건곤》 제72호)

마이페이스 ⑪ マイ ペース(mai peisu). (초출: 1977, 《조선일보》)

마차(馬車) ⑪ 馬車(ばしゃ basya). (초출: 1895, 학부 《국민소학독본》 제15과)

마천루(摩天樓) ⑪ 摩天楼(まてんろう matenrō). (초출: 1924, 《동아일보》)

마취(痲醉) ⑪ 麻醉(ますい masui). (초출: 1918, 조선총독부《조선사서원고》)

마취제(痲醉劑) ⑪ 麻醉劑(ますいざい masui-zai). (초출: 1921, 《동아일보》)

마호병(魔法瓶) ⑪ 魔法瓶(まほうびん mahō-bin). (초출: 1922, 최록동 편《현대신어석의》)

마후라 일 マフラー(mafurā). (초출: 1937, 《삼천리》 제9권 제1호) ※ 목도리

마후라 일 マフラー(mafurā). (초출: 2005, 《연합뉴스》) ※ 소음기

~막(膜) 일 膜(まく maku). (초출: 1909, 《대동학회월보》 제20호)

만국기(萬國旗) 일 万国旗(ばんこくき bankoku-ki/ ばんこっき bankok-ki). (초출: 1907, 《대한유학생회학보》 제1호)

만국박람회(萬國博覽會) 일 万国博覧会(ばんこくはくらんかい bankoku-hakurankai). (초출: 1901, 《관보》 제1907호)

만끽(滿喫) 일 満喫(まんきつ mankitsu). (초출: 1920, 《동아일보》)

만년필(萬年筆) 일 万年筆(まんねんひつ mannenhitsu). (초출: 1920, 《동아일보》)

만능(萬能) 일 万能(ばんのう bannō). (초출: 1906, 《태극학보》 제3호)

만담(漫談) 일 漫談(まんだん mandan). (초출: 1924, 《개벽》 제44호)

만땅 일 満タンク(mantanku). (초출: 1997, 《동아일보》)

만보계(萬步計) 일 万歩計(まんぽけい manpo-kei). (초출: 1970, 《매일경제》)

만성(慢性) 일 慢性(まんせい mansei). (초출: 1908, 《대한학회월보》 제9호)

만세삼창(萬歲三唱) 일 万歳三唱(ばんざいさんしょう banzai-sansyō). (초출: 1908, 《태극학보》 제26호)

만수위(滿水位) 일 満水位(まんすいい man-suii). (초출: 1923, 《조선일보》)

만용(蠻勇) 일 蛮勇(ばんゆう banyū). (초출: 1920, 《동아일보》)

만우절(萬愚節) 일 万愚節(ばんぐせつ bangusetsu). (초출: 1927, 《동아일보》)

만원(滿員) 일 満員(まんいん man-in). (초출: 1908, 《서북학회월보》 제7호)

만유인력(萬有引力) 일 万有引力(ばんゆういんりょく banyū-inryoku). (초출: 1907, 《태극학보》 제12호)

만장일치(滿場一致) 일 満場一致(まんじょういっち manzyō-itchi). (초출: 1907, 《대한자강회월보》 제9호)

만점(滿點) 일 満点(まんてん manten). (초출: 1909, 《관보》 제4424호)

만조(滿潮) 일 満潮(まんちょう manchō). (초출: 1906, 《태극학보》 제3호)

만차(滿車) 일 満車(まんしゃ mansya). (초출: 1990, 《경향신문》)

만찬(晚餐) 일 晩餐(ばんさん bansan). (초출: 1882, 《使和記略》)

만화(漫畵) 일 漫画(まんが manga). (초출: 1913, 《매일신보》)

말소(抹消) 일 抹消(まっしょう massyō). (초출: 1908, 대한제국 《관보》 제4138호)

말초적(末梢的) 일 末梢的(まっしょうてき masshō-teki). (초출: 1922, 최록동 《현대신어석의》)

맘마 일 まんま(mamma). (초출: 1909, 《대한흥학보》 제8호)

맘모스 일 マンモス(mammosu). (초출: 1927, 《동광》 제11호)

망년회(忘年會) 일 忘年会(ぼうねんかい bōnen-kai). (초출: 1899, 《독립신문》)

망막(網膜) 일 網膜(もうまく mōmaku). (초출: 1907, 《서우》 제12호)

망명자(亡命者) 일 亡命者(ぼうめいしゃ bōmei-sha). (초출: 1921, 《동아일보》)

망상(妄想) 일 妄想(もうそう mōsō). (초출: 1907, 《서우》 제10호)

망원경(望遠鏡) 일 望遠鏡(ぼうえんきょう bōenkyō). (초출: 1895, 《서유견문》)

~매(枚) 일 枚(まい mai). (초출: 1895, 《서유견문》 備考)

매각(賣却) 일 売却(ばいきゃく baikyaku). (초출: 1895, 《관보》 제73호)

매기(買氣) 일 買気(かいき kaiki). (초출: 1920, 《동아일보》)

매도(賣渡) 일 売渡(うりわたし uriwatasi). (초출: 1899, 《황성신문》)

매도인(賣渡人) 일 売渡人(うりわたしにん uriwatasi-nin). (초출: 1908, 《관보》 제4059호)

매도증서(賣渡證書) 일 売渡証書(うりわたししょうしょ uriwatasi-syōsyo). (초출: 1921, 《동아일보》)

매독(梅毒) 일 梅毒(ばいどく baidoku). (초출: 1907, 《서우》 제9호)

매립(埋立) 일 埋立て(うめたて umetate). (초출: 1899, 《황성신문》)

매립지(埋立地) 일 埋立地(うめたてち umatate-chi). (초출: 1909, 《관보》 호외)

매물(賣物) 일 売物(うりもの urimono). (초출: 1899, 《황성신문》)

매상(買上) 일 買上(かいあげ kaiage). (초출: 1881, 이헌영 《일사집략(日槎集略)》)

매상(賣上) 일 売上(うりあげ uriage). (초출: 1906, 《황성신문》)

매상고(賣上高) 일 売上高(うりあげだか uriage-daka). (초출: 1915, 《매일신보》)

매석(賣惜) 일 売惜(うりおしみ uriosimi). (초출: 1923, 《동아일보》)

매설(埋設) 일 埋設(まいせつ maisetsu). (초출: 1907, 《서우》 제5호)

매수(枚數) 일 枚数(まいすう maisū). (초출: 1900, 《관보》제1643호)

매수인(買受人) 일 買受人(かいうけにん kaiuke-nin). (초출: 1908, 《대동학회월보》 제5호)

매스컴 일 マスコミ(masukomi). (초출: 1958, 《동아일보》)

매장(賣場) 일 売場(うりば uriba). (초출: 1934, 《삼천리》제6권 제5호)

매절(賣切) 일 売切れ(うりきれ urikire). (초출: 1924, 《매일신보》)

매점(買占) 일 買占(かいしめ kaisime). (초출: 1905, 《관보》부록)

매점(賣店) 일 売店(ばいてん baiten). (초출: 1921, 《개벽》제17호)

매점매석(買占賣惜) 일 買占売惜(かいしめうりおしみ kaisime-uriosimi). (초출: 1930, 《조선일보》)

매주(買主) 일 買主(かいぬし kainusi). (초출: 1900, 《황성신문》)

매진(邁進) 일 邁進(まいしん maisin). (초출: 1907, 《서우》제11호)

매진(賣盡) 일 売尽し(うりつくし uritsukusi). (초출: 1908, 《기호흥학회월보》제4호)

매체(媒體) 일 媒体(ばいたい baitai). (초출: 1932, 《동아일보》)

매춘(賣春) 일 売春(ばいしゅん baishun). (초출: 1921, 《개벽》제16호)

매춘부(賣春婦) 일 売春婦(ばいしゅんふ baishun-fu). (초출: 1921, 《개벽》제12호)

매출(賣出) 일 売出(うりだし uridasi). (초출: 1908, 《태극학보》제25호)

맥고모자(麥藁帽子) 일 麦藁帽子(むぎわらぼうし mugiwara-bōsi). (초출: 1902, 《황성신문》)

맥립종(麥粒腫) 일 麦粒腫(ばくりゅうしゅ bakuryū-syu). (초출: 1932, 《동아일보》)

맥주(麥酒) 일 麦酒(ばくしゅ/ビール bakusyu/bīru). (초출: 1895, 유길준 《서유견문》제2편)

맨션 일 マンション(mansyon). (초출: 1964, 《경향신문》)

~맹(盲) 일 ~盲(もう mō). (초출: 1918, 조선총독부 《조선사서원고》)

맹공(猛攻) 일 猛攻(もうこう mōkō). (초출: 1931, 《동아일보》)

맹도견(盲導犬) 일 盲導犬(もうどうけん mōdō-ken). (초출: 1958, 《조선일보》)

맹아(盲啞) 일 盲啞(もうあ mōa). (초출: 1897, 《독립신문》)

맹장(盲腸) 일 盲腸(もうちょう mōchō). (초출: 1921, 《개벽》제8호)

맹장염(盲腸炎) 일 盲腸炎(もうちょうえん mōchō-en). (초출: 1918, 조선총독부 《조선사서원고》)

맹점(盲点) 일 盲点(もうてん mōten). (초출: 1952, 《경향신문》)

맹종(盲從) 일 盲従(もうじゅう mōzyū). (초출: 1907, 《대한유학생회회보》 제3호)

맹타(猛打) 일 猛打(もうだ mōda). (초출: 1897, 《독립신문》)

맹폭(猛爆) 일 猛爆(もうばく mōbaku). (초출: 1937, 《동아일보》)

맹학교(盲學校) 일 盲学校(もうがっこう mō-gakkō). (초출: 1925, 《조선일보》)

메리야스 일 メリヤス(莫大小·目利安, meriyasu). (초출: 1920, 《동아일보》)

메모 일 メモ(memo). (초출: 1931, 《조선일보》)

메스 일 メス(mesu). (초출: 1926, 《조선일보》)

멕기 일 鍍金(めっき mekki). (초출: 1933, 《동아일보》)

면역(免疫) 일 免疫(めんえき meneki). (초출: 1908, 《대한학회월보》 제6호)

면적(面積) 일 面積(めんせき menseki). (초출: 1884, 《한성순보》)

면제(免除) 일 免除(めんじょ menzyo). (초출: 1895, 《관보》 제4호)

면제품(綿製品) 일 綿製品(めんせいひん men-seihin). (초출: 1922, 《동아일보》)

면직물(綿織物) 일 綿織物(めんおりもの men-orimono). (초출: 1895, 《서유견문》 제19편)

면허(免許) 일 免許(めんきょ menkyo). (초출: 1896, 《관보》 제226호)

면허증(免許證) 일 免許証(めんきょしょう menkyo-shō). (초출: 1908, 《관보》 제4131호)

멸사봉공(滅私奉公) 일 滅私奉公(めっしほうこう metsi-hōkō). (초출: 1937, 《동아일보》)

멸실(滅失) 일 滅失(めっしつ metsitsu). (초출: 1906, 《관보》 제3518호)

명~(名~) 일 名~(めい mei). (초출: 1921, 《개벽》 제8호)

명곡(名曲) 일 名曲(めいきょく meikyoku). (초출: 1921, 《동아일보》)

명기(明記) 일 明記(めいき meiki). (초출: 1906, 《관보》 제3427호)

명도(明渡) 일 明渡し(あけわたし akewatasi). (초출: 1909, 《대한민보》)

명망가(名望家) 일 名望家(めいぼうか meibō-ka). (초출: 1908, 《대한학회월보》 제9호)

명사(名詞) 일 名詞(めいし meisi). (초출: 1908, 《태극학보》 제18호)

명상(瞑想) 일 瞑想(めいそう meisō). (초출: 1907, 《태극학보》 제14호)

명세서(明細書) 일 明細書(めいさいしょ meisai-syo). (초출: 1895, 《관보》 제184호)

명소(名所) 일 名所(めいしょ meisyo). (초출: 1895, 《서유견문》 제19편)

명수(名手) 일 名手(めいしゅ meishu). (초출: 1921, 《개벽》 제12호)

명우(名優) 일 名優(めいゆう meiyū). (초출: 1920, 《개벽》 제3호)

명인(名人) 일 名人(めいじん meizin). (초출: 1918, 조선총독부 《조선사서원고》)

명장(名匠) 일 名匠(めいしょう meishō). (초출: 1922, 《개벽》 제24호)

명제(命題) 일 命題(めいだい meidai). (초출: 1917, 이광수 《무정》)

명조체(明朝體) 일 明朝体(みんちょうたい minchō-tai). (초출: 1929, 《동아일보》)

명찰(名札) 일 名札(なふだ nafuda). (초출: 1930, 《삼천리》 제8호)

명품(名品) 일 名品(めいひん meihin). (초출: 1927, 《동아일보》)

명확(明確) 일 明確(めいかく meikaku). (초출: 1896, 《관보》 제305호)

모(粍) 일 粍(ミリメートル miri-mētoru). (초출: 1896, 《관보》 제305호)

모(母)~ 일 母~(ぼ bo). (초출: 1907, 《대한유학생회학보》 제1호)

모교(母校) 일 母校(ぼこう bokō). (초출: 1921, 《개벽》 제11호)

모구리 일 潜り(もぐり moguri). (초출: 1932, 《동아일보》)

모국(母國) 일 母国(ぼこく bokoku). (초출: 1907, 《대한유학생회학보》 제1호)

모국어(母國語) 일 母国語(ぼこくご bokoku-go). (초출: 1920, 《동아일보》)

모나카 일 最中(もなか monaka). (초출: 1970, 《매일경제》) ※ 과자 이름

모닝콜 일 モーニングコール(mōningu kōru). (초출: 1977, 《경향신문》)

모두진술(冒頭陳述) 일 冒頭陳述(ぼうとうちんじゅつ bōtō-chinzyutsu). (초출: 1961, 《조선일보》)

모비루 일 モービルオイル(mōbiru oiru). (초출: 1926, 《동아일보》)

모사(毛絲) 일 毛糸(けいと keito). (초출: 1907, 《서우》 제6호)

모세관(毛細管) 일 毛細管(もうさいかん mōsai-kan). (초출: 1907, 《태극학보》 제8호)

모세혈관(毛細血管) 일 毛細血管(もうさいけっかん mōsai-kekkan). (초출: 1907, 《태극학보》 제12호)

모어(母語) 일 母語(ぼご bogo). (초출: 1906-1910, 《보감》)

모음(母音) 일 母音(ぼいん boin). (초출: 1906, 국민교육회 《初等小學》 제6호)

모음조화(母音調和) 일 母音調和(ぼいんちょうわ boin-chōwa). (초출: 1927, 《동광》 제10호)

모조지(模造紙) 일 模造紙(もぞうし mozō-si). (초출: 1924, 《동아일보》)

모조품(模造品) 일 模造品(もぞうひん mozō-hin). (초출: 1909, 《관보》 제4524호)

모직(毛織) 일 毛織(けおり keori). (초출: 1884, 《한성순보》 제호)

모직물(毛織物) 일 毛織物(けおりもの ke-orimono). (초출: 1908, 《관보》 부록)

모집단(母集團) 일 母集団(ぼしゅうだん bo-shūdan). (초출: 1960, 《동아일보》)

모찌 일 もち(餅 mochi). (초출: 1924, 《조선일보》)

모체(母體) 일 母体(ぼたい botai). (초출: 1909, 《대한협회회보》 제11호)

모포(毛布) 일 毛布(もうふ mōfu). (초출: 1895, 《서유견문》 제20편)

모함(母艦) 일 母艦(ぼかん bokan). (초출: 1897, 《대조선독립협회회보》 제9호)

모험(冒險) 일 冒險(ぼうけん bōken). (초출: 1906, 《태극학보》 제3호)

모험가(冒險家) 일 冒險家(ぼうけんか bōken-ka). (초출: 1908, 《대한협회회보》 제1호)

모형(模型) 일 模型(もけい mokei). (초출: 1895, 《관보》 제138호)

목가(牧歌) 일 牧歌(ぼっか bokka). (초출: 1907, 《태극학보》 제15호)

목요일(木曜日) 일 木曜日(もくようび moku-yōbi). (초출: 1896, 《독립신문》)

목재(木材) 일 木材(もくざい mokuzai). (초출: 1905, 《관보》 부록)

목적(目的) 일 目的(もくてき mokuteki). (초출: 1895, 《관보》 제120호)

목적지(目的地) 일 目的地(もくてきち mokuteki-chi). (초출: 1907, 《대한유학생회학보》 제3호)

목표(目標) 일 目標(もくひょう mokuhyō). (초출: 1909, 《관보》 제4502호)

몰(沒)~ 일 沒~(ぼつ botsu). (초출: 1907, 《대한자강회월보》 제10호)

몰상식(沒常識) 일 没常識(ぼつじょうしき botsu-zyōsiki). (초출: 1907, 《대한자강회월보》 제10호)

몰수(沒收) 일 没取(ぼっしゅ bossyu). (초출: 1895, 《관보》 제4호)

몸메 일 もんめ(匁 momme). (초출: 1921, 《개벽》 제10호)

몸빼 일 もんぺ(mompe). (초출: 1947, 이태준 《농토》)

몽유병(夢遊病) 일 夢遊病(むゆうびょう muyū-byō). (초출: 1918, 《태서문예신보》 제10호)

몽정(夢精) 일 夢精(むせい musei). (초출: 1922, 《동아일보》 광고란)

묘목(苗木) 일 苗木(なえぎ naegi). (초출: 1909, 《관보》 제4327호)

묘사(描寫) 일 描写(びょうしゃ byōsya). (초출: 1907, 《대한유학생회회보》 제3호)

묘지명(墓誌銘) 일 墓誌銘(ぼしめい bosi-mei). (초출: 1918, 조선총독부 《조선사서 원고》)

무(無)~ 일 無~(む mu). (초출: 1908, 《태극학보》 제23호)

무곡(舞曲) 일 舞曲(ぶきょく bukyoku). (초출: 1921, 《동아일보》)

무관심(無關心) 일 無関心(むかんしん mu-kansin). (초출: 1921, 《개벽》 제14호)

무궤도(無軌道) 일 無軌道(むきどう mu-kidō). (초출: 1923, 《조선일보》)

무기(無機) 일 無機(むき muki). (초출: 1884, 《한성순보》 제26호)

무기명(無記名) 일 無記名(むきめい mu-kimei). (초출: 1905, 《관보》 호외)

무기질(無機質) 일 無機質(むきしつ muki-sitsu). (초출: 1906-1910, 《보감》 附錄彙 集 2권)

무기징역(無期懲役) 일 無期懲役(むきちょうえき muki-chōeki). (초출: 1921, 《개 벽》 제7호)

무기형(無期刑) 일 無期刑(むきけい muki-kei). (초출: 1908, 《대동학회월보》 제6호)

무단정치(武斷政治) 일 武断政治(ぶだんせいじ budan-seizi). (초출: 1908, 《대한협 회회보》 제5호)

무대(舞臺) 일 舞台(ぶたい butai). (초출: 1895, 《서유견문》 제19편)

무대뽀 일 無鉄砲(むてっぽう muteppō). (초출: 1982, 《동아일보》)

무대장치(舞臺裝置) 일 舞台装置(ぶたいそうち butai-sōchi). (초출: 1923, 《개벽》 제42호)

무도회(舞蹈會) 일 舞踏会(ぶとうかい(butō-kai). (초출: 1907, 《대한믹일신보》)

무력감(無力感) 일 無力感(むりょくかん muryoku-kan). (초출: 1938, 《삼천리》 제 10권 1호)

무료(無料) 일 無料(むりょう muryō). (초출: 1896, 《관보》 제276호)

무리수(無理數) 일 無理數(むりすう muri-sū). (초출: 1939, 《동아일보》)

무면허(無免許) 일 無免許(むめんきょ mu-menkyo). (초출: 1920, 《동아일보》)

무법자(無法者) 일 無法者(むほうもの muhō-sha). (초출: 1937, 《동아일보》)

무사도(武士道) 일 武士道(ぶしどう busi-dō). (초출: 1906, 《태극학보》 제5호)

무산계급(無産階級) 일 無産階級(むさんかいきゅう musan-kaikyū). (초출: 1921, 《개벽》 제10호)

무산자(無産者) 일 無産者(むさんしゃ musan-sya). (초출: 1921, 《개벽》 제10호)

무상(無償) 일 無償(むしょう mushō). (초출: 《조선왕조실록》 고종 42년(1905년) 4월 1일자)

무선(無線) 일 無線(むせん musen). (초출: 1907, 《대한유학생회학보》 제3호)

무선전신(無線電信) 일 無線電信(むせんでんしん musen-densin). (초출: 1906, 《대한자강회월보》 제3호)

무신경(無神經) 일 無神経(むしんけい mu-sinkei). (초출: 1921, 《개벽》 제15호)

무신론(無神論) 일 無神論(むしんろん musin-ron). (초출: 1906-1910, 《보감》 부록)

무언극(無言劇) 일 無言劇(むごんげき mugon-geki). (초출: 1922, 《개벽》 제22호)

무역상(貿易商) 일 貿易商(ぼうえきしょう bōeki-shō). (초출: 1921, 《개벽》 제17호)

무역풍(貿易風) 일 貿易風(ぼうえきふう bōek-fū). (초출: 1897, 《대조선독립협회 회보》 제6호)

무연탄(無煙炭) 일 無煙炭(むえんたん muen-tan). (초출: 1997, 《독립신문》)

무의식(無意識) 일 無意識(むいしき mu-isiki). (초출: 1908, 《대한학회월보》 제1호)

무의촌(無醫村) 일 無医村(むいそん mui-son). (초출: 1936, 《조선일보》)

무인기(無人機) 일 無人機(むじんき muzin-ki). (초출: 1949, 《경향신문》)

무임(無賃) 일 無賃(むちん muchin). (초출: 1895, 《관보》 제1호)

무임승차(無賃乘車) 일 無賃乗車(むちんじょうしゃ muchin-zyōsha). (초출: 1923, 《동아일보》)

무전(無電) 일 無電(むでん muden). (초출: 1925, 《개벽》 제64호)

무전여행(無錢旅行) 일 無銭旅行(むせんりょこう musen-ryokō). (초출: 1921, 《동

아일보》)

무정부(無政府) 일 無政府(むせいふ museifu). (초출: 1898,《독립신문》)

무정부주의(無政府主義) 일 無政府主義(むせいふしゅぎ museifu-syugi). (초출: 1908,《대동학회월보》제2호)

무제한(無制限) 일 無制限(むせいげん mu-seigen). (초출: 1906,《대한자강회월보》제4호)

무조건(無條件) 일 無条件(むじょうけん mu-zyouken). (초출: 1895,《관보》제160호)

무주물(無主物) 일 無主物(むしゅぶつ musyu-butsu). (초출: 1896,《관보》제293호)

무한궤도(無限軌道) 일 無限軌道(むげんきどう mugen-kidō). (초출: 1931,《동광》제22호)

무허가(無許可) 일 無許可(むきょか mu-kyoka). (초출: 1922,《동아일보》)

무혈혁명(無血革命) 일 無血革命(むけつかくめい muketsu-kakumei). (초출: 1922,《동아일보》)

무형문화재(無形文化財) 일 無形文化財(むけいぶんかざい mukei-bunkazai). (초출: 1955,《경향신문》)

묵극(黙劇) 일 黙劇(もくげき mokugeki). (초출: 1922,《개벽》제21호)

묵비권(黙秘權) 일 黙秘権(もくひけん mokuhi-ken). (초출: 1953,《조선일보》)

묵살(黙殺) 일 黙殺(もくさつ mokusatsu). (초출: 1907,《태극학보》제14호)

묵시록(黙示錄) 일 黙示録(もくしろく mokusi-roku). (초출: 1920,《동아일보》)

문고(文庫) 일 文庫(ぶんこ bunko). (초출: 1908,《태극학보》제19호)

문고본(文庫本) 일 文庫本(ぶんこぼん bonko-bon). (초출: 1939,《동아일보》)

문과(文科) 일 文科(ぶんか bunka). (초출: 1906,《서우》제1호)

문단(文壇) 일 文壇(ぶんだん bundan). (초출: 1908,《태극학보》제21호)

문답식(問答式) 일 問答式(もんどうしき mondō-siki). (초출: 1931,《동광》제23호)

문맹(文盲) 일 文盲(もんもう monmō). (초출: 1908,《태극학보》제25호)

문명(文明) 일 文明(ぶんめい bunmei). (초출: 1889, 헐버트《사민필지》)

문명개화(文明開化) 일 文明開化(ぶんめいかいか bunmei-kaika). (초출: 1895, 학부《국민소학독본》제3과)

문민(文民) 일 文民(ぶんみん bunmin). (초출: 1959, 《동아일보》)

문방구(文房具) 일 文房具(ぶんぼうぐ bunbōgu). (초출: 1895, 《서유견문》 제19편)

문법(文法) 일 文法(ぶんぽう bunpō). (초출: 1895, 《관보》 제138호)

문예(文藝) 일 文芸(ぶんげい bungei). (초출: 1908, 《관보》 부록)

문예부흥(文藝復興) 일 文芸復興(ぶんげいふっこう bungei-fukkō). (초출: 1910, 《대한흥학보》 제11호)

문자방송(文字放送) 일 文字放送(もじほうそう mozi-hōsō). (초출: 1985, 《매일경제》)

문장(紋章) 일 紋章(もんしょう monshō). (초출: 1908, 《관보》 부록)

문전(文典) 일 文典(ぶんてん bunten). (초출: 1897, 《대조선독립협회회보》 제5호)

문제(問題) 일 問題(もんだい mondai). (초출: 1895, 《서유견문》 제9편)

~문제(問題) 일 ~問題(もんだい mondai). (초출: 1921, 《개벽》 제12호)

문학(文學) 일 文学(ぶんがく bungaku). (초출: 1910, 《대한믹일신보》)

문학계(文學界) 일 文学界(ぶんがくかい bungaku-kai). (초출: 1908, 《대한학회월보》 제7호)

문학사(文學史) 일 文学史(ぶんがくし bungaku-si). (초출: 1908, 《대한협회회보》 제2호》)

문형(文型) 일 文型(ぶんけい bumkei). (초출: 1960, 《동아일보》)

문화(文化) 일 文化(ぶんか bunka). (초출: 1895, 학부 《국민소학독본》)

문화생활(文化生活) 일 文化生活(ぶんかせいかつ bunka-seikatsu). (초출: 1908, 《대한학회월보》 제7호)

문화재(文化財) 일 文化財(ぶんかざい bunka-zai). (초출: 1927, 《동광》 제9호)

문화적(文化的) 일 文化的(ぶんかてき bunka-teki). (초출: 1920, 《개벽》 제4호)

문화제(文化祭) 일 文化祭(ぶんかさい bunka-sai). (초출: 1948, 《동아일보》)

문화주택(文化住宅) 일 文化住宅(ぶんかじゅうたく bunka-zyūtaku). (초출: 1925, 《동아일보》)

문화촌(文化村) 일 文化村(ぶんかむら bunka-mura). (초출: 1925, 《동아일보》)

~물(物) 일 ~物(ぶつ butsu). (초출: 1906, 《서우》 제1호)

물가고(物價高) 일 物価高(ぶっかだか bukka-daka). (초출: 1914, 《매일신보》)

물권(物權) 일 物権(ぶっけん bukken). (초출: 1899, 《독립신문》)

물류(物流) 일 物流(ぶつりゅう butsuryū). (초출: 1972, 《매일경제》)

물리(物理) 일 物理(ぶつり butsuri). (초출: 1906, 《서우》 제1호)

물리학(物理學) 일 物理學(ぶつりがく butsuri-gaku). (초출: 1884, 《한성순보》 제26호)

물망초(勿忘草) 일 勿忘草(わすれなぐさ wasurena-gusa). (초출: 1919, 《태서문예신보》 제16호)

물질(物質) 일 物質(ぶっしつ bussitsu). (초출: 1906, 《태극학보》 제2호)

물질적(物質的) 일 物質的(ぶっしつてき bussitsu-teki). (초출: 1907, 《대한유학생회학보》 제2호)

물질주의(物質主義) 일 物質主義(ぶっしつしゅぎ bussitsu-shugi). (초출: 1920, 《개벽》 제3호)

물품(物品) 일 物品(ぶっぴん buppin). (초출: 1895, 《관보》 제1호)

미각(味覺) 일 味覚(みかく mikaku). (초출: 1908, 《태극학보》 제25호)

미감(美感) 일 美感(びかん bikan). (초출: 1906, 《관보》 제3549호)

미강(米糠) 일 米糠(こめぬか komenuka). (초출: 1909, 《대한협회회보》 제10호)

미개지(未開地) 일 未開地(みかいち mikai-chi). (초출: 1906, 《대한자강회월보》 제2호)

미결수(未決囚) 일 未決囚(みけつしゅう miketsu-shū). (초출: 1897, 《관보》 제577호)

미깡(蜜柑) 일 蜜柑(みかん mikkan). (초출: 1927, 《별건곤》 제3호)

미관(美觀) 일 美観(びかん bikan). (초출: 1895, 학부 《국민소학독본》 제2과)

미궁(迷宮) 일 迷宮(めいきゅう meikyū). (초출: 1921, 《동아일보》)

미농지(美濃紙) 일 美濃紙(みのがみ mino-gami). (초출: 1908, 《관보》 제4134호)

미돌(米突) 일 米·米突(メートル mētoru). (초출: 1895, 《관보》 제137호)

~미만(未滿) 일 ~未満(みまん miman). (초출: 1895, 《관보》 제2호)

미백(美白) 일 美白(びはく bihaku). (초출: 1923, 《동아일보》 광고)

미분(微分) 일 微分(びぶん bibun). (초출: 1897, 《대조선독립협회회보》 제15호)

미불(未拂) 일 未払(みはらい miharai). (초출: 1907, 《관보》 제3837호)

미생물(微生物) 일 微生物(びせいぶつ bi-seibutsu). (초출: 1906, 《태극학보》 제2호)

미성년자(未成年者) 일 未成年者(みせいねんしゃ miseinen-sya). (초출: 1907, 《서

우》제9호)

미쑌 일 ミッション(missyon). (초출: 1965, 《동아일보》)

미숙아(未熟兒) 일 未熟児(みじゅくじ mizyuku-zi). (초출: 1928, 《조선일보》)

미술(美術) 일 美術(びじゅつ bizyutsu). (초출: 1884, 《한성순보》 제23호)

미술가(美術家) 일 美術家(びじゅつか bizyutsu-ka). (초출: 1895, 《관보》 제142호)

미술관(美術館) 일 美術館(びじゅつかん bizyutsu-kan). (초출: 1921, 《개벽》 제12호)

미술품(美術品) 일 美術品(びじゅつひん bizyutsu-hin). (초출: 1908, 《대한협회회보》 제4호)

미시적(微視的) 일 微視的(びしてき bisi-teki). (초출: 1936, 《조선일보》)

미신(迷信) 일 迷信(めいしん meisin). (초출: 1907, 《대한유학생회학보》 제1호)

미싱 일 ミシン(misin). (초출: 1907, 《태극학보》 제15호)

미아(迷兒) 일 迷児(まいご maigo). (초출: (1895, 《관보》 제27호)

미아이 일 見合い(みあい miai). (초출: 1940, 《동아일보》)

미완성(未完成) 일 未完成(みかんせい mi-kansei). (초출: 1922, 《개벽》 제21호)

미용실(美容室) 일 美容室(びようしつ biyō-sitsu). (초출: 1934, 《조선일보》)

미용원(美容院) 일 美容院(びよういん biyō-in). (초출: 1922, 《동아일보》)

미의식(美意識) 일 美意識(びいしき bi-isiki). (초출: 1922, 최록동 《현대신어석의》)

미적분(微積分) 일 微積分(びせきぶん bisekibun). (초출: 1931, 《동아일보》)

미지불(未支拂) 일 未支払(みしはらい mi-siharai). (초출: 1920, 《동아일보》)

미지수(未知數) 일 未知数(みちすう michi-sū). (초출: 1907, 《태극학보》 제8호)

미학(美學) 일 美学(びがく bigaku). (초출: 1906, 《태극학보》 제5호)

미행(尾行) 일 尾行(びこう bikō). (초출: 1921, 《개벽》 제17호)

미화(美化) 일 美化(びか bika). (초출: 1921, 《개벽》 제10호)

민간인(民間人) 일 民間人(みんかんじん minkan-zin). (초출: 1940, 《동아일보》)

민감(敏感) 일 敏感(びんかん binkan). (초출: 1921, 《개벽》 제15호)

민권(民權) 일 民権(みんけん minken). (초출: 1896, 《관보》 제492호)

민도(民度) 일 民度(みんど mindo). (초출: 1908, 《태극학보》 제21호)

민방(民放) 일 民放(みんぽう minpō). (초출: 1951, 《동아일보》)

민법(民法) 일 民法(みんぽう minpō). (초출: 1895, 《관보》 호외)

민본주의(民本主義) 일 民本主義(みんぽんしゅぎ mimpon-syugi). (초출: 1920, 《개벽》 제1호)

민사(民事) 일 民事(みんじ minzi). (초출: 1895, 《관보》 제15호)

민사소송법(民事訴訟法) 일 民事訴訟法(みんじそしょうほう minzi-soshōhō). (초출: 1895, 《관보》 호외)

민사재판(民事裁判) 일 民事裁判(みんじさいばん minzi-saiban). (초출: 1899, 《관보》 제1279호)

민사책임(民事責任) 일 民事責任(みんじせきにん minzi-sekinin). (초출: 1908, 《대한협회회보》 제2호)

민선(民選) 일 民選(みんせん minsen). (초출: 1906, 《대한자강회월보》 제2호)

민속학(民俗学) 일 民俗学(みんぞくがく minzoku-gaku). (초출: 1923, 《개벽》 제42호)

민숙(民宿) 일 民宿(みんしゅく minsyuku). (초출: 1975, 《매일경제》)

민약론(民約論) 일 民約論(みんやくろん minyaku-ron). (초출: 1906, 《대한자강회월보》 제6호)

민약설(民約説) 일 民約説(みにゃくせつ minyaku-setsu). (초출: 1908, 《대한학회월보》 제6호)

민영(民營) 일 民営(みんえい minei). (초출: 1909, 《대한흥학보》 제2호)

민족(民族) 일 民族(みんぞく minzoku). (초출: 1906, 《태극학보》 제2호)

민족성(民族性) 일 民族性(みんぞくせい minzoku-sei). (초출: 1920, 《개벽》 제5호)

민족자결주의(民族自決主義) 일 民族自決主義(みんぞくじけつしゅぎ minzoku-ziketsu-shugi). (초출: 1920, 《개벽》 제6호)

민족적(民族的) 일 民族的(みんぞくてき minzoku-teki). (초출: 1907, 《태극학보》 제14호)

민족주의(民族主義) 일 民族主義(みんぞくしゅぎ minzoku-syugi). (초출: 1907, 《서우》 제12호)

민주(民主) 일 民主(みんしゅ minshu). (초출: 1896, 《독립신문》)

민주국(民主國) 일 民主国(みんしゅこく minshu-koku). (초출: 1889, 헐버트 《사민

필지》)

민주주의(民主主義) 일 民主主義(みんしゅしゅぎ minsyu-syugi). (초출: 1908,《대한협회회보》제5호)

민주화(民主化) 일 民主化(みんしゅか minshu-ka). (초출: 1922,《동아일보》)

민초(民草) 일 民草(たみくさ tami-kusa). (초출: 1930,《동아일보》)

밀~(密~) 일 密~(みつ mitsu). (초출: 1910,《대한믹일신보》)

밀도(密度) 일 密度(みつど mitsudo). (초출: 1907,《대한유학생회회보》제3호)

밀매(密賣) 일 密売(みつばい mitsubai). (초출: 1907,《대한자강회월보》제8호)

밀무역(密貿易) 일 密貿易(みつぼうえき mitsu-bōeki). (초출: 1926,《동아일보》)

밀수(密輸) 일 密輸(みつゆ mitsuyu). (초출: 1907,《대한유학생회학보》제1호)

밀수품(密輸品) 일 密輸品(みつゆひん mitsuyu-hin). (초출: 1926,《동아일보》)

밀월(蜜月) 일 蜜月(みつげつ mitsugetsu). (초출: 1921,《개벽》제8호)

밀월여행(蜜月旅行) 일 蜜月旅行(みつげつりょこう mitsugetsu-ryokō). (초출: 1921,《개벽》제8호)

밀입국(密入國) 일 密入国(みつにゅうこく mitsu-nyūkoku). (초출: 1922,《동아일보》)

밀접(密接) 일 密接(みっせつ missetsu). (초출: 1897,《친목회회보》제5호)

밀정(密偵) 일 密偵(みってい mittei). (초출: 1908,《서북학회월보》제1호)

밀착(密着) 일 密着(みっちゃく micchaku). (초출: 1909,《대한흥학보》제1호)

밀항(密航) 일 密航(みっこう mikkō). (초출: 1922,《개벽》제20호)

밀회(密會) 일 密会(みっかい mikkai). (초출: 1907,《서우》제8호)

【바】

바께쓰 일 バケツ(baketsu). (초출: 1931,《동아일보》)

바란스 일 バランス(baransu). (초출: 1920,《동아일보》)

바리깡 일 バリカン(barikan). (초출: 1932,《동아일보》)

바톤 터치 일 バトン タッチ(baton tacchi). (초출: 1962,《경향신문》)

박격포(迫擊砲) 일 迫擊砲(はくげきほう hakugeki-hō). (초출: 1931,《동아일보》)

박람회(博覽會) 일 博覧会(はくらんかい hakuran-kai). (초출: 1895,《관보》제29호)

박래품(舶來品) 일 舶来品(はくらいひん hakurai-hin). (초출: 1895,《서유견문》제 19편)

박물관(博物館) 일 博物館(はくぶつかん hakubutsu-kan). (초출: 1882, 박영효《使和記略》)

박물지(博物誌) 일 博物誌(はくぶつし hakubutsu-si). (초출: 1935,《동아일보》)

박물학(博物學) 일 博物学(はくぶつがく hakubutsu-gaku). (초출: 1895,《서유견문》제20편)

박사(博士) 일 博士(はかせ/はくし hakase/hakusi). (초출: 1883,《한성순보》제7호)

박애주의(博愛主義) 일 博愛主義(はくあいしゅぎ hakuai-shugi). (초출: 1920,《개벽》제1호)

박언학(博言學) 일 博言学(はくげんがく hakugen-gaku). (초출: 1906-1910,《보감》'부록 彙集 2권)

박자(拍子) 일 拍子(ひょうし hyōsi). (초출: 1921,《개벽》제13호)

박탈(剝奪) 일 剥奪(はくだつ hakudatsu). (초출: 1895,《서유견문》제4편)

박해(迫害) 일 迫害(はくがい hakugai). (초출: 1907,《대한유학생회회보》제1호)

반~(反) 일 反~(はん han). (초출: 1922,《개벽》제20호)

반감(反感) 일 反感(はんかん hankan). (초출: 1921,《개벽》제11호)

반공(反共) 일 反共(はんきょう hankyō). (초출: 1927,《동아일보》)

반기(半旗) 일 半旗(はんき hanki). (초출: 1897,《독립신문》)

반네루 일 パネル(paneru). (초출: 1982,《경향신문》)

반대(反對) 일 反対(はんたい hantai). (초출: 1898,《독립신문》)

반도(半島) 일 半島(はんとう hantō). (초출: 1883,《한성순보》)

반도체(半導體) 일 半導体(はんどうたい handōtai). (초출: 1955,《동아일보》)

반동(反動) 일 反動(はんどう handō). (초출: 1906,《태극학보》제4호)

반등(反騰) 일 反騰(はんとう hantō). (초출: 1920,《개벽》제6호)

반려(返戾) 일 返戾(へんれい henrei). (초출: 1920,《동아일보》)

반려동물(伴侶動物) 일 伴侶動物(はんりょどうぶつ　hanryo-dōbutau). (초출: 1989,《동아일보》)

반발(反撥) 일 反発/反撥(はんぱつ hanpatsu). (초출: 1907,《대한유학생회학보》제1호)

반비례(反比例) 일 反比例(はんぴれい han-pirei). (초출: 1908,《대한학회월보》제9호)

반사(反射) 일 反射(はんしゃ hansya). (초출: 1895,《서유견문》제1편)

반소(反訴) 일 反訴(はんそ hanso). (초출: 1909,《대동학회월보》제20호)

반송(返送) 일 返送(へんそう hensō). (초출: 1897,《관보》제672호 부록)

반영(反映) 일 反映(はんえい hanei). (초출: 1908,《대동학회월보》제10호)

반응(反應) 일 反応(はんのう hanō). (초출: 1907,《태극학보》제15호)

반입(搬入) 일 搬入(はんにゅう hannyū). (초출: 1931,《별건곤》제37호)

반작용(反作用) 일 反作用(はんさよう han-sayō). (초출: 1922, 최록동《현대신어석의》)

반장(班長) 일 班長(はんちょう hanchō). (초출: 1917, 이광수《무정》)

반주(伴奏) 일 伴奏(ばんそう bansō). (초출: 1920,《개벽》제4호)

반증(反證) 일 反証(はんしょう hansyō). (초출: 1922,《개벽》제22호)

반창고(絆瘡膏) 일 絆瘡膏(ばんそうこう bansōkō). (초출: 1925,《개벽》제57호)

반체제(反體制) 일 反体制(はんたいせい han-taisei). (초출: 1967,《경향신문》)

반칙(反則) 일 反則(はんそく hansoku). (초출: 1921,《동아일보》)

반합(飯盒) 일 飯盒(はんごう hangō). (초출: 1905,《관보》제3462호)

반항(反抗) 일 反抗(はんこう hankō). (초출: 1897,《대조선독립협회회보》제10호)

반향(反響) 일 反響(はんきょう hankyō). (초출: 1907,《태극학보》제16호)

반혁명(反革命) 일 反革命(はんかくめい han-kakumei). (초출: 1921,《동아일보》)

발견(發見) 일 発見(はっけん hakken). (초출: 1898,《독립신문》)

발금(發禁) 일 発禁(はっきん hakkin). (초출: 1930,《동아일보》)

발기인(發起人) 일 発起人(ほっきにん hokki-nin). (초출: 1895,《관보》제127호)

발달(發達) 일 発達(はったつ hattatsu). (초출: 1895,《관보》제102호)

발동기(發動機) 일 発動機(はつどうき hatsudō-ki). (초출: 1906,《태극학보》제1호)

발매(發賣) 일 発売(はつばい hatsubai). (초출: 1895, 《관보》 제12호)

발명(發明) 일 発明(はつめい hatsumei). (초출: 1895, 학부《국민소학독본》제10과)

발모(發毛) 일 発毛(はつもう hatsumō). (초출: 1930, 《동아일보》)

발발(勃發) 勃発(ぼっぱつ boppatsu). (초출: 1908, 《대동학회월보》 제7호)

발신(發信) 일 発信(はっしん hassin). (초출: 1896, 《관보》 제231호)

발신인(發信人) 일 発信人(はっしんにん hassi-nin). (초출: 1905, 《관보》 제3163호)

발아(發芽) 일 発芽(はつが hatsuga). (초출: 1907, 《태극학보》 제13호)

발언권(發言權) 일 発言権(はつげんけん hatsugen-ken). (초출: 1922, 최록동《현대신어석의》)

발전(發展) 일 発展(はってん hatten). (초출: 1895, 《관보》 제79호)

발전(發電) 일 発電(はつでん hatsuden). (초출: 1907, 《대한유학생회학보》 제2호)

발전기(發電機) 일 発電機(はつでんき hatsuden-ki). (초출: 1907, 《서우》 제13호)

발전소(發電所) 일 発電所(はつでんしょ hatsuden-sho). (초출: 1917, 이광수《무정》)

발정기(發情期) 일 発情期(はつじょうき hatsuzyō-ki). (초출: 1908, 《대한학회월보》 제6호)

발주(發注) 일 発注(はっちゅう hatchū). (초출: 1937, 《동아일보》)

발파(發破) 일 (はっぱ happa). (초출: 1934, 《동아일보》)

발포(發砲) 일 発砲(はっぽう happō). (초출: 1895, 《서유견문》 제16편)

발표회(發表會) 일 発表会(はっぴょうかい happyō-kai). (초출: 1921, 《조선일보》)

발행(發行) 일 発行(はっこう hakkō). (초출: 1895, 《관보》 제44호)

발행고(發行高) 일 発行高(はっこうだか hakkō-daka). (초출: 1921, 《동아일보》)

밧데리 일 バッテリー(batterī). (초출: 1930, 《별건곤》 제28호)

방가로(방갈로) 일 バンガロー(bangarō). (초출: 1932, 《별건곤》 제53호)

방공(防空) 일 防空(ぼうくう bōkū). (초출: 1923, 《조선일보》)

방공연습(防空演習) 일 防空演習(ぼうくうえんしゅう bōkū-ensyū). (초출: 1923, 《동아일보》)

방공호(防空壕) 일 防空壕(ぼうくうごう bōkū-gō). (초출: 1937, 《동아일보》)

방과후(放課後) 일 放課後(ほうかご hōka-go). (초출: 1921, 《동아일보》)

방광결석(膀胱結石) 일 膀胱結石(ぼうこうけっせき bōkō-kesseki). (초출: 1918, 조선총독부《조선사서원고》)

방랑생활(放浪生活) 일 放浪生活(ほうろうせいかつ hōrō-seikatsu). (초출: 1920, 《개벽》 제5호)

방랑자(放浪者) 일 放浪者(ほうろうしゃ hōrō-sha). (초출: 1921, 《동아일보》)

방명록(芳名錄) 일 芳名録(ほうめいろく hōmei-roku). (초출: 1921, 《동아일보》)

방문판매(訪問販賣) 일 訪問販売(ほうもんはんばい hōmon-hanbai). (초출: 1929, 《동아일보》)

방법론(方法論) 일 方法論(ほうほうろん hōhō-ron). (초출: 1908, 《태극학보》 제18호)

방부제(防腐劑) 일 防腐剤(ぼうふざい bōfu-zai). (초출: 1908, 《태극학보》 제23호)

방사(放射) 일 放射(ほうしゃ hōsya). (초출: 1909, 《기호흥학회월보》 제12호)

방사능(放射能) 일 放射能(ほうしゃのう hōsyanō). (초출: 1921, 《동아일보》)

방사선(放射線) 일 放射線(ほうしゃせん hōsya-sen). (초출: 1922, 《동아일보》)

방송(放送) 일 放送(ほうそう hōsō). (초출: 1924, 《동아일보》)

방송국(放送局) 일 放送局(ほうそうきょく hōshō-kyoku). (초출: 1924, 《조선일보》)

방송극(放送劇) 일 放送劇(ほうそうげき hōsō-geki). (초출: 1927, 《별곤건》 제10호)

방수(防水) 일 防水(ぼうすい bōsui). (초출: 1908, 대한제국, 《관보》 부록)

방수로(放水路) 일 放水路(ほうすいろ hōsui-ro). (초출: 1923, 《동아일보》)

방습(防濕) 일 防湿(ぼうしつ bōsitsu). (초출: 1930, 《별건곤》 제30호)

방식(方式) 일 方式(ほうしき hōsiki). (초출: 1908, 《관보》 부록)

방안(方案) 일 方案(ほうあん hōan). (초출: 1895, 《관보》 제78호)

방어율(防禦率) 일 防御率(ぼうぎょりつ bōgyo-ritsu). (초출: 1939, 《조선일보》)

방역(防疫) 일 防疫(ぼうえき bōeki). (초출: 1909, 《대한민일신보》)

방염(防炎) 일 防炎(ぼうえん bōen). (초출: 1969, 《매일경제》)

방위산업(防衛産業) 일 防衛産業(ぼうえいさんぎょう bōei-sangyō). (초출: 1965, 《동아일보》)

방음(防音) 일 防音(ぼうおん bōon). (초출: 1925, 《동아일보》)

방전(放電) 일 放電(ほうでん hōden). (초출: 1924, 《동아일보》)

방점(傍點) 일 傍点/旁点(ぼうてん bōten). (초출: 1907, 《대한자강회월보》 제13호)

방정식(方程式) 일 方程式(ほうていしき hōteisiki). (초출: 1907, 《대한자강회월보》 제7호)

방제(防除) 일 防除(ぼうじょ bōzyo). (초출: 1921, 《동아일보》)

방조제(防潮堤) 일 防潮堤(ぼうちょうてい bōchō-tei). (초출: 1922, 《동아일보》)

방청석(傍聽席) 일 傍聴席(ぼうちょうせき bōchō-seki). (초출: 1908, 안국선 《금수회의록》)

방충망(防蟲網) 일 防虫網(ぼうちゅうもう bōchū-mō). (초출: 1935, 《조선일보》)

방침(方針) 일 方針(ほうしん hōsin). (초출: 1897, 《독립신문》)

방화(邦畫) 일 邦画(ほうが hōga). (초출: 1960, 《경향신문》)

배경(背景) 일 背景(はいけい haikei). (초출: 1918, 《태서문예신보》 제7호)

배구(排球) 일 排球(はいきゅう haikyū). (초출: 1927, 《동광》 제14호)

배급(配給) 일 配給(はいきゅう haikyū). (초출: 1920, 《동아일보》)

배급소(配給所) 일 配給所(はいきゅうじょ haikyū-zyo). (초출: 1923, 《조선일보》)

배낭(背囊) 일 背嚢(はいのう hainō). (초출: 1895, 대한제국, 《관보》 제4호)

배달(配達) 일 配達(はいたつ haitatsu). (초출: 1895, 《관보》 제73호)

배달부(配達夫) 일 配達夫(はいたつふ haitatsu-fu). (초출: 1907, 《대한민일신보》)

배당(配當) 일 配当(はいとう haitō). (초출: 1906, 《관보》 제3409호)

배부(配付) 일 配付(はいふ haifu). (초출: 1895, 《관보》 제1호)

배상금(賠償金) 일 賠償金(ばいしょうきん baishō-kin). (초출: 1922, 《개벽》 제20호)

배설(排泄) 일 排泄(はいせつ haisetsu). (초출: 1899, 《관보》 제1355호)

배송(配送) 일 配送(はいそう haisō). (초출: 1895, 《관보》 제12호)

배수구(排水溝) 일 排水溝(はいすいこう haisui-kō). (초출: 1907, 《대한자강회월보》 제9호)

배수량(排水量) 일 排水量(はいすいりょう haisui-ryō). (초출: 1906, 《대한자강회월보》 제3호)

배심(陪審) 일 陪審(ばいしん baisin). (초출: 1898, 《독립신문》)

배심원(陪審員) 일 陪審員(ばいしんいん baisin-in). (초출: 1922, 《동아일보》

배영(背泳) 〖일〗 背泳(はいえい haiei). (초출: 1929, 《동아일보》)

배우(俳優) 〖일〗 俳優(はいゆう haiyū). (초출: 1918, 조선총독부 《조선사서원고》)

배우자(配偶者) 〖일〗 配偶者(はいぐうしゃ haigū-sha). (초출: 1908, 《관보》 제4261호)

배율(倍率) 〖일〗 倍率(ばいりつ bairitsu). (초출: 1925, 《조선일보》)

배임죄(背任罪) 〖일〗 背任罪(はいにんざい hainin-zai). (초출: 1921, 《동아일보》)

배자(胚子) 〖일〗 胚子(はいし haisi). (초출: 1908, 《기호흥학회월보》 제3호)

배전반(配電盤) 〖일〗 配電盤(はいでんばん haiden-ban). (초출: 1922, 《동아일보》)

배치(配置) 〖일〗 配置(はいち haichi). (초출: 1895, 《관보》 제101호)

배포(配布) 〖일〗 配布(はいふ haifu). (초출: 1907, 《관보》 제3807호)

백과전서(百科全書) 〖일〗 百科全書(ひゃっかぜんしょ hyakka-zensyo). (초출: 1918,
　　최남선역 《자조론》)

백내장(白內障) 〖일〗 白内障(はくないしょう hakunaishō). (초출: 1927, 《조선일보》)

백만장자(百萬長者) 〖일〗 百万長者(ひゃくまんちょうじゃ hyakuman-chōzya). (초
　　출: 1921, 《개벽》 제11호)

백묵(白墨) 〖일〗 白墨(はくぼく hakuboku). (초출: 1895, 학부 《국민소학독본》 제29과)

백미라 〖일〗 バックミラー(baku-mirā). (초출: 1933, 《동아일보》)

백병전(白兵戰) 〖일〗 白兵戦(はくへいせん hakuhei-sen). (초출: 1920, 《동아일보》)

백분비(百分比) 〖일〗 百分比(ひゃくぶんひ hyakubun-hi). (초출: 1909, 《관보》 부록)

백분율(百分率) 〖일〗 百分率(ひゃくぶんりつ hyakubun-ritsu). (초출: 1921, 《동아일보》)

백서(白書) 〖일〗 白書(はくしょ hakusyo). (초출: 1922, 《동아일보》)

백아기(白亞紀) 〖일〗 白亜紀(はくあき hakua-ki). (초출: 1928, 《조선일보》)

백안시(白眼視) 〖일〗 白眼視(はくがんし hakugan-si). (초출: 1922, 《동아일보》)

백야(白夜) 〖일〗 白夜(はくや/びゃきや hakuya/byakuya). (초출: 1914, 《청춘(靑春)》
　　1호)

백열(白熱) 〖일〗 白熱(はくねつ hakunetsu). (초출: 1909, 《대동학회월보》 제18호)

백열전구(白熱電球) 〖일〗 白熱電球(はくねつでんきゅう hakunetsu-denkyū). (초출:
　　1929, 《조선일보》)

백엽상(百葉箱) 〖일〗 百葉箱(ひゃくようばこ/ひゃくようそう hyakuyō-bako/hyakuyōsō). (초출: 1953, 《조선일보》)

백인(白人) 일 白人(はくじん hakuzin). (초출: 1906, 《태극학보》)

백일해(百日咳) 일 百日咳(ひゃくにちぜき hyakunichi-zeki). (초출: 1907, 《서우》
제6호)

백조(白鳥) 일 白鳥(はくちょう hakuchō). (초출: 1908, 《태극학보》 제18호)

백팔십도(百八十度) 일 百八十度(ひゃくはちじゅうど hyakuhachizyū-do). (초출:
1933, 《동아일보》)

백혈구(白血球) 일 白血球(はっけっきゅう hakkekkyū). (초출: 1925, 《동아일보》)

백화점(百貨店) 일 百貨店(ひゃっかてん hyakkaten). (초출: 1921, 《조선일보》)

버블경제 일 バブル経済(バブルけいざい baburu-keizai). (초출: 1990, 《매일경제》)

번역어(飜譯語) 일 翻訳語(ほんやくご honyaku-go). (초출: 1909, 《기호흥학회월
보》 제9호)

번지(番地) 일 番地(ばんち banchi). (초출: 1906, 《관보》 제3507호)

번호(番號) 일 番号(ばんごう bangō). (초출: 1895, 《관보》 제1호)

번화가(繁華街) 일 繁華街(はんかがい hanka-gai). (초출: 1923, 《개벽》 제39호)

범~(汎~) 일 汎~(はん han). (초출: 1921, 《개벽》 제16호)

~범(犯) 일 ~犯(はん han). (초출: 1896, 《관보》 제293호)

범선(帆船) 일 帆船(はんせん/ほぶね hansen/hobune). (초출: 1895, 학부 《국민소
학독본》 第十三課)

범신론(汎神論) 일 汎神論(はんしんろん hansin-ron). (초출: 1920, 《개벽》 제5호)

범죄인(犯罪人) 일 犯罪人(はんざいにん hanzai-nin). (초출: 1895, 《관보》 제15호)

범죄자(犯罪者) 일 犯罪者(はんざいしゃ hanzai-sha). (초출: 1895, 《관보》 제148호)

범주(範疇) 일 範疇(はんちゅう hanchū). (초출: 1902, 《신학월보》 제2권 제12호)

~법(法) 일 ~法(~ほう ~hō). (초출: 1896, 《대조선독립협회회보》 제2호)

법과(法科) 일 法科(ほうか hōka). (초출: 1906, 《서우》 제1호)

법률가(法律家) 일 法律家(ほうりつか hōritsu-ka). (초출: 1896, 《대조선독립협회
회보》 제2호)

법률상(法律上) 일 法律上(ほうりつじょう hōritsu-zyō). (초출: 1895, 《서유견문》

제10편)

법안(法案) 일 法案(ほうあん hōan). (초출: 1895, 《관보》 제93호)

법원(法院) 일 法院(ほういん hōin). (초출: 1895, 《관보》)

법의학(法醫學) 일 法医学(ほういがく hō-igaku). (초출: 1907, 《태극학보》 제9호)

법인(法人) 일 法人(ほうじん hōzin). (초출: 1907, 《서우》 제9호)

법적(法的) 일 法的(ほうてき hōteki). (초출: 1920, 《동아일보》)

법정(法定) 일 法定(ほうてい hōtei). (초출: 1908, 《관보》 부록)

법정(法庭) 일 法庭(ほうてい hōtei). (초출: 1895, 《서유견문》 제10편)

법조계(法曹界) 일 法曹界(ほうそうかい hōsō-kai). (초출: 1908, 《대동학회월보》 제6호)

법칙(法則) 일 法則(ほうそく hōsoku). (초출: 1896, 《관보》 제222호)

법학(法學) 일 法学(ほうがく hōgaku). (초출: 1884, 《한성순보》 제29호)

베니야 일 ベニヤ(veniya). (초출: 1931, 《동아일보》)

베드타운 일 ベッド タウン(beddo taun). (초출: 1971, 《조선일보》)

베아링 일 ベアリング(bearingu). (초출: 1934, 《동아일보》)

베이비 카 일 ベビーカー(bebī kā). (초출: 1971, 《경향신문》)

벤또 일 弁当(べんとう bentō). (초출: 1921, 《개벽》 제13호)

벤처기업 일 ベンチャー企業(benchyā-kigyō). (초출: 1982, 《매일경제》)

변리사(辨理士) 일 弁理士(べんりし benri-si). (초출: 1909, 《관보》 호외)

변비(便秘) 일 便秘(べんぴ benpi). (초출: 1927, 《동광》 제16호)

변사(辯士) 일 弁士(べんし bensi). (초출: 1907, 《서우》 제5호)

변사(變死) 일 変死(へんし hensi). (초출: 1920, 《동아일보》)

변사체(變死體) 일 変死体(へんしたい hensi-tai). (초출: 1924, 《조선일보》)

변성암(變成巖) 일 変成岩(へんせいがん hensei-gan). (초출: 1942, 문세영 《수정증보 조선어사전》)

변소(便所) 일 便所(べんじょ benzyo). (초출: 1899, 《관보》 제1355호)

변압기(變壓器) 일 変圧器(へんあつき henatsu-ki). (초출: 1909, 《관보》 부록)

변제(辨濟) 일 弁済(べんさい bensai). (초출: 1908, 《관보》 부록)

변주곡(變奏曲) 일 変奏曲(へんそうきょく hensō-kyoku). (초출: 1931,《동아일보》)

변증법(辨證法) 일 弁証法(べんしょうほう bensyō-hō). (초출: 1921,《동아일보》)

변질자(變質者) 일 変質者(へんしつしゃ hensitsu-sha). (초출: 1921,《개벽》제15호)

변태성욕(變態性慾) 일 変態性欲(へんたいせいよく hentai-seiyoku). (초출: 1921,
《개벽》제17호)

변호(辯護) 일 弁護(べんご bengo). (초출: 1895,《관보》호외)

변호사(辯護士) 일 弁護士(べんごし bengo-si). (초출: 1906,《관보》제3366호 '광고')

변호인(辯護人) 일 弁護人(べんごにん bengo-nin). (초출: 1908,《관보》호외)

별책(別册) 일 別册(べっさつ bessatsu). (초출: 1895,《관보》제37호)

별첨(別添) 일 別添(べってん betten). (초출: 1908,《대한협회회보》제8호)

별표(別表) 일 別表(べっぴょう beppyō). (초출: (1895,《관보》제1호)

~병(兵) 일 ~兵(へい hei). (초출: 1895,《서유견문》제13편)

~병(病) 일 ~病(びょう byō). (초출: 1909,《관보》제4416호)

병과(兵科) 일 兵科(へいか heika). (초출: 1900,《관보》제1616호)

병균(病菌) 일 病菌(びょうきん byōkin). (초출: 1920,《동아일보》)

병동(病棟) 일 病棟(びょうとう byōdō). (초출: 1940, 한설야《탑》)

병리학(病理學) 일 病理学(びょうりがく byōri-gaku). (초출: 1907,《대한자강회월
보》제10호)

병살(倂殺) 일 併殺(へいさつ heisatsu). (초출: 1925,《조선일보》)

병원(病院) 일 病院(びょういん byōin). (초출: 1889, 헐버트《사민필지》)

병적(病的) 일 病的(びょうてき byōteki). (초출: 1907,《대한유학생회학보》제2호)

병종(兵種) 일 兵種(へいしゅ heisyu). (초출: 1931,《동광》제24호)

병충해(病蟲害) 일 病虫害(びょうちゅうがい byōchū-gai). (초출: 1908,《태극학
보》제20호)

보건(保健) 일 保健(ほけん hoken). (초출: 1908,《관보》제3980호)

보건소(保健所) 일 保健所(ほけんじょ hoken-zyo). (초출: 1926,《동아일보》)

보고서(報告書) 일 報告書(ほうこくしょ hōkoku-sho). (초출: 1895,《관보》제2호)

보궐선거(補闕選擧) 일 補欠選挙(ほけつせんきょ hoketsu-senkyo). (초출: 1920,

《동아일보》)

보균(保菌) 일 保菌(ほきん hokin). (초출: 1920, 《동아일보》)

보균자(保菌者) 일 保菌者(ほきんしゃ hokin-sha). (초출: 1920, 《동아일보》)

보나스 일 ボーナス(bōnasu). (초출: 1932, 《동아일보》)

보단(보당) 일 ボタン(botan). (초출: 1931, 《삼천리》 제15호)

보도(報道) 일 報道(ほうどう hōdō). (초출: 1895, 《관보》 제151호)

보도진(報道陣) 일 報道陣(ほうどうじん hōdō-zin). (초출: 1936, 《삼천리》 제8권1호)

보디(보데) 일 ボディ(bode 보데). (초출: 1932, 《동아일보》)

보루 일 ボール(bōru). (초출: 1951, 《조선일보》)

보석(保釋) 일 保釈(ほしゃく hosyaku). (초출: 1922, 《개벽》 제24호)

보수(保守) 일 保守(ほしゅ hosyu). (초출: 1895, 《서유견문》 제3편)

보수당(保守黨) 일 保守党(ほしゅとう hosyu-tō). (초출: 1895, 《서유견문》 제11편)

보수주의(保守主義) 일 保守主義(ほしゅしゅぎ hoshu-shugi). (초출: 1907, 《대한유학생회학보》 제1호)

보수파(保守派) 일 保守派(ほしゅは hoshu-ha). (초출: 1909, 《대동학회월보》 제12호)

보육소(保育所) 일 保育所(ほいくしょ hoiku-sho). (초출: 1923, 《조선일보》)

보이라 일 ボイラー(boirā). (초출: 1924, 《동아일보》)

보장(保障) 일 保障(ほしょう hosyō). (초출: 1898, 《민일신문》)

보조금(補助金) 일 補助金(ほじょきん hozyo-kin). (초출: 1905, 《대한민일신보》)

보증(保證) 일 保証(ほしょう hosyō). (초출: 1895, 《관보》 제4호)

보증금(保證金) 일 保証金(ほしょうきん hoshō-kin). (초출: 1906, 《관보》 제3390호)

보증인(保證人) 일 保証人(ほしょうにん hosyō-nin). (초출: 1895, 《관보》 제121호)

보청기(補聽器) 일 補聽器(ほちょうき hochō-ki). (초출: 1930, 《동아일보》)

보통(普通) 일 普通(ふつう futsū). (초출: 1884, 《한성순보》 제29호)

보통예금(普通預金) 일 普通預金(ふつうよきん futsū-yokin). (초출: 1921, 《동아일보》)

보통학교(普通學校) 일 普通学校(ふつうがっこう futsū-gakkō). (초출: 1906, 《관보》 제3546호)

보편성(普遍性) 일 普遍性(ふへんせい fuhen-sei). (초출: 1921, 《개벽》 제15호)

보편적(普遍的) 일 普遍的(ふへんてき fuhen-teki). (초출: 1907,《태극학보》제15호)

보폭(步幅) 일 步幅(ほはば hohaba). (초출: 1921,《동아일보》)

보합(保合) 일 保合(たもちあい tamochiai). (초출: 1909,《대한민보》제108호)

보험(保險) 일 保險(ほけん hoken). (초출: 1895, 학부《국민소학독본》제28과)

보험료(保險料) 일 保險料(ほけんりょう hokin-ryō). (초출: 1910,《대한흥학보》제10호)

보험회사(保險会社) 일 保險会社(ほけんがいしゃ hoken-gaisya). (초출: 1897,《독립신문》)

보호국(保護國) 일 保護国(ほごこく hogo-koku). (초출: 1897,《대조선독립협회회보》제5호)

보호무역(保護貿易) 일 保護貿易(ほごぼうえき hogo-bōeki). (초출: 1897,《대조선독립협회회보》제5호)

보호자(保護者) 일 保護者(ほごしゃ hogo-sha). (초출: 1907,《대한자강회월보》제8호)

보호주의(保護主義) 일 保護主義(ほごしゅぎ hogo-syugi). (초출: 1909,《대한민일신보》제16호)

~복(服) 일 ~服(ふく fuku). (초출: 1922,《개벽》제23호)

복권(復權) 일 復權(ふくけん fukuken). (초출: 1899,《관보》제1288호)

복리(福利) 일 福利(ふくり fukuri). (초출: 1908,《대동학회월보》제2호)

복리(複利) 일 複利(ふくり fukuri). (초출: 1907,《태극학보》제15호)

복리후생(福利厚生) 일 福利厚生(ふくりこうせい fukuri-kōsei). (초출: 1954,《경향신문》)

복막(腹膜) 일 腹膜(ふくまく fukumaku). (초출: 1922,《개벽》제19호)

복막염(腹膜炎) 일 腹膜炎(ふくまくえん fukumaku-en). (초출: 1921,《동아일보》)

복무(服務) 일 服務(ふくむ fukumu). (초출: 1895,《관보》제1호)

복문(複文) 일 複文(ふくぶん fukubun). (초출: 1931,《동아일보》)

복복선(複複線) 일 複複線(ふくふくせん fukufuku-sen). (초출: 1933,《동아일보》)

복본(複本) 일 複本(ふくほん fukuhon). (초출: 1908,《관보》부록)

복사(複寫) 일 複写(ふくしゃ fukusya). (초출: 1922,《개벽》제22호)

복사기(複寫機) 일 複写機(ふくしゃき fukusha-ki). (초출: 1937, 《동아일보》)

복상사(腹上死) 일 腹上死(ふくじょうし fukuzyō-si). (초출: 1939, 한설야 《이녕》)

복선(複線) 일 複線(ふくせん fukusen). (초출: 1908, 《대한협회회보》 제1호)

복수(複數) 일 複数(ふくすう fukusū). (초출: 1924, 《개벽》 제43호)

복습(復習) 일 復習(ふくしゅう fukusyū). (초출: 1907, 정운복 《독습일어정칙》 제10장)

복식(複式) 일 複式(ふくしき fukusiki). (초출: 1908, 《대한협회회보》 제3호)

복엽기(複葉機) 일 複葉機(ふくようき fukuyō-ki). (초출: 1925, 《동아일보》)

복잡(複雜) 일 複雑(ふくざつ fukuzatsu). (초출: 1895, 《관보》 제138호)

복제(複製) 일 複製(ふくせい fukusei). (초출: 1908, 《관보》 부록)

복지(服地) 일 服地(ふくじ fukuzi). (초출: 1906, 《관보》 제3367호)

복지(福祉) 일 福祉(ふくし fukusi). (초출: 1895, 《서유견문》 제10편)

복합어(複合語) 일 複合語(ふくごうご fukugō-go). (초출: 1929, 《조선일보》)

~본(本) 일 ~本(ほん hon). (초출: 1922, 최록동 《현대신어석의》)

본능(本能) 일 本能(ほんのう honnō). (초출: 1908, 《태극학보》 제18호)

본능적(本能的) 일 本能的(ほんのうてき honnō-teki). (초출: 1907, 《대한유학생회학보》 제3호)

본론(本論) 일 本論(ほんろん honron). (초출: 1906, 《대한자강회월보》 제1호)

본부(本部) 일 本部(ほんぶ honbu). (초출: 1895, 《관보》 제1호)

본사(本社) 일 本社(ほんしゃ honsya). (초출: 1896, 《독립신문》)

볼펜 일 ボールペン(bōrupen). (초출: 1959, 《동아일보》)

봉건(封建) 일 封建(ほうけん hōken). (초출: 1895, 《관보》 제185호)

봉건사회(封建社會) 일 封建社会(ほうけんしゃかい hōken-syakai). (초출: 1923, 《개벽》 제39호)

봉건시대(封建時代) 일 封建時代(ほうけんじだい hōken-zidai). (초출: 1895, 《서유견문》 제10편)

봉건제도(封建制度) 일 封建制度(ほうけんせいど hōken-seido). (초출: 1907, 《대한유학생회학보》 제3호)

봉건주의(封建主義) 일 封建主義(ほうけんしゅぎ hōken-syugi). (초출: 1909, 《서북학회월보》 제13호)

봉고도(棒高跳) 일 棒高跳び(ぼうたかとび bō-takatobi). (초출: 1922, 《동아일보》)

봉도(封度) 일 ポンド(pondo). (초출: 1896, 《대조선독립협회회보》 제3호)

봉사(奉仕) 일 奉仕(ほうし hōsi). (초출: 1899, 《독립신문》)

봉살(封殺) 일 封殺(ふうさつ hūsatsu). (초출: 1923, 《동아일보》)

봉합(縫合) 일 縫合(ほうごう hōgō). (초출: 1906, 《관보》 호외)

~부(夫) 일 ~夫(ふ fu). (초출: 1909, 《관보》 부록)

~부(附) 일 付け(つけ/つき tsuke/tsuki). (초출: 1920, 《개벽》 제6호)

부(副)~ 일 副~(ふく fuku). (초출: 1908, 《관보》 제4142호)

~부(部) 일 ~部(ぶ bu). (초출: 1895, 《관보》 제42호)

~부(婦) 일 ~婦(ふ fu). (초출: 1906, 《관보》 제3326호)

부가(附加) 일 付加/附加(ふか fuka). (초출: 1918, 조선총독부 《조선사서원고》)

부가세(附加稅) 일 付加税/附加税(ふかぜい fuka-zei). (초출: 1907, 《대한자강회월보》 제12호)

부결(否決) 일 否決(ひけつ hiketsu). (초출: 1896, 《관보》 제265호)

부기(簿記) 일 簿記(ぼき boki). (초출: 1905, 《관보》 호외)

부당이득(不當利得) 일 不当利得(ふとうりとく futō-ritoku). (초출: 1908, 《기호흥학회월보》 제5호)

부도(不渡) 일 不渡(ふわたり fuwatari). (초출: 1918, 《매일신보》)

부도심(副都心) 일 副都心(ふくとしん fuku-tosin). (초출: 1938, 《조선일보》)

부도체(不導體) 일 不導体(ふどうたい fu-dōtai). (초출: 1923, 《동아일보》)

부동산(不動産) 일 不動産(ふどうさん fu-dōsan). (초출: 1898, 《독립신문》)

부동표(浮動票) 일 浮動票(ふどうひょう fudō-hyō). (초출: 1938, 《동아일보》)

부라자 일 ブラジャー(burazyā). (초출: 1958, 《동아일보》)

부레키 일 ブレーキ(burēki). (초출: 1924, 《동아일보》)

부력(浮力) 일 浮力(ふりょく furyoku). (초출: 1906, 《태극학보》 제1호)

부로카 일 ブローカー(burōkā). (초출: 1926, 《동아일보》)

부문(部門) 일 部門(ぶもん bumon). (초출: 1908, 《대동학회월보》 제1호)

부사(富士) 일 富士(ふじ fuzi). (초출: 1971, 《매일경제》)

부사(副詞) 일 副詞(ふくし fukusi). (초출: 1918, 조선총독부 《조선사서원고》)

부산물(副産物) 일 副産物(ふくさんぶつ fuku-sanbutsu). (초출: 1907, 《대한유학생회학보》 제3호)

부상자(負傷者) 일 負傷者(ふしょうしゃ fushō-sha). (초출: 1900, 《관보》 제1730호)

부설(敷設) 일 敷設(ふせつ fusetsu). (초출: 1895, 《관보》 제97호)

부수입(副收入) 일 副収入(ふくしゅうにゅう fuku-shūnyū). (초출: 1927, 《동아일보》)

부식(副食) 일 副食(ふくしょく fukusyoku). (초출: 1896, 《관보》 제230호)

부양(浮揚) 일 浮揚(ふよう fuyō). (초출: 1923, 《개벽》 제32호)

부업(副業) 일 副業(ふくぎょう fukugyō). (초출: 1907, 《태극학보》 제7호)

부유세(富裕稅) 일 富裕税(ふゆうぜい fuyū-zei). (초출: 1950, 《동아일보》)

부인(否認) 일 否認(ひにん hinin). (초출: 1907, 《태극학보》 제9호)

부인과(婦人科) 일 婦人科(ふじんか fuzin-ka). (초출: 1909, 《대한흥학보》 제6호)

부인회(婦人會) 일 婦人会(ふじんかい fuzin-kai). (초출: 1898, 《독립신문》)

부자연(不自然) 일 不自然(ふしぜん fu-sizen). (초출: 1920, 《동아일보》)

부작용(副作用) 일 副作用(ふくさよう fuku-sayō). (초출: 1923, 《개벽》 제33호)

부장(部長) 일 部長(ぶちょう buchō). (초출: 1895, 《관보》 제77호)

부적합(不適合) 일 不適合(ふてきごう fu-tekigō). (초출: 1906, 《태극학보》 제4호)

부전(附箋) 일 付箋/附箋(ふせん fusen). (초출: 1907, 《대한자강회월보》 제8호)

부전조약(不戰條約) 일 不戦条約(ふせんじょうやく fusen-zyōyaku). (초출: 1922, 최록동 《현대신어석의》)

부정(否定) 일 否定(ひてい hitei). (초출: 1907, 《태극학보》 제7호)

부정맥(不整脈) 일 不整脈(ふせいみゃく fusei-myaku). (초출: 1936, 《조선일보》)

부정행위(不正行爲) 일 不正行為(ふせいこうい fusei-kōi). (초출: 1906, 《대한자강회월보》 제4호)

부지(敷地) 일 敷地(しきち sikichi). (초출: 1896, 《친목회회보》 제2호)

부차적(副次的) 일 副次的(ふくじてき fukuzi-teki). (초출: 1930, 《동아일보》)

부착(附着) 일 付着／附着(ふちゃく fuchaku). (초출: 1895,《관보》제10호)

부칙(附則) 일 付則・附則(ふそく fusoku). (초출: 1895,《관보》제2호)

부품(部品) 일 部品(ぶひん buhin). (초출: 1940,《동아일보》)

부호(符號) 일 符号(ふごう fugō). (초출: 1908,《관보》제4138호)

분기점(分岐點) 일 分岐点(ぶんきてん bunki-ten). (초출: 1906,《태극학보》제2호)

분대(分隊) 일 分隊(ぶんたい buntai). (초출: 1895, 학부《국민소학독본》)

분말(粉末) 일 粉末(ふんまつ funmatsu). (초출: 1908,《기호흥학회월보》제4호)

분무기(噴霧器) 일 噴霧器(ふんむき funmuki). (초출: 1907,《태극학보》제15호)

분빠이 일 分配(ぶんぱい bunpai). (초출: 1976,《경향신문》)

분배(分配) 일 分配(ぶんぱい bunpai). (초출: 1895,《관보》제62호)

분비(分泌) 일 分泌(ぶんぴつ/ぶんぴ bunpitsu/bunpi). (초출: 1918, 조선총독부 《조선사서원고》)

분비선(分泌腺) 일 分泌腺(ぶんぴつせん bunpitsu-sen). (초출: 1925,《동아일보》)

분석(分析) 일 分析(ぶんせき bunseki). (초출: 1895,《관보》제19호)

분수령(分水嶺) 일 分水嶺(ぶんすいれい bunsuirei). (초출: 1907,《대한자강회월 보》제11호)

분양(分讓) 일 分讓(ぶんじょう bunzyō). (초출: 1921,《동아일보》)

분업(分業) 일 分業(ぶんぎょう bungyō). (초출: 1907,《대한유학생회학보》제3호)

분열식(分列式) 일 分列式(ぶんれつしき bunretsu-siki). (초출: 1906,《관보》제 3586호)

분위기(雰圍氣) 일 雰囲気(ふんいき funiki). (초출: 1921,《개벽》제11호)

분자(分子) 일 分子(ぶんし bunsi). (초출: 1899,《독립신문》)

분장(扮裝) 일 扮装(ふんそう funsō). (초출: 1918,《태서문예신보》제6호)

분재(盆栽) 일 盆栽(ぼんさい bonsai). (초출: 1895,《국민소학독본》제7과)

분지(盆地) 일 盆地(ぼんち bonchi). (초출: 1926,《동아일보》)

분투(奮鬪) 일 奮鬪(ふんとう funtō). (초출: 1907,《대한유학생회학보》제3호)

불(不)~ 일 不~(ふ fu). (초출: 1918, 조선총독부《조선사서원고》)

불(弗) 일 弗(ふつ futsu). (초출: 1895,《관보》제201호)

~불(拂) 일 ~払い((はらい/ばらい harai/barai). (초출: 1921, 《동아일보》)

불가결(不可缺) 일 不可欠(ふかけつ fukaketsu). (초출: 1907, 《대한자강회월보》 제13호)

불가능(不可能) 일 不可能(ふかのう fu-kanō). (초출: 1907, 《서우》 제2호)

불가침(不可侵) 일 不可侵(ふかしん fukasin). (초출: 1921, 《개벽》 제7호)

불가피(不可避) 일 不可避(ふかひ fukahi). (초출: 1908, 《관보》 제4081호)

불가항력(不可抗力) 일 不可抗力(ふかこうりょく fuka-kōryoku). (초출: 1907, 《관보》 제3851호)

불경기(不景氣) 일 不景気(ふけいき fu-keiki). (초출: 1921, 《개벽》 제16호)

불구자(不具者) 일 不具者(ふぐしゃ fugu-sya). (초출: 1906, 《대한자강회월보》 제5호)

불규칙(不規則) 일 不規則(ふきそく fu-kisoku). (초출: 1908, 《대한학회월보》 제1호)

불기소(不起訴) 일 不起訴(ふきそ fu-kiso). (초출: 1920, 《동아일보》)

불량소녀(不良少女) 일 不良少女(ふりょうしょうじょ furyō-syōzyo). (초출: 1925, 《조선일보》)

불량소년(不良少年) 일 不良少年(ふりょうしょうねん furyō-syōnen). (초출: 1909, 《대한흥학보》 제2호)

불량채권(不良債券) 일 不良債権(ふりょうさいけん furyō-saiken). (초출: 1954, 《동아일보》)

불로소득(不勞所得) 일 不労所得(ふろうしょとく furō-shotoku). (초출: 1922, 《동아일보》)

불륜(不倫) 일 不倫(ふりん furin). (초출: 1922, 《개벽》 제20호)

불매운동(不買運動) 일 不買運動(ふばいうんどう fubai-undō). (초출: 1930, 《조선일보》)

불면증(不眠症) 일 不眠症(ふみんしょう fumin-shō). (초출: 1907, 《서우》 제10호)

불법입국(不法入國) 일 不法入国(ふほうにゅうこく fuhō-nyūkoku). (초출: 1921, 《동아일보》)

불법행위(不法行爲) 일 不法行為(ふほうこうい fuhō-kōi). (초출: 1906, 《대한자강회월보》 제5호)

불변자본(不變資本) 일 不変資本(ふへんしほん fuhen-sihon). (초출: 1923,《개벽》
제41호)

불사조(不死鳥) 일 不死鳥(ふしちょう fusi-chō). (초출: 1923,《개벽》제42호)

불산(弗酸) 일 フッ酸 (フッさん fussan). (초출: 1909,《기호흥학회월보》제10호)

불소(弗素) 일 弗素(ふっそ fusso). (초출: 1908,《태극학보》제19호)

불시착(不時着) 일 不時着(ふじちゃくfuzi-chaku). (초출: 1926,《동아일보》)

불신임(不信任) 일 不信任(ふしんにん fu-sinnin). (초출: 1909,《대동학회월보》제
15호)

불어(佛語) 일 仏語(ふつご futsugo). (초출: 1907,《태극학보》제7호)

불용품(不用品) 일 不用品(ふようひん fuyō-hin). (초출: 1895,《관보》제27호)

불임증(不姙症) 일 不妊症(ふにんしょう funin-shō). (초출: 1920,《조선일보》)

불입(拂入) 일 払込(はらいこみ haraikomi). (초출: 1906,《황성신문》)

불침번(不寢番) 일 不寝番(ねずばん/ふしんばん nezuban/fusinban). (초출: 1953,
《동아일보》)

불쾌지수(不快指數) 일 不快指数(ふかいしすう fukai-sisū). (초출: 1961,《동아일보》)

불평등(不平等) 일 不平等(ふびょうどう fu-byōdō). (초출: 1906,《대한자강회월
보》제6호)

불하(拂下) 일 払下(はらいさげ haraisage). (초출: 1884,《한성순보》)

불합리(不合理) 일 不合理(ふごうり fu-gōri). (초출: 1908,《태극학보》제25호)

불화수소(弗化水素) 일 弗化水素(フッかすいそ fukka-suiso). (초출: 1908,《태극학
보》제22호)

불확실(不確實) 일 不確実 (ふかくじつ fu-kakuzitsu). (초출: 1909,《대한협회회보》
제11호)

불황(不況) 일 不況(ふきょう fukyō). (초출: 1922,《개벽》제21호)

붕대(繃帶) 일 繃帯(ほうたい hōtai). (초출: 1908,《태극학보》제18호)

붕소(硼素) 일 硼素(ほうそ hōso). (초출: 1908,《태극학보》제19호)

브라운관(管) 일 ブラウン管(buraunkan). (초출: 1967,《경향신문》)

비~(非~) 일 非~(ひ hi). (초출: 1921,《개벽》제11호)

~비(費) 일 ~費(ひ hi). (초출: 1896, 《관보》 제226호)

비공식(非公式) 일 非公式(ひこうしき hi-kōsiki). (초출: 1908, 《대동학회월보》 제2호)

비과세(非課稅) 일 非課税(ひかぜい hi-kazei). (초출: 1923, 《개벽》 제41호)

비관(悲觀) 일 悲観(ひかん hikan). (초출: 1906, 《태극학보》 제3호)

비극(悲劇) 일 悲劇(ひげき higeki). (초출: 1906, 《태극학보》 제1호)

비금속(非金屬) 일 非金属(ひきんぞく hi-kinzoku). (초출: 1908, 《태극학보》 제18호)

비까번쩍 ぴか(pika) + 한국어 '번쩍'). (초출: 1965, 《경향신문》)

비뇨기(泌尿器) 일 泌尿器(ひにょうき/ひつにょうき hinyō-ki/hitsunyō-ki). (초출: 1908, 《기호흥학회월보》 제1호)

비뇨기과(泌尿器科) 일 泌尿器科(ひにょうきか hinyōki-ka). (초출: 1930, 《동아일보》)

비니루 일 ビニール(binīru). (초출: 1953, 《동아일보》)

비등점(沸騰點) 일 沸騰点(ふっとうてん futtō-ten). (초출: 1907, 《태극학보》 제13호)

비로도 일 ビロード(birōdo). (초출: 1924, 《조선일보》)

비료(肥料) 일 肥料(ひりょう hiryō). (초출: 1895, 《서유견문》 제12편)

비루(삐루) 일 ビール(bīru). (초출: 1920, 《동아일보》)

비망록(備忘錄) 일 備忘録(びぼうろく bibō-roku). (초출: 1918, 최남선역 《자조론》)

비매품(非賣品) 일 非売品(ひばいひん hibai-hin). (초출: 1920, 《동아일보》)

비목(費目) 일 費目(ひもく himoku). (초출: 1898, 《관보》 제226호)

비무장(非武裝) 일 非武装(ひぶそう hi-busō). (초출: 1932, 《동광》 제31호)

비밀결사(秘密結社) 일 秘密結社(ひみつけっしゃ himitsu-kessya). (초출: 1907, 《서우》 제12호)

비번(非番) 일 非番(ひばん hiban). (초출: 1921, 《개벽》 제10호)

비상구(非常口) 일 非常口(ひじょうぐち hizyō-guchi). (초출: 1922, 《동아일보》)

비상선(非常線) 일 非常線(ひじょうせん hizyō-sen). (초출: 1921, 《개벽》 제16호)

비상소집(非常召集) 일 非常召集(ひじょうしょうしゅう hizyō-syōsyū). (초출: 1922, 《개벽》 제27호)

비상시(非常時) 일 非常時(ひじょうじ hi-zyōzi). (초출: 1906, 《관보》 제3462호)

비상식(非常識) 일 非常識(ひじょうしき hi-zyōsiki). (초출: 1921, 《개벽》 제11호)

비서(祕書) 일 秘書(ひしょ hisyo). (초출: 1895, 《관보》 제1호)

비소(砒素) 일 砒素(ひそ hiso). (초출: 1908, 《태극학보》 제19호)

비육(肥育) 일 肥育(ひいく hiiku). (초출: 1907, 《태극학보》 제14호)

비율(比率) 일 比率(ひりつ hiritsu). (초출: 1909, 《관보》 제4415호)

비인간적(非人間的) 일 非人間的(ひにんげんてき hi-ningen-teki). (초출: 1921, 《개벽》 제9호)

비전투원(非戰鬪員) 일 非戦闘員(ひせんとういん hi-sentō-in). (초출: 1920, 《동아일보》)

비점(沸點) 일 沸点(ふってん futten). (초출: 1909, 《대한민일신보》)

비주류(非主流) 일 非主流(ひしゅりゅう hi-shuryū) (초출: 1935, 《삼천리》 제7권 9호)

비준(批准) 일 批准(ひじゅん hizyun). (초출: 1895(대한제국, 《관보》 제15호)

비중(比重) 일 比重(ひじゅう hizyū). (초출: 1906, 《태극학보》 제2호)

비즈니스 호텔 일 ビジニス ホテル(bizinisu hoteru). (초출: 1973, 《매일경제》)

비치 파라솔 일 ビーチ パラソル(bīchi parasoru). (초출: 1956, 《조선일보》)

비판(批判) 일 批判(ひはん hihan). (초출: 1908, 《대한협회회보》 제9호)

비평(批評) 일 批評(ひひょう hihyō). (초출: 1895, 《서유견문》 제15편)

비품(備品) 일 備品(びひん bihin). (초출: 1896, 《관보》 제226호 부록)

비합법(非合法) 일 非合法(ひごうほう hi-gōhō). (초출: 1922, 최록동 《현대신어석의》)

비행기(飛行機) 일 飛行機(ひこうき hikōki). (초출: 1907, 《태극학보》 제15호)

비행사(飛行士) 일 飛行士(ひこうし hikō-si). (초출: 1921, 《동아일보》)

비행선(飛行船) 일 飛行船(ひこうせん hikō-sen). (초출: 1907, 《서우》 제4호)

비행소녀(非行少女) 일 非行少女(ひこうしょうじょ hikō-shōzyo). (초출: 1966, 《동아일보》)

비행소년(非行少年) 일 非行少年(ひこうしょうねん hikō-shōnen). (초출: 1962, 《동아일보》)

비행장(飛行場) 일 飛行場(ひこうじょう hikō-zyō). (초출: 1920, 《개벽》 제6호)

비행정(飛行艇) 일 飛行艇(ひこうてい hikō-tei). (초출: 1908, 《태극학보》 제21호)

비혼(非婚) 일 非婚(ひこん hikon). (초출: 1930,《별곤건》제35호)

빈민굴(貧民窟) 일 貧民窟(ひんみんくつ hinmin-kutsu). (초출: 1923,《개벽》제34호)

빈혈(貧血) 일 貧血(ひんけつ hinketsu). (초출: 1910,《대한흥학보》제11호)

빙점(氷點) 일 氷点(ひょうてん hyōten). (초출: 1906,《태극학보》제2호)

빙하(氷河) 일 氷河(ひょうが hyōga). (초출: 1922,《개벽》제22호)

빙하기(氷河期) 일 氷河期(ひょうがき hyōga-ki). (초출: 1927,《동광》제11호)

빠가 일 馬鹿(ばか baka). (초출: 1908, 안국선《금수회의록》)

빠가야로 일 馬鹿野郎(ばかやろう bakayaro). (초출: 1920,《개벽》제6호)

빠꾸 일 バック(bakku). (초출: 1958,《동아일보》)

빠다(바타) 일 バター(batā). (초출: 1920,《동아일보》)

빠따 일 バット(batto). (초출: 1951,《동아일보》)

빠데 일 パテ(pate). (초출: 1957,《경향신문》

빠루 일 バール(bāru). (초출: 1959,《동아일보》)

빤스 일 パンツ(pantsu). (초출: 1937,《동아일보》)

빳지 일 バッチ(batzi). (초출: 1936,《동아일보》)

빵 일 パン(麵麭, pang). (초출: 1920,《동아일보》)

빵구 일 パンク(panku). (초출: 1928,《동아일보》)

뻬빠 일 ペーパー(pēpā). (초출: 1949,《경향신문》)

뻰찌 일 ペンチ(penchi). (초출: 1952,《조선일보》)

뺑끼 일 ペンキ(penki). (초출: 1930,《동아일보》

뽀뿌라 일 ポプラ(popura). (초출: 1922,《개벽》제30호)

뽐뿌 일 ポンプ(pompu). (초출: 1922,《개벽》제22호)

삐까삐까 일 ぴかぴか(pikapika). (초출: 1982,《동아일보》)

삐끼 일 引き(ひき hiki). (초출: 1983,《동아일보》)

삐라 일 びら(bira). (초출: 1921,《개벽》제14호)

삥뽕 일 ピンポン(pinpon). (초출: 1923,《동아일보》)

【사】

~사(士) 일 士~(し si). (초출: 1895, 《서유견문》)

~사(史) 일 ~史(し si). (초출: 1897, 《대조선독립협회회보》 제15호)

사(私)~ 일 私~(し si). (초출: 1909, 《관보》 제4377호)

~사(社) 일 ~社(しゃ sha). (초출: 1896, 《관보》 제326호)

~사(師) 일 ~師(し shi). (초출: 1908, 《대한학회월보》 제6호)

~사(詞) 일 ~詞(し si). (초출: 1920, 《개벽》 제6호)

사각(死角) 일 死角(しかく sikaku). (초출: 1930, 《조선일보》)

사각형(四角形) 일 四角形(しかくけい sikaku-kei). (초출: 1906, 《태극학보》 제2호)

사격(射擊) 일 射擊(しゃげき syageki). (초출: 1895, 대한제국, 《관보》 제209호)

사계(斯界) 일 斯界(しかい sikai). (초출: 1909, 《대한흥학보》 제6호)

사고(思考) 일 思考(しこう sikō). (초출: 1895, 《관보》 제2호)

사고력(思考力) 일 思考力(しこうりょく sikō-ryoku). (초출: 1907, 《대한자강회월
보》 제7호)

사관(士官) 일 士官(しかん sikan). (초출: 1896 학부 《신정심상소학》)

사관학교(士官學校) 일 士官学校(しかんがっこう sikan-gakkō). (초출: 1895, 《관
보》 제162호)

사교(社交) 일 社交(しゃこう syakō). (초출: 1907, 《태극학보》 제8호)

사교계(社交界) 일 社交界(しゃこうかい shakō-kai). (초출: 1909, 《서북학회월보》
제11호)

사교성(社交性) 일 社交性(しゃこうせい shakō-sei). (초출: 1909, 《서북학회월보》
제8호)

사교육(私敎育) 일 私教育(しきょういく si-kyōiku). (초출: 1963, 《경향신문》)

사교장(社交場) 일 社交場(しゃこうじょう shakō-zyō). (초출: 1920, 《개벽》 제4호)

사구(四球) 일 四球(しきゅう sikyū). (초출: 1921, 《동아일보》).

사구(死球) 일 死球(しきゅう sikyū). (초출: 1921, 《동아일보》)

사구라(사쿠라) 일 桜(さくら sakura). (초출: 1910, 《대한흥학보》 제12호)

사극(史劇) 일 史劇(しげき sigeki). (초출: 1922, 《동아일보》)

사내(社內) 일 社內(しゃない shanai). (초출: 1920, 《개벽》 제6호)

사단(師團) 일 師団(しだん sidan). (초출: 1895, 《관보》 제130호)

사단법인(社團法人) 일 社団法人(しゃだんほうじん syadan-hōzin). (초출: 1907, 《서우》 제9호)

사대주의(事大主義) 일 事大主義(じだいしゅぎ zidai-syugi). (초출: 1906, 《대한자강회월보》 제5호)

사라 일 皿(さら sara). (초출: 1952, 《경향신문》)

사라다 일 サラダ(sarada). (초출: 1921, 《조선일보》)

사라리맨(살라리맨) 일 サラリーマン(sarari man). (초출: 1929, 《동아일보》)

사령관(司令官) 일 司令官(しれいかん sireikan). (초출: 1895, 《관보》 제136호)

사령부(司令部) 일 司令部(しれいぶ sireibu). (초출: 1895, 《관보》 제152호)

사료(飼料) 일 飼料(しりょう siryō). (초출: 1895, 《서유견문》 제16편)

사루마다 일 猿股(さるまた sarumata). (초출: 1921, 《동아일보》)

사루비아 일 サルビア(sarubia). (초출: 1926, 《동아일보》)

사륙판(四六版) 일 四六判(しろくばん siroku-ban). (초출: 1923, 《동아일보》)

사립(私立) 일 私立(しりつ siritsu). (초출: 1895, 《관보》 제102호)

사립학교(私立學校) 일 私立学校(しりつがっこう siritsu-gakkō). (초출: 1895, 《서유견문》 제19편)

사막화(砂漠化) 일 砂漠化(さばくか sabaku-ka). (초출: 1933, 《동아일보》)

사무국(事務局) 일 事務局(じむきょく zimu-kyoku). (초출: 1895(관보) 제134호)

사무라이 일 さむらい(侍/士 samurai). (초출: 1923, 《동아일보》)

사무소(事務所) 일 事務所(じむしょ zimu-syo). (초출: 1895, 《관보》 제1호)

사무원(事務員) 일 事務員(じむいん zimu-in). (초출: 1895, 《관보》 제1호)

사문서(私文書) 일 私文書(しぶんしょ sibunsho). (초출: 1909, 《관보》 제4377호)

사바사바 일 さばさば(sabasaba). (초출: 1950, 《경향신문》)

사방(砂防) 일 砂防(さぼう sabō). (초출: 1907, 《서우》 제13호)

사범교육師範敎育) 일 師範教育(しはんきょういく sihan-kyōiku). (초출: 1882, 박

영효 《使和記略》)

사범학교(師範學校) 일 師範学校(しはんがっこう sihan-gakkō). (초출: 1895,《관보》제17호)

사법(司法) 일 司法(しほう sihō). (초출: 1884,《한성순보》제10호)

사법(私法) 일 私法(しほう sihō). (초출: 1906,《관보》제3366호)

사법부(司法府) 일 司法府(sihō-fu). (초출: 1921,《동아일보》)

사법시험(司法試驗) 일 司法試験(しほうしけん sihō-siken). (초출: 1909,《관보》제4417호)

사복(私服) 일 私服(しふく sifuku). (초출: 1897,《관보》제639호)

사상(思想) 일 思想(しそう sisō). (초출: 1895,《관보》제54호)

사상가(思想家) 일 思想家(しそうか sisō-ka). (초출: 1910,《대한흥학보》제13호)

사상계(思想界) 일 思想界(しそうかい sisō-kai). (초출: 1907,《대한유학생회회보》제3호)

사상자(死傷者) 일 死傷者(ししょうしゃ sishō-sha). (초출: 1895,《관보》제101호)

사생아(私生兒) 일 私生児(しせいじ sisei-zi). (초출: 1909,《대한흥학보》제3호)

사생자(私生子) 일 私生子(しせいし sisei-si). (초출: 1920 ,《동아일보》)

사생활(私生活) 일 私生活(しせいかつ si-seikatsu). (초출: 1921,《개벽》제18호)

사서(司書) 일 司書(ししょ sisyo). (초출: 1935,《삼천리》제7권 제9호)

사서함(私書函) 일 私書函(ししょばこ sisyo-bako). (초출: 1908,《관보》제4139호)

사선(斜線) 일 斜線(しゃせん syasen). (초출: 1908,《관보》부록)

사설(社說) 일 社説(しゃせつ syasetsu). (초출: 1898,《믹일신문》)

사소설(私小說) 일 私小説(ししょうせつ si-shōsetsu). (초출: 1933,《조선일보》)

사시꼬미 일 差込(さしこみ sasikomi). (초출: 1973,《매일경제》)

사시미 일 刺身(さしみ sasimi). (초출: 1926,《동아일보》)

사실주의(寫實主義) 일 写実主義(しゃじつしゅぎ syazitsu-syugi). (초출: 1909,《대한흥학보》제8호)

사양서(仕樣書) 일 仕様書(しようがき/しようしょ siyō-gaki/siyō-syo). (초출: 1906,《황성신문》)

사업가(事業家) 일 事業家(じぎょうか zigyō-ka). (초출: 1907, 《대한자강회월보》 제12호)

사업년도(事業年度) 일 事業年度(じぎょうねんど zigyō-nendo). (초출: 1920, 《조선일보》)

사열(査閱) 일 査閲(さえつ saetsu). (초출: 1895, 《관보》 제1호)

사원(社員) 일 社員(しゃいん syain). (초출: 1899, 《독립신문》)

사유재산(私有財産) 일 私有財産(しゆうざいさん siyū-zaisan). (초출: 1908, 《관보》 제4082호)

사육제(謝肉祭) 일 謝肉祭(しゃにくさい shaniku-sai). (초출: 1925, 《동아일보》)

사이다 일 サイダー[(saidā). (초출: 1909, 《관보》 부록)

사이드 밀러 일 サイドミラー(saido-mirā). (초출: 1969, 《매일경제》)

사이드 브레이크 일 サイド ブレーキ(saido-burēki). (초출: 1963, 《경향신문》)

사인(私人) 일 私人(しじん sizin). (초출: 1895, 《서유견문》 제10편)

사인펜 일 サインペン(sain-pen). (초출: 1965, 《경향신문》)

사장(社長) 일 社長(しゃちょう shachō). (초출: 1895, 《관보》 제1호)

사장교(斜張橋) 일 斜張橋(しゃちょうきょう shachō-kyō). (초출: 1979, 《매일경제》)

사전(辭典) 일 辞典(じてん ziten). (초출: 1909, 《서북학회월보》 제11호)

사정(査定) 일 査定(さてい satei). (초출: 1895, 《관보》 제156호)

사정(射精) 일 射精(しゃせい shasei). (초출: 1906, 《대한흥학보》 제4호)

사조(思潮) 일 思潮(しちょう sichō). (초출: 1907, 《태극학보》 제14호)

사증(査證) 일 査証(さしょう sasyō). (초출: 1906, 《대한자강회월보》 제3호)

사진(寫眞) 일 写真(しゃしん syasin). (초출: 1882, 박영효 《使和記略》)

사진결혼(寫眞結婚) 일 写真結婚(しゃしんけっこん syasin-kekkon). (초출: 1921, 《개벽》 제9호)

사진관(寫眞館) 일 写真館(しゃしんかん shasin-kan). (초출: 1899, 《독립신문》)

사진기(寫眞機) 일 写真機(しゃしんき syasin-ki). (초출: 1907, 《태극학보》 제14호)

사진첩(寫眞帖) 일 写真帖(しゃしんちょう syasin-chō). (초출: 1908, 《관보》 제4046호)

사찰(査察) 일 査察(ささつ sasatsu). (초출: 1896, 《관보》 제257호)

사창가(私娼街) 일 私娼街(ししょうがい sishō-gai). (초출: 1934, 《동아일보》)

사체(死體) 일 死体(したい sitai). (초출: 1895, 《관보》 제65호)

사춘기(思春期) 일 思春期(ししゅんき sishun-ki). (초출: 1923, 《동아일보》)

사태(事態) 일 事態(じたい zitai). (초출: 1897, 《대조선독립협회회보》 제5호)

사행(射倖) 일 射幸·射倖(しゃこう shakō). (초출: 1906, 《태극학보》 제3호)

사행심(射倖心) 일 射倖心(しゃこうしん shakō-sin). (초출: 1920, 《동아일보》)

사회(司會) 일 司会(しかい sikai). (초출: 1909, 《대한흥학보》 제3호)

사회(社會) 일 社会(しゃかい syakai). (초출: 1895, 《관보》 제78호)

~사회(社會) 일 ~社会(しゃかい shakai). (초출: 1895, 《관보》 제135호)

사회과학(社會科學) 일 社会科学(しゃかいかがく syakai-kagaku). (초출: 1923, 《개벽》 제41호)

사회당(社會黨) 일 社会党(しゃかいとう syakai-tō). (초출: 1883, 《한성순보》 제1호)

사회면(社會面) 일 社会面(しゃかいめん shakai-men). (초출: 1922, 《개벽》 제21호)

사회복지(社會福祉) 일 社会福祉(しゃかいふくし shakai-fukusi). (초출: 1921, 《동아일보》)

사회봉사(社會奉仕) 일 社会奉仕(しゃかいほうし shakai-hōsi). (초출: 1918, 《태서문예신보》 제12호)

사회인(社會人) 일 社会人(しゃかいじん shakai-zin). (초출: 1897, 《대조선독립협회회보》 제14호)

사회자(司會者) 일 司会者(しかいしゃ sikai-sha). (초출: 1920, 《개벽》 제2호)

사회주의(社會主義) 일 社会主義(しゃかいしゅぎ syakai-syugi). (초출: 1899, 《독립신문》)

사회학(社會學) 일 社会学(しゃかいがく syakai-gaku). (초출: 1895, 《관보》 제142호)

삭도(索道) 일 索道(さくどう sakudō). (초출: 1918, 《매일신보》)

~산(酸) 일 ~酸(~さん ~san). (초출: 1898, 《독립신문》)

산림조합(山林組合) 일 山林組合(しんりんくみあい sinrin-kumiai). (초출: 1922, 《동아일보》)

산맥(山脈) 일 山脈(さんみゃく sanmyaku). (초출: 1895, 《서유견문》)

산문(散文) 일 散文(さんぶん sanbun). (초출: 1918(조선총독부《조선사서원고》)

산부인과(産婦人科) 일 産婦人科(さんふじんか san-fuzin-ka). (초출: 1920, 《조선일보》)

산성(酸性) 일 酸性(さんせい sansei). (초출: 1909, 《기호흥학회월보》 제12호)

산소(酸素) 일 酸素(さんそ sanso). (초출: 1895, 《서유견문》 제1편)

산아제한(産兒制限) 일 産児制限(さんじせいげん sanzi-seigen). (초출: 1922, 《개벽》 제19호)

산하(傘下) 일 傘下(さんか sanka). (초출: 1924, 《개벽》 제49호)

산화(酸化) 일 酸化(さんか sanka). (초출: 1899, 《독립신문》)

산회(散會) 일 散会(さんかい sankai). (초출: 1908, 《대한학회월보》 제6호)

살균(殺菌) 일 殺菌(さっきん sakkin). (초출: 1908, 《대한학회월보》 제8호)

살수차(撒水車) 일 撒水車(さっすいしゃ sassui-sha). (초출: 1920, 《동아일보》)

살인광선(殺人光線) 일 殺人光線(さつじんこうせん satsuzin-kōsen). (초출: 1924, 《동아일보》)

살인적(殺人的) 일 殺人的(さつじんてき satsuzin-teki). (초출: 1921, 《조선일보》)

살충제(殺蟲劑) 일 殺虫剤(さっちゅうざい satchū-zai). (초출: 1918, 조선총독부 《조선사서원고》)

살포(撒布) 일 撒布(さっぷ sappu). (초출: 1899, 《관보》 제1355호)

살풍경(殺風景) 일 殺風景(さっぷうけい sappūkei). (초출: 1907, 《대한민일신보》)

삼각관계(三角關係) 일 三角関係(さんかくかんけい sankaku-kankei). (초출: 1922, 《개벽》 제20호)

삼각주(三角洲) 일 三角洲/三角州(さんかくす sankakusu). (초출: 1907, 《태극학보》 제8호)

삼권분립(三權分立) 일 三権分立(さんけんぶんりつ sanken-bunritsu). (초출: 1907, 《태극학보》 제8호)

삼단논법(三段論法) 일 三段論法(さんだんろんぽう sandan-ronpō). (초출: 1922, 《동아일보》)

삼륜차(三輪車) 일 三輪車(さんりんしゃ sanrin-sha). (초출: 1920, 《동아일보》)

삼면기사(三面記事) 일 三面記事(さんめんきじ sanmen-kizi). (초출: 1921,《개벽》제7호)

삼위일체(三位一體) 일 三位一体(さんみいったい sanmi-ittai). (초출: 1900,《신학월보》제1권 1호)

삼인칭(三人稱) 일 三人称(さんにんしょう san-ninshō). (초출: 1918, 조선총독부《조선사서원고》)

삼진(三振) 일 三振(さんしん sansin). (초출: 1921,《동아일보》)

삼차원(三次元) 일 三次元(さんじげん san-zigen). (초출: 1922,《동아일보》)

삼편주(三鞭酒) 일 三鞭酒(さんぴえんちゅう sanpien-chū). (초출: 1923,《동아일보》)

삽 일 シャベル(shaberu). (초출: 1912, 박이양《명월정》)

삽목(挿木) 일 挿木(さしき sasiki). (초출: 1907,《대한자강회월보》제7호)

삽화(挿畵) 일 挿画(そうが/さしえ sōga/sasie). (초출: 1918, 최남선역《자조론》)

삽화(挿話) 일 挿話(そうわ sōwa). (초출: 1921,《개벽》제15호)1896,《대조선독립협회회보》제2호)

~상(上) 일 ~上(じょう zyō). (초출: 1895,《서유견문》제10편)

~상(商) 일 ~商(しょう syō). (초출: 1908,《대한협회회보》제5호)

상감(象嵌) 일 象嵌(ぞうがん zōgan). (초출: 1928,《별건곤》제12·13호)

상고(上告) 일 上告(じょうこく zyōkoku). (초출: 1908,《대한협회회보》제3호)

상고머리 일 三五(さんご sango)+한국어 '머리). (초출: 1921,《동아일보》)

상공업(商工業) 일 商工業(しょうこうぎょう shōkōgyō). (초출: 1895,《관보》제120호)

상과(商科) 일 商科(しょうか shōka). (초출: 1906,《서우》제1호)

상권(商圈) 일 商圈(しょうけん shōken). (초출: 1922,《동아일보》)

상급(上級) 일 上級(じょうきゅう zyōkyū). (초출: 1906, 대한제국,《관보》제3379호)

상담(相談) 일 相談(そうだん sōdan). (초출: 1895,《서유견문》)

상당수(相當數) 일 相当数(そうとうすう sōtō-sū). (초출: 1921,《동아일보》)

상대적(相對的) 일 相対的(そうたいてき sōtai-teki). (초출: 1908,《대동학회월보》제2호)

상륙작전(上陸作戰) 일 上陸作戰(じょうりくさくせん zyōriku-sakusen). (초출: 1921,《조선일보》)

상박골(上膊骨) 일 上膊骨(じょうはくこつ zyōhaku-kotsu). (초출: 1908,《기호흥학회월보》제3호)

상반기(上半期) 일 上半期(かみはんき kami-hanki). (초출: 1896(대한제국,《관보》제283호)

상반신(上半身) 일 上半身(かみはんしん kami-hansin). (초출: 1909,《기호흥학회월보》제9호)

상법(商法) 일 商法(しょうほう syōhō). (초출: 1884,《한성순보》제31호)

상비군(常備軍) 일 常備軍(じょうびぐん zyōbi-gun). (초출: 1895,《서유견문》)

상비병(常備兵) 일 常備兵(じょうびへい zyōbi-hei). (초출: 1883,《한성순보》제6호)

상사(商社) 일 商社(しょうしゃ syōsya). (초출: 1895,《서유견문》)

상상(想像) 일 想像(そうぞう sōzō). (초출: 1908,《대한학회월보》제2호)

상상력(想像力) 일 想像力(そうぞうりょく sōzō-ryoku). (초출: 1907,《대한유학생회학보》제1호)

상선(商船) 일 商船(しょうせん shōsen). (초출: 1895,《관보》제77호)

상소(上訴) 일 上訴(じょうそ zyōso). (초출: 1895,《관보》제27호)

상속세(相續稅) 일 相続税(そうぞくぜい sōzoku-zei). (초출: 1909,《대동학회월보》제16호)

상쇄(相殺) 일 相殺(そうさい sōsai). (초출: 1909,《대한민보》제84호)

상수도(上水道) 일 上水道(じょうすいどう zyō-suidō). (초출: 1920,《동아일보》)

상습범(常習犯) 일 常習犯(じょうしゅうはん zyōshū-han). (초출: 1922,《동아일보》)

상식(常識) 일 常識(じょうしき zyōsiki). (초출: 1906-1910,《보감》부록 '휘집' 3권)

상신(上申) 일 上申(じょうしん zyōsin). (초출: 1896,《관보》제222호)

상아탑(象牙塔) 일 象牙の塔(ぞうげのとう zōge-no-tō). (초출: 1921,《개벽》제21호)

상업(商業) 일 商業(しょうぎょう syōgyō). (초출: 1884,《한성순보》제20호)

상업학교(商業學校) 일 商業学校(しょうぎょうがっこう shōgyō-gakkō). (초출: 1907,《태극학보》제8호)

상여금(賞與金) 일 賞与金(しょうよきん shōyo-kin). (초출: 1895,《관보》제187호)

상연(上演) 일 上演(じょうえん zyōen). (초출: 1920,《개벽》제7호)

상영(上映) 일 上映(じょうえい zyōei). (초출: 1926,《별건곤》제2호)

상온(常溫) 일 常温(じょうおん zyōon). (초출: 1907,《태극학보》제11호)

상용차(商用車) 일 商用車(しょうようしゃ zyōyō-sha). (초출: 1966,《동아일보》)

상원(上院) 일 上院(じょういん zyōin). (초출: 1895,《서유견문》제19편)

상장(上場) 일 上場(じょうじょう zyōzyō). (초출: 1920,《동아일보》)

상장주(上場株) 일 上場株(じょうじょうかぶ shōzyō-kabu). (초출: 1930,《조선일보》)

상점(商店) 일 商店(しょうてん syōten). (초출: 1895,《서유견문》)

상징(象徵) 일 象徵(しょうちょう syōchō). (초출: 1909,《대한흥학보》제8호)

상징주의(象徵主義) 일 象徵主義(しょうちょうしゅぎ syōchō-syugi). (초출: 1918,
《태서문예신보》제9호)

상태(狀態) 일 状態(じょうたい zyōtai). (초출: 1895,《서유견문》제4편)

상표(商標) 일 商標(しょうひょう syōhyō). (초출: 1898,《믹일신문》)

상품(商品) 일 商品(しょうひん syōhin). (초출: 1896,《관보》제276호)

상항(桑港) 일 桑港(そうこう/サンフランシスコ sōkō/sanfurasisuko). (초출:
1884,《한성순보》제21호)

상해죄(傷害罪) 일 傷害罪(しょうがいざい shōgai-zai). (초출: 1921,《개벽》제13호)

상호(相互) 일 相互(そうご sōgo). (초출: 1907,《대한유학생회학보》제3호)

상호(商號) 일 商号(しょうごう shōgō). (초출: 1905,《관보》부록)

상혼(商魂) 일 商魂(しょうこん shōkon). (초출: 1940,《동아일보》)

상회(上廻) 일 上廻(うわまわり uwamawari). (초출: 1924,《동아일보》)

상회(商會) 일 商会(しょうかい syōkai). (초출: 1895,《관보》제15호)

색소(色素) 일 色素(しきそ sikiso). (초출: 1906,《태극학보》제2호)

색안경(色眼鏡) 일 色眼鏡(いろめがね iro-megane). (초출: 1908,《소년》제1호)

색연필(色鉛筆) 일 色鉛筆(いろえんぴつ iro-empitsu). (초출: 1924,《동아일보》)

색인(索引) 일 索引(さくいん sakuin). (초출: 1931,《동광》제29호)

샌드백 일 サンドバッグ sando baggu). (초출: 1963,《경향신문》)

생~(生~) 일 生(なま nama). (초출: 1928, 《동아일보》)

~생(生) 일 ~生(せい sei). (초출: 1895, 《관보》 제19호)

생계비(生計費) 일 生計費(せいけいひ seikei-hi). (초출: 1924, 《동아일보》)

생과자(生菓子) 일 生菓子(なまがし nama-gasi). (초출: 1928, 《동아일보》)

생리(生理) 일 生理(せいり seiri). (초출: 1895, 《서유견문》 제13편)

생리대(生理帶) 일 生理帯(せいりたい seiri-tai). (초출: 1962, 《경향신문》)

생리통(生理痛) 일 生理痛(せいりつう seiri-tsū). (초출: 1955, 《경향신문》)

생리학(生理學) 일 生理学(せいりがく seiri-gaku). (초출: 1907, 《신학월보》 제5권 제2호)

생맥주(生麥酒) 일 生麦酒(なまビール nama-bīru). (초출: 1933, 《동아일보》)

생명보험(生命保險) 일 生命保険(せいめいほけん seimei-hoken). (초출: 1908, 《대한협회회보》 제5호)

생명선(生命線) 일 生命線(せいめいせん seimei-sen). (초출: 1922, 《개벽》 제25호)

생명체(生命體) 일 生命体(せいめいたい seimei-tai). (초출: 1925, 《개벽》 제56호)

생물학(生物學) 일 生物学(せいぶつがく seibutu-gaku). (초출: 1895, 《서유견문》 제13편)

생방송(生放送) 일 生放送(なまほうそう nama-hōsō). (초출: 1955, 《동아일보》)

생산(生産) 일 生産(せいさん seisan). (초출: 1895, 《서유견문》 제20편)

생산고(生産高) 일 生産高(せいさんだか seisan-daka). (초출: 1922, 《개벽》 제30호)

생산력(生産力) 일 生産力(せいさんりょく seisan-ryoku). (초출: 1908, 《대한자강회월보》 제7호)

생산자(生産者) 일 生産者(せいさんしゃ seisan-sha). (초출: 1905, 《관보》 호외)

생선까쓰 일 한국어 '생선' + 일본어 カツ(katsu). (초출: 1991, 《경향신문》)

생성문법(生成文法) 일 生成文法(せいせいぶんぽう seisei-bunpō). (초출: 1970, 《동아일보》)

생수(生水) 일 生水(きみず/なまみず ki-mizu/nama-mizu). (초출: 1918, 조선총독부 《조선사서원고》)

생존경쟁(生存競爭) 일 生存競争(せいぞんきょうそう seizon-kyōsō). (초출: 1906,

《태극학보》)

생중계(生中繼) 일 生中継(なまちゅうけい nama-chūkei). (초출: 1964,《동아일보》)

생활고(生活苦) 일 生活苦(せいかつく seikatsu-ku). (초출: 1922,《개벽》제27호)

생활난(生活難) 일 生活難(せいかつなん seikatsu-nan). (초출: 1910,《대한흥학보》제11호)

생활력(生活力) 일 生活力(せいかつりょく seikatsu-ryoku). (초출: 1908,《대한학회월보》제4호)

생활비(生活費) 일 生活費(せいかつひ seikatsu-hi). (초출: 1907, 정운복《독습일어정칙》제5장)

샤부샤부 일 しゃぶしゃぶ(syabusyabu). (초출: 1985,《동아일보》)

샤쓰 일 シャツ(syatsu). (초출: 1920,《동아일보》)

샤프펜슬 일 シャープ ペンシル(shāpu pensiru). (초출: 1956,《조선일보》)

~서(書) 일 ~書(しょ sho). (초출: 1895,《관보》제4호)

~서(署) 일 ~署(~しょ sho). (초출: 1895,《관보》제83호)

서곡(序曲) 일 序曲(じょきょく zyokyoku). (초출: 1922,《개벽》제23호)

서구(西歐) 일 西欧(せいおう seiō). (초출: 1897,《대조선독립협회회보》제11호)

서기관(書記官) 일 書記官(しょきかん syoki-kan). (초출: 1895,《관보》)

서론(序論, 緖論) 일 序論(じょろん zyoron). (초출: 1907,《대한자강회월보》제8호)

서막(序幕) 일 序幕(じょまく zyomaku). (초출: 1909,《대한흥학보》제8호)

서명날인(署名捺印) 일 署名捺印(しょめいなついん syomei-natsuin). (초출: 1895,《관보》제115호)

서무과(庶務課) 일 庶務課(じょむか zyomu-ka). (초출: 1895,《관보》제16호)

서부극(西部劇) 일 西部劇(せいぶげき seibu-geki). (초출: 1926,《동아일보》)

서사시(敍事詩) 일 敍事詩(じょじし zyozi-si). (초출: 1920,《개벽》제1호)

서약서(誓約書) 일 誓約書(せいやくしょ seiyaku-syo). (초출: 1908,《대동학회월보》제4호)

서양화(西洋畵) 일 西洋画(せいようが seiyō-ga). (초출: 1922,《개벽》제23호)

서언(序言) 일 序言(じょげん zyogen). (초출: 1921,《개벽》제14호)

서적관(書籍館) ⑨ 書籍館(しょじゃくかん/しょせきかん shozyaku-kan/shose-ki-kan) (초출: 1895, 학부《국민소학독본》제21과)

서점(書店) ⑨ 書店(しょてん syoten). (초출: 1908,《대한학회월보》제6호)

서정시(敍情詩) ⑨ 抒情詩(じょじょうし zyozyō-si). (초출: 1920,《개벽》제5호)

~석(席) ⑨ ~席(せき seki). (초출: 1908,《태극학보》제25호)

석간(夕刊) ⑨ 夕刊(ゆうかん yūkan). (초출: 1907,《서우》제13호)

석기시대(石器時代) ⑨ 石器時代(せっきじだい sekki-zidai). (초출: 1921,《개벽》제10호)

석녀 ⑨ 石女(いしめ/うまずめ isime/umazume)(초출: 1918, 조선총독부《조선사서원고》)

석유(石油) ⑨ 石油(せきゆ sekiyu). (초출: 1876, 김기수《일동기유(日東記遊)》)

석패(惜敗) ⑨ 惜敗(せきはい sekihai). (초출: 1923,《동아일보》)

석필(石筆) ⑨ 石筆(せきひつ sekihitsu). (초출: 1898,《독립신문)

석회석(石灰石) ⑨ 石灰石(せっかいせき sekkai-seki). (초출: 1895, 학부《국민소학독본》)

~선(先) ⑨ ~先(さき saki). (초출: 1923,《동아일보》)

~선(船) ⑨ ~船(~せん sen). (초출: 1905,《서유견문》제18편)

~선(線) ⑨ ~線(せん sen). (초출: 1907,《대한자강회월보》제12호)

~선(腺) ⑨ 腺(せん sen). (초출: 1907,《태극학보》제13호)

선각자(先覺者) ⑨ 先覚者(せんかくしゃ senkaku-sha). (초출: 1907,《대한유학생회학보》제3호)

선거(船渠) ⑨ 船渠(せんきょ senkyo). (초출: 1906,《태극학보》제1호)

선거(選擧) ⑨ 選挙(せんきょ senkyo). (초출: 1895, 대한제국,《관보》제76호)

선거구(選擧區) ⑨ 選挙区(せんきょく senkyo-ku). (초출: 1909,《대한흥학보》제4호)

선거권(選擧權) ⑨ 選挙権(せんきょけん senkyo-ken). (초출: 1895,《관보》제211호)

선교사(宣敎師) ⑨ 宣教師(せんきょうし senkyō-si). (초출: 1895,《관보》제136호)

선금(先金) ⑨ 先金(さきがね sakigane). (초출: 1907,《관보》제3959호)

선로(線路) ⑨ 線路(せんろ senro). (초출: 1895,《관보》제188호)

선반(旋盤) 圓 旋盤(せんばん senban). (초출: 1926, 《동광》 제2호)

선발시험(選拔試驗) 圓 選抜試験(せんばつしけん senbatsu-siken). (초출: 1909, 《대한흥학보》 제5호)

선불(先拂) 圓 先払(さきばらい saki-barai). (초출: 1908, 《황성신문》)

선사시대(先史時代) 圓 先史時代(せんしじだい sensi-zidai). (초출: 1923, 《조선일보》)

선서(宣誓) 圓 宣誓(せんせい sensei). (초출: 1907, 《태극학보》 제6호)

선수(先手) 圓 先手(せんて sente). (초출: 1924, 《동아일보》)

선수(選手) 圓 選手(せんしゅ senshu). (초출: 1912, 박이양 《명월정》)

선수촌(選手村) 圓 選手村(せんしゅむら senshu-mura). (초출: 1932, 《동아일보》)

선실(船室) 圓 船室(せんしつ sensitsu). (초출: 1895, 《관보》)

선원(船員) 圓 船員(せんいん senin). (초출: 1899, 《관보》 제1368호)

선율(旋律) 圓 旋律(せんりつ senritsu). (초출: 1918, 《태서문예신보》 제7호)

선임(船賃) 圓 船賃(ふなちん funachin). (초출: 1900, 《관보》 제1712호)

선장(船長) 圓 船長(せんちょう senchō). (초출: 1895, 《관보》 제159호)

선적(船積) 圓 船積み(ふなづみ funazumi). (초출: 1898, 《황성신문》)

선전(宣傳) 圓 宣伝(せんでん senden). (초출: 1920, 《개벽》 제1호)

선전(宣戰) 圓 宣戦(せんせん sensen). (초출: 1895, 《서유견문》 제12편)

선전포고(宣戰布告) 圓 宣戦布告(せんせんふこく sensen-fukoku). (초출: 1920, 《개벽》 제5호)

선진국(先進國) 圓 先進国(せんしんこく sensin-koku). (초출: 1895, 학부 《국민소학독본》)

선착장(船着場) 圓 船着場(ふなつきば funatsuki-ba). (초출: 1905, 《황성신문》)

선천(先天) 圓 先天(せんてん senten). (초출: 1907, 《태극학보》 제8호)

선천적(先天的) 圓 先天的(せんてんてき senten-teki). (초출: 1907, 《대한유학생회학보》 제3호)

선철(銑鐵) 圓 銑鉄(せんてつ sentetsu). (초출: 1908, 《관보》 부록)

선출(選出) 圓 選出(せんしゅつ sensyutsu). (초출: 1897, 《대조선독립협회회보》 제7호)

선취(先取) 圓 先取り(さきどり sakidori). (초출: 1898, 《황성신문》)

선풍기(扇風機) 일 扇風機(せんぷうき sempūki). (초출: 1922,《개벽》제21호)

선하증권(船荷證券) 일 船荷証券(ふなにしょうけん funani-syōken). (초출: 1909, 《대동학회월보》제18호)

설계(設計) 일 設計(せっけい sekkei). (초출: 1895,《관보》제87호)

설계도(設計圖) 일 設計図(せっけいず sekkei-zu). (초출: 1921,《동아일보》)

설명서(說明書) 일 説明書(せつめいしょ setsumei-sho). (초출: 1895,《관보》제6호)

설화(舌禍) 일 舌禍(ぜっか zekka). (초출: 1924,《개벽》제54호)

설화문학(說話文學) 일 説話文学(せつわぶんがく setsuwa-bungaku). (초출: 1929, 《조선일보》)

섬유(纖維) 일 繊維(せんい sen-i). (초출: 1906,《태극학보》제2호)

섭씨(攝氏) 일 摂氏(せっし sessi). (초출: 1902,《관보》호외)

섭취(攝取) 일 摂取(せっしゅ/しょうしゅ sesshu/shōshu). (초출: 1907,《대한유학생회학보》제3호)

섭호선(攝護腺) 일 摂護腺(せつごせん setsugo-sen). (초출: 1908,《대한학회월보》제8호)

성(性) 일 性(せい sei). (초출: 1921,《개벽》제11호)

~성(性) 일 ~性(せい sei). (초출: 1908,《기호흥학회월보》제2호)

성감(性感) 일 性感(せいかん seikan). (초출: 1930,《별건곤》제27호)

성감대(性感帶) 일 性感帯(せいかんたい seikan-tai). (초출: 1957,《동아일보》)

성격(性格) 일 性格(せいかく seikaku). (초출: 1906,《태극학보》제3호)

성공회(聖公會) 일 聖公会(せいこうかい seikōkai). (초출: 1900,《신학월보》제4권 3호)

성과(成果) 일 成果(せいか seika). (초출: 1907,《대한유학생회회보》제2호)

성년(成年) 일 成年(せいねん seinen). (초출: 1895,《관보》호외)

성능(性能) 일 性能(せいのう seonō). (초출: 1907,《서우》제7호)

성대모사(聲帶模寫) 일 声帯模写(せいたいもしゃ seitai-mosya). (초출: 1937,《동아일보》)

성림(聖林) 일 聖林(ハリウッド Hollywood) (초출: 1927,《동아일보》)

성립(成立) 일 成立(せいりつ seiritsu). (초출: 1895,《관보》제183호)

성명서(聲明書) 일 声明書(せいめいしょ seimei-sho). (초출: 1921,《동아일보》)

성병(性病) 일 性病(せいびょう seibyō). (초출: 1926,《동아일보》)

성분(成分) 일 成分(せいぶん seibun). (초출: 1906,《관보》제3452호)

성악(聲樂) 일 声楽(せいがく seigaku). (초출: 1917, 이광수《무정》)

성악가(聲樂家) 일 声楽家(せいがくか segaku-ka). (초출: 1922,《개벽》제19호)

성욕(性慾) 일 性欲(せいよく seiyoku). (초출: 1908,《태극학보》제18호)

성우(聲優) 일 声優(せいゆう seiyū). (초출: 1939,《동아일보》)

성운(星雲) 일 星雲(せいうん seiun). (초출: 1908,《대한학회월보》제7호)

성원(成員) 일 成員(せいいん seiin). (초출: 1897,《관보》제692호)

성인병(成人病) 일 成人病(せいじんびょう seizin-byō). (초출: 1962,《동아일보》)

성인영화(成人映畵) 일 成人映画(せいじんえいが seizin-eiga). (초출: 1958,《동아일보》)

성장(盛裝) 일 盛装(せいそう seisō). (초출: 1908,《대한학회월보》제5호)

성전(聖戰) 일 聖戦(せいせん seisen). (초출: 1922,《동아일보》)

성지(聖地) 일 聖地(せいち seichi). (초출: 1921,《개벽》제16호)

성층권(成層圈) 일 成層圈(せいそうけん seisō-ken). (초출: 1932,《동아일보》)

성토(盛土) 일 盛土(もりつち/もりど moritsuchi/morido). (초출: 1909,《관보》제4487호)

성홍열(猩紅熱) 일 猩紅熱(しょうこうねつ syōkō-netsu). (초출: 1907,《서우》제6호)

~세(稅) 일 ~稅(ぜい zei). (초출: 1906,《대한자강회월보》제4호)

세계(世界) 일 世界(せかい sekai). (초출: 1895,《관보》제80호)

세계관(世界觀) 일 世界観(せかいかん sekai-kan). (초출: 1907,《태극학보》제13호)

세계사(世界史) 일 世界史(せかいし sekai-si). (초출: 1906,《대한자강회월보》제4호)

세관(稅關) 일 税関(ぜいかん zeikan). (초출: 1895,《관보》제4호)

세균(細菌) 일 細菌(さいきん saikin). (초출: 1899,《관보》제1355호)

세금(稅金) 일 税金(ぜいきん zeikin). (초출: 1897,《독립신문》)

세기(世紀) 일 世紀(せいき seiki). (초출: 1895,《관보》제139호)

세기말(世紀末) 일 世紀末(せいきまつ seiki-matsu). (초출: 1921, 《개벽》 제10호)

세꼬시 일 背越し(せごし segosi). (초출: 1995, 《경향신문》)

세뇌(洗腦) 일 洗脳(せんのう sennō). (초출: 1953, 《경향신문》)

세대(世代) 일 世代(せだい sedai). (초출: 1921, 《개벽》 제15호)

세대(世帶) 일 世帯(せたい setai). (초출: 1897, 《대조선독립협회회보》 제16호)

세대교체(世代交替) 일 世代交替(せだいこうたい sedai-kōtai). (초출: 1938, 《조선
    일보》)

세대주(世帶主) 일 世帯主(せたいぬし setai-nusi). (초출: 1930, 《매일신보》)

세라복 일 セーラー服(せえらあふく sērā-fuku). (초출: 1936, 《삼천리》 제8권 제8호)

세무(쎄무) 일 セーム(sēmu). (초출: 1958, 《경향신문》)

세무서(稅務署) 일 税務署(ぜいむしょ zeimu-sho). (초출: 1908, 《관보》 부록)

세비(歲費) 일 歳費(さいひ saihi). (초출: 1899, 《독립신문》)

세비로 일 背広(せびろ sebiro). (초출: 1917, 이광수《무정》)

세율(稅率) 일 税率(ぜいりつ zeiritsu). (초출: 1921, 《개벽》 제8호)

세제(洗劑) 일 洗剤(せんざい senzai). (초출: 1939, 《조선일보》)

세칙(細則) 일 細則(さいそく saisoku). (초출: 1895, 《관보》 제1호)

세탁기(洗濯機) 일 洗濯機(せんたくき sentaku-ki). (초출: 1939, 《동아일보》)

세포(細胞) 일 細胞(さいぼう saibō). (초출: 1906, 《태극학보》 제2호)

센베이 일 煎餅(せんべい sembei). (초출: 1925, 《동아일보》)

셋셋세 일 せっせっせ(setsetse). (초출: 2005, 《국민일보》)

~소(所) 일 ~所(しょ syo). (초출: 1895, 《관보》 제62호)

~소(素) 일 ~素(そ so). (초출: 1922, 《개벽》 제20호)

소각(消却) 일 消却(しょうかく shōkaku). (초출: 1908, 《관보》 부록)

소공녀(小公女) 일 小公女(しょうこうじょ syōkōzyo). (초출: 1924, 《동아일보》)

소극적(消極的) 일 消極的(しょうきょくてき syōkyouku-teki). (초출: 1906, 《태극
    학보》 제2호)

소급(遡及) 일 遡及(さっきゅう/そきゅう sakkyū/sokkyū). (초출: 1910, 《대한흥
    학보》 제13호)

소대(小隊) 일 小隊(しょうたい shōtai). (초출: 1895, 《관보》 제75호)

소데나시 일 袖無し(そでなし sodenasi). (초출: 1963, 《동아일보》)

소독(消毒) 일 消毒(しょうどく syōdoku). (초출: 1895, 《관보》 제65호)

소득세(所得稅) 일 所得稅(しょとくぜい syotoku-zei). (초출: 1907, 《태극학보》 제6호)

소라색 일 そら(하늘) + 한국어 '색'. (초출: 1967, 《매일경제》)

소립자(素粒子) 일 素粒子(そりゅうし soryūsi). (초출: 1939, 《조선일보》)

소매(小賣) 일 小売(こうり kouri). (초출: 1908, 《관보》 제4137호)

소매상(小賣商) 일 小売商(こうりしょう ko-urisyō). (초출: 1897, 《대조선독립협
회회보》 제16호)

소매점(小賣店) 일 小売店(こうりてん kouri-ten). (초출: 1922, 《개벽》 제21호)

소맥분(小麥粉) 일 小麦粉(こむぎこ komugi-ko). (초출: 1908, 《관보》 제4241호)

소명(疏明) 일 疎明/疏明(そめい somei). (초출: 1908, 《관보》 부록)

소모품(消耗品) 일 消耗品(しょうもうひん shōmō-hin). (초출: 1896, 《관보》 제293호)

소묘(素描) 일 素描(そびょう sobyō). (초출: 1921, 《동아일보》)

소방(消防) 일 消防(しょうぼう syōbō). (초출: 1884, 《한성순보》 제21호)

소방서(消防署) 일 消防署(しょうぼうしょ shōbō-sho). (초출: 1923, 《동아일보》)

소보로빵 일 そぼろパン(soboro-pan). (초출: 1970, 《경향신문》)

소비(消費) 일 消費(しょうひ syōhi). (초출: 1895, 《관보》 제156호)

소비세(消費稅) 일 消費税(しょうひぜい shōhi-zei). (초출: 1908, 《대동학회월보》
제1호)

소비자(消費者) 일 消費者(しょうひしゃ syōhi-sya). (초출: 1907, 《대한유학생회회
보》 제1호)

소비재(消費財) 일 消費財(しょうひざい shōhi-zai). (초출: 1908, 《대한학회월보》
제5호)

소비조합(消費組合) 일 消費組合(しょうひくみあい syōhi-kumiai). (초출: 1920,
《개벽》 제6호)

소사(小使) 일 小使い(こづかい kozukai). (초출: 1909, 《관보》 제4278호)

소상인(小商人) 일 小商人(こしょうにん ko-syōnin). (초출: 1909, 《대한협회회보》

제12호)

소설(小說) 일 小説(しょうせつ shōsetsu). (초출: 1895,《서유견문》제13편)

소설가(小說家) 일 小説家(しょうせつか syōsetsu-ka). (초출: 1907,《대한민일신보》)

소아과(小兒科) 일 小児科(しょうにか shōni-ka). (초출: 1909,《관보》제4542호)

소아병(小兒病) 일 小児病(しょうにびょう shōni-byō). (초출: 1918, 조선총독부 《조선사서원고》)

소야곡(小夜曲) 일 小夜曲(さよきょく/しょうやきょく sayo-kyoku/shōya-kyoku). 1922,《개벽》제19호)

소유권(所有權) 일 所有権(しょゆうけん syoyū-ken). (초출: 1904,《대한민일신보》)

소음기(消音器) 일 消音器(しょうおんき shōon-ki). (초출: 1928,《조선일보》)

소이탄(燒夷彈) 일 焼夷弾(しょういだん shōi-dan). (초출: 1931,《동광》제22호)

소인(消印) 일 消印(けしいん kesiin). (초출: 1896,《관보》제438호)

소자(素子) 일 素子(そし sosi). (초출: 1968,《동아일보》)

소작(小作) 일 小作(こさく kosaku). (초출: 1906,《태극학보》제5호)

소작농(小作農) 일 小作農(こさくのう kosaku-nō). (초출: 1921,《동아일보》)

소장(小腸) 일 小腸(しょうちょう shōchō). (초출: 1908,《기호흥학회월보》제5호)

소재(素材) 일 素材(そざい sozai). (초출: 1926,《개벽》제71호)

소재지(所在地) 일 所在地(しょざいち shozai-chi). (초출: 1895,《관보》제44호)

소절수(小切手) 일 小切手(こぎって kogitte). (초출: 1906,《관보》제3612호)

소좌(少佐) 일 少佐(しょうさ shōsa). (초출: 1897,《관보》제773호)

소총(小銃) 일 小銃(しょうじゅう shō-zyū). (초출: 1895,《서유견문》)

소추(訴追) 일 訴追(そつい sotsui). (초출: 1909,《관보》제4343호)

소포(小包) 일 小包(こづつみ kozutsumi). (초출: 1896,《관보》제276호)

소폭(小幅) 일 小幅(こはば kohaba). (초출: 1923,《동아일보》)

소하물(小荷物) 일 小荷物(こにもつ ko-nimotsu). (초출: 1908,《황성신문》)

소학교(小學校) 일 小学校(しょうがっこう syō-gakkō). (초출: 1895,《관보》제17호)

소학생(小學生) 일 小学生(しょうがくせい shō-gakusei). (초출: 1897,《대조선독

립협회회보》 제14호)

소해(掃海) 〔일〕 掃海(そうかい sōkai). (초출: 1920, 《동아일보》)

소형(小型) 〔일〕 小型(こがた kogata). (초출: 1910, 《황성신문》)

소화(消化) 〔일〕 消化(しょうか syōka). (초출: 1895, 《국민소학독본》)

소화기(消火器) 〔일〕 消火器(しょうかき shōkaki). (초출: 1909, 《관보》 부록, 제4526호)

소화전(消火栓) 〔일〕 消火栓(しょうかせん syōka-sen). (초출: 1909, 《관보》 제4526호)

소화제(消化劑) 〔일〕 消火剤(しょうかざい shōka-zai). (초출: 1922, 《동아일보》)

소환장(召喚狀) 〔일〕 召喚状(しょうかんじょう shōkan-zyō). (초출: 1895, 《관보》 제27호)

속기(速記) 〔일〕 速記(そっき sokki). (초출: 1908, 《대한학회월보》 제7호)

속기록(速記錄) 〔일〕 速記録(そっきろく sokki-roku). (초출: 1921, 《동아일보》)

속달(速達) 〔일〕 速達(そくたつ sokutatsu). (초출: 1895, 《관보》 제81호)

속도(速度) 〔일〕 速度(そくど sokudo). (초출: 1895, 《서유견문》 제1편)

속력(速力) 〔일〕 速力(そくりょく sokuryoku). (초출: 1895, 《관보》 제158호)

속보(速報) 〔일〕 速報(そくほう sokuhō). (초출: 1898, 《미일신문》)

속사포(速射砲) 〔일〕 速射砲(そくしゃほう sokusha-hō). (초출: 1895, 《관보》 제196호)

속성(屬性) 〔일〕 属性(ぞくせい zokusei). (초출: 1902, 《신학월보》 제2권 제9호)

손절(損切) 〔일〕 損切り(そんぎり songiri). (초출: 1921, 《동아일보》)

손절매(損切賣) 〔일〕 損切り売り(そんぎりうり songiri-uri). (초출: 1962, 《동아일보》)

손해배상(損害賠償) 〔일〕 損害賠償(そんがいばいしょう songai-baishō). (초출: 1901, 《관보)

손해보험(損害保險) 〔일〕 損害保険(そんがいほけん songai-hoken). (초출: 1923, 《조선일보》)

송구(送球) 〔일〕 送球(そうきゅう sōkyū). (초출: 1939, 《동아일보》)

송달(送達) 〔일〕 送達(そうたつ sōtatsu). (초출: 1895, 《관보》 제12호)

송료(送料) 〔일〕 送料(そうりょう sōryō). (초출: 1908, 《관보》 제4180호)

송별회(送別會) 〔일〕 送別会(そうべつかい sōbetsu-kai). (초출: 1899, 《독립신문》)

송장(送狀) 〔일〕 送り状(おくりじょう okuri-zyō). (초출: 1922, 《동아일보》)

송화기(送話機) 일 送話器(そうわき sōwa-ki). (초출: 1918, 조선총독부《조선사서원고》)

쇄골(鎖骨) 일 鎖骨(さこつ sakotsu). (초출: 1908,《기호흥학회월보》제3호)

쇄국(鎖國) 일 鎖国(さこく sakoku). (초출: 1896,《관보》제221호)

쇄국주의(鎖國主義) 일 鎖国主義(さこくしゅぎ sakoku-shugi). (초출: 1907, 정운 복《독습일어정칙》)

쇄도(殺到) 일 殺到(さっとう sattō). (초출: 1920,《개벽》제1호)

쇄빙선(碎氷船) 일 碎氷船(さいひょうせん saihyō-sen). (초출: 1923,《동아일보》)

쇄신(刷新) 일 刷新(さっしん sassin). (초출: 1895,《관보》제165호)

쇼바 일 ソーバー(sōbā). (초출: 1969,《경향신문》)

쇼부 일 勝負(しょうぶ shōbu). (초출: 1966,《경향신문》)

~수(手) 일 ~手(しゅ syu). (초출: 1922,《개벽》제27호)

수감(收監) 일 収監(しゅうかん syūkan). (초출: 1909,《관보》제4347호)

수계(受繼) 일 受け継ぐ/受継ぐ(うけつぐ uketsugu). (초출: 1908,《태극학보》제18호)

수공업(手工業) 일 手工業(しゅこうぎょう syu-kōgyō). (초출: 1907,《서우》제7호)

수구(水球) 일 水球(すいきゅう suikyū). (초출: 1931,《동아일보》)

수급(需給) 일 需給(じゅきゅう zyukyū). (초출: 1908,《서북학회월보》제5호)

수당(手當) 일 手当(てあて teate). (초출: 1895,《관보》호외)

수도(首都) 일 首都(しゅと shuto). (초출: 1895,《관보》제150호)

수도원(修道院) 일 修道院(しゅうどういん shūdōin). (초출: 1906-1910,《보감》)

수동적(受動的) 일 受動的(じゅどうてき zyudō-teki). (초출: 1908,《태극학보》제 18호)

수량(數量) 일 数量(すうりょう sūryō). (초출: 1895,《관보》제80호)

수력발전(水力發電) 일 水力発電(すいりょくはつでん suiryoku-hatsuden). (초출: 1921,《동아일보》)

수뢰(水雷) 일 水雷(すいらい suirai). (초출: 1896,《관보》제265호)

수류탄(手榴彈) 일 手榴弾(しゅりゅうだん syuryūdan). (초출: 1921,《동아일보》)

수리조합(水利組合) 일 水利組合(すいりくみあい suiri-kumiai). (초출: 1906,《관 보》제3418호)

수목원(樹木園) 웹 樹木園(じゅもくえん zyumoku-en). (초출: 1955,《경향신문》)

수배(手配) 웹 手配(てはい tehai). (초출: 1931,《동광》제28호)

수부(受付) 웹 受付(うけつけ uketsuke). (초출: 1899,《황성신문》)

수불(受拂) 웹 受払(うけはらい uke-harai). (초출: 1909,《관보》)

수비대(守備隊) 웹 守備隊(しゅびたい shubi-tai). (초출: 1904,《관보》제2970호)

수사(搜査) 웹 搜査(そうさ sōsa). (초출: 1895,《관보》제62호)

수사(數詞) 웹 数詞(すうし sūsi). (초출: 1908,《태극학보》제24호)

수사학(修辭學) 웹 修辞学(しゅうじがく syūzi-gaku). (초출: 1906,《서우》제1호)

수산물(水産物) 웹 水産物(すいさんぶつ suisan-butsu). (초출: 1907,《대한자강회
월보》제13호)

수산업(水産業) 웹 水産業(すいさんぎょう suisan-gyō). (초출: 1907,《대한자강회
월보》제13호)

수상(首相) 웹 首相(しゅしょう shushō). (초출: 1897,《대조선독립협회회보》제8호)

수상록(隨想錄) 웹 随想録(ずいそうろく zuisō-roku). (초출: 1926,《동아일보》)

수성암(水成岩) 웹 水成岩(すいせいがん suisei-gan). (초출: 1908,《태극학보》제
18호)

수소(水素) 웹 水素(すいそ suiso). (초출: 1895,《서유견문》제13편)

수소폭탄(水素爆彈) 웹 水素爆弾(すいそばくだん suiso-bakudan). (초출: 1950,
《동아일보》)

수속(手續) 웹 手続(てつづき tetsuzuki). (초출: 1895,《관보》제15호)

수송기(輸送機) 웹 輸送機(ゆそうき yusō-ki). (초출: 1925,《동아일보》)

수수료(手數料) 웹 手数料(てすうりょう te-sūryō). (초출: 1897,《친목회회보》제
5호)

수순(手順) 웹 手順(てじゅん tezyun). (초출: 1937,《동아일보》)

수술(手術) 웹 手術(しゅじゅつ syuzyutsu). (초출: 1902,《신학월보》제2권 제6호)

수신기(受信機) 웹 受信機(じゅしんき zyusin-ki). (초출: 1922,《동아일보》)

수신인(受信人) 웹 受信人(じゅしんにん zyusin-nin). (초출: 1896,《관보》제
389호)

수압(水壓) 일 水圧(すいあつ suiatsu). (초출: 1923,《동아일보》)

수업료(授業料) 일 授業料(じゅぎょうりょう zyugyō-ryō). (초출: 1906,《대한자강회월보》제3호)

수영(水泳) 일 水泳(すいえい suiei). (초출: 1908,《서우》제14호)

수온(水溫) 일 水溫(すいおん suion). (초출: 1907,《태극학보》제11호)

수완가(手腕家) 일 手腕家(しゅわんか shuwan-ka). (초출: 1919,《대한흥학보》제8호)

수요(需要) 일 需要(じゅよう zyuyō). (초출: 1895,《서유견문》제19편)

수요일(水曜日) 일 水曜日(すいようび sui-yōbi). (초출: 1909,《관보》호외)

수용액(水溶液) 일 水溶液(すいようえき suiyō-eki). (초출: 1908,《기호흥학회월보》제2호)

수위실(守衛室) 일 守衛室(しゅえいしつ syuei-sitsu). (초출: 1930,《별건곤》제27호)

수입(手入) 일 手入(ていれ teire). (초출: 1907,《관보》제3856호)

수입(輸入) 일 輸入(ゆにゅう yunyū). (초출: 1881, 이헌영《일사집략(日槎集略)》)

수입고(輸入高) 일 輸入高(ゆにゅうだか yunyū-daka). (초출: 1916,《매일신보》)

수입선(輸入先) 일 輸入先(ゆにゅうさき yunyū-saki). (초출: 1923,《동아일보》)

수작업(手作業) 일 手作業(てさぎょう te-sagyō). (초출: 1936,《조선일보》)

수정(受精) 일 受精(じゅせい zyusei). (초출: 1906,《태극학보》제5호)

수정액(修正液) 일 修正液(しゅうせいえき shūsei-eki). (초출: 1960,《경향신문》)

수정안(修正案) 일 修正案(しゅうせいあん shūsei-an). (초출: 1921,《개벽》제18호)

수정체(水晶體) 일 水晶体(すいしょうたい suishō-tai). (초출: 1908,《대동학회월보》제7호)

수제(手製) 일 手製(てせい tesei). (초출: 1907,《서우》제11호)

수조(水槽) 일 水槽(すいそう suisō). (초출: 1908,《대동학회월보》제4호)

수주(受注) 일 受注(じゅちゅう zyuchū). (초출: 1936,《동아일보》)

수준(水準) 일 水準(すいじゅん suizyun). (초출: 1907,《서우》제12호)

수중익선(水中翼船) 일 水中翼船(すいちゅうよくせん suichūyoku-sen). (초출:

1962, 《동아일보》)

수증기(水蒸氣) 圓 水蒸気(すいじょうき suizyōki). (초출: 1906, 《태극학보》 제
2호)

수지(收支) 圓 收支(しゅうし syūsi). (초출: 1907, 《서우》 제13호)

수지(樹脂) 圓 樹脂(じゅし zyusi). (초출: 1895, 학부 《국민소학독본》 제18과)

수직(垂直) 圓 垂直(すいちょく suichoku). (초출: 1909, 《대한흥학보》 제4호)

수질(水質) 圓 水質(すいしつ suisitsu). (초출: 1897, 《대조선독립협회회보》 제4호)

수집가(蒐集家) 圓 収集家/蒐集家(しゅうしゅうか shūshū-ka). (초출: 1925, 《동아
일보》)

수채화(水彩畵) 圓 水彩画(すいさいが suisai-ga). (초출: 1908, 《태극학보》 제25호)

수출(輸出) 圓 輸出(ゆしゅつ yusyutsu). (초출: 1881, 이헌영 《일사집략(日槎集略)》)

수출고(輸出高) 圓 輸出高(ゆしゅつだか yusyutsu-daka). (초출: 1908, 《대한협회
회보》 제3호)

수출입(輸出入) 圓 輸出入(ゆしゅつにゅう yushuttsunyū). (초출: 1895, 《관보》 제
17호)

수출품(輸出品) 圓 輸出品(ゆしゅつひん yushuttsu-hin). (초출: 1895, 《관보》 제17호)

수취(受取) 圓 受取(うけとり uketori). (초출: 1895, 《관보》 제133호)

수취인(受取人) 圓 受取人(うけとりにん uketori-nin). (초출: 1896, 《관보》 제389호)

수타(手打) 圓 手打ち(てうち teuchi). (초출: 1997, 《동아일보》)

수탁(受託) 圓 受託(じゅたく zyutaku). (초출: 1896, 《관보》 제438호)

수탁고(受託高) 圓 受託高(じゅたくだか zyutaku-daka). (초출: 1934, 《동아일보》)

수폭(水爆) 圓 水爆(すいばく suibaku). (초출: 1950, 《경향신문》)

수필(隨筆) 圓 随筆(ずいひつ zuihitsu). (초출: 1907, 《대한유학생회학보》 제1호)

수하물(手荷物) 圓 手荷物(てにもつ te-nimotsu). (초출: 1908, 《황성신문》)

수학(數學) 圓 数学(すうがく sūgaku). (초출: 1895, 《관보》 제121호)

수학여행(修學旅行) 圓 修学旅行(しゅうがくりょこう shūgaku-ryikō). (초출: 1921,
《동아일보》)

수험생(受驗生) 圓 受験生(じゅけんせい zyuken-sei). (초출: 1923, 《동아일보》)

수험전쟁(受驗戰爭) <u>일</u> 受験戦争(じゅけんせんそう zyuken-sensō). (초출: 1976, 《매일경제》)

수혈(輸血) <u>일</u> 輸血(ゆけつ yuketsu). (초출: 1908, 《서북학회월보》 제3호)

수형(手形) <u>일</u> 手形(てがた tegata). (초출: 1906, 《관보》 제3388호)

수화(手話) <u>일</u> 手話(しゅわ syuwa). (초출: 1912, 김교제 《비행선》)

수화기(受話器) <u>일</u> 受話器(じゅわき zyuwaki). (초출: 1924, 《개벽》 제46호)

수확고(收穫高) <u>일</u> 収穫高(しゅうかくだか syūkaku-daka). (초출: 1895, 《관보》 147호)

숙명론(宿命論) <u>일</u> 宿命論(しゅくめいろん syukumei-ron). (초출: 1906-1910, 《보감》 부록 '휘집' 3권)

숙변(宿便) <u>일</u> 宿便(しゅくべん shukuben). (초출: 1947, 《경향신문》)

숙어(熟語) <u>일</u> 熟語(じゅくご zyukugo). (초출: 1908, 《서북학회월보》 제2호)

숙제(宿題) <u>일</u> 宿題(しゅくだい shukudai). (초출: 1909, 《대동학회월보》 제12호)

숙주(宿主) <u>일</u> 宿主(しゅくしゅ shukushu). (초출: 1931, 《동아일보》)

순교자(殉敎者) <u>일</u> 殉教者(じゅんきょうしゃ zyunkyō-sha). (초출: 1921, 《개벽》 제11호)

순례자(巡禮者) <u>일</u> 巡礼者(じゅんれいしゃ zyunrei-sha). (초출: 1921, 《개벽》 제11호)

순문학(純文學) <u>일</u> 純文学(じゅんぶんがく zyun-bungaku). (초출: 1907, 《대한유학생회회보》 제2호)

순번(順番) <u>일</u> 順番(じゅんばん zyunban). (초출: 1908, 《관보》 부록)

순사(巡査) <u>일</u> 巡査(じゅんさ zyunsa). (초출: 1895, 《서유견문》 제9편)

순애(純愛) <u>일</u> 純愛(じゅんあい zyunai). (초출: 1954, 《동아일보》)

순양함(巡洋艦) <u>일</u> 巡洋艦(じゅんようかん zyunyō-kan). (초출: 1896, 《관보》 제265호)

순연(順延) <u>일</u> 順延(じゅんえん zyunen). (초출: 1895, 《관보》 호외)

순환기(循環器) <u>일</u> 循環器(じゅんかんき zyunkan-ki). (초출: 1927, 《동광》 제9호)

~술(術) <u>일</u> ~術(じゅつ zyutsu). (초출: 1907, 《대한유학생회학보》 제2호)

술어(術語) <u>일</u> 術語(じゅつご zyutsugo). (초출: 1906-1910, 《보감》 부록 '휘집' 3권)

슈크림(슈―크림) 일 シュークリーム(syūkurīmu). (초출: 1930, 《동아일보》)

슈트 일 シュート(syūto). (초출: 1962, 《경향신문》)

슈퍼 일 スーパー(sūpā). (초출: 1973, 《매일경제》)

스라브 일 スラブ(surabu). (초출: 1962, 《동아일보》)

스루메(쓰루메) 일 するめ(鯣 surume). (초출: 1931, 염상섭 《再會》)

스메끼리(쓰메끼리) 일 つめきり(爪切り tsumekiri). (초출: 1969, 《동아일보》)

스시(壽司) 일 寿司/鮨(すし susi). (초출: 1923, 《동아일보》)

스지 일 すじ(筋 suzi). (초출: 2003, 《헤럴드경제》)

스키야키 일 すきやき(鋤焼 sukiyaki). (초출: 1921, 《동아일보》)

스킨쉽 일 スキンシップ(sukin-sippu). (초출: 1990, 《세계일보》)

스포이트 일 スポイト(supoito). (초출: 1930, 《조선일보》)

슬개골(膝蓋骨) 일 膝蓋骨(しつがいこつ sitsugai-kotsu). (초출: 1909, 《서북학회월보》 제18호)

습관성(習慣性) 일 習慣性(しゅうかんせい shūkan-sei). (초출: 1905, 《대한자강회월보》 제2호)

습득(習得) 일 習得(しゅうとく shūtoku). (초출: 1907, 《대한유학생회학보》 제1호)

승강기(昇降機) 일 昇降機(しょうこうき syōkō-ki). (초출: 1906, 《대한자강회월보》 제4호)

승강장(昇降場) 일 昇降場(しょうこうじょう syōkō-zyō). (초출: 1914, 《청춘》 제1호)

승객(乘客) 일 乗客(じょうきゃく zyōkyaku). (초출: 1895, 《관보》 제84호)

승기(勝機) 일 勝機(しょうき shōki). (초출: 1939, 《동아일보》)

승낙(承諾) 일 承諾(しょうだく shōdaku). (초출: 1895, 《관보》 제87호)

승무원(乘務員) 일 乗務員(じょうむいん zyōmu-in). (초출: 1922, 《개벽》 제27호)

승부사(勝負師) 일 勝負師(しょうぶし shōbu-si). (초출: 1967, 《경향신문》)

승산(勝算) 일 勝算(しょうさん shōsan). (초출: 1908, 《기호흥학회월보》 제3호)

승소(勝訴) 일 勝訴(しょうそ syōso). (초출: 1895, 《관보》 제12호)

승용차(乘用車) 일 乗用車(じょうようしゃ zyoyō-sya). (초출: 1922, 《동아일보》)

승율(勝率) 일 勝率(しょうりつ shōritsu). (초출: 1928, 《동아일보》)

승인(勝因) 일 勝因(しょういん shōin). (초출: 1925, 《동아일보》)

승조원(乘組員) 일 乘組員(のりくみいん norikumi-in). (초출: 1904, 《대한민일신보》)

승차권(乘車券) 일 乘車券(じょうしゃけん zyōsya-ken). (초출: 1905, 《관보》 제 3329호)

승합자동차(乘合自動車) 일 乘合自動車(のりあいじどうしゃ noriai-zidōsya). (초출: 1924, 《개벽》 제53호)

승합차(乘合車) 일 乘合車(のりあいぐるま noriai-guruma). (초출: 1929, 《동아일보》)

승화(昇華) 일 昇華(しょうか shōka). (초출: 1918, 조선총독부 《조선사서원고》)

승환(乘換) 일 乘換(のりかえ norikae). (초출: 1905, 《황성신문》)

~시(視) 일 ~視(し si). (초출: 1920, 《개벽》 제6호)

시가(市價) 일 市価(しか sika). (초출: 1897, 《관보》 제672호)

시각(視覺) 일 視覚(しかく sikaku). (초출: 1906, 《태극학보》 제1호)

시간(時間) 일 時間(じかん zikan). (초출: 1895, 학부 《국민소학독본》 제10과)

시간외(時間外) 일 時間外(じかんがい zikan-gai). (초출: 1895, 《관보》 제4호)

시간표(時間表) 일 時間表(じかんひょう zikan-hyō). (초출: 1907, 《대한유학생회 회보》 제2호)

시건(施鍵) 일 施錠(せじょう sezyō). (초출: 1979, 《매일경제》)

시계(視界) 일 視界(しかい sikai). (초출: 1906, 《태극학보》 제3호)

시계(時計) 일 時計(とけい tokei). (초출: 1884, 《한성순보》)

시계탑(時計塔) 일 時計塔(とけいとう tokei-tō). (초출: 1925, 《동아일보》)

시공(施工) 일 施工(しこう/せこう sikō/sekō). (초출: 1920, 《동아일보》)

시굴(試掘) 일 試掘(しくつ sikutsu). (초출: 1907, 《대한자강회월보》 제12호)

시다 일 した(下 sita). (초출: 1984, 《매일경제》)

시달(示達) 일 示達(じたつ zitatsu). (초출: 1906, 《관보》 제3648호)

~시대(時代) 일 ~時代(じだい zidai). (초출: 1895, 《서유견문》 제10편)

시대별(時代別) 일 時代別(じだいべつ zidai-betsu). (초출: 1922, 《개벽》 제24호)

시대착오(時代錯誤) 일 時代錯誤(じだいさくご zidai-sakugo). (초출: 1921, 《개벽》 제8호)

시로도 🇯🇵 しろうと(素人 sirōto). (초출: 1921, 《개벽》 제10호)

시립(市立) 🇯🇵 市立(しりつ siritsu). (초출: 1908, 《태극학보》 제20호)

시마이 🇯🇵 仕舞い/終い(しまい simai). (초출: 1909, 《대한민보》)

시말서(始末書) 🇯🇵 始末書(しまつしょ simatsu-syo). (초출: 1895, 《관보》 제28호)

시민(市民) 🇯🇵 市民(しみん simin). (초출: 1895, 학부 《국민소학독본》)

시방서(示方書) 🇯🇵 示方書(しほうしょ sihō-syo). (초출: 1955, 《경향신문》)

시보리 🇯🇵 絞り(しぼり sibori). (초출: 1934, 《동아일보》)

시사(示唆) 🇯🇵 示唆(しさ sisa). (초출: 1909, 《대한흥학보》 제2호)

시사회(試寫會) 🇯🇵 試写会(ししゃかい sisha-kai). (초출: 1930, 《동아일보》)

시선(視線) 🇯🇵 視線(しせん sisen). (초출: 1907, 《대한유학생회회보》 제1호)

시식(試食) 🇯🇵 試食(ししょく sishoku). (초출: 1921, 《동아일보》)

시신경(視神經) 🇯🇵 視神経(ししんけい si-sinkei). (초출: 1908, 《태극학보》 제26호)

시아게 🇯🇵 仕上げ(しあげ siage). (초출: 1933, 《동아일보》)

시약(試藥) 🇯🇵 試薬(しやく siyaku). (초출: 1921, 《개벽》 제10호)

시연(試演) 🇯🇵 試演(しえん sien). (초출: 1909, 《대한흥학보》 제2호)

시영(市營) 🇯🇵 市営(しえい siei). (초출: 1921, 《동아일보》)

시운전(試運轉) 🇯🇵 試運転(しうんてん si-unten). (초출: 1907, 《서우》 제13호)

시음(試飮) 🇯🇵 試飲(しいん siin). (초출: 1923, 《개벽》 제39호)

시장(市長) 🇯🇵 市長(しちょう sichō). (초출: 1908, 《관보》 제4035호)

시장(市場) 🇯🇵 市場(いちば/しじょう ichiba/sizyō). (초출: 1895, 《서유견문》 제10편)

시점(視點) 🇯🇵 視点(siten). (초출: 1920, 《동아일보》). (초출: 1946, 《동아일보》)

시정(施錠) 🇯🇵 施錠(せじょう sezyō). (초출: 1946, 《동아일보》)

시중은행(市中銀行) 🇯🇵 市中銀行(しちゅうぎんこう sichū-ginkō). (초출: 1920, 《동아일보》)

시찰(視察) 🇯🇵 視察(しさつ sisatsu). (초출: 1895, 《관보》 제27호)

시찰단(視察團) 🇯🇵 視察団(しさつだん sisatsu-dan). (초출: 1910, 《대한민일신보》)

시청(市廳) 🇯🇵 市庁(しちょう sichō). (초출: 1921, 《동아일보》)

시청자(視聽者) 🇯🇵 視聴者(しちょうしゃ sichō-sha). (초출: 1938, 《삼천리》 제10권 5호)

시한부(時限附) 時限付き(じげんつき zigen-tsuki). (초출: 1960,《경향신문》)

시한폭탄(時限爆彈) 일 時限爆弾(じげんばくだん zigen-bakudan). (초출: 1947, 《경향신문》)

시합(試合) 일 試合／仕合(しあい siai). (초출: 1909,《대한흥학보》제6호)

시행착오(試行錯誤) 일 試行錯誤(しこうさくご sikō-sakugo). (초출: 1957,《경향 신문》)

시험소(試驗所) 일 試驗所(しけんじょ siken-zyo). (초출: 1899,《독립신문》)

시험지옥(試驗地獄) 일 試驗地獄(しけんじごく siken-zigoku). (초출: 1931,《동 광》제27호)

시효(時效) 일 時効(じこう zikō). (초출: 1908,《관보》부록)

~식(式) 일 ~式(しき siki). (초출: 1921,《개벽》제13호)

~식(食) 일 ~食(~しょく shoku). (초출: 1929,《별곤건》제20호)

식감(食感) 일 食感(しょっかん shokkan). (초출: 1984,《동아일보》)

식량난(食糧難) 일 食糧難(しょくりょうなん shokuryō-nan). (초출: 1925,《동아일보》)

식료품(食料品) 일 食料品(しょくりょうひん syokuryō-hin). (초출: 1895,《관보》 제97호)

식문화(食文化) 일 食文化(しょくぶんか shoku-bunka). (초출: 1957,《경향신문》)

식물원(植物園) 일 植物園(しょくぶつえん syokubutsu-en). (초출: 1895,《서유견 문》제17편)

식물학(植物學) 일 植物学(しょくぶつがく shkubutsu-gaku). (초출: 1895,《서유견 문》제13편)

신문지(新聞紙) 일 新聞紙(しんぶんし sinbun-si). (초출: 1895,《서유견문》서문)

식민(植民/殖民) 일 植民／殖民(しょくみん syokumin). (초출: 1895,《서유견문》 제20편)

식민지(植民地, 殖民地) 일 植民地(しょくみんち syokumin-chi). (초출: 1895(관 보》제87호)

식빵 일 食パン(しょくパン syokupan). (초출: 1926,《동광》제2호)

식부(植付) 일 植付(うえつけ uetsuke). (초출: 1907,《태극학보》제13호)

식사(式辭) 일 式辞(しきじ sikizi). (초출: 1921, 《동아일보》)

식상(食傷) 일 食傷(しょくしょう shokushō). (초출: 1918, 조선총독부 《조선사서원고》)

식생활(食生活) 일 食生活(しょくせいかつ shoku-seikatsu). (초출: 1939, 《동아일보》)

식재(植栽) 일 植栽(しょくさい syokusai). (초출: 1907, 《태극학보》 제13호)

신감각파(新感覺派) 일 新感覚派(しんかんかくは sin-kankaku-ha). (초출: 1926, 《동아일보》)

신경(神經) 일 神経(しんけい sinkei). (초출: 1895, 《관보》 제132호)

신경과민(神經過敏) 일 神経過敏(しんけいかびん sinkei-kabin). (초출: 1908, 《태극학보》 제19호)

신경쇠약(神經衰弱) 일 神経衰弱(しんけいすいじゃく sinkei-suizyaku). (초출: 1906-1910, 《보감》 부록 '휘집' 3권)

신경전(神經戰) 일 神経戦(しんけいせん sinkei-sen). (초출: 1940, 《동아일보》)

신경질(神經質) 일 神経質(しんけいしつ sinkei-sitsu). (초출: 1908, 《대한학회월보》 제8호)

신경통(神經痛) 일 神経痛(しんけいつう sinkei-tsū). (초출: 1918, 조선총독부 《조선사서원고》)

신나 일 シンナー(sinā). (초출: 1955, 《경향신문》)

신대륙(新大陸) 일 新大陸(しんたいりく sin-tairiku). (초출: 1907, 《대한유학생회학보》 제3호)

신랑(新郞) 일 新郎(しんろう sinrō). (초출: 1895, 《서유견문》 제15편)

신립(申立) 일 申立(もうしたて mōsitate). (초출: 1899, 《황성신문》)

신문(新聞) 일 新聞(しんぶん sinbun). (초출: 1881, 이헌영 《일사집략(日槎集略)》)

신문기자(新聞記者) 일 新聞記者(しんぶんきしゃ sinbun-kisya). (초출: 1898, 《미일신문》)

신문사(新聞社) 일 新聞社(しんぶんしゃ sinbun-sha). (초출: 1896, 《관보》 제326호)

신문지(新聞紙) 일 新聞紙(しんぶんし sinbun-si). (초출: 1895, 《서유견문》 서문)

신병(身柄) 일 身柄(みがら migara). (초출: 1929, 《동아일보》)

신분(身分) 일 身分(みぶん mibun). (초출: 1895, 《관보》 제1호)

신빙성(信憑性) 일 信憑性(しんぴょうせい sinpyō-sei). (초출: 1928,《별건곤》제 12 ·13호)

신삥 일 新品(しんぴん simpin). (초출: 1963,《동아일보》)

신사(紳士) 일 紳士(しんし sinsi). (초출: 1895,《관보》제99호)

신사숙녀(紳士淑女) 일 紳士淑女(sinsi-syukuzyo). (초출: 1907,《대한자강회월보》제11호)

신생아(新生兒) 일 新生児(しんせいじ sinsei-zi). (초출: 1918, 조선총독부《조선사서원고》)

신석기시대(新石器時代) 일 新石器時ã(しんせっきじだい sinsekki-zidai). (초출: 1922,《개벽》제24호)

신성(新星) 일 新星(しんせい sinsei). (초출: 1935,《삼천리》제7권 제6호)

신승(辛勝) 일 辛勝(しんしょう sinsyō). (초출: 1928,《동아일보》)

신예(新銳) 일 新鋭(しんえい sinei). (초출: 1921,《동광》제15호)

신용금고(信用金庫) 일 信用金庫(しんようきんこ sinyō-kinko). (초출: 1966,《매일경제》)

신원(身元) 일 身元(みもと mimoto). (초출: 1907,《대한자강회월보》)

신원보증(身元保證) 일 身元保証(みもとほしょう mimoto-hoshō). (초출: 1920,《동아일보》)

신인류(新人類) 일 新人類(しんじんるい sin-zinrui). (초출: 1986,《동아일보》)

신임장(信任狀) 일 信任状(しんにんじょう sinnin-zyō). (초출: 1897,《관보》제833호)

신입(申込) 일 申込(もうしこみ mōsikomi). (초출: 1922,《개벽》제30호)

신입사원(新入社員) 일 新入社員(しんにゅうしゃいん sinnyū-shain). (초출: 1926,《동아일보》)

신입생(新入生) 일 新入生(しんにゅうせい sinnyū-sei). (초출: 1920,《동아일보》)

신장(伸長) 일 伸長(しんちょう sinchō). (초출: 1895,《관보》제27호)

신진대사(新陳代謝) 일 新陳代謝(しんちんたいしゃ sinchin-taisya). (초출: 1907,《대한유학생회회보》제3호)

신쭈 일 真鍮(しんちゅう sinchū). (초출: 1966,《매일경제》)

신참자(新參者) 일 新参者(しんざんもの sinzan-mono). (초출: 1921,《동아일보》)

신청서(申請書) 일 申請書(しんせいしょ sinsei-sho). (초출: 1895,《관보》제211호)

신체검사(身體檢査) 일 身体検査(しんたいけんさ sintai-kensa). (초출: 1896,《관보》제238호)

신체시(新體詩) 일 新体詩(しんたいし sintai-si). (초출: 1909,《서북학회월보》제9호)

신탁(信託) 일 信託(しんたく sintaku). (초출: 1923,《개벽》제34호)

신품(新品) 일 新品(しんぴん sinpin). (초출: 1923,《개벽》제42호)

신학(神學) 일 神学(しんがく singaku). (초출: 1895,《관보》제142호)

신형(新型) 일 新型／新形(しんがた singata). (초출: 1922,《개벽》제26호)

신호(信號) 일 信号(しんごう singō). (초출: 1896,《친목회회보》제2호)

신혼여행(新婚旅行) 일 新婚旅行(しんこんりょこう sinkon-ryokō). (초출: 1912 (최찬식《추월색》)

신화(神話) 일 神話(しんわ sinwa). (초출: 1921,《동아일보》)

~실(室) 일 ~室(しつ sitsu). (초출: 1907,《태극학보》제14호)

실감(實感) 일 実感(じっかん zikkan). (초출: 1920,《개벽》제1호)

실금(失禁) 일 失禁(しっきん sikkin). (초출: 1927,《동광》제9호)

실내악(室內樂) 일 室内楽(しつないがく sitsunai-gaku). (초출: 1923,《개벽》제33호)

실명(實名) 일 実名(じつめい zitsumei). (초출: 1908,《관보》부록)

실물대(實物大) 일 実物大(じつぶつだい zitsubutsu-dai). (초출: 1918, 최남선역《자조론》)

실버(silver) 일 シルバー(silbā). (초출: 1974,《매일경제》)

실습(實習) 일 実習(じっしゅう zissyū). (초출: 1985,《관보》제121호)

실어증(失語症) 일 失語症(しつごしょう sitsugo-shō). (초출: 1931,《동광》제22호)

실업(實業) 일 実業(じつぎょう zitsugyō). (초출: 1895,《서유견문》제15편)

실업가(實業家) 일 実業家(じつぎょうか zitsugyō-ka). (초출: 1899,《독립신문》)

실업자(失業者) 일 失業者(しつぎょうしゃ sitsugyō-sha). (초출: 1897,《대조선독립협회회보》제13호)

실연(失戀) 일 失恋(しつれん sitsuren). (초출: 1918,《태서문예신보》제1호)

실용신안(實用新案) 일 実用新案(じつようしんあん(zitsuyō-sinan). (초출: 1908, 《관보》 부록)

실인(實印) 일 実印(じついん zitsuin). (초출: 1908, 《관보》 제4131호)

실종(失踪) 일 失踪(しっそう sissō). (초출: 1895, 《서유견문》 제10편)

실증주의(實證主義) 일 実証主義(じっしょうしゅぎ zisshō-shugi). (초출: 1922, 《동아일보》)

실탄(實彈) 일 実弾(じつだん zitsudan). (초출: 1895, 《관보》 제152호)

실패(失敗) 일 失敗(しっぱい sippai). (초출: 1897, 《친목회회보》 제4호)

실험실(實驗室) 일 実験室(じっけんしつ zikken-sitsu). (초출: 1921, 《개벽》 제10호)

실현(實現) 일 実現(じつげん zitsugen). (초출: 1906, 《태극학보》 제5호)

실효(失效) 일 失効(しっこう sikkō). (초출: 1907, 《서우》 제10호)

~심(心) 일 ~心(しん sin). (초출: 1895, 학부간행 《국민소학독본》)

심(芯) 일 芯(しん sin). (초출: 1936, 《동아일보》)

심근경색(心筋梗塞) 일 心筋梗塞(しんきんこうそく sinkin-kōsoku). (초출: 1958, 《동아일보》)

심도(深度) 일 深度(しんど sindo). (초출: 1908, 《관보》 제4160호)

심득서(心得書) 일 心得書(こころえしょ kokoroe-syo). (초출: 1906, 《관보》 제3390호)

심리(心理) 일 心理(しんり sinri). (초출: 1907, 《서우》 제4호)

심리학(心理學) 일 心理学(しんりがく sinri-gaku). (초출: 1906, 《태극학보》 제5호)

심미(審美) 일 審美(しんび sinbi). (초출: 1907, 《대동학회월보》 제10호)

심미안(審美眼) 일 審美眼(しんびがん sinbi-gan). (초출: 1928, 《동아일보》)

심미학(審美學) 일 審美学(しんびがく sinbi-gaku). (초출: 1908, 《대동학회월보》 제3호)

심방세동(心房細動) 일 心房細動(しんぼうさいどう sinbō-saidō). (초출: 1978, 《경향신문》)

심부전(心不全) 일 心不全(しんふぜん sin-fuzen). (초출: 1957, 《동아일보》)

심상소학교(尋常小學校) 일 尋常小学校(じんじょうしょうがっこう zinzyō-shōgakkō). (초출: 1905, 《관보》 제3189호)

심의회(審議會) 일 審議会(しんぎかい simgi-kai). (초출: 1922, 《개벽》 제29호)

심장마비(心臟痲痺) 일 心臟痲痺(しんぞうまひ sinzō-mahi). (초출: 1921, 《동아일보》)

심전도(心電圖) 일 心電図(しんでんず sindenzu). (초출: 1956, 《조선일보》)

심판(審判) 일 審判(しんぱん sinpan). (초출: 1892, 뮈텔 주교 감준 《성경직해》)

십이지장(十二指腸) 일 十二指腸(じゅうにしちょう zyūnisi-chō). (초출: 1910, 《대한흥학보》 제10호)

십자군(十字軍) 일 十字軍(じゅうじぐん zyūzi-gun). (초출: 1904, 《신학월보》 제4 권 6호)

십팔번(十八番) 일 十八番(じゅうはちばん/おはこ zyūhaichi-ban/ohako). (초출: 1955, 《동아일보》)

싸롱(쌀롱) 일 サロン(saron). (초출: 1924, 《개벽》 제49호)

쌍곡선(雙曲線) 일 双曲線(そうきょくせん sōkyoku-sen). (초출: 1907, 《대한유학 생회학보》 제1호)

쌍동선(雙胴船) 일 双胴船(そうどうせん sōdō-sen). (초출: 1976, 《경향신문》)

쌍방(雙方) 일 双方(そうほう sōhō). (초출: 1897, 《대조선독립협회회보》 제5호)

쌍안경(雙眼鏡) 일 双眼鏡(そうがんきょう sōgan-kyō). (초출: 1918, 조선총독부 《조선사서원고》)

쎈타 일 センター(sentā). (초출: 1934, 《동아일보》)

쓰나미 일 津波/津浪(つなみ tsunami). (초출: 1961, 《조선일보》)

쓰레빠 일 スリッパ(suripa). (초출: 1925, 《개벽》 제61호)

쓰리 일 すり(suri). (초출: 1926, 《동아일보》)

쓰리번트 일 スリーバント(suri-banto). (초출: 1966, 《동아일보》)

쓰메에리 일 詰襟(つめえり tsumeeri). (초출: 1926, 《개벽》 제67호)

쓰봉(쯔봉) 일 ズボン(zupon). (초출: 1925, 《개벽》 제61호)

쓰키다시 일 つきだし(tsukidasi). (초출: 1982, 《동아일보》)

씨명(氏名) 일 氏名(しめい simei). (초출: 1899, 《관보》 제1368호)

【아】

아~(亞~) 일 亜~(あ a). (초출: 1908, 《대동학회월보》 제4호)

~아(兒) 일 ~児(じ zi). (초출: 1908, 《대한학회월보》 제2호)

아까징끼 일 赤チンキ(aka-chinki). (초출: 1960, 《동아일보》)

아나고 일 穴子(あなご anago). (초출: 1939, 《동아일보》)

아니메 일 アニメ(anime). (초출: 1997, 《동아일보》)

아드발룬 일 アドバルーン(ado barūn). (초출: 1938, 《삼천리문학》 제1집)

아령(啞鈴) 일 亜鈴/唖鈴(あれい arei). (초출: 1908, 《태극학보》 제20호)

아류산(亞硫酸) 일 亜硫酸(ありゅうさん aryūsan). (초출: 1908, 《대동학회월보》 제4호)

아르바이트 일 アルバイト(arubaito). (초출: 1934, 청년조선사 《신어사전》)

아베크 일 アベック(abekku). (초출: 1938, 《동아일보》)

아베크 홈런 일 アベック ホーラン(abekku hōmuran). (초출: 1970, 《동아일보》)

아시바 일 足場(あしば asiba). (초출: 1956, 《동아일보)

아연(亞鉛) 일 亜鉛(あえん aen). (초출: 1895, 《서유견문》 제2편)

아웃 코스 일 アウト コース(auto kōsu). (초출: 1969, 《매일경제》)

아이돌 일 アイドル(aidoru). (초출: 1960, 《동아일보》)

아이롱 일 アイロン(airon). (초출: 1938, 《동아일보》)

아지 일 鯵(あじ azi). (초출: 1938, 《동아일보》)

아지노모도(아지노모토) 일 味の素(あじのもと azi-no-moto). (초출: 1927, 《동아일보》)

아지트 일 アジト(azito). (초출: 1933, 《동아일보》)

아키바레 일 秋晴(あきばれ akibare). (초출: 1977, 《동아일보》)

아킬레스腱 일 アキレス腱(アキレスけん akiresu-ken). (초출: 1966, 《동아일보》)

아파트 일 アパート(apāto). (초출: 1931, 《동광》 제25호)

악감(惡感) 일 悪感(あくかん akukan). (초출: 1906, 《태극학보》 제2호)

악극(樂劇) 일 楽劇(がくげき gakugeki). (초출: 1907, 《태극학보》 제10호)

악단(樂團) 일 楽団(がくだん gakudan). (초출: 1921,《동아일보》)

악대(樂隊) 일 楽隊(がくたい gakutai). (초출: 1895,《관보》제88호)

악덕신문(惡德新聞) 일 悪徳新聞(あくとくしんぶん akutoku-sinbun). (초출: 1922, 최록동《현대신어석의》)

악력(握力) 일 握力(あくりょく akuryoku). (초출: 1918, 조선총독부《조선사서원고》)

악령(惡靈) 일 悪霊(あくれい/あくりょう akurei/akuryō). (초출: 1923,《개벽》제41호)

악마(惡魔) 일 悪魔(あくま akuma). (초출: 1899,《독립신문》)

악성(惡性) 일 悪性(あくせい akusei). (초출: 1918, 조선총독부《조선사서원고》)

악수(握手) 일 握手(あくしゅ akushu). (초출: 1906,《대한자강회월보》제4호)

악전고투(惡戰苦鬪) 일 悪戦苦闘(あくせんくとう akusen-kutō). (초출: 1920,《동아일보》)

악천후(惡天候) 일 悪天候(あくてんこう aku-tenkō). (초출: 1931,《동아일보》)

악평(惡評) 일 悪評(あくひょう akuhyō). (초출: 1907,《대한자강회월보》제11호)

악화(惡化) 일 悪化(あっか akka). (초출: 1907,《대한유학생회회보》제3호)

안강망(鮟鱇網) 일 鮟鱇網(あんこうあみ ankō-ami). (초출: 1921,《동아일보》)

안과(眼科) 일 眼科(がんか ganka). (초출: 1899,《관보》제1307호)

안구(眼球) 일 眼球(がんきゅう gankyū). (초출: 1908,《서북학회월보》제3호)

안내서(案內書) 일 案内書(あんないしょ annai-sho). (초출: 1922,《동아일보》)

안내(案內) 일 案内(あんない annai). (초출: 1896,《관보》제354호)

안내소(案內所) 일 案内所(あんないしょ annai-sho). (초출: 1922,《동아일보》)

안내장(案內狀) 일 案内状(あんないじょう annai-zyō). (초출: 1906,《대한매일신보》)

안도감(安堵感) 일 安堵感(あんどかん ando-kan). (초출: 1939,《동아일보》)

안락사(安樂死) 일 安楽死(あんらくし anraku-si). (초출: 1990,《연합뉴스》)

안락의자(安樂椅子) 일 安楽椅子(あんらくいす anraku-isu). (초출: 1921,《개벽》제9호)

안보리(安保理) 일 安保理(あんぽり anpori). (초출: 1949,《동아일보》)

안전제일(安全第一) 일 安全第一(あんぜんだいいち anzen-daiichi). (초출: 1921,

《동아일보》)

안전지대(安全地帶) 일 安全地帯(あんぜんちたい anzen-chitai). (초출: 1920,《조선일보》)

안타(安打) 일 安打(あんだ anda). (초출: 1921,《동아일보》)

알레르기 일 アレルギー(arerugī). (초출: 1947,《동아일보》)

알밤 일 アルバム(arubamu). (초출: 1934,《삼천리》제6권 제8호)

알선(斡旋) 일 斡旋(あっせん assen). (초출: 1896,《대조선독립협회회보》제3호)

알카리 일 アルカリ(arukari). (초출: 1908,《관보》부록》)

알콜 일 アルコール(arukōru). (초출: 1920,《개벽》제1호)

암(癌) 일 癌(がん gan). (초출: 1907,《서우》제6호)

~암(巖) 일 ~巖(がん gan). (초출: 1908,《태극학보》제18호)

암빵 일 餡パン(あんパン anpan). (초출: 1921,《동아일보》)

암산(暗算) 일 暗算(あんざん anzan). (초출: 1895,《관보》제138호)

암살(暗殺) 일 暗殺(あんさつ ansatsu). (초출: 1895,《관보》호외)

암시(暗示) 일 暗示(あんじ anzi). (초출: 1908,《태극학보》제17호)

암실(暗室) 일 暗室(あんしつ ansitsu). (초출: 1908,《대한학회월보》제2호)

암암리(暗暗裡) 일 暗暗裏/暗暗裡(あんあんり ananri). (초출: 1909,《태극학보》제3호)

암약(暗躍) 일 暗躍(あんやく anyaku). (초출: 1923,《개벽》제36호)

암염(巖鹽) 일 岩塩(がんえん ganen). (초출: 1932,《별건곤》제53호)

암유(暗喻) 일 暗喻(あんゆ anyu). (초출: 1918,《태서문예신보》제9호)

암투(暗鬪) 일 暗鬪(あんとう antō). (초출: 1909,《대한흥학보》제2호)

암흑가(暗黑街) 일 暗黒街(あんこくがい ankoku-gai). (초출: 1927,《동아일보》)

암흑시대(暗黑時代) 일 暗黒時代(あんこくじだい ankoku-zidai). (초출: 1920,《동아일보》)

압도적(壓倒的) 일 圧倒的(あっとうてき attō-teki). (초출: 1923,《개벽》제35호)

압력(壓力) 일 圧力(あつりょく atsuryoku). (초출: 1895,《서유견문》제1편)

압력단체(壓力團體) 일 圧力団体(あつりょくだんたい atsuryoku-dantai). (초출:

1954, 《동아일보》)

압류(押留) 일 押留(おうりゅう ōryū). (초출: 1926, 《동아일보》)

압수(押收) 일 押収(おうしゅう ōsyū). (초출: 1895, 《관보》 제28호)

압승(壓勝) 일 圧勝(あっしょう asshō). (초출: 1955, 《동아일보》)

압연(壓延) 일 圧延(あつえん atsuen). (초출: 1935, 《동아일보》)

압연기(壓延機) 일 圧延機(あつえんき atsuen-ki). (초출: 1932, 《동아일보》)

압착(壓搾) 일 圧搾(あっさく assaku). (초출: 1908, 《서북학회월보》 제4호)

압축(壓縮) 일 圧縮(あっしゅく assyuku). (초출: 1908, 《대한학회월보》 제5호)

앗사리 일 あっさり(assari). (초출: 1926, 《동광》 제2호)

앙꼬 일 あんこ(餡子 angko). (초출: 1937, 《동아일보》)

~애(愛) 일 ~愛(あい ai). (초출: 1925, 《개벽》 제56호)

애교(愛嬌) 일 愛嬌(あいきょう aikyō). (초출: 1906, 이인직 《혈의 누(상편)》)

애국(愛國) 일 愛国(あいこく aikoku). (초출: 1895, 학부 《국민소학독본》 제12과)

애국심(愛國心) 일 愛国心(あいこくしん aikoku-sin). (초출: 1895, 《서유견문》)

애국자(愛國者) 일 愛国者(あいこくしゃ aikoku-sha). (초출: 1906, 《대한자강회월보》 제4호)

애독자(愛讀者) 일 愛読者(あいどくしゃ aidoku-sha). (초출: 1909, 《대한흥학보》 제4호)

애매(曖昧) 일 曖昧(あいまい aimai). (초출: 1908, 《태극학보》 제24호)

애완동물(愛玩動物) 일 愛玩動物(あいがんどうぶつ aigan-dōbutsu). (초출: 1939, 《동아일보》)

애용(愛用) 일 愛用(あいよう aiyō). (초출: 1907, 《대한자강회월보》 제12호)

애인(愛人) 일 愛人(あいじん aizin). (초출: 1920, 《개벽》 제5호)

애자(碍子) 일 碍子(がいし gaisi). (초출: 1909, 《관보》 부록)

애장(愛藏) 일 愛蔵(あいぞう aizō). (초출: 1928, 《별곤건》 제12·13호)

애주가(愛酒家) 일 愛酒家(あいしゅか aishu-ka). (초출: 1927, 《별건곤》 제3호)

애차(愛車) 일 愛車(あいしゃ aisha). (초출: 1938, 《동아일보》)

애처가(愛妻家) 일 愛妻家(あいさいか aisai-ka). (초출: 1939, 《동아일보》

애프터 서비스 일 アフター・サービス(afutā sābisu). (초출: 1964, 《조선일보》)

애향(愛鄕) 일 愛鄕(あいきょう aikyō). (초출: 1921, 《개벽》 제10호)

애호가(愛好家) 일 愛好家(あいこうか aikō-ka). (초출: 1925, 《동아일보》)

액셀 일 アクセル(akuseru). (초출: 1934, 《동아일보》)

액정(液晶) 일 液晶(えきしょう ekishō). (초출: 1971, 《매일경제》

액체(液體) 일 液体(えきたい ekitai). (초출: 1906, 《태극학보》 제2호)

야구(野球) 일 野球(やきゅう yakyū). (초출: 1909, 《대한흥학보》 제2호)

야근(夜勤) 일 夜勤(やきん yakin). (초출: 1924, 《개벽》 제54호)

야금(冶金) 일 冶金(やきん yakin). (초출: 1925, 《동아일보》)

야끼만두 일 燒饅頭(やきまんじゅう yaki-manzyū). (초출: 1963, 《동아일보》)

야당(野黨) 일 野党(やとう yatō). (초출: 1922, 최록동 《현대신어석의》)

야마시 일 山師(やまし yamasi). (초출: 1925, 《개벽》 제55호)

야만(野蠻) 일 野蛮(やばん yaban). (초출: 1895, 《관보》 제78호)

야맹증(夜盲症) 일 夜盲症(やもうしょう yamō-syō). (초출: 1918, 조선총독부 《조선사서원고》)

야미 일 闇(やみ yami). (초출: 1946, 채만식 《논 이야기》)

야상곡(夜想曲) 일 夜想曲(やそうきょく yasō-kyoku). (초출: 1929, 《동아일보》)

야생(野生) 일 野生(やせい yasei). (초출: 1895, 학부 《국민소학독본》)

야성적(野性的) 일 野性的(やせいてき yasei-teki). (초출: 1929, 김동인 《광염 소나타》)

야수(野手) 일 野手(やしゅ yashu). (초출: 1922, 《동아일보》)

야식(夜食) 일 夜食(やしょく yashoku). (초출: 1928, 《동아일보》)

야심가(野心家) 일 野心家(やしんか yasin-ka). (초출: 1908, 《대한흥학보》 제7호)

야적(野積) 일 野積み(のづみ nozumi). (초출: 1927, 《동아일보》)

야전포(野戰砲) 일 野戦砲(やせんほう yasen-hō). (초출: 1895, 《서유견문》)

야지 일 野次/弥次(やじ yazi). (초출: 1925, 《개벽》 제64호)

야채(野菜) 일 野菜(やさい yasai). (초출: 1895, 대한제국 《관보》 제177호)

야쿠자 일 やくざ(yakuza). (초출: 1977, 《동아일보》)

야포(野砲) 일 野砲(やほう yahō). (초출: 1897, 《독립신문》)

야학(夜學) 일 夜学(やがく yagaku). (초출: 1899, 《독립신문》)

약도(略圖) 일 略図(りゃくず ryakuzu). (초출: 1905, 《관보》 제3329호)

약력(略曆) 일 略歴(りゃくれき ryakureki). (초출: 1922, 《동아일보》)

약속(約束) 일 約束(やくそく yakusoku). (초출: 1895, 《관보》 제187호)

약식기소(略式起訴) 일 略式起訴(りゃくしききそ ryakusiki-kiso). (초출: 1953, 《경향신문》)

약어(略語) 일 略語(りゃくご ryakugo). (초출: 1923, 《동아일보》)

약점(弱點) 일 弱点(じゃくてん zyakuten). (초출: 1907, 《대한자강회월보》 제10호)

약제사(藥劑士) 일 薬剤師(やくざいし yakuzai-si). (초출: 1907, 정운복 《독습일어정칙》)

약칭(略稱) 일 略称(りゃくしょう ryakushō). (초출: 1918, 조선총독부 《조선사서원고》)

약화(弱化) 일 弱化(じゃっか zyakka). (초출: 1925, 《동아일보》)

~양(孃) 일 ~嬢(じょう zyō). (초출: 1906, 이인직 《혈의 누》)

양갱(羊羹) 일 羊羹(ようかん yōkan). (초출: 1909, 《대한흥학보》 제4호)

양궁(洋弓) 일 洋弓(ようきゅう yōkyū). (초출: 1967, 《동아일보》)

양극(陽極) 일 陽極(ようきょく yōkyoku). (초출: 1909, 《대동학회월보》 제19호)

양극단(兩極端) 일 両極端(りょうきょくたん ryō-kyokutan). (초출: 1924, 《개벽》 제45호)

양도(讓渡) 일 譲渡(じょうと/ゆずりわたし zyōto/yuzuriwatasi). (초출: 1906, 《관보》 부록)

양돈(養豚) 일 養豚(ようとん yōton). (초출: 1907, 《태극학보》 제7호)

양동작전(陽動作戰) 일 陽動作戦(ようどうさくせん yōdō-sakusen). (초출: 1961, 《경향신문》)

양등(洋燈) 일 洋灯(ようとう yō-tō). (초출: 1905, 《관보》 제3200호)

양력(揚力) 일 揚力(ようりょく yōryoku). (초출: 1961, 《동아일보》)

양로원(養老院) 일 養老院(ようろういん yōrō-in). (초출: 1906-1910, 《보감》 부록 '휘집' 3권)

양보(讓步) 일 譲歩(じょうほ zyōho). (초출: 1907, 《대한자강회월보》 제10호)

양복(洋服) 일 洋服(ようふく yōfuku). (초출: 1895, 《관보》 제213호)

양복점(洋服店) 일 洋服店(ようふくてん yōfuku-ten). (초출: 1922, 《개벽》 제20호)

양봉(養蜂) 일 養蜂(ようほう yōhō). (초출: 1920, 《개벽》 제6호)

양산(洋傘) 일 洋傘(ようがさ yōgasa). (초출: 1895, 《관보》 제185호)

양산(量産) 일 量産(りょうさん ryōsan). (초출: 1962, 《동아일보》)

양성(陽性) 일 陽性(ようせい yōsei). (초출: 1926, 《동아일보》)

양성소(養成所) 일 養成所((ようせいじょ yōsei-zyo). (초출: 1895, 《관보》 제4호)

양수(讓受) 일 讓受(ゆずりうけ yuzuriuke). (초출: 1895, 《관보》 제56호)

양수기(揚水機) 일 揚水機(ようすいき yōsui-ki). (초출: 1909, 《관보》 부록)

양식(良識) 일 良識(りょうしき ryōsiki). (초출: 1935, 《조선일보》)

양식(樣式) 일 樣式(ようしき yōsiki). (초출: 1895, 《서유견문》 제20편)

양식(洋式) 일 洋式(ようしき yōsiki). (초출: 1896, 《관보》 제326호)

양식(洋食) 일 洋食(ようしょく yōshoku). (초출: 1907, 정운복 《독습일어정칙》)

양식(養殖) 일 養殖(ようしょく yōshoku). (초출: 1908, 《관보》 제4224호)

양은(洋銀) 일 洋銀(ようぎん yōgin). (초출: 1902, 《관보》 호외)

양자(量子) 일 量子(りょうし ryōsi). (초출: 1935, 《동아일보》)

양자(陽子) 일 陽子(ようし yōsi). (초출: 1949, 《동아일보》)

양장(洋裝) 일 洋裝(ようそう yōsō). (초출: 1918, 조선총독부 《조선사서원고》)

양적(量的) 일 量的(りょうてき ryōteki). (초출: 1921, 《동아일보》)

양주(洋酒) 일 洋酒(ようしゅ yōsyu). (초출: 1908, 《관보》 부록)

양판점(量販店) 일 量販店(りょうはんてん ryōhan-ten). (초출: 1975, 《매일경제》)

양피지(羊皮紙) 일 羊皮紙(ようひし yōhi-si). (초출: 1908, 《서북학회월보》 제5호)

양화(洋畵) 일 洋画(ようが yōga). (초출: 1922, 《개벽》 제26호)

양화(洋靴) 일 洋靴(ようくつ yōkutsu). (초출: 1896, 학부 《신정심상소학》)

~어(語) 일 ~語(ご go). (초출: 1920, 《개벽》 제5호)

어간(語幹) 일 語幹(ごかん gokan). (초출: 1921, 《동아일보》)

어감(語感) 일 語感(ごかん gokan). (초출: 1926, 《동아일보》)

어군(魚群) 일 魚群(ぎょぐん gyogun). (초출: 1907, 《태극학보》 제16호)

어근(語根) 일 語根(ごこん gokon). (초출: 1920, 《조선일보》)

어도(魚道) 일 魚道(ぎょどう gyodō). (초출: 1933, 《동아일보》)

어뢰(魚雷) 일 魚雷(ぎょらい gyorai). (초출: 1921, 《조선일보》

어미(語尾) 일 語尾(ごび gobi). (초출: 1906-1910, 《보감》 부록 '휘집 2권')

어분(魚粉) 일 魚粉(ぎょふん gyofun). (초출: 1931, 《동아일보》)

어원(語源) 일 語源(ごげん gogen). (초출: 1909, 《서북학회월보》 제16호)

어조(語調) 일 語調(ごちょう gochō). (초출: 1908, 《태극학보》 제21호)

어학(語學) 일 語学(ごがく gogaku). (초출: 1895, 《관보》 제36호)

어획고(漁獲高) 일 漁獲高(ぎょかくだか gyokaku-daka). (초출: 1909, 《황성신문》)

어휘(語彙) 일 語彙(ごい goi). (초출: 1921, 《개벽》 제11호)

어휘론(語彙論) 일 語彙論(ごいろん goi-ron). (초출: 1966, 《경향신문》)

언도(言渡) 일 言渡(いいわたし iiwatasi). (초출: 1908, 《대한협회회보》 제2호)

언론(言論) 일 言論(げんろん genron). (초출: 1907, 《대한자강회월보》 제8호)

언론자유(言論自由) 일 言論の自由(げんろんのじゆう genron-no-ziyū). (초출: 1907, 《대한유학생회학보》 제1호)

언문일치(言文一致) 일 言文一致(げんぶんいっち genbun-itchi). (초출: 1906, 《대한자강회월보》 제6호)

언어도단(言語道斷) 일 言語道斷(ごんごどうだん gongo-dōdan). (초출: 1920, 《조선일보》)

언어학(言語學) 일 言語学(げんごがく gengo-gaku). (초출: 1895, 《서유견문》 제13편)

~업(業) 일 ~業(ぎょう gyō). (초출: 1906, 《태극학보》 제2호)

업계(業界) 일 業界(ぎょうかい gyōkai). (초출: 1907, 《대한자강회월보》 제10호)

업무(業務) 일 業務(ぎょうむ gyōmu). (초출: 1895, 《관보》 제2호)

업자(業者) 일 業者(ぎょうしゃ gyōsha). (초출: 1908, 《관보》 부록)

업태(業態) 일 業態(ぎょうたい gyōtai). (초출: 1922, 《동아일보》)

에노구(繪具) 일 絵具(えのぐ enogu). (초출: 1905, 《관보》 제3200호)

에로 일 エロ(ero). (초출: 1931, 《동아일보》)

에리(襟) 일 えり(襟 eri). (초출: 1930,《동아일보》)

에어컨 일 エアコン(eakon). (초출: 1968,《매일경제》)

에에또 일 ええと(ēto). (초출: 1936, 이상《지주회사》)

에키스(에끼스) 일 エキス(ekisu). (초출: 1924,《개벽》제54호)

엑스광선(X光線) 일 X光線(エックスこうせん ekusu-kōsen). (초출: 1907,《태극학보》제14호)

엔고(円高) 일 えんだか(円高 yendaka). (초출: 1978,《동아일보》)

엥꼬 일 えんこ(enko). (초출: 1996,《매일경제》)

여~(女~) 일 女~(じょ zyo). (초출: 1909,《관보》제4316호)

여객기(旅客機) 일 旅客機(りょかくき ryokaku-ki). (초출: 1927,《별건곤》제8호)

여객선(旅客船) 일 旅客船(りょかくせん ryokaku-sen). (초출: 1921,《동아일보》)

여공(女工) 일 女工(じょこう zyokō). (초출: 1918, 조선총독부《조선사서원고》)

여과(濾過) 일 濾過(ろか roka). (초출: 1908,《태극학보》제19호)

여권(女權) 일 女権(じょけん zyoken). (초출: 1898,《미일신문》)

여권(旅券) 일 旅券(りょけん ryoken). (초출: 1896,《관보》제464호)

여급(女給) 일 女給(じょきゅう zyokyū). (초출: 1927,《동아일보》)

여단(旅團) 일 旅団(りょだん ryodan). (초출: 1895,《관보》제159호)

여당(與黨) 일 与党(よとう yotō). (초출: 1921,《동아일보》)

여로(旅路) 일 旅路(たびじ tabizi). (초출: 1938,《삼천리》제10권 제1호)

여백(餘白) 일 余白(よはく yohaku). (초출: 1907,《대한유학생회학보》제1호)

여비(旅費) 일 旅費(りょひ ryohi). (초출: 1895,《관보회외)

여사(女史) 일 女史(じょし zyosi). (초출: 1906,《태극학보》제2호)

여성(女性) 일 女性(じょせい zyosei). (초출: 1920,《동아일보》)

여우(女優) 일 女優(じょゆう zyoyū). (초출: 1923,《동아일보》)

여인숙(旅人宿) 일 旅人宿(りょじんやど ryozin-yado). (초출: 1906, 이인직《혈의 누(상편)》)

여정(旅情) 일 旅情(りょじょう ryozyō). (초출: 1923,《동아일보》)

여학교(女學校) 일 女学校(じょがっこう zyo-gakkō). (초출: 1896,《독립신문》)

역학생(女學生) 일 女学生(じょがくせい zyo-gakusei). (초출: 1895,《관보》제138호)

~역(役) 일 ~役(やく yaku). (초출: 1906,《관보》제3409호)

역(逆~) 일 逆~(ぎゃく gyaku). (초출: 1924,《동아일보》)

역(驛) 일 駅(えき eki). (초출: 1897,《대조선독립협회회보》제4호)

역마차(驛馬車) 일 駅馬車(えきばしゃ eki-basha). (초출: 1927,《동아일보》)

역사(歷史) 일 歴史(れきし rekisi). (초출: 1895,《관보》제102호)

역사적(歷史的) 일 歴史的(れきしてき rekisi-teki). (초출: 1912, 이해조《산천초목》)

역산(逆算) 일 逆算(ぎゃくさん gyakusan). (초출: 1932,《동광》제31호)

역서(譯書) 일 訳書(やくしょ yakusyo). (초출: 1907,《서우》제4호)

역선전(逆宣傳) 일 逆宣伝(ぎゃくせんでん gyaku-senden). (초출: 1924,《동아일보》)

역설(逆說) 일 逆説(ぎゃくせつ gyakusetsu). (초출: 1908,《대한학회월보》제7호)

역설적(逆說的) 일 逆説的(ぎゃくせつてき gyakusetsu-teki). (초출: 1925,《개벽》
제60호)

역수입(逆輸入) 일 逆輸入(ぎゃくゆにゅう gyaku-yunyū). (초출: 1921,《개벽》제7호)

역수출(逆輸出) 일 逆輸出(ぎゃくゆしゅつ gyaku-yushutsu). (초출: 1920,《조선일보》)

역습(逆襲) 일 逆襲(ぎゃくしゅう gyakushū). (초출: 1918, 조선총독부《조선사서
원고》)

역영(力泳) 일 力泳(りきえい rikiei). (초출: 1934,《동아일보》)

역원(役員) 일 役員(やくいん yakuin). (초출: 1895,《관보》제211호)

역장(驛長) 일 駅長(えきちょう ekichō). (초출: 1905,《관보》제3329호)

역전(驛前) 일 駅前(えきまえ ekimae). (초출: 1920,《개벽》제2호)

역전경주(驛傳競走) 일 駅伝競走(えきでんきょうそう ekiden-kyōsō). (초출:
1923,《동아일보》)

역청탄(瀝靑炭) 일 歴青炭(れきせいたん rekisei-tan). (초출: 1922,《개벽》제25호)

역학(力學) 일 力学(りきがく rikigaku). (초출: 1922,《동아일보》)

역할(役割) 일 役割(やくわり yakuwari). (초출: 1909,《대한민보》제114호)

역효과(逆效果) 일 逆効果(ぎゃくこうか gyaku-kōka). (초출: 1934,《동아일보》)

연~(延~) 일 延べ(のべ nobe). (초출: 1924,《동아일보》)

연가(戀歌) 일 恋歌(こいうた/れんか koiuta/renka). (초출: 1919,《태서문예신보》제13호)

연감(年鑑) 일 年鑑(ねんかん nenkan). (초출: 1918, 최남선역《자조론》)

연고(軟膏) 일 軟膏(なんこう nankō). (초출: 1908,《서북학회월보》제2호)

연고지(緣故地) 일 縁故地(えんこち enko-chi). (초출: 1921,《동아일보》)

연골(軟骨) 일 軟骨(なんこつ nankotsu). (초출: 1907,《태극학보》제6호)

연공서열(年功序列) 일 年功序列(ねんこうじょれつ nenkō-zyoretsu). (초출: 1962,《경향신문》)

연교차(年較差) 일 年較差(ねんかくさ nen-kakusa). (초출: 1959,《경향신문》

연구소(研究所) 일 研究所(けんきゅうじょ kenkyū-zyo). (초출: 1908,《관보》제4154호)

연구회(研究會) 일 研究会(けんきゅうかい kenkyū-kai). (초출: 1907,《대한민일신보》)

연극(演劇) 일 演劇(えんげき engeki). (초출: 1907, 정운복《독습일어정칙》)

연극장(演劇場) 일 演劇場(えんげきじょう engeki-zyō). (초출: 1907,《서우》제1호)

연금(年金) 일 年金(ねんきん nenkin). (초출: 1906,《관보》제337호)

연기(演技) 일 演技(えんぎ engi). (초출: 1918,《태서문예신보》제1호)

연대(聯隊) 일 連隊(れんたい rentai). (초출: 1895, 학부《국민소학독본》제28과)

연도(年度) 일 年度(ねんど nendo). (초출: 1896,《관보》제316호)

연돌(煙突, 燃突) 일 煙突/烟突(えんとつ entotsu). (초출: 1895, 학부《국민소학독본》제30과)

연락선(連絡船) 일 連絡船(れんらくせん renraku-sen). (초출: 1923,《개벽》제39호)

연료(燃料) 일 燃料(ねんりょう nenryō). (초출: 1898,《친목회회보》제6호)

연막(煙幕) 일 煙幕(えんまく enmaku). (초출: 1925,《동아일보》)

연면적(延面積) 일 延べ面積(のべめんせき nobe-menseki). (초출: 1925,《동아일보》)

연미복(燕尾服) 일 燕尾服(えんびふく enbi-fuku). (초출: 1895,《서유견문》제16편)

연발(連發) 일 連発(れんぱつ renpatsu). (초출: 1921,《개벽》제10호)

연방국(聯邦國) 일 連邦国(renpō-koku). (초출: 1908,《대한민일신보》)

연불(延拂) 일 延払(のべばらい nobebarai). (초출: 1930, 《동아일보》)

연상(年上) 일 年上(としうえ tosiue). (초출: 1969, 《동아일보》)

연상(聯想) 일 連想／聯想(れんそう rensō). (초출: 1921, 《개벽》 제10호)

연설(演說) 일 演說／演舌(えんぜつ enzetsu). (초출: 1889, 박영효 《上訴文》)

연설회(演說會) 일 演説会(えんぜつかい enzetsu-kai). (초출: 1895, 《서유견문》 제17편)

연소(燃燒) 일 燃焼(ねんしょう nensyō). (초출: 1906, 《관보》 제3452호)

연쇄점(連鎖店) 일 連鎖店(れんさてん rensa-ten). (초출: 1927, 《동아일보》)

연수(研修) 일 研修(けんしゅう kenshū). (초출: 1907, 《관보》 부록)

연습(演習) 일 演習(えんしゅう ensyū). (초출: 1895, 《관보》 제10호)

연승(延繩) 일 延縄(はえなわ haenawa). (초출: 1909, 《관보》 제4502호)

연식(年式) 일 年式(ねんしき nensiki). (초출: 1934, 《동아일보》)

연식야구(軟式野球) 일 軟式野球(なんしきやきゅう nansiki-yakyū). (초출: 1928, 《동아일보》)

연식정구(軟式庭球) 일 軟式庭球(なんしきていきゅう nansiki-teikyū). (초출: 1925, 《동아일보》)

연애(戀愛) 일 恋愛(れんあい renai). (초출: 1895, 《서유견문》 제15편)

연역(演繹) 일 演繹(えんえき eneki). (초출: 1895, 《대조선독립협회회보》 제2호)

연역법(演繹法) 일 演繹法(えんえきほう eneki-hō). (초출: 1896, 《대조선독립협회회보》 제2호)

연예(演藝) 일 演芸(えんげい engei). (초출: 1906, 《관보》 제3343호)

연와(煉瓦) 일 煉瓦(れんが renga). (초출: 1906, 《관보》 제3234호)

연인(戀人) 일 恋人(こいびと koibito). (초출: 1921, 《개벽》 제11호)

연인원(延人員) 일 延人員(のべじんいん nobe-zinin). (초출: 1924, 《동아일보》)

연작(連作) 일 連作(れんさく rensaku). (초출: 1929, 《동아일보》)

연주(演奏) 일 演奏(えんそう ensō). (초출: 1908, 《대한민일신보》)

연중무휴(年中無休) 일 年中無休(ねんじゅうむきゅう nenzyū-mukyū). (초출: 1923, 《조선일보》)

연중행사(年中行事) 일 年中行事(ねんちゅうぎょうじ nenchū-gyōzi). (초출: 1917, 조선총독부《보통학교 조선어 급 한문독본》권3)

연착(延着) 일 延着(えんちゃく enchaku). (초출: 1908,《대한협회회보》제2호)

연체(延滯) 일 延滯(えんたい entai). (초출: 1905,《관보》제3113호)

연출(演出) 일 演出(えんしゅつ ensyutsu). (초출: 1906,《태극학보》제4호)

연투(連投) 일 連投(れんとう rentō). (초출: 1929,《동아일보》)

연패(連覇) 일 連覇(れんぱ renpa). (초출: 1934,《동아일보》)

연필(鉛筆) 일 鉛筆(えんぴつ enpitsu). (초출: 1897,《관보》제672호)

연하(年下) 일 年下(としした tosisita). (초출: 1918, 조선총독부《조선사서원고》)

연하남(年下男) 일 年下男(とししたのおとこ tosisita-otoko). (초출: 1981,《경향신문》)

연하장(年賀狀) 일 年賀状(ねんがじょう nenga-zyō). (초출: 1920,《동아일보》)

연합국(聯合國) 일 連合国(れんごうこく rengō-koku). (초출: 1921,《개벽》제11호)

연합체(聯合體) 일 連合体(れんごうたい rengō-tai). (초출: 1921,《동아일보》)

연합회(聯合會) 일 連合会(れんごうかい rengō-kai). (초출: 1907,《서우》제5호)

연행(連行) 일 連行(れんこう renkō). (초출: 1927,《동아일보》)

연휴(連休) 일 連休(れんきゅう renkyū). (초출: 1921,《동아일보》)

~열(熱) 일 ~熱(ねつ netsu). (초출: 1917, 이광수《무정》)

열강(列強) 일 列強(れっきょう rekkyō). (초출: 1900,《신학월보》제1권 4호)

열광(熱狂) 일 熱狂(ねっきょう nekkyō). (초출: 1917, 이광수《무정》)

열기구(熱氣球) 일 熱気球(ねつききゅう netsu-kikyū). (초출: 1981,《동아일보》)

열도(熱度) 일 熱度(ねつど netsudo). (초출: 1895, 유길준 〈서유견문〉 제18편)

열등(劣等) 일 劣等(れっとう rettō). (초출: 1918,《태서문예신보》)

열람실(閱覽室) 일 閲覧室(えつらんしつ etsuran-sitsu). (초출: 1920,《동아일보》)

열망(熱望) 일 熱望(ねつぼう netsubō). (초출: 1907,《대한유학생회회보》제1호)

열변(熱辯) 일 熱弁／熱辯(ねつべん netsuben). (초출: 1908,《대한학회월보》제1호)

열사병(熱射病) 일 熱射病(ねっしゃびょう netsha-byō). (초출: 1926,《조선일보》)

열선(熱線) 일 熱線(ねっせん nessen). (초출: 1906,《태극학보》제5호)

열성(劣性) 🔲 劣性(れっせい ressei). (초출: 1927, 《동아일보》)

열세(劣勢) 🔲 劣勢(れっせい ressei). (초출: 1920, 《동아일보》)

열심(熱心) 🔲 熱心(ねっしん nessin). (초출: 1895, 《관보》 제146호)

열애(熱愛) 🔲 熱愛(ねつあい netsuai). (초출: 1920, 《동아일보》)

열연(熱演) 🔲 熱演(ねつえん netsuen). (초출: 1931, 《동아일보》)

열의(熱意) 🔲 熱意(ねつい netsui). (초출: 1921, 《개벽》 제18호)

열전지(熱電池) 🔲 熱電池(ねつでんち netsu-denchi). (초출: 1982, 《동아일보》)

열정(熱情) 🔲 熱情(ねつじょう netsuzyō). (초출: 1906, 《태극학보》 제3호

열중(熱中) 🔲 熱中(ねっちゅう netchū). (초출: 1895, 《서유견문》 제4편)

열차(列車) 🔲 列車(れっしゃ ressha). (초출: 1895, 《관보》 제101호)

~염(~炎) 🔲 ~炎(えん en). (초출: 1918, 조선총독부 《조선사서원고》)

염료(染料) 🔲 染料(せんりょう senryō). (초출: 1884, 《한성순보》)

염산(鹽酸) 🔲 塩酸(えんさん ensan). (초출: 1907, 《대한유학생회회보》 제3호)

염세관(厭世觀) 🔲 厭世観(えんせいかん ensei-kan). (초출: 1907, 《태극학보》 제16호)

염소(鹽素) 🔲 塩素(えんそ enso). (초출: 1908, 《태극학보》 제19호)

염좌(捻挫) 🔲 捻挫(ねんざ nenza). (초출: 1918, 조선총독부 《조선사서원고》)

염증(炎症) 🔲 炎症(えんしょう enshō). (초출: 1908, 《대한학회월보》 제7호)

엽(頁) 🔲 頁(ページ pēzi). (초출: 1906, 《대한자강회월보》 제3호)

엽기적(獵奇的) 🔲 猟奇的(りょうきてき ryōki-teki). (초출: 1931, 《별건곤》 제36호)

엽록소(葉綠素) 🔲 葉緑素(ようりょくそ yōryoku-so). (초출: 1907, 《서우》 제7호)

엽서(葉書) 🔲 葉書(はがき hagaki). (초출: 1896, 《관보》 제276호)

엽연초(葉烟草/葉煙草) 🔲 葉タバコ(はタバコ ha-tabako). (초출: 1898, 《황성신문》)

엽총(獵銃) 🔲 猟銃(りょうじゅう ryōzyū). (초출: 1895, 《관보》 제56호)

영공(領空) 🔲 領空(りょうくう ryōkū). (초출: 1946, 《경향신문》)

영림(營林) 🔲 営林(えいりん eirin). (초출: 1906, 《서우》 제1호)

영림서(營林署) 🔲 営林署(えいりんしょ eirin-sho). (초출: 1926, 《동아일보》)

영문학(英文學) 🔲 英文学(えいぶんがく ei-bungaku). (초출: 1921, 《개벽》 제12호)

영봉(零封) 🔲 零封(れいふう reifū). (초출: 1962, 《경향신문》)

영사관(領事館) 일 領事館(りょうじかん ryōzi-kan). (초출: 1895, 《관보》 제1호)

영사기(映寫機) 일 映写機(えいしゃき eisha-ki). (초출: 1929, 《동아일보》)

영상(映像) 일 映像(えいぞう eizō). (초출: 1923, 《개벽》 제36호)

영세중립(永世中立) 일 永世中立(えいせいちゅうりつ eisei-chūritsu). (초출: 1909, 《대동학회월보》 제15호)

영수증(領收證) 일 領収証(りょうしゅうしょう ryōshū-shō). (초출: 1896, 《관보》 제238호)

영안실(靈安室) 일 霊安室(れいあんしつ reian-sitsu). (초출: 2003, 《연합뉴스》)

영양(營養) 일 営養/栄養(えいよう eiyō). (초출: 1906, 《서우》 제1호)

영양가(營養價) 일 栄養価(えいようか eiyō-ka). (초출: 1924, 《동아일보》)

영양분(營養分) 일 栄養分(えいようぶん eiyō-bun). (초출: 1907, 《대한자강회월보》 제7호)

영양사(營養士/榮養士) 일 栄養士(えいようし eiyō-si). (초출: 1937, 《조선일보》)

영양소(營養素, 榮養素) 일 栄養素(えいようそ eiyō-so). (초출: 1921, 《동아일보》)

영양실조(營養失調) 일 栄養失調(えいようしっちょう eiyō-sitchō). (초출: 1937, 《동아일보》)

영양제(營養劑) 일 栄養剤(えいようざい eiyō-zai). (초출: 1928, 《조선일보》)

영어(英語) 일 英語(えいご eigo). (초출: 1881, 이헌영 《일사집략(日槎集略)》)

영업(營業) 일 営業(えいぎょう eigyō). (초출: 1895, 《관보》 제1호)

영업세(營業稅) 일 営業税(えいぎょうぜい eigyō-zei). (초출: 1905, 《관보》 제3329호)

영업중(營業中) 일 営業中(えいぎょうちゅう eigyō-chū). (초출: 1906, 《관보》 제3517호)

영역(領域) 일 領域(りょういき ryōiki). (초출: 1921, 《개벽》 제10호)

영웅주의(英雄主義) 일 英雄主義(えいゆうしゅぎ eiyū-shugi). (초출: 1920, 《개벽》 제3호)

영작문(英作文) 일 英作文(えいさくぶん ei-sakubun). (초출: 1927, 《동아일보》)

영장(令狀) 일 令状(れいじょう reizyō). (초출: 1895, 《서유견문》 제15편)

영장류(靈長類) 일 霊長類(れいちょうるい reichō-rui). (초출: 1932, 《동아일보》)

영재교육(英才教育) 일 英才教育(えいさいきょういく eisai-kyōiku). (초출: 1921, 《동아일보》)

영주(領主) 일 領主(りょうしゅ ryōshu). (초출: 1930, 《별건곤》 제30호)

영주권(永住權) 일 永住權(えいじゅうけん eizyū-ken). (초출: 1930, 《조선일보》)

영치(領置) 일 領置(りょうち ryōchi). (초출: 1905, 《관보》 부록)

영토(領土) 일 領土(りょうど ryōdo). (초출: 1899, 《독립신문》)

영패(零敗) 일 零敗(れいはい reihai). (초출: 1923, 《동아일보》)

영해(領海) 일 領海(りょうかい ryōkai). (초출: 1908, 육정수 《송뢰금》)

영향(影響) 일 影響(えいきょう eikyō). (초출: 1895, 《서유견문》 제3편)

영향력(影響力) 일 影響力(えいきょうりょく eikyō-ryoku). (초출: 1924, 《동아일보》)

영화(映畵) 일 映画(えいが eiga). (초출: 1920, 《동아일보》)

영화감독(映畵監督) 일 映画監督(えいがかんとく eoga-kantoku). (초출: 1926, 《동아일보》)

영화관(映畵館) 일 映画館(えいがかん eiga-kan). (초출: 1926, 《조선일보》)

영화제(映畵祭) 일 映画祭(えいがさい eiga-sai). (초출: 1935, 《동아일보》)

예견(豫見) 일 予見(よけん yoken). (초출: 1920, 《개벽》 제1호)

예과(豫科) 일 予科(よか yoka). (초출: 1899, 《관보》 제1299호)

예금(預金) 일 預金(よきん yokin). (초출: 1896, 《친목회회보》 제2호)

예년(例年) 일 例年(れいねん reinen). (초출: 1923, 《개벽》 제32호)

예능계(藝能界) 일 芸能界(げいのうかい geinō-kai). (초출: 1960, 《조선일보》)

예능인(藝能人) 일 芸能人(げいのうじん geinō-zin). (초출: 1955, 《조선일보》)

예방접종(豫防接種) 일 予防接種(よぼうせっしゅ yobō-sesshu). (초출: 1908, 《대한학회월보》 제6호)

예방주사(豫防注射) 일 予防注射(よぼうちゅうしゃ yobō-chūsha). (초출: 1920, 《동아일보》)

예보(豫報) 일 予報(よほう yohō). (초출: 1896, 《친목회회보》 제2호)

예비병(豫備兵) 일 予備兵(よびへい yobi-hei). (초출: 1896, 《독립신문》)

예비역(豫備役) 일 予備役(よびえき yobi-eki). (초출: 1906, 《황성신문》)

예비지식(豫備知識) 일 予備知識(よびちしき yobi-chisiki). (초출: 1921, 《개벽》 제
11호)

예산(豫算) 일 予算(よさん yosan). (초출: 1895, 《관보》 제78호)

예산안(豫算案) 일 予算案(よさんあん yosan-an). (초출: 1895, 《관보》 제171호)

예상(豫想) 일 予想(よそう yosō). (초출: 1905, 《관보》 제3322호)

예상외(豫想外) 일 予想外(よそうがい yosō-gai). (초출: 1907, 《태극학보》 제12호)

예술(藝術) 일 芸術(げいじゅつ geizyutsu). (초출: 1883, 《한성순보》 제7호)

예술가(藝術家) 일 芸術家(げいじゅつか geizyutsu-ka). (초출: 1921, 《개벽》 제10호)

예술적(藝術的) 일 芸術的(げいじゅつてき geizyutsu-teki). (초출: 1921, 《개벽》 제
10호)

예시(例示) 일 例示(れいじ reizi). (초출: 1920, 《동아일보》)

예심(豫審) 일 予審(よしん yosin). (초출: 1905, 《관보》 제3294호)

예약(豫約) 일 予約(よやく yoyaku). (초출: 1895, 《서유견문》 제17편)

예언자(預言者) 일 預言者(よげんしゃ yogen-sha). (초출: 1921, 《개벽》 제14호)

예입(預入) 일 預入れ(あずけいれ azukeire). (초출: 1908, 《관보》 제4102호)

예치(預置) 일 預置く(あずけおく azukeoku). (초출: 1907, 정운복 《독습일어정칙》
제11장)

오꼬시 일 おこし(okosi). (초출: 1970, 《매일경제》)

오뎅 일 おでん(oden). (초출: 1934, 《동아일보》)

오라이 일 オーライ(ōrai). (초출: 1929, 《별건곤》)

오륜기(五輪旗) 일 五輪旗(ごりんき gorin-ki). (초출: 1935, 《조선일보》)

오르간 일 オルガン(おるがん orugan). (초출: 1925, 《동아일보》)

오바 일 オーバー(ōbā). (초출: 1926, 《개벽》 제67호)

오방떡 일 大判(おおばん ōban)＋떡. (초출: 1982, 《동아일보》)

오버 닥터 일 オーバー ドクター(ōbā dokutā) 1984, 《동아일보》)

오비(OB) 일 オービー(OB). (초출: 1932, 《동아일보》)

오성(悟性) 일 悟性(ごせい gosei). (초출: 1895, 《서유견문》 제12편)

오수(汚水) 일 汚水(おすい osui). (초출: 1899, 《관보》 제1363호)

오시이레 ⓛ 押し入れ(おしいれ osiire). (초출: 1927, 《동아일보》)

오십견(五十肩) ⓛ 五十肩(ごじゅうかた gozyū-kata). (초출: 1969, 《경향신문》)

오야 ⓛ 親(おや oya). (초출: 1954, 《동아일보》)

오야붕 ⓛ おやぶん(親分 oyabun). (초출: 1926, 《동아일보》)

오일쇼크 ⓛ オイル ショック(oiru syokku). (초출: 1973, 《매일경제》)

오자미(오재미) ⓛ おじゃみ(ozyami). (초출: 1977, 《경향신문》)

오지(奧地) ⓛ 奧地(おくち okuchi). (초출: 1920, 《개벽》 제6호)

오찬(午餐) ⓛ 午餐(ごさん gosan). (초출: 1895, 《서유견문》 제16편)

오토바이 ⓛ オートバイ(ōtobai). (초출: 1929, 《동아일보》)

오포(午砲) ⓛ 午砲(ごほう gohō). (초출: 1906, 《태극학보》 제1호)

오픈전 ⓛ オープン戦(ōpun sen). (초출: 1961, 《경향신문》)

오픈카 ⓛ オープンカー(ōpun kā). (초출: 1952, 《조선일보》

옥도(沃度) ⓛ 沃度(ヨード yōdo). (초출: 1907, 정운복 《독습일어정칙》 제21장)

옥도정기(沃度丁幾) ⓛ 沃度丁幾(ヨードチンキ yōdo-chinki). (초출: 1908, 《서북
학회월보》 제4호)

옥소(沃素) ⓛ 沃素(ようそ yōso). (초출: 1908, 《태극학보》 제22호)

옥쇄(玉碎) ⓛ 玉碎(ぎょくさい gyokusai). (초출: 1920, 《조선일보》)

옥외(屋外) ⓛ 屋外(おくがい okugai). (초출: 1906, 《태극학보》 제1호)

온난화(溫暖化) ⓛ 溫暖化(おんだんか ondan-ka). (초출: 1950, 《조선일보》)

온도(溫度) ⓛ 溫度(おんど ondo). (초출: 1906, 《태극학보》 제2호)

온도계(溫度計) ⓛ 溫度計(おんどけい ondo-kei). (초출: 1930, 《조선일보》)

온상(溫床) ⓛ 溫床(おんしょう onsyō). (초출: 1908, 《태극학보》 제18호)

온실(溫室) ⓛ 溫室(おんしつ onsitsu). (초출: 1907, 《태극학보》 제11호)

온실효과(溫室效果) ⓛ 溫室効果(おんしつこうか onsitsu-kōka). (초출: 1986, 《동
아일보》)

온정주의(溫情主義) ⓛ 溫情主義(おんじょうしゅぎ onzyō-shugi). (초출: 1923,
《개벽》 제41호)

올드미스 ⓛ オールドミス(ōrudo misu). (초출: 1928, 《조선일보》)

올백(올빽) 일 オールバック(ōru-bakku). (초출: 1930, 《별건곤》 제28호)

와꾸 일 枠(わく waku). (초출: 1934, 《동아일보》)

와류(渦流) 일 渦流(かりゅう karyū). (초출: 1921, 《개벽》 제9호)

와리깡 일 割り勘(わりかん warikan). (초출: 1973, 《동아일보》)

와리바시(割箸) 일 割箸(わりばし waribasi). (초출: 1931, 《동아일보》)

와사(瓦斯) 일 瓦斯(ガス gasu). (초출: 1895, 학부 《국민소학독본》 제28과)

와사등(瓦斯燈) 일 瓦斯灯(ガスとう gasutō). (초출: 1899, 《독립신문》)

와사비 일 わさび(山葵 wasabi). (초출: 1960, 《동아일보》)

와이로 일 賄賂(わいろ wairo). (초출: 1922, 《동아일보》)

와이샤쓰 일 ワイシャツ(waisyatsu). (초출: 1920, 《동아일보》)

왁진(왁찐) 일 ワクチン(wakuchin). (초출: 1930, 《조선일보》)

완구(玩具) 일 玩具(がんぐ gangu). (초출: 1895, 《서유견문》 제18편)

완봉(完封) 일 完封(かんぷう kanpū). (초출: 1935, 《동아일보》)

완승(完勝) 일 完勝(かんしょう kanshō). (초출: 1938, 《동아일보》)

완장(腕章) 일 腕章(わんしょう wansyō). (초출: 1920, 《동아일보》)

완제(完濟) 일 完済(かんさい kansai). (초출: 1908, 《관보》 부록)

완충지대(緩衝地帶) 일 緩衝地帯(かんしょうちたい kanchū-chitai). (초출: 1920, 《조선일보》)

완치(完治) 일 完治(かんち kanchi). (초출: 1923, 《개벽》 제35호)

완패(完敗) 일 完敗(がんぱい kanpai). (초출: 1938, 《조선일보》)

완행(緩行) 일 緩行(かんこう kankō). (초출: 1912, 민준호 《화중화》)

~왕(王) 일 ~王(おう ō). (초출: 1960, 《동아일보》)

왕수(王水) 일 王水(おうすい ōsui). (초출: 1920, 《동아일보》)

왕정복고(王政復古) 일 王政復古(おうせいふっこ ōsei-fukko). (초출: 1921, 《동아일보》)

외과(外科) 일 外科(げか geka). (초출: 1896, 《친목회회보》 제1호)

외과의(外科醫) 일 外科医(げかい geka-i). (초출: 1899, 《관보》 제1245호)

외곽단체(外廓團體) 일 外郭団体(がいかくだんたい gaikaku-dantai). (초출: 1931,

《동아일보》)

외교관(外交官) ⑨ 外交官(がいこうかん gaikō-kan). (초출: 1895,《관보》제1호)

외교사령(外交辭令) ⑨ 外交辞令(がいこうじれい gaikō-zirei). (초출: 1923,《동아일보》)

외교사절(外交使節) ⑨ 外交使節(がいこうしせつ gaikō-sisetsu). (초출: 1921,《동아일보》)

외국어(外國語) ⑨ 外国語(がいこくご gaikoku-go). (초출: 1895,《관보》제15호)

외국인(外國人) ⑨ 外国人(がいこくじん gaikoku-zin). (초출: 1895,《서유견문》제8편)

외근(外勤) ⑨ 外勤(がいきん gaikin). (초출: 1905,《관보》제3163호)

외래어(外來語) ⑨ 外来語(がいらいご gairai-go). (초출: 1920,《동아일보》)

외무성(外務省) ⑨ 外務省(がいむしょう gaimusyō). (초출: 1895,《관보》제129호)

외분비(外分泌) ⑨ 外分泌(がいぶんぴつ gai-bunpitsu). (초출: 1927,《별건곤》제10호)

외식(外食) ⑨ 外食(がいしょく gaishoku). (초출: 1929,《동아일보》)

외식산업(外食産業) ⑨ 外食産業(がいしょくさんぎょう gaishoku-sangyō). (초출: 1974,《매일경제》)

외야수(外野手) ⑨ 外野手(がいやしゅ gaiya-shu). (초출: 1926,《동아일보》)

외연(外延) ⑨ 外延(がいえん gaien). (초출: 1920,《개벽》제2호)

외인부대(外人部隊) ⑨ 外人部隊(がいじんぶたい gaizin-butai). (초출: 1927,《동아일보》)

외자(外資) ⑨ 外資(がいし gaisi). (초출: 1923,《개벽》제32호)

외재(外在) ⑨ 外在(がいざい gaizai). (초출: 1908,《대한학회월보》제4호)

외주(外注) ⑨ 外注(がいちゅう gaichū). (초출: 1938,《조선일보》)

외채(外債) ⑨ 外債(がいさい gaisai). (초출: 1896,《관보》제226호)

외화(外貨) ⑨ 外貨(がいか gaika). (초출: 1921,《개벽》제8호)

요금(料金) ⑨ 料金(りょうきん ryōkin). (초출: 1897,《독립신문》)

요깡(羊羹) ⑨ 羊羹(ようかん yōkan). (초출: 1969,《동아일보》)

요도염(尿道炎) 🇯🇵 尿道炎(にょうどうえん nyōdō-en). (초출: 1908,《서북학회월보》제1호)

요리(料理) 🇯🇵 料理(りょうり ryōri). (초출: 1896,《독립신문》)

요리점(料理店) 🇯🇵 料理店(りょうりてん ryōri-ten). (초출: 1907,《대한민일신보》)

요비링 🇯🇵 呼び鈴(よびりん yobirin). (초출: 1921,《조선일보》)

요소(尿素) 🇯🇵 尿素(にょうそ nyōso). (초출: 1927,《동아일보》)

요소(要素) 🇯🇵 要素(ようそ yōso). (초출: 1906,《태극학보》제4호)

요소수(尿素水) 🇯🇵 尿素水(nyōso-sui). (초출: 1990년대 이후?)

요실금(尿失禁) 🇯🇵 尿失禁(にょうしっきん nyō-sikkin). (초출: 1955,《동아일보》)

요양소(療養所) 🇯🇵 療養所(りょうようじょ ryōyō-zyo). (초출: 1923,《조선일보》)

요원(要員) 🇯🇵 要員(よういん yōin). (초출: 1922,《동아일보》)

요인(要因) 🇯🇵 要因(よういん yōin). (초출: 1921,《동아일보》)

요일(曜日) 🇯🇵 曜日(ようび yōbi). (초출: 1895,《관보》제62호)

요점(要點) 🇯🇵 要点(ようてん yōten). (초출: 1907,《태극학보》제7호)

요정(妖精) 🇯🇵 妖精(ようせい yōsei). (초출: 1922,《동아일보》)

요정(料亭) 🇯🇵 料亭(りょうてい ryōtei). (초출: 1921,《동아일보》)

요해(了解) 🇯🇵 了解(りょうかい ryōkai). (초출: 1920,《동아일보》)

용공(容共) 🇯🇵 容共(ようきょう yōkyō). (초출: 1927,《동아일보》)

용광로(鎔鑛爐) 🇯🇵 溶鉱炉・鎔鉱炉(ようこうろ yōkō-ro). (초출: 1918,《태서문예신보》제2호)

용달(用達) 🇯🇵 用達(ようたつ yōtatsu). (초출: 1908,《대한민일신보》)

용례(用例) 🇯🇵 用例(ようれい yōrei). (초출: 1927,《동광》제13호)

용매(溶媒) 🇯🇵 溶媒(ようばい yōbai). (초출: 1959,《동아일보》)

용선(傭船) 🇯🇵 傭船(ようせん yōsen). (초출: 1895,《관보》제1호)

용액(溶液) 🇯🇵 溶液(ようえき yōeki). (초출: 1907,《서우》제2호)

용어(用語) 🇯🇵 用語(ようご yōgo). (초출: 1899,《관보1279호》)

용역(用役) 🇯🇵 用役(ようえき yōeki). (초출: 1949,《경향신문》)

용의자(容疑者) 🇯🇵 容疑者(ようぎしゃ yōgi-sha). (초출: 1907,《대한자강회월보》

제12호)

용인(容認) 〔일〕 容認(ようにん yōnin). (초출: 1906,《대한자강회월보》제5호)

용적(容積) 〔일〕 容積(ようせき yōseki). (초출: 1899,《독립신문》)

용접(鎔接) 〔일〕 溶接/熔接(ようせつ yōsetsu). (초출: 1921,《동아일보》)

용해(溶解) 〔일〕 溶解(ようかい yōkai). (초출: 1907,《대한유학생회학보》제3호)

우경(右傾) 〔일〕 右傾(うけい ukei). (초출: 1920,《동아일보》)

우경화(右傾化) 〔일〕 右傾化(うけいか ukei-ka). (초출: 1931,《동광》제23호)

우대권(優待券) 〔일〕 優待券(ゆうたいけん yūtai-ken). (초출: 1921,《동아일보》)

우동 〔일〕 饂飩(うどん udon). (초출: 1922,《동아일보》)

우량주(優良株) 〔일〕 優良株(ゆうりょうかぶ yūryō-kabu). (초출: 1924,《동아일보》)

우발적(偶發的) 〔일〕 偶発的(ぐうはつてき gūhatsu-teki). (초출: 1923,《동아일보》)

우생학(優生學) 〔일〕 優生学(ゆうせいがく yūsei-gaku). (초출: 1928,《별건곤》제
11호)

우성(優性) 〔일〕 優性(ゆうせい yūsei). (초출: 1923,《조선일보》)

우세(優勢) 〔일〕 優勢(ゆうせい yūsei). (초출: 1896,《관보》제225호)

우송(郵送) 〔일〕 郵送(ゆうそう yūsō). (초출: 1897,《관보》제831호)

우수(偶數) 〔일〕 偶数(ぐうすう gūsū). (초출: 1918, 조선총독부《조선사서원고》)

우수(優秀) 〔일〕 優秀(ゆうしゅう yūshū). (초출: 1895,《관보》제121호)

우승(優勝) 〔일〕 優勝(ゆうしょう yūsyō). (초출: 1922,《개벽》제21호)

우승열패(優勝劣敗) 〔일〕 優勝劣敗(ゆうしょうれっぱい yūsyō-reppai). (초출: 1907,
휘문의숙편집부《고등소학독본》)

우와기 〔일〕 上着/上衣(うわぎ uwagi). (초출: 1920,《동아일보》)

우왕좌왕(右往左往) 〔일〕 右往左往(うおうさおう uō-saō). (초출: 1921,《동아일보》)

우월감(優越感) 〔일〕 優越感(ゆうえつかん yūetsu-kan). (초출: 1922,《동아일보》)

우익(右翼) 〔일〕 右翼(うよく uyoku). (초출: 1925,《개벽》제59호)

우익수(右翼手) 〔일〕 右翼手(うよくしゅ uyoku-shu). (초출: 1921,《동아일보》)

우정(郵政) 〔일〕 郵政(ゆうせい yūsei). (초출: 1884,《한성순보》제15호)

우정출연(友情出演) 〔일〕 友情出演(ゆうじょうしゅつえん yuzyō-shutsuen). (초출:

1962,《동아일보》)

우주선(宇宙船) 일 宇宙船(うちゅうせん uchū-sen). (초출: 1924,《동아일보》)

우주인(宇宙人) 일 宇宙人(うちゅうじん uchū-zin). (초출: 1939,《삼천리》제11권 4호)

우편(郵便) 일 郵便(ゆうびん yūbin). (초출: 1907,《독습일어정칙》제11장)

우편국(郵便局) 일 郵便局(ゆうびんきょく yūbin-kyoku). (초출: 1905,《관보》제 3227호)

우편물(郵便物) 일 郵便物(ゆうびんぶつ yūbin-butsu). (초출: 1897,《독립신문》)

우편배달부(郵便配達夫) 일 郵便配達夫(ゆうびんはいたつふ yūbin-haitatsufu). (초출: 1920,《동아일보》)

우편번호(郵便番號) 일 郵便番号(ゆうびんばんごう yūbin-bangō). (초출: 1968, 《경향신문》)

우편선(郵便船) 일 郵便船(ゆうびんせん yūbin-sen). (초출: 1895,《관보》제73호)

우편함(郵便函) 일 郵便函(ゆうびんばこ yūbin-bako). (초출: 1924,《개벽》제44호)

우화(寓話) 일 寓話(ぐうわ gūwa). (초출: 1922,《개벽》제24호)

운동(運動) 일 運動(うんどう undō). (초출: 1889, 박영효《상소문(上訴文)》)

~운동(運動) 일 ~運動(うんどう undō). (초출: 1908,《대동학회월보》제4호)

운동장(運動場) 일 運動場(うんどうじょう undōu-zyō). (초출: 1896,《독립신문》)

운동화(運動靴) 일 運動靴(うんどうぐつ undō-gutsu). (초출: 1923,《동아일보》)

운동회(運動會) 일 運動会(うんどうかい undō-kai). (초출: 1896,《독립신문》)

운명론자(運命論者) 일 運命論者(うんめいろんじゃ unmeiron-sya). (초출: 1921, 《개벽》제15호)

운문(韻文) 일 韻文(いんぶん inbun). (초출: 1921,《동아일보》)

운반(運搬) 일 運搬(うんぱん unpan). (초출: 1895,《관보》제56호)

운송(運送) 일 運送(うんそう unsō). (초출: 1895,《관보》제44호)

운수업(運輸業) 일 運輸業(うんゆぎょう unyu-gyō). (초출: 1905,《관보》제3329호)

운영(運營) 일 運営(うんえい unei). (초출: 년도,《태극학보》제21호)

운임(運賃) 일 運賃(うんちん unchin). (초출: 1895,《서유견문》제8편)

운전(運轉) 일 運転(うんてん unten). (초출: 1895,《서유견문》제18편)

운전사(運轉士) 일 運転士(うんてんし unten-si). (초출: 1917, 이광수《무정》)

운전수(運轉手) 일 運転手(うんてんしゅ unten-syu). (초출: 1899,《독립신문》)

운휴(運休) 일 運休(うんきゅう unkyū). (초출: 1921,《동아일보》)

워커맨 일 ウォークマン(wōku-man). (초출: 1981,《경향신문》)

~원(員) 일 ~員(いん in). (초출: 1895,《관보》제1호)

~원(園) 일 ~園(えん en). (초출: 1895,《서유견문》제17편)

~원(院) 일 ~院(いん in). (초출: 1895,《서유견문》제17편)

원거리(遠距離) 일 遠距離(えんきょり en-kyori). (초출: 1908,《대한학회월보》제4호)

원격지(遠隔地) 일 遠隔地(えんかくち enkaku-chi). (초출: 1908,《대동학회월보》제2호)

원고(原告) 일 原告(げんこく genkoku). (초출: 1895,《관보》제27호)

원고(原稿) 일 原稿(げんこう genkō). (초출: 1907,《독습일어정칙》)

원고용지(原稿用紙) 일 原稿用紙(げんこうようし genkō-yōsi). (초출: 1907,《대한유학생회학보》제1호)

원고지(原稿紙) 일 原稿紙(げんこうし genkō-si). (초출: 1918,《태서문예신보》제11호)

원근법(遠近法) 일 遠近法(えんきんほう enkin-hō). (초출: 1932,《동아일보》)

원동력(原動力) 일 原動力(げんどうりょく gendō-ryoku). (초출: 1906,《태극학보》제1호)

원로원(元老院) 일 元老院(げんろういん genro-in). (초출: 1895,《관보》제134호)

원료(原料) 일 原料(げんりょう genryō). (초출: 1899,《독립신문》)

원리(元利) 일 元利(がんり ganri). (초출: 1906,《관보》제3418호)

원리(原理) 일 原理(げんり genri). (초출: 1895,《관보》제121호)

원소(元素) 일 元素(げんそ genso). (초출: 1895,《관보》제121호)

원시(遠視) 일 遠視(えんし ensi). (초출: 1907,《태극학보》제8호)

원심력(遠心力) 일 遠心力(えんしんりょく ensin-ryoku). (초출: 1907,《대한유학생회회보》제2호)

원어(原語) 일 原語(げんご gengo). (초출: 1908,《태극학보》제21호)

원예(園藝) 일 園芸(えんげい engei). (초출: 1907, 《태극학보》 제15호)

원유(原油) 일 原油(げんゆ genyu). (초출: 1906, 《태극학보》 제1호)

원인(原因) 일 原因(げんいん genin). (초출: 1895, 대한제국 《관보》 제85호)

원자(原子) 일 原子(げんし gensi). (초출: 1907, 《대한유학생회회보》 제2호)

원자력(原子力) 일 原子力(げんしりょく gensi-ryoku). (초출: 1926, 《조선일보》)

원자폭탄(原子爆彈) 일 原子爆弾(げんしばくだん gensi-bakudan). (초출: 1945, 《동아일보》)

원작(原作) 일 原作(げんさく gensaku). (초출: 1908, 이해조 《철세계》)

원점(原點) 일 原点(げんてん genten). (초출: 1936, 《동아일보》)

원조(援助) 일 援助(えんじょ enzyo). (초출: 1896, 《관보》 제244호)

원조교제(援助交際) 일 援助交際(えんじょこうさい enzyō-kōsai). (초출: 1997, 《경향신문》)

원족(遠足) 일 遠足(えんそく ensoku). (초출: 1906, 《태극학보》 제5호)

원주(圓周) 일 円周(えんしゅう ensyū). (초출: 1908, 《태극학보》 제20호)

원주민(原住民) 일 原住民(げんじゅうみん gen-zyūmin). (초출: 1908, 《호남학보》 제1호)

원천징수(源泉徵收) 일 源泉徴収(げんせんちょうしゅう gensen-chōshū). (초출: 1954, 《경향신문》)

원추형(圓錐形) 일 円錐形(えんすいけい ensui-kei). (초출: 1908, 《태극학보》 제23호)

원칙(原則) 일 原則(げんそく gensoku). (초출: 1895, 《관보》 제121호)

원탁회의(圓卓會議) 일 円卓会議(えんたくかいぎ entaku-kaigi). (초출: 1921, 《동아일보》)

원폭(原爆) 일 原爆(げんばく genbaku). (초출: 1951, 《동아일보》)

원피스 일 ワンピース(wan-pīsu). (초출: 1932, 《동아일보》)

원해(遠海) 일 遠海(えんかい enkai). (초출: 1907, 《대한유학생회회보》 제2호)

월간(月刊) 일 月刊(げっかん gekkan). (초출: 1907, 《태극학보》 제8호)

월계관(月桂冠) 일 月桂冠(げっけいかん gekkei-kan). (초출: 1906, 《태극학보》 제4호)

월동(越冬) 일 越冬(えっとう ettō). (초출: 1908, 《대한학회월보》 제8호)

월부(月賦) 일 月賦(げっぷ geppu). (초출: 1929, 《별건곤》 제24호)

월요일(月曜日) 일 月曜日(げつようび getsu-yōbi). (초출: 1895, 《관보》 제201호)

월월화수목금금(月月火水木金金) 일 月月火水木金金(げつげつかすいもくきんきん getsu-getsu-ka-sui-moku-kin-kin). (초출: 1942, 《대동아》)

웨이팅 서클 일 ウエーティング サークル(weitingu sākuru). (초출: 1970, 《동아일보》)

웨하스 일 ウエハース(wehāsu). (초출: 1931, 《동아일보》)

위관(尉官) 일 尉官(いかん ikan). (초출: 1895, 《관보》 제43호)

위궤양(胃潰瘍) 일 胃潰瘍(いかいよう i-kaiyō). (초출: 1910, 《대한흥학보》 제12호)

위기관리(危機管理) 일 危機管理(ききかんり kiki-kanri). (초출: 1967, 《조선일보》)

위기일발(危機一髮) 일 危機一髮(ききいっぱつ kiki-ippatsu). (초출: 1908, 《태극학보》 제17호)

위문대(慰問袋) 일 慰問袋(いもんぶくろ imon-bukuro). (초출: 1922, 《동아일보》)

위상(位相) 일 位相(いそう isō). (초출: 1921, 《조선일보》)

위생(衛生) 일 衛生(えいせい eisei). (초출: 1884, 《한성순보》 제18호)

위생학(衛生學) 일 衛生学(えいせいがく eisei-gaku). (초출: 1907, 《대한자강회월보》 제10호)

위성(衛星) 일 衛星(えいせい eisei). (초출: 1906, 《태극학보》 제3호)

위성도시(衛星都市) 일 衛星都市(えいせいとし eisei-tosi). (초출: 1927, 《동광》 제15호)

위성방송(衛星放送) 일 衛星放送(えいせいほうそう eisei-hōsō). (초출: 1987, 《매일경제》)

위안부(慰安婦) 일 慰安婦(いあんふ ian-fu). (초출: 1950, 《동아일보》)

위암(胃癌) 일 胃癌(いがん igan). (초출: 1910, 《대한흥학보》 제12호)

위액(胃液) 일 胃液(いえき ieki). (초출: 1909, 《대동학회월보》 제18호)

위염(胃炎) 일 胃炎(いえん ien). (초출: 1921, 《동아일보》)

위원장(委員長) 일 委員長(いいんちょう iin-chō). (초출: 1895, 《관보》 제36호)

위원회(委員會) 일 委員会(いいんかい iin-kai). (초출: 1895, 《관보》 제93호)

위임장(委任狀) 일 委任狀(いにんじょう inin-zyō). (초출: 1906,《관보》제3517호)

위자료(慰藉料) 일 慰藉料(いしゃりょう isha-ryō). (초출: 1920,《조선일보》)

위장(胃腸) 일 胃腸(いちょう ichō). (초출: 1907,《서우》제3호)

위증(僞證) 일 僞証(ぎしょう gisyō). (초출: 1908,《관보》부록)

위체(爲替) 일 爲替(かわせ kawase). (초출: 1906,《관보》제3409호)

위체수형(爲替手形) 일 爲替手形(かわせてがた kawase-tegata). (초출: 1906,《관보》제3440호)

위촉(委嘱) 일 委嘱(いしょく isyoku). (초출: 1895,《관보》제211호)

위헌(違憲) 일 違憲(いけん iken). (초출: 1908,《대동학회월보》제1호)

위험신호(危險信號) 일 危険信号(きけんしんごう kiken-singō). (초출: 1906,《태극학보》제1호)

위험인물(危險人物) 일 危険人物(きけんじんぶつ kiken-zinbutsu). (초출: 1922,《개벽》제21호)

위화감(違和感) 일 違和感(いわかん iwa-kan). (초출: 1934,《동아일보》)

유가족(遺家族) 일 遺家族(いかぞく ikazoku). (초출: 1937,《동아일보》)

유가증권(有價證券) 일 有価証券(ゆうかしょうけん yūka-syōken). (초출: 1905,《관보》제3317호)

유격대(遊擊隊) 일 遊擊隊(ゆうげきたい yūgeki-tai). (초출: 1907,《태극학보》제14호)

유격수(遊擊手) 일 遊擊手(ゆうげきしゅ yūgeki-shu). (초출: 1920,《동아일보》)

유격전(遊擊戰) 일 遊擊戦(ゆうげきせん yūgeki-sen). (초출: 1933,《동아일보》)

유곽(遊廓) 일 遊郭/遊廓(ゆうかく yūkaku). (초출: 1911, 현공염《동각한매》)

유권자(有權者) 일 有権者(ゆうけんしゃ yūken-sha). (초출: 1909,《대한협회회보》제10호)

유급휴가(有給休暇) 일 有給休暇(ゆうきゅうきゅうか yūkyū-kyūka). (초출: 1922, 최록동《현대신어석의》)

유기물(有機物) 일 有機物(ゆうきぶつ yūki-butsu). (초출: 1906,《태극학보》제2호)

유기적(有機的) 일 有機的(ゆうきてき yūki-teki). (초출: 1908,《대동학회월보》

제2호)

유기체(有機體) 일 有機体(ゆうきたい yūki-tai). (초출: 1907,《대한자강회월보》
제7호)

유단자(有段者) 일 有段者(ゆうだんしゃ yūdan-sha). (초출: 1924,《동아일보》)

유담쁘(유단보) 일 湯湯婆(ゆたんぽ yutanpo). (초출: 1930,《별건곤》제27호)

유도(柔道) 일 柔道(じゅうどう zyūdō). (초출: 1908,《태극학보》제21호)

유도리 일 ゆとり(yutori). (초출: 1938,《삼천리》제10권12호)

유도심문(誘導審問) 일 誘導尋問(ゆうどうじんもん yūdō-zinmon). (초출: 1928,
《조선일보》)

유도탄(誘導彈) 일 誘導弾(ゆうどうだん yūdō-dan). (초출: 1952,《동아일보》)

유동자본(流動資本) 일 流動資本(りゅうどうしほん ryūdō-sihon). (초출: 1920,
《동아일보》)

유력자(有力者) 일 有力者(ゆうりょくしゃ yūryoku-sha). (초출: 1907,《독습일어
정칙》)

유령회사(幽靈會社) 일 幽霊会社(ゆうれいがいしゃ yūrei-gaisha). (초출: 1922, 최
록동《현대신어석의》)

유류분(遺留分) 일 遺留分(いりゅうぶん iryūbun). (초출: 1927,《동아일보》)

유리수(有理數) 일 有理数(ゆうりすう yūri-sū). (초출: 1973,《동아일보》)

유명인(有名人) 일 有名人(ゆうめいじん yūmei-zin). (초출: 1937,《동아일보》)

유모차(乳母車) 일 乳母車(うばぐるま uba-guruma). (초출: 1926,《개벽》제71호)

유물론(唯物論) 일 唯物論(ゆいぶつろん yuibutsu-ron). (초출: 1906-1910,《보감》
부록 '휘집' 3권)

유물사관(唯物史觀) 일 唯物史観(ゆいぶつしかん yuibutsu-sikan). (초출: 1920,
《개벽》제3호)

유방(乳房) 일 乳房(ちぶさ/にゅうぼう chibusa/nyūbō). (초출: 1908,《대한학회월
보》제3호)

유산(流産) 일 流産(りゅうざん ryūzan). (초출: 1930,《별건곤》제30호)

유산(乳酸) 일 乳酸(にゅうさん nyūsan). (초출: 1908,《서북학회월보》제5호)

유산(硫酸) 일 硫酸(りゅうさん ryūsan). (초출: 1895,《관보》제85호)

유산(遺産) 일 遺産(いさん isan). (초출: 1895,《관보》제15호)

유산계급(有産階級) 일 有産階級(ゆうさんかいきゅう yūsan-kaikyū). (초출: 1921,《개벽》제10호)

유산균(乳酸菌) 일 乳酸菌(にゅうさんきん nyūsan-kin). (초출: 1929,《별건곤》제 19호)

유산자(有産者) 일 有産者(ゆうさんしゃ yūsan-sha). (초출: 1897,《대조선독립협 회회보》제11호)

유선(有線) 일 有線(yūsen). (초출: 1924,《동아일보》)

유선방송(有線放送) 일 有線放送(ゆうせんほうそう yūsen-hōsō). (초출: 1939, 《동아일보》)

유선형(流線型) 일 流線型(りゅうせんけい ryūsen-kei). (초출: 1934,《별건곤》제 73호)

유성(遊星) 일 遊星(ゆうせい yūsei). (초출: 1895,《서유견문》제1편)

유성기(留聲機) 일 留声機(りゅうせいき ryūsei-ki). (초출: 1899,《독립신문》)

유심론(唯心論) 일 唯心論(ゆいしんろん yuisin-ron). (초출: 1920,《개벽》제3호)

유아원(幼兒園) 일 幼児園(ようじえん yōzi-en). (초출: 1920,《개벽》제5호)

유역(流域) 일 流域(りゅういき ryūiki). (초출: 1921,《개벽》제14호)

유원지(遊園地) 일 遊園地(ゆうえんち yūen-chi). (초출: 1921,《동아일보》)

유의어(類義語) 일 類義語(るいぎご ruigi-go). (초출: 1918, 조선총독부《조선사서원고》)

유일신(唯一神) 일 唯一神(ゆいいつしん yuitsu-sin). (초출: 1907,《대한유학생회회 보》제1호)

유전(遺傳) 일 遺伝(いでん iden). (초출: 1906,《태극학보》제2호)

유전자(遺傳子) 일 遺伝子(いでんし idensi)(초출: 1937,《동아일보》)

유조차(油槽車) 일 油槽車(ゆそうしゃ yusō-sya). (초출: 1939,《동아일보》)

유지(油脂) 일 油脂(ゆし yusi). (초출: 1907,《대한유학생회회보》제3호)

유착(癒着) 일 癒着(ゆちゃく yuchaku). (초출: 1907,《태극학보》제16호)

유체(流體) 일 流体(りゅうたい ryūtai). (초출: 1906-1910,《보감》부록 '휘집 2권')

유치원(幼稚園) 일 幼稚園(ようちえん yōchi-en). (초출: 1907, 《독습일어정칙》 제
10장)

유치장(留置場) 일 留置場(りゅうちじょう ryychi-zyō). (초출: 1907, 《경향보감》)

유탄포(榴彈砲) 일 榴弾砲(りゅうだんほう/ryūdan-hō). (초출: 1923, 《동아일보》)

유턴 일 ユーターン(yū-tān)(초출: 1991, 《동아일보》)

유학(留學) 일 留学(りゅうがく ryūgaku). (초출: 1895, 《서유견문》)

유학생(留學生) 일 留学生(りゅうがくせい ryūgaku-sei). (초출: 1881, 이헌영 《일
사집략》)

유한회사(有限會社) 일 有限会社(ゆうげんがいしゃ yūgen-kaisha). (초출: 1938,
《동아일보》)

유행가(流行歌) 일 流行歌(りゅうこうか ryūkō-ka). (초출: 1926, 《개벽》 제68호)

유행어(流行語) 일 流行語(りゅうこうご ryūkō-go). (초출: 1921, 《개벽》 제10호)

유형(類型) 일 類型(るいけい ruikei). (초출: 1920, 《개벽》 제4호)

유휴지(遊休地) 일 遊休地(ゆうきゅうち yūkyū-chi). (초출: 1947, 《동아일보》)

육감(六感) 일 六感(ろっかん rokkan). (초출: 1927, 《별건곤》 제10호)

육감(肉感) 일 肉感(にっかん nikkan). (초출: 1921, 《개벽》 제15호)

육교(陸橋) 일 陸橋(りっきょう rikkyō). (초출: 1929, 《동아일보》)

육군(陸軍) 일 陸軍(りくぐん rikugun). (초출: 1883, 《한성순보》 제1호)

육박전(肉薄戰) 일 肉薄戦(にくはくせん nikuhaku-sen). (초출: 1922, 《동아일보》)

육법(六法) 일 六法(ろっぽう roppō). (초출: 1925, 《개벽》 제61호)

육법전서(六法全書) 일 六法全書(ろっぽうぜんしょ roppō-zensho). (초출: 1922,
《동아일보》)

육사(陸士) 일 陸士(りくし rikusi). (초출: 1932, 《동아일보》)

육상경기(陸上競技) 일 陸上競技(りくじょうきょうぎ rikuzyō-kyōgi). (초출:
1920, 《동아일보》)

육상부(陸上部) 일 陸上部(りくじょうぶ rikuzyō-bu). (초출: 1929, 《동아일보》)

육종(育種) 일 育種(いくしゅ ikushu). (초출: 1921, 《조선일보》)

육체노동(肉體勞動) 일 肉体労働(にくたいろうどう nikutai-rōdō). (초출: 1922,

《개벽》 제29호)

육체적(肉體的) 일 肉体的(にくたいてき nikutai-teki). (초출: 1906,《태극학보》 제3호)

육체파(肉體派) 일 肉体派(にくたいは nikutai-ha). (초출: 1955,《동아일보》)

육탄(肉彈) 일 肉弾(にくだん nikudan). (초출: 1921,《동아일보》)

육탄전(肉彈戰) 일 肉弾戦(にくだんせん nikudan-sen). (초출: 1922,《동아일보》)

육해군(陸海軍) 일 陸海軍(りくかいぐん rikukaigun). (초출: 1898,《독립신문》)

육혈포(六穴砲) 일 六穴砲(ろっけつほう rokketsu-hō). (초출: 1897,《독립신문》)

윤곽(輪廓) 일 輪郭／輪廓(りんかく rinkaku). (초출: 1917, 이광수《무정》)

윤리학(倫理學) 일 倫理学(りんりがく rinri-gaku). (초출: 1909,《기호흥학회월보》 제10호)

윤번(輪番) 일 輪番(りんばん rinban). (초출: 1898,《관보》 제882호)

윤작(輪作) 일 輪作(りんさく rinsaku). (초출: 1907,《태극학보》 제11호)

윤전기(輪轉機) 일 輪転機(りんてんき rinten-ki). (초출: 1920,《동아일보》)

윤중제(輪中堤) 일 輪中堤(わじゅうてい wazyū-tei). (초출: 1968,《동아일보》)

윤화(輪禍) 일 輪禍(りんか rinka). (초출: 1935,《동아일보》)

윤활유(潤滑油) 일 潤滑油(じゅんかつゆ zyunkatsu-yu). (초출: 1934,《동아일보》)

~율(率) 일 ~率(りつ ritsu). (초출: 1926,《개벽》 제65호)

융단폭격(絨緞爆擊) 일 絨毯爆撃(じゅうたんばくげき zyūdan-bakugeki). (초출: 1972,《동아일보》)

융자(融資) 일 融資(ゆうし yūsi). (초출: 1908,《관보》 제4205호)

융합(融合) 일 融合(ゆうごう yūgō). (초출: 1908,《대한학회월보》 제5호)

은막(銀幕) 일 銀幕(ぎんまく ginmaku). (초출: 1927, 주요섭《열 줌의 흙》)

은시계(銀時計) 일 銀時計(ぎんどけい gin-dokei). (초출: 1899,《미일신문》)

은익(銀翼) 일 銀翼(ぎんよく ginyoku). (초출: 1931,《삼천리》 제3권 제9호)

은행(銀行) 일 銀行(ぎんこう ginkō). (초출: 1884,《한성순보》 제14호)

은행권(銀行券) 일 銀行券(ぎんこうけん ginkō-ken). (초출: 1905,《관보》 제3178호)

은행원(銀行員) 일 銀行員(ぎんこういん ginkō-in). (초출: 1907, 《대한유학생회학보》 제2호)

은혼식(銀婚式) 일 銀婚式(ぎんこんしき ginkon-siki). (초출: 1925, 《동아일보》)

음계(音階) 일 音階(おんかい onkai). (초출: 1925, 《개벽》 제57호)

음극(陰極) 일 陰極(いんきょく inkyoku). (초출: 1907, 《태극학보》 제10호)

음료(飲料) 일 飲料(いんりょう inryō). (초출: 1895, 《서유견문》 제10편)

음료수(飲料水) 일 飲料水(いんりょうすい inryō-sui). (초출: 1895, 《서유견문》 제10편)

음반(音盤) 일 音盤(おんばん onban). (초출: 1931, 《동아일보》)

음부(音符) 일 音符(おんぷ onpu). (초출: 1917, 이광수 《무정》)

음색(音色) 일 音色(おんしょく/ねいろ onshoku/neiro). (초출: 1921, 《개벽》 제7호)

음성(陰性) 일 陰性(いんせい insei). (초출: 1918, 조선총독부 《조선사서원고》)

음성학(音聲學) 일 音声学(おんせいがく onsei-gaku). (초출: 1926, 《동광》 제8호)

음속(音速) 일 音速(おんそく onsoku). (초출: 1948, 《동아일보》)

음식물(飲食物) 일 飲食物(いんしょくぶつ inshoku-butsu). (초출: 1898, 《관보》 제852호)

음식점(飲食店) 일 飲食店(いんしょくてん inshoku-ten). (초출: 1895, 《관보》 제85호)

음악가(音樂家) 일 音楽家(おんがくか ongaku-ka). (초출: 1907, 《대한유학생회학보》 제2호)

음악회(音樂會) 일 音楽会(おんがくかい ongaku-kai). (초출: 1897, 《독립신문》)

음압(陰壓) 일 陰圧(いんあつ inatsu). (초출: 1908, 《대한학회월보》 제5호)

음역(音譯) 일 音訳(おんやく onyaku). (초출: 1923, 《동아일보》)

음용수(飲用水) 일 飲用水(いんようすい inyō-sui). (초출: 1899, 《관보》 제1363호)

음절(音節) 일 音節(おんせつ onsetsu). (초출: 1896, 학부 《신정심상소학》)

음정(音程) 일 音程(おんてい ontei). (초출: 1927, 《별건곤》 제10호)

음치(音癡) 일 音痴・音癡(おんち onchi). (초출: 1971, 《동아일보》)

음파(音波) 일 音波(おんぱ onpa). (초출: 1909, 《대한흥학보》 제4호)

응고(凝固) 일 凝固(ぎょうこ gyōko). (초출: 1907, 《서우》 제2호)

응소(應訴) 일 応訴(おうそ ōso). (초출: 1905, 《관보》 제3114)

응접실(應接室) 일 応接室(おうせつしつ ōsetsu-sitsu). (초출: 1907, 《독습일어정칙》)

~의(醫) 일 ~医(い i). (초출: 1909, 《기호흥학회월보》 제7호)

의기소침(意氣銷沈) 일 意気消沈(いきしょうちん iki-shōchin). (초출: 1925, 《동아
   일보》)

의무(義務) 일 義務(ぎむ gimu). (초출: 1895, 《관보》 제4호)

의무교육(義務敎育) 일 義務敎育(ぎむきょういく gimu-kyōiku). (초출: 1906, 《태
   극학보》 제3호)

의미(意味) 일 意味(いみ imi). (초출: 1895, 《서유견문》 제16편)

의미론(意味論) 일 意味論(いみろん imi-ron). (초출: 1933, 《조선일보》)

의사(意思) 일 意思(いし isi). (초출: 1895, 《서유견문》 제16편)

의사당(議事堂) 일 議事堂(ぎじどう gizi-dō). (초출: 1895, 《서유견문》 제19편)

의생활(衣生活) 일 衣生活(いせいかつ i-seikatsu). (초출: 1948, 《경향신문》)

의석(議席) 일 議席(ぎせき giseki). (초출: 1895, 《관보》 제211호)

의성어(擬聲語) 일 擬声語(ぎせいご gisei-go). (초출: 1926, 《동광》 제5호)

의수(義手) 일 義手(ぎしゅ gishu). (초출: 1937, 《동아일보》)

의숙(義塾) 일 義塾(ぎじゅく gizyuku). (초출: 1896, 《관보》 제226호)

의식(意識) 일 意識(いしき isiki). (초출: 1906, 휘문의숙편집부 《중등수신 교과서》
   권3 제2)

의식주(衣食住) 일 衣食住(いしょくじゅう i-shoku-zyū). (초출: 1907, 정운복 《독
   습일어정칙》 第五章)

의안(義眼) 일 義眼(ぎがん gigan). (초출: 1930, 《동아일보》)

의안(議案) 일 議案(ぎあん gian). (초출: 1895, 《관보》 제2호)

의역(意譯) 일 意訳(いやく iyaku). (초출: 1918, 조선총독부 《조선사서원고》)

의연금(義捐金) 일 義捐金(ぎえんきん gien-kin). (초출: 1897, 《독립신문》)

의용대(義勇隊) 일 義勇隊(ぎゆうたい giyū-tai). (초출: 1924, 《개벽》 제52호)

의용병(義勇兵) ⑪ 義勇兵(ぎゆうへい giyū-hei). (초출: 1895, 《서유견문》 제9편)

의원(議員) ⑪ 議員(ぎいん giin). (초출: 1884, 《한성순보》 제10호)

의원(議院) ⑪ 議院(ぎいん giin). (초출: 1895, 《서유견문》 제20편)

의인법(擬人法) ⑪ 擬人法(ぎじんほう gizin-hō). (초출: 1925, 《개벽》 제57호)

의장(意匠) ⑪ 意匠(いしょう isyō). (초출: 1895, 《서유견문》)

의장(議長) ⑪ 議長(ぎちょう gichō). (초출: 1895, 《관보》 제2호)

의장병(儀仗兵) ⑪ 儀仗兵(ぎじょうへい gizyō-hei). (초출: 1908, 《관보》 제4035호)

의전(儀典) ⑪ 儀典(ぎてん giten). (초출: 1918, 조선총독부 《조선사서원고》)

의정서(議定書) ⑪ 議定書(ぎていしょ gitei-syo). (초출: 1897, 《독립신문》)

의제(議題) ⑪ 議題(ぎだい gidai). (초출: 1895, 《관보》 제134호)

의족(義足) ⑪ 義足(ぎそく gisoku). (초출: 1929, 《동아일보》)

의지(意志) ⑪ 意志(いし isi). (초출: 1896, 《관보》 제445호)

의치(義齒) ⑪ 義歯(ぎし gisi). (초출: 1923, 《개벽》 제35호)

의태어(擬態語) ⑪ 擬態語(ぎたいご gitai-go). (초출: 1955, 《동아일보》)

의회(議會) ⑪ 議会(ぎかい gikai). (초출: 1884, 《한성순보》 제17호)

이견(異見) ⑪ 異見(いけん iken). (초출: 1899, 《관보》 제1645호)

이과(理科) ⑪ 理科(りか rika). (초출: 1895, 《관보》 제102호)

이국정조(異國情調) ⑪ 異国情調(いこくじょうちょう ikoku-zyōchō). (초출: 1922, 최록동 《현대신어석의》)

이기주의(利己主義) ⑪ 利己主義(りこしゅぎ riko-syugi). (초출: 1918, 《태서문예신보》 제11호)

이념(理念) ⑪ 理念(りねん rinen). (초출: 1920, 《개벽》 제2호)

이뇨제(利尿劑) ⑪ 利尿剤(りにょうざい rinyō-zai). (초출: 1918, 조선총독부 《조선사서원고》)

이단아(異端兒) ⑪ 異端児(いたんじ itan-zi). (초출: 1933, 《조선일보》)

이단자(異端者) ⑪ 異端者(いたんしゃ itan-sha). (초출: 1907, 《대한자강회월보》 제12호)

이동전화(移動電話) ⑪ 移動電話(いどうでんわ idō-denwa). (초출: 1960, 《동아일보》)

이동통신(移動通信) 일 移動通信(いどうつうしん idō-tsūsin). (초출: 1969,《동아일보》)

이력서(履歷書) 일 履歷書(りれきしょ rireki-sho). (초출: 1897,《관보》제626호)

이론적(理論的) 일 理論的(りろんてき riron-teki). (초출: 1922,《개벽》제19호)

이륙(離陸) 일 離陸(りりく ririku). (초출: 1929,《동아일보》)

이모작(二毛作) 일 二毛作(にもうさく nimōsaku). (초출: 1907,《대한자강회월보》제7호)

이민(移民) 移民(いみん imin). (초출: 1897,《대조선독립협회회보》제10호)

이민족(異民族) 일 異民族(いみんぞく i-minzoku). (초출: 1909,《대한흥학보》제6호)

이방인(異邦人) 일 異邦人(いほうじん ihō-zin). (초출: 1907,《서우》제10호)

이빠이(입빠이) 일 一杯(いっぱい ippai). (초출: 1965,《조선일보》)

이비인후과(耳鼻咽喉科) 일 耳鼻咽喉科(じびいんこうか zibi-inkō-ka). (초출: 1909,《관보》제4542호)

이상(理想) 일 理想(りそう risō). (초출: 1895,《서유견문》제8편)

~이상(以上) 일 ~以上(いじょう izyō). (초출: 1895,《서유견문》제9편)

이상향(理想鄉) 일 理想鄉(りそうきょう risō-kyō). (초출: 1921,《개벽》제11호)

이서(裏書) 일 裏書(うらがき uragaki). (초출: 1905,《관보》부록)

이성(理性) 일 理性(りせい risei). (초출: 1906-1910,《보감》부록 '휘집 2)

이성(異性) 일 異性(いせい isei). (초출: 1908,《대한학회월보》제3호)

이수(履修) 일 履修(りしゅう rishū). (초출: 1909,《관보》제4393호)

이용(理容) 일 理容(りよう riyō). (초출: 1939,《조선일보》)

이원론(二元論) 일 二元論(にげんろん nigen-ron). (초출: 1906-1910,《보감》부록 '휘집' 3권)

이유(理由) 일 理由(りゆう riyū). (초출: 1895,《서유견문》제2편)

이유식(離乳食) 일 離乳食(りにゅうしょく rinyū-shoku). (초출: 1992,《연합뉴스》)

이윤(利潤) 일 利潤(りじゅん rizyun). (초출: 1895,《관보》제146호)

이율(利率) 일 利率(りりつ riritsu). (초출: 1924,《개벽》제52호)

이율배반(二律背反) 일 二律背反(にりつはいはん niritsu-haihan). (초출: 1923,《동아일보》)

이인삼각(二人三脚) 일 二人三脚(ににんさんきゃく ninin-sankyaku). (초출: 1908, 《태극학보》 제26호)

이인칭(二人稱) 일 二人称(ににんしょう ni-ninshō). (초출: 1918, 조선총독부 《조선사서원고》)

이자(利子) 일 利子(りし risi). (초출: 1905, 《관보》 호외)

이재민(罹災民) 일 罹災民(りさいみん risai-min). (초출: 1921, 《동아일보》)

이재학(理財學) 일 理財学(りざいがく rizai-gaku). (초출: 1898, 《독립신문》)

이정표(里程標) 일 里程標(りていひょう ritei-hyō). (초출: 1923, 《동아일보》)

이중인격(二重人格) 일 二重人格(にじゅうじんかく nizyū-zinkaku). (초출: 1926, 《별건곤》 제1호)

이중주(二重奏) 일 二重奏(にじゅうそう nizyū-sō). (초출: 1926, 《조선일보》)

이지메 일 いじめ(苛め izime). (초출: 1985, 《조선일보》)

이지적(理智的) 일 理知的/理智的(りちてき richi-teki). (초출: 1921, 《개벽》 제14호)

이질적(異質的) 일 異質的(いしつてき isitsu-teki). (초출: 1922, 《조선일보》)

이착륙(離着陸) 일 離着陸(りちゃくりく richakuriku). (초출: 1926, 《동아일보》)

이체(移替) 일 移替(うつしかえ/うつりがえ utsusikae/utsurikae). (초출: 1918), 《태서문예신보》 제3호)

이타주의(利他主義) 일 利他主義(りたしゅぎ rita-shugi). (초출: 1922, 최록동 《현대신어석의》)

~이하(以下) 일 ~以下(いか ika). (초출: 1895, 《관보》 제1호)

이하선염(耳下腺炎) 일 耳下腺炎(じかせんえん zikasen-en). (초출: 1928, 《동아일보》)

이해관계(利害關係) 일 利害関係(りがいかんけい rigai-kankei). (초출: 1921, 《개벽》 제8호)

이화학(理化學) 일 理化学(りかがく rikagaku). (초출: 1895, 《관보》 제121호)

익사체(溺死體) 일 溺死体(できしたい dekisi-tai). (초출: 1921, 《동아일보》)

익월(翌月) 일 翌月(よくげつ yokugetsu). (초출: 1895, 《관보》 제4호)

~인(人) 일 ~人(じん zin). (초출: 1896, 《관보》 제389호)

인가(認可) 일 認可(にんか ninka). (초출: 1895, 《관보》 제15호)

인간관계(人間關係) 일 人間関係(にんげんかんけい ningen-kankei). (초출: 1908, 《태극학보》 제26호)

인간도크 일 人間ドック(にんげんドック ningen-dokku). (초출: 1962, 《동아일보》)

인간미(人間味) 일 人間味(にんげんみ ningen-mi). (초출: 1921, 《개벽》 제12호)

인간성(人間性) 일 人間性(にんげんせい ningen-sei). (초출: 1920, 《동아일보》)

인간적(人間的) 일 人間的(にんげんてき ningen-teki). (초출: 1907, 《대한유학생회학보》 제1호)

인감(印鑑) 일 印鑑(いんかん inkan). (초출: 1905, 《관보》 호외)

인감증명(印鑑證明) 일 印鑑証明(いんかんしょうめい inkan-shōmei). (초출: 1921, 《동아일보》)

인건비(人件費) 일 人件費(じんけんひ zinken-hi). (초출: 1908, 《관보》 제4128호)

인격(人格) 일 人格(じんかく zinkaku). (초출: 1906, 《태극학보》 제3)

인계(引繼) 일 引継(ひきつぎ hikitsugi). (초출: 1905, 《황성신문》)

인공(人工) 일 人工(じんこう zinkō). (초출: 1895, 《서유견문》 제20편)

인공강우(人工降雨) 일 人工降雨(じんこうこうう zinkō-kōu). (초출: 1922, 《개벽》 제27호)

인공수정(人工受精) 일 人工受精(じんこうじゅせい zinkō-zyusei). (초출: 1930, 《동아일보》)

인공위성(人工衛星) 일 人工衛星(じんこうえいせい zinkō-eisei). (초출: 1954, 《경향신문》)

인공지능(人工知能) 일 人工知能(じんこうちのう zinkō-chinō). (초출: 1969, 경향신문)

인공호흡(人工呼吸) 일 人工呼吸(じんこうこきゅう zinkō-kokyū). (초출: 1921, 《개벽》 제13호)

인권(人權) 일 人権(じんけん zinken). (초출: 1898, 《독립신문》)

인기(人氣) 일 人気(にんき ninki). (초출: 1903, 《신학월보》 제3권 5호)

인내력(忍耐力) 일 忍耐力(にんたいりょく nintai-ryoku). (초출: 1907, 《대한유학생회학보》)

인대(靭帶) 일 靭帶(じんたい zintai). (초출: 1908, 《기호흥학회월보》 제1호)

인도(引渡) 일 引渡(ひきわたし hikiwatasi). (초출: 1907, 《관보》 제3856호)

인도주의(人道主義) 일 人道主義(じんどうしゅぎ zindō-syugi). (초출: 1907, 《태극학보》 제13호)

인두세(人頭稅) 일 人頭稅(じんとうぜい zintō-zei). (초출: 1907, 《관보》 제3669호)

인력(引力) 일 引力(いんりょく inryoku). (초출: 1895, 《서유견문》 제13편)

인력거(人力車) 일 人力車(じんりきしゃ zinriki-sya). (초출: 1886, 《한성주보》 제6호)

인류학(人類學) 일 人類学(じんるいがく zinrui-gaku). (초출: 1895, 《관보》 제176호)

인맥(人脈) 일 人脈(じんみゃく zinmyaku). (초출: 1940, 《삼천리》 제12권 제5호)

인문과학(人文科學) 일 人文科学(じんぶんかがく zinbun-kagaku). (초출: 1928, 《별건곤》 제12·13호)

인민(人民) 일 人民(じんみん zinmin). (초출: 1880, 《한불자전》)

인민재판(人民裁判) 일 人民裁判(じんみんさいばん zinmin-saiban). (초출: 1927, 《동아일보》)

인민전선(人民戰線) 일 人民戦線(じんみんせんせん zinmin-sensen). (초출: 1936, 《동아일보》)

인사불성(人事不省) 일 人事不省(じんじふせい zinzi-fusei). (초출: 1918, 조선총독부 《조선사서원고》)

인산(燐酸) 일 燐酸(りんさん rinsan). (초출: 1923, 《동아일보》)

인상(引上) 일 引上(ひきあげ hikiage). (초출: 1896, 《친목회회보》 제2호)

인상(印象) 일 印象(いんしょう insyō). (초출: 1907, 《태극학보》 제14호)

인상주의(印象主義) 일 印象主義(いんしょうしゅぎ inshō-shugi). (초출: 1921, 《개벽》 제15호)

인생관(人生觀) 일 人生観(じんせいかん zinsei-kan). (초출: 1906, 《태극학보》 제4호)

인세(印稅) 일 印稅(いんぜい inzei). (초출: 1895, 학부 《국민소학독본》)

인쇄물(印刷物) 일 印刷物(いんさつぶつ insatsu-butsu). (초출: 1897, 《관보》 제

587호)

인쇄소(印刷所) 일 印刷所(いんさつじょ insatsu-zyo). (초출: 1899,《독립신문》)

인수(引受) 일 引受(ひきうけ hikiuke). (초출: 1896,《서유견문》 제18편)

인식(認識) 일 認識(にんしき ninsiki). (초출: 1895,《관보》 제121호)

인식론(認識論) 일 認識論(にんしきろん ninsiki-ron). (초출: 1914,《青春》 창간호)

인신공격(人身攻擊) 일 人身攻擊(じんしんこうげき zinsin-kōgeki). (초출: 1923,
《개벽》 제37호)

인신매매(人身賣買) 일 人身売買(じんしんばいばい zinsin-baibai). (초출: 1907,
《태극학보》 제7호)

인양(引揚) 일 引揚(ひきあげ hikiage). (초출: 1927,《별건곤》 제7호)

인용(認容) 일 認容(にんよう ninyō). (초출: 1898,《믹일신문》)

인위적(人爲的) 일 人爲的(じんいてき zini-teki). (초출: 1906,《태극학보》 제5호)

인자(因子) 일 因子(いんし insi). (초출: 1923,《개벽》 제40호)

인재파견(人材派遣) 일 人材派遣(じんざいはけん zinzai-haken). (초출: 1981,《경
향신문》)

인적(人的) 일 人的(じんてき zinteki). (초출: 1908,《대동학회월보》 제7호)

인조(人造) 일 人造(じんぞう zinzō). (초출: 1895,《관보》 제180호)

인조견(人造絹) 일 人造絹(じんぞうけん zinzō-ken). (초출: 1925,《동아일보》)

인종(人種) 일 人種(じんしゅ zinshu). (초출: 1895,《서유견문》 제2편)

인지(印紙) 일 印紙(いんし insi). (초출: 1884,《한성순보》)

인지(認知) 일 認知(にんち ninchi). (초출: 1897,《관보》 제572호)

인촌(燐寸) 일 燐寸(マッチ mattsi). (초출: 1908,《대한협회회보》 제1호)

인출(引出) 일 引出(ひきだし hikidasahi). (초출: 1901,《황성신문》)

인칭(人稱) 일 人称(にんしょう ninsyō). (초출: 1909,《少年》 제6호)

인 코스 일 インコース(in-kōsu). (초출: 1936,《동아일보》)

인테리 일 インテリ(interi). (초출: 1921,《개벽》 제13호)

인프라 일 インフラ(infura). (초출: 1981,《매일경제》)

인플레(인프레) 일 インフレ(infure). (초출: 1932,《동광》 제31호)

인하(引下) 일 引下(ひきさげ hikisage). (초출: 1902, 《황성신문》)

인형극(人形劇) 일 人形劇(にんぎょうげき ningyō-geki). (초출: 1927, 《동아일보》)

인화(印畵) 일 印画(いんが inga). (초출: 1927, 《동광》 제12호)

인환(引換) 일 引換(ひきかえ hikikae). (초출: 1901, 《관보》 제1811호)

일간(日刊) 일 日刊(にっかん nikkan). (초출: 1906, 《태극학보》 제5호)

일간지(日刊紙) 일 日刊紙(にっかんし nikkan-si). (초출: 1923, 《조선일보》)

일과성(一過性) 일 一過性(いっかせい ikka-sei). (초출: 1929, 《동아일보》)

일교차(日較差) 일 日較差(にちかくさ/にっこうさ nichi-kkusa/nik-kōsa). (초출: 1959, 《경향신문》)

일당(日當) 일 日当(にっとう nittō). (초출: 1908, 《관보》 제4199호)

일등국(一等國) 일 一等国(いっとうこく ittōko-ku). (초출: 1897, 《독립신문》)

일람표(一覽表) 일 一覧表(いちらんひょう ichiran-hyō). (초출: 1895, 《관보》 제146호)

일반화(一般化) 일 一般化(いっぱんか ippan-ka). (초출: 1907, 《태극학보》 제7호)

일방적(一方的) 일 一方的(いっぽうてき ippō-teki). (초출: 1922, 《동아일보》)

일본도(日本刀) 일 日本刀(にほんとう nihon-tō). (초출: 1923, 《개벽》 제40호)

일부다처(一夫多妻) 일 一夫多妻(いっぷたさい ippu-tasai). (초출: 1895, 《관보》 제142호)

일부변경선(日附變更線) 일 日付変更線(ひづけへんこうせん hizuke-henkōsen). (초출: 1937, 《조선일보》)

일부인(日附印) 일 日付印(ひづけいん hizuke-in). (초출: 1897, 《관보》 제606호)

일석이조(一石二鳥) 일 一石二鳥(いっせきにちょう isseki-nichō). (초출: 1926, 《동아일보》)

일시불(一時拂) 일 一時払い(いちじばらい ichizi-barai). (초출: 1924, 《동아일보》)

일요일(日曜日) 일 日曜日(にちようび nichi-yōbi). (초출: 1881, 이헌영 《日槎集略》)

일용품(日用品) 일 日用品(にちようひん nichiyō-hin). (초출: 1895, 《관보》 제182호)

일원론(一元論) 일 一元論(いちげんろん ichigen-ron). (초출: 1906-1910, 《보감》 부록 '휘집 2권')

일원화(一元化) 일 一元化(いちげんか ichigen-ka). (초출: 1931,《동아일보》)

일인칭(一人稱) 일 一人稱(いちにんしょう ichi-ninshō). (초출: 1918, 조선총독부《조선사서원고》)

일장기(日章旗) 일 日章旗(にっしょうき nissyōki). (초출: 1909,《대한흥학보》제8호)

일조권(日照權) 일 日照権(にっしょうけん nissyō-ken). (초출: 1971,《동아일보》)

일직선(一直線) 일 一直線(いっちょくせん itchoku-sen). (초출: 1897,《대조선독립협회회보》제10호)

임간학교(林間學校) 일 林間学校(りんかんがっこう rinkan-gakkō). (초출: 1923,《동아일보》)

임검(臨檢) 일 臨檢(りんけん rinken). (초출: 1895,《관보》제156호)

임계점(臨界點) 일 臨界点(りんかいてん rinkai-ten). (초출: 1962,《경향신문》)

임금(賃金) 일 賃金(ちんぎん chingin). (초출: 1895,《서유견문》제19편)

임기(任期) 일 任期(にんき ninki). (초출: 1895,《관보》제211호)

임대(賃貸) 일 賃貸(ちんたい chintai). (초출: 1909,《대동학회월보》제18호)

임대료(賃貸料) 일 賃貸料(ちんたいりょう chintai-ryō). (초출: 1922,《개벽》제24호)

임명(任命) 일 任命(にんめい nimmei). (초출: 1895, 대한제국《관보》제43호)

임무(任務) 일 任務(にんむ ninmu). (초출: 1895,《관보》제15호)

임산부(姙産婦) 일 妊産婦(にんさんぷ ninsan-pu). (초출: 1926,《동아일보》)

임상(臨床) 일 臨床(りんしょう rinsyō). (초출: 1920,《개벽》제1호)

임차(賃借) 일 賃借(ちんしゃく chinsyaku). (초출: 1900,《황성신문》)

임파선(淋巴腺) 일 琳派線/淋巴腺(りんぱせん rinpa-sen). (초출: 1918, 조선총독부《조선사서원고》)

임해학교(臨海學校) 일 臨海学校(りんかいがっこう rinkai-gakkō). (초출: 1923,《동아일보》)

입각(立脚) 일 立脚(りっきゃく rikkyaku). (초출: 1920,《개벽》제1호)

입간판(立看板) 일 立看板(たてかんばん tate-kanban). (초출: 1926,《동아일보》)

입건(立件) 일 立件(りっけん rikken). (초출: 1948,《경향신문》)

입구(入口) 일 入口(いりぐち iriguchi). (초출: 1895,《관보》제144호)

입당(入黨) 일 入党(にゅうとう nyūtō). (초출: 1924, 《개벽》 제46호)

입력(入力) 일 入力(にゅうりょく nyūryoku). (초출: 1968, 《경향신문》)

입방(立方) 일 立方(りっぽう rippō). (초출: 1895, 《관보》 제161호)

입방근(立方根) 일 立方根(りっぽうこん rippō-kon). (초출: 1931, 《조선일보》)

입법권(立法權) 일 立法権(りっぽうけん rippō-ken). (초출: 1921, 《동아일보》)

입사(入社) 일 入社(にゅうしゃ nyūsha). (초출: 1909, 《대동학회월보》 제18호)

입소(入所) 일 入所(にゅうしょ nyūsyo). (초출: 1930, 《별건곤》 제32호)

입시(入試) 일 入試(にゅうし nyūsi). (초출: 1925, 《개벽》 제60호)

입신출세(立身出世) 일 立身出世(りっしんしゅっせ rissin-shusse). (초출: 1923, 《동아일보》)

입원(入院) 일 入院(にゅういん nyūin). (초출: 1895, 《관보》 제85호)

입자(粒子) 일 粒子(りゅうし ryūsi). (초출: 1907, 《대한자강회월보》 제8호)

입장(立場) 일 立場(たちば tachiba). (초출: 1907, 《서우》 제10호)

입장권(入場券) 일 立場券(にゅうじょうけん nyūzyō-ken). (초출: 1909, 《대한민일신보》)

입장료(入場料) 일 入場料(にゅうじょうりょう nyūzyō-ryō). (초출: 1908, 《대한협회회보》 제5호)

입지(立地) 일 立地(りっち ritchi). (초출: 1921, 《개벽》 제13호)

입지전(立志傳) 일 立志伝(りっしでん rissi-den). (초출: 1921, 《동아일보》)

입찰(入札) 일 入札(にゅうさつ nyūsatsu). (초출: 1906, 《관보》 제3390호)

입체(立替) 일 立替え/立替(たてかえ tatekae). (초출: 1909, 《대한민보》)

입체(立體) 일 立体(りったい rittai). (초출: 1922, 최록동 《현대신어석의》)

입초(入超) 일 入超(にゅうちょう nyūchō). (초출: 1921, 《동아일보》)

입하(入荷) 일 入荷(にゅうか nyūka). (초출: 1918, 《매일신보》)

입학시험(入學試驗) 일 入学試験(にゅうがくしけん nyūgaku-siken). (초출: 1895, 《관보》 제17호)

입헌(立憲) 일 立憲(りっけん rikken). (초출: 1895, 《서유견문》 제5편)

입헌정치(立憲政治) 일 立憲政治(りっけんせいじ rikken-seizi). (초출: 1908, 구연

학《설중매》)

입회(立會) 일 立会(たちあい tachiai). (초출: 1895, 《관보》 제28호)

입회인(立會人) 일 立会人(たちあいにん tachiai-nin). (초출: 1907, 《신학월보》 권5 제2호)

입후보(立候補) 일 立候補(りっこうほ rikkōho). (초출: 1920, 《개벽》 제2호)

잉꼬부부 일 インコ夫婦(いんこふうふ inko-fūfu). (초출: 1963, 《경향신문》)

잉여가치(剩餘價値) 일 剩余価値(じょうよかち zyōyo-kachi). (초출: 1922, 《개벽》 제21호)

【자】

~자(者) 일 ~者(しゃ sya). (초출: 1895, 《관보》 제27호)

자궁(子宮) 일 子宮(しきゅう sikyū). (초출: 1908, 《서북학회월보》 제1호)

자극(刺戟) 일 刺戟/刺激(しげき sigeki). (초출: 1906, 《서우》 제1호)

자금(資金) 일 資金(しきん sikin). (초출: 1895, 《서유견문》 제19편)

자금세탁(資金洗濯) 일 資金洗濯(しきんせんたく sikin-sentaku). (초출: 1990, 《동아일보》)

자기(磁氣) 일 磁気(じき ziki). (초출: 1909, 《대한민일신보》)

자기도취(自己陶醉) 일 自己陶醉(じことうすい zikō-tōsui). (초출: 1925, 《개벽》 제57호)

자기모순(自己矛盾) 일 自己矛盾(じこむじゅん ziko-muzyun). (초출: 1924, 《개벽》 제46호)

자동거(自動車) 일 自動車(じどうしゃ zidō-sya). (초출: 1907, 《대한민일신보》)

자동사(自動詞) 일 自動詞(じどうし zidōsi). (초출: 1925, 심의린 《보통학교 조선어 사전》)

자동차(自動車) 일 自動車(じどうしゃ zidō-sya). (초출: 1907, 《대한자강회월보》 제13호)

자동판매기(自動販賣機) 일 自動販売機(じどうはんばいき zidō-hanbaiki). (초출: 1924, 《개벽》 제43호)

자력갱생(自力更生) 일 自力更生(じりきこうせい ziryoku-kōsei). (초출: 1932, 《동광》 제37호)

자료(資料) 일 資料(しりょう siryō). (초출: 1895, 학부 《국민소학독본》)

자막(字幕) 일 字幕(じまく zimaku). (초출: 1924, 《조선일보》)

자망(刺網) 일 刺し網(さしあみ sasi-ami). (초출: 1925, 《동아일보》)

자몽 일 ザボン(zabon). (초출: 1938, 《동아일보》) ※ 포르투갈어 zamboa에서

자바라 일 蛇腹(じゃばら zyabara). (초출: 1972, 《매일경제》)

자발적(自發的) 일 自発的(じはつてき zihatsu-teki). (초출: 1921, 《개벽》 제10호)

자백(自白) 일 自白(じはく zihaku). (초출: 1909, 《관보》 제4355호)

자본(資本) 일 資本(しほん sihon). (초출: 1884, 《한성순보》 제15호)

자본가(資本家) 일 資本家(しほんか sihon-ka). (초출: 1896, 《대조선독립협회회보》 제3호)

자본계급(資本階級) 일 資本階級(しほんかいきゅう sihon-kaikyū). (초출: 1922, 《개벽》 제27호)

자본금(資本金) 일 資本金(しほんきん sihon-kin). (초출: 1895, 《관보》 제146호)

자본론(資本論) 일 資本論(しほんろん sihon-ron). (초출: 1922, 《개벽》 제20호)

자본주의(資本主義) 일 資本主義(しほんしゅぎ sihon-syugi). (초출: 1906, 《태극학보》 제4호)

자부동 일 座布団(ざぶとん zabuton). (초출: 1927, 《동아일보》)

자산가(資産家) 일 資産家(しさんか sisan-ka). (초출: 1907, 《대한자강회월보》 제8호)

자서전(自敍傳) 일 自叙伝(じじょでん zizyo-den). (초출: 1918, 최남선역 《자조론》)

자선가(慈善家) 일 慈善家(じぜんか zizen-ka). (초출: 1908, 《대한믹일신보》)

자양화(紫陽花) 일 紫陽花(あじさい azisai). (초출: 1918, 조선총독부 《조선사서원고》)

자연(自然) 일 自然(しぜん sizen). (초출: 1906-1910, 《보감》 부록 '휘집' 3권)

자연과학(自然科學) 일 自然科学(しぜんかがく sizen-kagaku). (초출: 1907, 《태극학보》 제13호)

자연도태(自然淘汰) 일 自然淘汰(しぜんとうた sizen-dōta). (초출: 1908,《대한학
회월보》제8호)

자연사(自然史) 일 自然史(しぜんし sizen-si). (초출: 1922,《동아일보》)

자연사(自然死) 일 自然死(しぜんし sizen-si). (초출: 1921,《개벽》제8호)

자연언어(自然言語) 일 自然言語(しぜんげんご sizen-gengo). (초출: 1980,《매일경제》)

자연인(自然人) 自然人(しぜんじん sizen-zin). (초출: 1907,《서우》제13호)

자연적(自然的) 自然的(しぜんてき sizen-teki). (초출: 1906,《태극학보》제4호)

자연주의(自然主義) 일 自然主義(しぜんしゅぎ sizen-syugi). (초출: 1908,《기호흥
학회월보》제1호)

자연현상(自然現象) 일 自然現象(しぜんげんしょう sizen-genshō). (초출: 1909,
《관보》제4124호)

자외선(紫外線) 일 紫外線(しがいせん sigai-sen). (초출: 1930,《별건곤》제32호)

자원(資源) 일 資源(しげん sigen). (초출: 1922,《개벽》제22호)

자위권(自衛權) 일 自衛権(じえいけん zei-ken). (초출: 1909,《대동학회월보》제18호)

자유(自由) 일 自由(じゆう ziyū). (초출: 1883,《한성순보》제1호)

자유결혼(自由結婚) 일 自由結婚(じゆうけっこん ziyū-kekkon). (초출: 1921,《개
벽》제7호)

자유경쟁(自由競爭) 일 自由競争(じゆうきょうそう ziyū-kyōsō). (초출: 1908,《서
북학회월보》제4호)

자유당(自由黨) 일 自由党(じゆうとう ziyū-tō). (초출: 1895,《관보》제77호)

자유무역(自由貿易) 일 自由貿易(じゆうぼうえき ziyū-bōeki). (초출: 1895,《서유
견문》제19편)

자유연애(自由戀愛) 일 自由恋愛(じゆうれんあい ziyū-renai). (초출: 1920,《개벽》
제4호)

자유주의(自由主義) 일 自由主義(じゆうしゅぎ ziyū-syugi). (초출: 1907,《태극학
보》제16호)

자음(子音) 일 子音(しいん siin). (초출: 1897,《독립신문》)

자작농(自作農) 일 自作農(じさくのう zisaku-nō). (초출: 1908,《관보》제4223호)

자장(磁場) 일 磁場(じば ziba). (초출: 1929, 《별건곤》 제20호)

자전(自轉) 일 自転(じてん ziten). (초출: 1897, 《대조선독립협회회보》 제2호)

자전거(自轉車) 일 自転車(じてんしゃ zitensya). (초출: 1899, 《독립신문》)

자정작용(自淨作用) 일 自浄作用(じじょうさよう zizyō-sayō). (초출: 1931, 《조선일보》)

자존심(自尊心) 일 自尊心(じそんしん zison-sin). (초출: 1909, 《대한흥학보》 제1호)

자주(自主) 일 自主(じしゅ zisyu). (초출: 1889, 《사민필지》)

자주국(自主國) 일 自主国(じしゅこく zishu-koku). (초출: 1920, 《개벽》 제3호)

자주권(自主權) 일 自主権(じしゅけん zisyu-ken). (초출: 1897, 《독립신문》)

자주독립(自主獨立) 일 自主独立(じしゅどくりつ zishu-dokuritsu). (초출: 1895, 《관보》)

자주포(自走砲) 일 自走砲(じそうほう zisō-hō). (초출: 1951, 《동아일보》)

자치단체(自治團體) 일 自治団体(じちだんたい zichi-dantai). (초출: 1906, 《대한자강회월보》 제3호)

자치령(自治領) 일 自治領(じちりょう zichi-ryō). (초출: 1922, 《개벽》 제19호)

자택(自宅) 일 自宅(じたく zitaku). (초출: 1895, 《관보》 제85호)

자판기(自販機) 일 自販機(じはんき zihan-ki). (초출: 1977, 《동아일보》)

자폐증(自閉症) 일 自閉症(じへいしょう zihei-shō). (초출: 1963, 《조선일보》)

자폭(自爆) 일 自爆(じばく zibaku). (초출: 1925, 《개벽》 제58호)

자회사(子會社) 일 子会社(こがいしゃ ko-gaisha). (초출: 1925, 《동아일보》)

작가(作家) 일 作家(さっか sakka). (초출: 1921, 《개벽》 제10호)

작곡(作曲) 일 作曲(さっきょく sakkyoku). (초출: 1920, 《개벽》 제5호)

작곡가(作曲家) 일 作曲家(さっきょくか sakkyoku-ka). (초출: 1921, 《개벽》 제14호)

작사(作詞) 일 作詞(さくし sakisi). (초출: 1931, 《조선일보》)

작품(作品) 일 作品(さくひん sakuhin). (초출: 1918, 《태서문예신보》 제1호)

잔고(殘高) 일 残高(ざんだか zandaka). (초출: 1909, 《황성신문》)

잔교(棧橋) 일 桟橋(さんばし sa n basi). (초출: 1895, 《서유견문》 제20편)

잔금(殘金) 일 残金(ざんきん zankin). (초출: 1908, 《관보》 제4202호)

잔류(殘留) 일 残留(ざんりゅう zanryū). (초출: 1906,《태극학보》제2호)

잔류농약(殘留農藥) 일 残留農薬(ざんりゅうのうやく zanryū-nōyaku). (초출: 1970,《동아일보》)

잔무(殘務) 일 残務(ざんむ zanmu). (초출: 1921,《개벽》제14호)

잔반(殘飯) 일 残飯(ざんぱん zanpan). (초출: 1923,《개벽》제37호)

잔상(殘像) 일 残像(ざんぞう zanzō). (초출: 1929,《동아일보》)

잔액(殘額) 일 残額(ざんがく zangaku). (초출: 1896,《관보》제450호)

잔업(殘業) 일 残業(ざんぎょう zangyō). (초출: 1927,《동아일보》)

잔업수당(殘業手當) 일 残業手当(ざんぎょうてあて zangyō-teate). (초출: 1948, 《경향신문》)

잔재(殘滓) 일 残滓(ざんし/ざんさい zansi/zansai). (초출: 1907,《대한유학생회학보》제2호)

잠바 일 ジャンパー(zyampā). (초출: 1933, 심훈《영원의 미소》)

잠수부(潛水夫) 일 潜水夫(せんすいふ sensui-fu). (초출: 1921,《동아일보》)

잠수정(潛水艇) 일 潜水艇(せんすいてい sensui-tei). (초출: 1907,《대한자강회월보》제9호)

잠수함(潛水艦) 일 潜水艦(せんすいかん sensui-kan). (초출: 1920,《동아일보》)

잠재(潛在) 일 潜在(せんざい senzai). (초출: 1908,《대한학회월보》제4호)

잠재의식(潛在意識) 일 潜在意識(せんざいいしき senzai-isiki). (초출: 1925,《개벽》제59호)

잠항(潛航) 일 潜航(せんこう senkō). (초출: 1907,《태극학보》제9호)

잡지(雜誌) 일 雑誌(ざっし zassi). (초출: 1895관보》제120호)

잡화점(雜貨店) 일 雑貨店(ざっかてん zakka-ten). (초출: 1918, 조선총독부《조선사서원고》)

장~(長~) 일 長~ちょう chō). (초출: 1897,《관보》제639호)

~장(長) 일 ~長(ちょう chō). (초출: 1895,《관보》제1호)

~장(狀)《접사》일 ~狀(じょう zyō). (초출: 1906,《관보》제3517호)

~장(場) 일 ~場(じょう zyō). (초출: 1909,《관보》제4343호)

장갑차(裝甲車) 일 装甲車(そうこうしゃ sōkō-sha). (초출: 1920, 《동아일보》)

장거리(長距離) 일 長距離(ちょうきょり chō-kyori). (초출: 1908, 《관보》제4183호)

장고(長考) 일 長考(ちょうこう chōkō). (초출: 1935, 《동아일보》)

장껨뽕 일 じゃんけんぽん(zyankempon). (초출: 1935, 《조선일보》)

장기(長期) 일 長期(ちょうき chōki). (초출: 1908, 《관보》제4177호)

장기전(長期戰) 일 長期戦(ちょうきせん chōki-sen). (초출: 1922, 《동아일보》)

장력(張力) 일 張力(ちょうりょく chōryoku). (초출: 1906, 《태극학보》제2호)

장면(場面) 일 場面(ばめん bamen). (초출: 1920, 《개벽》제1호)

장소(場所) 일 場所(ばしょ basyo). (초출: 1895, 《관보》제65호)

장식품(裝飾品) 일 装飾品(そうしょくひん sōshoku-hin). (초출: 1908, 《기호흥학회월보》제1호)

장애물(障碍物) 일 障碍物(しょうがいぶつ shōgai-butsu). (초출: 1895, 《관보》제101호)

장의사(葬儀社) 일 葬儀社(そうぎしゃ sōgi-sha). (초출: 1921, 《동아일보》)

장질부사(腸窒扶斯) 일 腸チフス chō-chifusu). (초출: 1906, 《서우》제1호)

장치(裝置) 일 装置(そうち sōchi). (초출: 1895, 《서유견문》제20편)

장타(長打) 일 長打(ちょうだ chōda). (초출: 1925, 《조선일보》)

장파(長波) 일 長波(ちょうは chōha). (초출: 1926, 《별건곤》제1호)

장편소설(長篇小說) 일 長編小説(ちょうへんしょうせつ chōhen-syōsetsu). (초출: 19018, 《태서문예신보》제9호)

장학금(奬學金) 일 奨学金(しょうがくきん shōgaku-kin). (초출: 1920, 《동아일보》)

장해자(障害者) 일 障害者(しょうがいしゃ shōgai-sha). (초출: 1924, 《조선일보》)

장화(長靴) 일 長靴(ながぐつ nagagutsu). (초출: 1895, 《관보》제10호)

재가(裁可) 일 裁可(さいか saika). (초출: 1895, 《관보》제1호)

재계(財界) 일 財界(ざいかい zaikai). (초출: 1907, 《서우》제13호)

재교육(再敎育) 일 再教育(さいきょういく sai-kyōiku). (초출: 1931, 《동광》제25호)

재단(財團) 일 財団(ざいだん zaidan). (초출: 1907, 《서우》제10호)

재단법인(財團法人) 일 財団法人(ざいだんほうじん zaidan-hōzin). (초출: 1907,

《서우》 제13호)

재래종(在來種) 일 在来種(ざいらいしゅ zairai-shu). (초출: 1908,《태극학보》제
21호)

재무(財務) 일 財務(ざいむ zaimu). (초출: 1895,《관보》제3호)

재발견(再發見) 일 再発見(sai-hakken). (초출: 1928,《동아일보》)

재벌(財閥) 일 財閥(ざいばつ zaibatsu). (초출: 1921,《개벽》제10호)

재생지(再生紙) 일 再生紙(さいせいし saisei-si). (초출: 1946,《조선일보》)

재정학(財政學) 일 財政学(ざいせいがく zaisei-gaku). (초출: 1899,《독립신문》)

재택근무(在宅勤務) 일 在宅勤務(ざいたくきんむ zaitaku-kinmu). (초출: 1983,
《동아일보》)

재테크(財테크) 일 財+tech(ざいテク zai-teku). (초출: 1986,《동아일보》)

재판(再版) 일 再版(さいはん saihan). (초출: 1909,《관보》제4287호)

재판(裁判) 일 裁判(さいばん saban). (초출: 1895,《서유견문》제10편)

재판관(裁判官) 일 裁判官(さいばんかん saiban-kan). (초출: 1896,《독립신문》)

재판소(裁判所) 일 裁判所(さいばんしょ saiban-syo). (초출: 1895,《관보》제3호)

재현(再現) 일 再現(さいげん saigen). (초출: 1908,《태극학보》제26호)

쟁탈전(爭奪戰) 일 争奪戦(そうだつせん sōdatsu-sen). (초출: 1922,《개벽》제
22호)

저(低~) 일 低~(てい tei). (초출: 1908,《관보》제4060호)

저가(低價) 일 低価(ていか teika). (초출: 1908,《관보》부록)

저개발(低開發) 일 低開発(ていかいはつ tei-kaihatsu). (초출: 1957,《동아일보》)

저금(貯金) 일 貯金(ちょきん chokin). (초출: 1898,《독립신문》)

저급(低級) 일 低級(ていきゅう teikyū). (초출: 1921,《개벽》제11호)

저기압(低氣壓) 일 低気圧(ていきあつ tei-kiatsu). (초출: 1908,《관보》제4160호)

저능아(低能兒) 일 低能児(ていのうじ teinō-zi). (초출: 1909,《대한흥학보》제2호)

저돌적(猪突的) 일 猪突的(ちょとつてき chototsu-teki). (초출: 1929,《별건곤》제
20호)

저리(低利) 일 低利(ていり teiri). (초출: 1900,《황성신문》)

저수조(貯水槽) 일 貯水槽(ちょすいそう chosui-sō). (초출: 1931, 《삼천리》 제 17호)

저습지(低濕地) 일 低湿地(ていしつち teisitsu-chi). (초출: 1923, 《동아일보》)

저압(低壓) 일 低圧(ていあつ teiatsu). (초출: 1910, 《대한흥학보》 제11호)

저온(低溫) 일 低温(ていおん teion). (초출: 1908, 《관보》 제4160)

저인망(底引網) 일 底引き網 sokobiki-ami. (초출: 1936, 《동아일보》)

저자(著者) 일 著者(ちょしゃ chosha). (초출: 1907, 《서우》 제12호)

저자세(低姿勢) 일 低姿勢(ていしせい tei-sisei). (초출: 1959, 《동아일보》)

저작가(著作家) 일 著作家(ちょさくか chosaku-ka). (초출: 1908, 《대한협회회보》 제9호)

저작권(著作權) 일 著作権(ちょさくけん chosaku-ken). (초출: 1908, 《관보》 附錄)

저조(低調) 일 低調(ていちょう teichō). (초출: 1925, 《개벽》 제58호)

저항(抵抗) 일 抵抗(ていこう teikō). (초출: 1895, 《관보》 제199호)

저항력(抵抗力) 일 抵抗力(ていこうりょく teikō-ryoku). (초출: 1906, 《대한자강회월보》 제2호)

저혈압(低血壓) 일 低血圧(ていけつあつ tei-ketsuatsu). (초출: 1937, 《조선일보》)

~적(的) 일 ~的(てき teki). (초출: 1895, 《관보》 제173호)

적극(積極) 일 積極(せっきょく sekkyoku). (초출: 1908, 《대한학회월보》 제3호)

적극적(積極的) 일 積極的(せっきょくてき sekkyoku-teki). (초출: 1906, 《태극학보》 제3호)

적대적(敵對的) 일 敵対的(てきたいてき tekitai-teki). (초출: 1921, 《동아일보》)

적령기(適齡期) 일 適齢期(てきれいき tekirei-ki). (초출: 1933, 《삼천리》 제5권 10호)

적립(積立) 일 積立(つみたて tsumitate). (초출: 1897, 《친목회회보》 제5호)

적립금(積立金) 일 積立金(つみたてきん tsumitate-kin). (초출: 1906, 《관보》 제3418호)

적법(適法) 일 適法(てきほう tekihō). (초출: 1908, 《대한협회회보》 제2호)

적분(積分) 일 積分(せきぶん sekibun). (초출: 1920, 《동아일보》)

적석총(積石塚) ⓘ 積石塚(つみいしづか tsumiisi-zuka). (초출: 1923, 《조선일보》)

적선지대(赤線地帶) ⓘ 赤線地帯(あかせんちたい akasen-chitai). (초출: 1960, 《동아일보》)

적성국(敵性國) ⓘ 敵性国(てきせいこく tekisei-koku). (초출: 1941, 《삼천리》 제13권 11호)

적시(敵視) ⓘ 敵視(てきし tekisi). (초출: 1895(관보》 제173호)

적신호(赤信號) ⓘ 赤信号(あかしんごう aka-singō). (초출: 1935, 《동아일보》)

적십자(赤十字) ⓘ 赤十字(せきじゅうじ sekizyūzi). (초출: 1920, 《조선일보》)

적십자사(赤十字社) ⓘ 赤十字社(せきじゅうじしゃ sekizyūzi-sha). (초출: 1906, 《관보》 제3353호)

적외선(赤外線) ⓘ 赤外線(せきがいせん sekigai-sen). (초출: 1934, 《개벽》 신간 제2호)

적요(摘要) ⓘ 摘要(てきよう tekiyō). (초출: 1896, 《관보》 제402호)

적응(適應) ⓘ 適応(てきおう tekiō). (초출: 1896, 《친목회회보》 제2호)

적임자(適任者) ⓘ 適任者(てきにんしゃ tekinin-sha). (초출: 1909, 《대한협회회보》 제12호)

적자(赤字) ⓘ 赤字(あかじ akazi). (초출: 1922, 최록동 《현대신어석의》)

적자생존(適者生存) ⓘ 適者生存(てきしゃせいぞん tekisya-seizon). (초출: 1907, 《태극학보》 제8호)

적조(赤潮) ⓘ 赤潮(あかしお akasio). (초출: 1933, 《동아일보》)

적취(摘取) ⓘ 摘取り(つみとり tsumitori). (초출: 1898, 《관보》 제1121호)

적탄(敵彈) ⓘ 敵弾(てきだん tekidan). (초출: 1909, 《대한흥학보》 제7호)

적하(積荷) ⓘ 積荷(つみに tsumini). (초출: 1930, 《별건곤》 제31호)

적혈구(赤血球) ⓘ 赤血球(せっけっきゅう sekkekkyū). (초출: 1923, 《동아일보》)

적화(赤化) ⓘ 赤化(せっか sekka). (초출: 1922, 《개벽》 제27호)

적환(積換) ⓘ 積換·積替(つみかえ tsumikae). (초출: 1923, 《동아일보》)

전~(全~) ⓘ 全~(ぜん zen). (초출: 1895, 《서유견문》 제2편)

~전(戰) ⓘ ~戦(せん sen). (초출: 1928, 《별곤건》 제14호)

전개(展開) 일 展開(てんかい tenkai). (초출: 1907, 《태극학보》 제15호)

전거(電車) 일 電車(でんしゃ densya). (초출: 1899, 《독립신문》)

전격전(電擊戰) 일 電擊戰(でんげきせん dengeki-sen). (초출: 1940, 《동아일보》)

전고체전지(全固體電池) 일 全固体電池(ぜんこたいでんち zenkotai-denchi). (초출: 2016, 《연합뉴스》)

전과자(前科者) 일 前科者(ぜんかもの senka-mono). (초출: 1907, 《관보》 제3710호)

전구(電球) 일 電球(でんきゅう denkyū). (초출: 1921, 《동아일보》)

전권대사(全權大使) 일 全権大使(ぜんけんたいし zenken-taisi). (초출: 1897, 《관보》 제544호)

전극(電極) 일 電極(でんきょく denkyoku). (초출: 1918, 조선총독부 《조선사서원고》)

전대(轉貸) 일 転貸(てんたい tentai). (초출: 1908, 《관보》 제4150호)

전대차(轉貸借) 일 転貸借(てんたいしゃく tentaisyaku). (초출: 1929, 《동아일보》)

전도(前渡) 일 前渡(ぜんと/まえわたし zendo/mae-watasi). (초출: 1923, 《동아일보》)

전도금(前渡金) 일 前渡金(まえわたしきん maewatasi-kin). (초출: 1910, 《황성신문》)

전동(電動) 일 電動(でんどう dendō). (초출: 1907, 《태극학보》 제15호)

전등(電燈) 일 電灯(でんとう dentō). (초출: 1908, 《대한협회회보》)

전라(全裸) 일 全裸(ぜんら zenra). (초출: 1929, 《삼천리》 제1호)

전람회(展覽會) 일 展覧会(てんらんかい tenran-kai). (초출: 1899, 《독립신문》)

전력(電力) 일 電力(でんりょく denryoku). (초출: 1895, 《서유견문》 제18편)

전력질주(全力疾走) 일 全力疾走(ぜんりょくしっそう zenryoku-sissō). (초출: 1963, 《동아일보》)

전령(電鈴) 일 電鈴(でんれい denrei). (초출: 1908, 《관보》 부록)

전류(電流) 일 電流(でんりゅう denryū). (초출: 1895, 《관보》 제137호)

전리품(戰利品) 일 戦利品(せんりひん senri-hin). (초출: 1908, 《대한학회월보》 제2호)

전립선(前立腺) 일 前立腺(ぜんりつせん zenris-sen). (초출: 1960, 《동아일보》)

전마선(傳馬船) 일 伝馬船(てんまぶね/てんません tenma-bune/tenma-sen). (초출: 1923, 《동아일보》)

전망(展望) 일 展望(てんぼう tenbō). (초출: 1909,《기호흥학회월보》제11호)

전멸(全滅) 일 全滅(ぜんめつ zenmetsu). (초출: 1907,《태극학보》제8호)

전모(全貌) 일 全貌(ぜんぼう zenbō). (초출: 1921,《개벽》제10호)

전문(電文) 일 電文(でんぶん denbun). (초출: 1908,《대한협회회보》제2호)

전문가(專門家) 일 專門家(せんもんか senmon-ka). (초출: 1906, 휘문의숙편집부
《중등수신교과서》권3 제2)

전문학교(專門學校) 일 專門学校(せんもんがっこう senmon-gakkō). (초출: 1895,
《관보》제19호)

전방후원분(前方後圓墳) 일 前方後円墳(ぜんぽうこうえんふん zenpō-kōenfun).
(초출: 1968,《동아일보》)

전범(戰犯) 일 戰犯(せんぱん senpan). (초출: 1945,《동아일보》)

전보(電報) 일 電報(でんぽう denpō). (초출: 1895,《관보》제15호)

전분(澱粉) 일 澱粉(でんぷん denpun). (초출: 1907,《대한유학생회학보》제3호)

전비(戰費) 일 戰費(せんぴ senpi). (초출: 1909,《대한흥학보》제7호)

전사자(戰死者) 일 戰死者(せんししゃ sensi-sha). (초출: 1907, 정운복《독습일어
정칙》第五章)

전산기(電算機) 일 電算機(でんさんき densan-ki). (초출: 1967,《매일경제》)

전선(前線) 일 前線(ぜんせん zensen). (초출: 1923,《개벽》제40호)

전선(電線) 일 電線(でんせん densen). (초출: 1895,《서유견문》제2편)

전선(戰線) 일 戰線(せんせん sensen). (초출: 1895,《서유견문》제9편)

전선주(電線柱) 일 電線柱(でんせんばしら densen-basira). (초출: 1923,《동아일보》)

전성기(全盛期) 일 全盛期(ぜんせいき zensei-ki). (초출: 1920,《개벽》제3호)

전속력(全速力) 일 全速力(ぜんそくりょく zen-sokuryoku). (초출: 1908,《대한학
회월보》제6호)

전송(電送) 일 電送(でんそう densō). (초출: 1921,《동아일보》)

전수학교(專修學校) 일 專修学校(せんしゅうがっこう senshū-gakkō). (초출:
1906,《태극학보》제2호)

전시회(展示會) 일 展示会(てんじかい tenzi-kai). (초출: 1942,《삼천리》제14권 1호)

전신(電信) 일 電信(でんしん densin). (초출: 1883, 《한성순보》 제6호)

전신국(電信局) 일 電信局(でんしんきょく densin-kyoku). (초출: 1895, 《서유견문》)

전신기(電信機) 일 電信機(でんしんき densin-ki). (초출: 1884, 《한성순보》 제21호)

전신주(電信柱) 일 電信柱(でんしんばしら demsin-basira). (초출: 1921, 《동아일보》)

전압(電壓) 일 電圧(でんあつ denatsu). (초출: 1921, 《조선일보》)

전업(轉業) 일 転業(てんぎょう tengyō). (초출: 1909, 《서북학회월보》 제12호)

전열(戰列) 일 戦列(せんれつ senretsu). (초출: 1926, 《동아일보》)

전염병(傳染病) 일 伝染病(でんせんびょう densen-byō). (초출: 1895, 《관보》 제16호)

전우(戰友) 일 戦友(せんゆう senyū). (초출: 1920, 《동아일보》)

전원(全員) 일 全員(ぜんいん zenin). (초출: 1895, 《관보》 제84호)

전원(電源) 일 電源(でんげん dengen). (초출: 1925, 《조선일보》)

전위(前衛) 일 前衛(ぜんえい zenei). (초출: 1923, 《개벽》 제38호)

전자(電子) 일 電子(でんし densi). (초출: 1914, 《靑春》 제1호)

전자계산기(電子計算機) 일 電子計算機(でんしけいさんき densi-keisanki). (초출: 1956, 《동아일보》)

전자레인지 일 電子レンジ(でんしレンジ densi-renzi). (초출: 1967, 《매일경제》)

전자사전(電子辭典) 일 電子辞典(でんしじてん demsi-ziten). (초출: 1979, 《매일경제》)

전자파(電磁波) 일 電子波(でんしは densi-ha). (초출: 1926, 《동아일보》)

전적(轉籍) 일 転籍(てんせき tenseki). (초출: 1909, 《관보》 제4343호)

전제(前提) 일 前提(ぜんてい zentei). (초출: 1907, 《태극학보》 제12호)

전제정치(專制政治) 일 專制政治(せんせいせいじ sensei-seizi). (초출: 1898, 《독립신문》)

전조등(前照燈) 일 前照灯(ぜんしょうとう zenshō-tō). (초출: 1936, 《조선일보》)

전주(電柱) 일 電柱(でんちゅう denchū). (초출: 1898, 《친목회회보》 제6호)

전주곡(前奏曲) 일 前奏曲(ぜんそうきょく zensō-kyoku). (초출: 1930, 《별건곤》 제32호)

전지(電池) 일 電池(でんち denchi). (초출: 1897, 《대조선독립협회회보》 제9호)

전차(電車) 일 電車(でんしゃ densya). (초출: 1895, 《서유견문》 제20편)

전차(戰車) 일 戦車(せんしゃ sensha). (초출: 1932, 《동광》 제31호)

전철(電鐵) 일 電鉄(でんてつ dentetsu). (초출: 1922, 《동아일보》)

전체주의(全體主義) 일 全体主義(ぜんたいしゅぎ zentai-shugi). (초출: 1932, 《동광》 제34호)

전축(電蓄) 일 電蓄(でんちく denchiku). (초출: 1939, 《동아일보》)

전치사(前置詞) 일 前置詞(ぜんちし zenchi-si). (초출: 1914, 《청춘(靑春)》 제2호)

전투기(戰鬪機) 일 戦闘機(せんとうき sentō-ki). (초출: 1924, 《동아일보》)

전투력(戰鬪力) 일 戦闘力(せんとうりょく sentō-ryoku). (초출: 1896, 《관보》 제273호)

전파(電波) 일 電波(でんぱ denpa). (초출: 1907, 《서우》 제12호)

전표(傳票) 일 伝票(でんぴょう denpyō). (초출: 1906, 《관보》 부록)

전함(戰艦) 일 戦艦(せんかん senkan). (초출: 1896, 《관보》 제364호)

전향(前向) 일 前向き maemuki. (초출: 1960, 《경향신문》)

전향(轉向) 일 転向(てんこう tenkō). (초출: 1921, 《개벽》 제10호)

전화(電話) 일 電話(でんわ denwa). (초출: 1895, 《관보》 제20호)

전화국(電話局) 일 電話局(でんわきょく denwa-kyoku). (초출: 1905, 《관보》 호외)

전화기(電話機) 일 電話機(でんわき denwa-ki). (초출: 1896, 《관보》 제276호)

전환기(轉換期) 일 転換期(てんかんき tenkan-ki). (초출: 1921, 《개벽》 제12호)

절개(切開) 일 切開(せっかい sekkai). (초출: 1908, 《서북학회월보》 제3호)

절대(絕對) 일 絶対(ぜったい zettai). (초출: 1906, 《태극학보》 제3호)

절대음감(絕對音感) 일 絶対音感(ぜったいおんかん zettai-onkan). (초출: 1957, 《조선일보》)

절삭공구(切削工具) 일 切削工具(せっさくこうぐ sessaku-kōgu). (초출: 1938, 《동아일보》)

절상(切上) 일 切上げ(きりあげ kiriage). (초출: 1909, 《대한민보》)

절세(節稅) 일 節税(せつぜい setsuzei). (초출: 1967, 《동아일보》)

접속사(接續詞) 일 接続詞(せつぞくし setsuzoku-si). (초출: 1918, 조선총독부 《조선사서원고》)

절수(切手) 일 切手(きって kitte). (초출: 1908,《관보》제4161호)

절수(節水) 일 節水(せっすい setsui). (초출: 1921,《매일신보》)

절전(節電) 일 節電(せつでん setsuden). (초출: 1940,《동아일보》)

절찬(絕讚) 일 絕賛/絕讚(ぜっさん zessan). (초출: 1928,《별건곤》제11호)

절취(切取) 일 切取(きりとり kiritori). (초출: 1906,《황성신문》)

절취선(切取線) 일 切取(きりとりせん kiritori-sen). (초출: 1923,《동아일보》)

절하(切下) 일 切下(きりさげ kirisage). (초출: 1922, 최록동《현대신어석의》)

절호(絕好) 일 絕好(ぜっこう zekkō). (초출: 1921,《개벽》제12호)

~점(店) 일 ~店(てん ten). (초출: 1907(정운복,《독습일어정칙》제11장)

~점(點) 일 ~点(てん ten). (초출: 1908,《기호흥학회월보》제2호)

점두(店頭) 일 店頭(てんとう tentō). (초출: 1906,《태극학보》제2호)

점령(占領) 일 占領(せんりょう senryō). (초출: 1895, 학부《국민소학독본》)

점령군(占領軍) 일 占領軍(せんりょうぐん senryō-gun). (초출: 1908,《대동학회월
보》제8호)

점막(粘膜) 일 粘膜(ねんまく nenmaku). (초출: 1907,《서우》제6호)

점원(店員) 일 店員(てんいん tenin). (초출: 1906,《관보》제3488호)

점유(占有) 일 占有(せんゆう senyū). (초출: 1895,《서유견문》제2편)

점장(店長) 일 店長(てんちょう tenchō). (초출: 1920,《동아일보》)

접견실(接見室) 일 接見室(せっけんしつ sekken-sitsu). (초출: 1926,《동아일보》)

접두사(接頭辭) 일 接頭辞(せっとうじ settōzi). (초출: 1931,《동광》제19호)

접목(椄木) 일 接木(つぎき tsugiki). (초출: 1908, 학부《보통학교학도용 국어독본》
권8 제11과)

접문(接吻) 일 接吻(せっぷん seppun). (초출: 1907,《태극학보》제9호)

접미사(接尾辭) 일 接尾辞(せつびじ setsubizi). (초출: 1931,《동광》제19호)

접속사(接續詞) 일 接続詞(せつぞくし setsuzoku-si). (초출: 1918, 조선총독부《조
선사서원고》)

접종(接種) 일 接種(せっしゅ sesshu). (초출: 1900, 대한제국《관보》제1673호)

접촉(接觸) 일 接触(せっしょく sessyoku). (초출: 1898,《독립신문》)

정(正~) 일 正~(せい sei). (초출: 1908,《대한협회회보》제3호)

~정(艇) 일 ~艇(てい tei). (초출: 1907,《대한자강회월보》제9호)

정감(情感) 일 情感(じょうかん zōkan). (초출: 1907,《태극학보》제7호)

정거장(停車場) 일 停車場(ていしゃば/ていしゃじょう teisha-ba/teisya-zyō). (초출: 1896,《관보》제397호)

정경유착(政經癒着) 일 政経癒着(せいけいゆちゃく seikei-yuchaku). (초출: 1980,《매일경제》)

정계(政界) 일 政界(せいかい seikai). (초출: 1896,《친목회회보》제2호)

정관(定款) 일 定款(ていかん teikan). (초출: 1906,《관보》제3409호)

정구(庭球) 일 庭球(ていきゅう teikyū). (초출: 1909,《대한흥학보》제2호)

정국(政局) 일 政局(せいきょく seikyoku). (초출: 1908,《태극학보》제18호)

정기예금(定期預金) 일 定期預金(ていきよきん teiki-yokin). (초출: 1906,《관보》제3409호)

정기전(定期戰) 일 定期戦(ていきせん teiki-sen). (초출: 1926,《조선일보》)

정년(停年, 定年) 일 定年(ていねん teinen). (초출: 1905,《관보》호외)

정당(政黨) 일 政党(せいとう seitō). (초출: 1889, 박영효《상소문(上訴文)》)

정당방위(正當防衛) 일 正当防衛(せいとうぼうえい seitō-bōei). (초출: 1908,《대한학회월보》제3호)

정로환(征露丸) 일 正露丸(せいろがん seirogan). (초출: 1924,《조선일보》광고)

정류장(停留場) 일 停留場(ていりゅうじょう teiryū-zyō). (초출: 1921,《개벽》제10호)

정맥(靜脈) 일 静脈(じょうみゃく zyōmyaku). (초출: 1907,《태극학보》제8호)

정미소(精米所) 일 精米所(せいまいしょ seimai-sho). (초출: 1920,《동아일보》)

정반대(正反對) 일 正反対(せいはんたい sei-hantai). (초출: 1908,《대한협회회보》제3호)

정보(情報) 일 情報(じょうほう zyōhō). (초출: 1895,《관보》제81호)

정보공유(情報共有) 일 情報共有(じょうほうきょうゆう zyōhō-kyōyū). (초출: 1988,《매일경제》)

정보화사회(情報化社會) 🇯🇵 情報化社会(じょうほうかしゃかい zōhōka-syakai).
　(초출: 1969,《경향신문》)

정복(征服) 🇯🇵 征服(せいふく seifuku). (초출: 1895, 학부《국민소학독본》)

정복자(征服者) 🇯🇵 征服者(せいふくしゃ seifuku-sya). (초출: 1920,《개벽》제1호)

정부(正否) 🇯🇵 正否(せいひ seihi). (초출: 1902,《황성신문》)

정비례(正比例) 🇯🇵 正比例(せいひれい sei-hirei). (초출: 1907,《대한유학생회회보》
　제1호)

정사(情死) 🇯🇵 情死(じょうし zyōsi). (초출: 1906,《대한자강회월보》제5호)

정산(精算) 🇯🇵 精算(せいさん seisan). (초출: 1898,《관보》제238호)

정상(正常) 🇯🇵 正常(せいじょう seizyō). (초출: 1910,《대한흥학보》제13호)

정식(正式) 🇯🇵 正式(せいしき seisiki). (초출: 1906,《대한자강회월보》제4호)

정식(定食) 🇯🇵 定食(ていしょく teishoku). (초출: 1923,《동아일보》)

정신대(挺身隊) 🇯🇵 挺身隊(ていしんたい teisin-tai). (초출: 1933,《동아일보》)

정신병(精神病) 🇯🇵 精神病(せいしんびょう seisin-byō). (초출: 1908, 이인직《은세계》)

정액(精液) 🇯🇵 精液(せいえき seieki). (초출: 1907,《서우》제8호)

정열(情熱) 🇯🇵 情熱(じょうねつ zyōnetsu). (초출: 1909,《신찬 초등소학》권6 제29과)

정원(庭園) 🇯🇵 庭園(ていえん teien). (초출: 1895,《서유견문》제16편)

정의(定義) 🇯🇵 定義(ていぎ teigi). (초출: 1896,《대조선독립협회회보》제2호)

정자(精子) 🇯🇵 精子(せいし seisi). (초출: 1922,《동아일보》)

정장(正裝) 🇯🇵 正装(せいそう seisō). (초출: 1895,《관보》제10호)

정전(停戰) 🇯🇵 停戰(ていせん teisen). (초출: 1900,《관보》부록)

정전(停電) 🇯🇵 停電(ていでん teiden). (초출: 1921,《동아일보》)

정전기(靜電氣) 🇯🇵 静電気(せいでんき seidenki). (초출: 1908,《태극학보》제25호)

정제(錠劑) 🇯🇵 錠剤(じょうざい zyōzai). (초출: 1932,《삼천리》제4권 제4호)

정조(情操) 🇯🇵 情操(じょうそう zyōsō). (초출: 1909,《관보》제4424호)

정족수(定足數) 🇯🇵 定足数(ていそくすう teisoku-sū). (초출: 1907,《태극학보》제7호)

정종(正宗) 🇯🇵 正宗(まさむね masamune). (초출: 1907,《대한유학생회회보》제3호)

정찰(正札) 🇯🇵 正札(しょうふだ syōfuda). (초출: 1906,《황성신문》)

정찰(偵察) 일 偵察(ていさつ teisatsu). (초출: 1900, 《관보》 부록)

정찰제(正札制) 일 正札制(しょうふだせい shōfuda-sei). (초출: 1935, 《동아일보》)

정책(政策) 일 政策(せいさく seisaku). (초출: 1895, 《관보》 제142호)

정치(政治) 일 政治(せいじ seizi). (초출: 1895, 《관보》 왕조실록에 100건)

정치가(政治家) 일 政治家(せいじか seizi-ka). (초출: 1895, 《관보》 제142호)

정치망(定置網) 일 定置網(ていちあみ teichi-ami). (초출: 1934, 《동아일보》)

정치범(政治犯) 일 政治犯(せいじはん seizi-han). (초출: 1920, 《개벽》 제6호)

정치자금(政治資金) 일 政治資金(せいじしきん seizi-sikin). (초출: 1927, 《동아일보》)

정치적(政治的) 일 政治的(せいじてき seizi-teki). (초출: 1907, 《서우》 제10호)

정치학(政治學) 일 政治学(せいじがく seizi-gaku). (초출: 1896, 《독립신문》)

정칙(正則) 일 正則(せいそく seisoku). (초출: 1907, 《독습일어정칙》)

정합(整合) 일 整合(せいごう seigō). (초출: 1935, 《조선일보》)

정해(正解) 일 正解(せいかい seikai). (초출: 1920, 《동아일보》)

정형외과(整形外科) 일 整形外科(せいけいげか seikei-geka). (초출: 1925, 《동아일보》)

정화(淨化) 일 浄化(じょうか zyōka). (초출: 1921, 《개벽》 제10호)

정확(正確) 일 正確(せいかく seikaku). (초출: 1895, 《관보》 제63호)

~제(祭) 일 ~祭(さい sai). (초출: 1926, 《개벽》 제71호)

~제(制) 일 ~制(せい sei). (초출: 1923, 《개벽》 제69호)

~제(劑) 일 ~剤(zai). (초출: 1908, 《대동학회월보》 제8호)

제공(提供) 일 提供(ていきょう teikyō). (초출: 1905, 《관보》 제3178호)

제국(帝國) 일 帝国(ていこく teikoku). (초출: 1895, 《관보》 제173호)

제국대학(帝國大學) 일 帝国大学(ていこくだいがく teikoku-daigaku). (초출: 1907, 《대한유학생회학보》 제2호)

제국주의(帝國主義) 일 帝国主義(ていこくしゅぎ teikoku-syugi). (초출: 1906, 《태극학보》 제1호)

제도기(製圖器) 일 製図器(せいずき seizu-ki). (초출: 1909, 《관보》 부록)

제동기(制動機) 일 制動機(せいどうき seidō-ki). (초출: 1921, 《동아일보》)

제막식(除幕式) 일 除幕式(じょまくしき zyomaku-siki). (초출: 1909, 《대한민일신보》)

제복(制服) 일 制服(せいふく seifuku). (초출: 1895, 《관보》 제24호)

제본(製本) 일 製本(せいほん seihon). (초출: 1905, 《관보》 제3200호)

제사(製絲) 일 製糸(せいし seisi). (초출: 1897, 《독립신문》)

제삼자(第三者) 일 第三者(だいさんしゃ daisan-sya). (초출: 1906, 《태극학보》 제5호)

제소(提訴) 일 提訴(ていそ teiso). (초출: 1909, 《대한흥학보》 제4호)

제안(提案) 일 提案(ていあん teian). (초출: 1907, 《대한자강회월보》 제10호)

제약(制約) 일 制約(せいやく seiyaku). (초출: 1921, 《개벽》 제18호)

제오열(第五列) 일 第五列(だいごれつ dai-goretsu). (초출: 1946, 《경향신문》)

제왕절개(帝王切開) 일 帝王切開(ていおうせっかい teiō-sekkai). (초출: 1926, 《동아일보》)

제의(提議) 일 提議(ていぎ teigi). (초출: 1899, 《독립신문》)

제재(制裁) 일 制裁(せいさい seisai). (초출: 1906, 《태극학보》 제1호)

제재(題材) 일 題材(だいざい daisai). (초출: 1921, 《개벽》 제11호)

제재소(製材所) 일 製材所(せいざいしょ seizai-sho). (초출: 1908, 《관보》 제4059호)

제조소(製造所) 일 製造所(せおぞうしょ seizō-sho). (초출: 1895, 《서유견문》 제6편)

제철(製鐵) 일 製鉄(せいてつ seitetsu). (초출: 1895, 《서유견문》 제20편)

제철소(製鐵所) 일 製鉄所(せいてつじょ/せいてつしょ seitetsu-zyo/seitetsu-sho). (초출: 1907, 《서우》 제4호)

제판(製版) 일 製版(せいはん seihan). (초출: 1899, 《독립신문》)

제패(制覇) 일 制覇(せいは seiha). (초출: 1931, 《동아일보》)

제품(製品) 일 製品(せいひん seihin). (초출: 1896, 《친목회회보》 제1호)

제해권(制海權) 일 制海権(せいかいけん seikai-ken). (초출: 1910, 《대한흥학보》 제11호)

조(組) 일 組(くみ kumi). (초출: 1909, 《관보》 제4461호 광고)

조각(組閣) 일 組閣(そかく sokaku). (초출: 1924, 《개벽》 제44호)

조간(朝刊) 일 朝刊(ちょうかん chōkan). (초출: 1922, 《개벽》 제26호)

조감도(鳥瞰圖) 일 鳥瞰図(ちょうかんず chōkan-zu). (초출: 1925, 《동아일보》)

조건부(條件附) 일 条件付(じょうけんつき zyōken-tsuki). (초출: 1920, 《개벽》 제6호)

조견표(早見表) 일 早見表(はやみひょう hayami-hyō). (초출: 1922,《개벽》제30호)

조끼(쪼끼) 일 チョッキ(chokki). (초출: 1898,《독립신문》)

조달(曹達) 일 曹達(ソーダ sōda). (초출: 1907, 정운복《독습일어정칙》)

조도(照度) 일 照度(しょうど shōdo). (초출: 1927,《동아일보》)

조동사(助動詞) 일 助動詞(じょどうし zyodōsi). (초출: 1918, 조선총독부《조선사
서원고》)

조력(潮力) 일 潮力(ちょうりょく chōryoku). (초출: 1926,《동아일보》)

조로(조루) 일 ジョウロ(zyōro). (초출: 1953,《동아일보》) ※ 물뿌리개

조루(早漏) 일 早漏(そうろう sōrō). (초출: 1922,《동아일보》)

조림(造林) 일 造林(ぞうりん zōrin). (초출: 1907,《대한유학생회학보》제3호)

조립(組立) 일 組立(くみたて kumitate). (초출: 1906,《태극학보》제1호)

조명탄(照明彈) 일 照明弾(しょうめいだん shōmei-dan). (초출: 1923,《조선일보》)

조사(助詞) 일 助詞(じょし zyosi). (초출: 1918, 조선총독부《조선사서원고》)

조산부(助産婦) 일 助産婦(じょさんぷ zyosan-pu). (초출: 1910,《대한민일신보》)

조서(調書) 일 調書(ちょうしょ chōsyo). (초출: 1895,《관보》제4호)

조선소(造船所) 일 造船所(ぞうせんじょ zōsen-zyo). (초출: 1897,《대조선독립협
회회보》제7호)

조성(組成) 일 組成(そせい sosei). (초출: 1896,《관보》제273호)

조수석(助手席) 일 助手席(じょしゅせき zyoshu-seki). (초출: 1930,《삼천리》제8호)

조약(條約) 일 条約(じょうやく zyōyaku). (초출: 1895,《관보》제12호)

조연(助演) 일 助演(じょえん zyoen). (초출: 1931,《동광》제22호)

조인(調印) 일 調印(ちょういん chōin). (초출: 1895,《관보》제87호)

조작(操作) 일 操作(そうさ sōsa). (초출: 1897,《대조선독립협회회보》제8호)

조장(組長) 일 組長(くみちょう kumichō). (초출: 1908,《관보》제4154호)

조정(調整) 일 調整(ちょうせい chōsei). (초출: 1901,《관보》제1832호)

조정(漕艇) 일 漕艇(そうてい sōtei). (초출: 1927,《동아일보》)

조제(調劑) 일 調剤(ちょうざい chōsei). (초출: 1907, 정운복《독습일어정칙》)

조종사(操縱士) 일 操縦士(そうじゅうし sōzyū-si). (초출: 1921,《조선일보》)

조직(組織) 〔일〕 組織(そしき sosiki). (초출: 1895,《서유견문》제9편)

조찬(朝餐) 〔일〕 朝餐(ちょうさん chōsan). (초출: 1906,《태극학보》제1호)

조타실(操舵室) 〔일〕 操舵室(そうだしつ sōda-sitsu). (초출: 1931,《동아일보》)

조폐국(造幣局) 〔일〕 造幣局(ぞうへいきょく sōhei-kyoku). (초출: 1895,《관보》제77호)

조합(組合) 〔일〕 組合(くみあい kumiai). (초출: 1896,《친목회회보》제1호)

조합원(組合員) 〔일〕 組合員(くみあいいん kumiai-in). (초출: 1906,《관보》제3418호)

조항(條項) 〔일〕 条項(じょうこう zyōkō). (초출: 1895,《관보》제3418호)

조형미술(造形美術) 〔일〕 造形美術(ぞうけいびじゅつ zōkei-bizyutsu). (초출: 1922,
《개벽》제26호)

조형예술(造形藝術) 〔일〕 造形芸術(ぞうけいげいじゅつ zōkei-geizyutsu). (초출:
1927,《동광》제9호)

~족(族) 〔일〕 ~族(ぞく zoku). (초출: 1921,《동아일보》)

존엄사(尊嚴死) 〔일〕 尊厳死(そんげんし songen-si). (초출: 1981,《조선일보》)

존재(存在) 〔일〕 存在(そんざい sonzai). (초출: 1896,《친목회회보》제2호)

졸업(卒業) 〔일〕 卒業(そつぎょう sotsugyō). (초출: 1895,《관보》제15호)

졸업생(卒業生) 〔일〕 卒業生(そつぎょうせい sotsugyou-sei). (초출: 1895,《관보》제
121호)

졸혼(卒婚) 〔일〕 卒婚(そつこん sokkon). (초출: 2016(네이버 블로그)

~종(~種) 〔일〕 ~種(しゅ shu). (초출: 1920,《개벽》제4호)

종교(宗教) 〔일〕 宗教(しゅうきょう syūkyō). (초출: 1883,《한성순보》제7호)

종교계(宗教界) 〔일〕 宗教界(しゅうきょうかい shūkyō-kai). (초출: 1909,《대한미일
신보》)

종군위안부(從軍慰安婦) 〔일〕 従軍慰安婦(じゅうぐんいあんふ zyūgun-ianfu). (초
출: 1974,《경향신문》)

종균(種菌) 〔일〕 種菌(たねきん tanekin). (초출: 1928,《별건곤》제11호)

종대(縱隊) 〔일〕 縦隊(じゅうたい zyūtai). (초출: 1931,《삼천리》제17호)

종두(種痘) 〔일〕 種痘(しゅとう syutō). (초출: 1895,《관보》제16호)

종목(種目) 〔일〕 種目(しゅもく shumoku). (초출: 1899,《독립신문》)

종신고용(終身雇用) ⑪ 終身雇用(しゅうしんこよう shūsi-koyō). (초출: 1962,《경향신문》)

종업원(從業員) ⑪ 従業員(じゅうぎょういん zyūgyō-in). (초출: 1920,《동아일보》)

종점(終點) ⑪ 終点(しゅうてん syūten). (초출: 1906,《태극학보》제2호)

종주국(宗主國) ⑪ 宗主国(そうしゅこく sōshu-koku). (초출: 1920,《동아일보》)

종지부(終止符) ⑪ 終止符(しゅうしふ syūsi-fu). (초출: 1938,《동아일보》)

종착역(終着驛) ⑪ 終着駅(しゅうちゃくえき shūchaku-eki). (초출: 1934,《조선일보》)

종합(綜合) ⑪ 綜合(そうごう sōgō). (초출: 1896,《대조선독립협회회보》제2호)

종합상사(綜合商社) ⑪ 総合商社(そうごうしょうしゃ sōgō-shōsha). (초출: 1966, 《경향신문》)

좌경(左傾) ⑪ 左傾(さけい sakei). (초출: 1922,《개벽》제21호)

좌골(坐骨) ⑪ 坐骨(ざこつ zakotsu). (초출: 1908,《기호흥학회월보》제3호)

좌골신경(坐骨神經) ⑪ 座骨神経(ざこつしんけい zakotsu-sinkei). (초출: 1920, 《개벽》제4호)

좌담(座談) ⑪ 座談(ざだん zadan). (초출: 1895,《서유견문》제10편)

좌담회(座談會) ⑪ 座談会(ざだんかい zadan-kai). (초출: 1921,《조선일보》)

좌약(坐藥) ⑪ 座薬(ざやく zayaku). (초출: 1923,《동아일보》)

좌익(左翼) ⑪ 左翼(さよく sayoku). (초출: 1921,《조선일보》)

좌익수(左翼手) ⑪ 左翼手(さよくしゅ sayoku-shu). (초출: 1921,《동아일보》)

좌측통행(左側通行) ⑪ 左側通行(さそくつうこう sasoku-tsūkō). (초출: 1921,《동아일보》)

좌파(左派) ⑪ 左派(さは saha). (초출: 1921,《동아일보》)

좌표(座標) ⑪ 座標(ざひょう zahyō). (초출: 1922,《동아일보》)

죄책감(罪責感) ⑪ 罪責感(ざいせきかん zaiseki-kan). (초출: 1963,《경향신문》)

~주(主) ⑪ ~主(しゅ shu). (초출: 1918, 조선총독부《조선사서원고》)

주(株) ⑪ 株(かぶ kabu). (초출: 1906,《태극학보》제5호)

주가(株價) ⑪ 株価(かぶか kabuka). (초출: 1920,《동아일보》)

주간지(週刊誌) ⑪ 週刊誌(しゅうかんし shūkan-si). (초출: 1920,《조선일보》)

주격(主格) 일 主格(しゅかく shukaku). (초출: 1918, 조선총독부《조선사서원고》)

주관(主觀) 일 主観(しゅかん syukan). (초출: 1902,《신학월보》제2권 제6호)

주관적(主觀的) 일 主観的(しゅかんてき shukan-teki). (초출: 1906,《대한자강회월보》제4호)

주권(主權) 일 主権(しゅけん syuken). (초출: 1889, 박영효《상소문(上訴文)》)

주권(株券) 일 株券(かぶけん kabuken). (초출: 1906,《관보》제3440호)

주권국(主權國) 일 主権国(しゅけんこく shuken-koku). (초출: 1895,《서유견문》제3편)

주기(週期) 일 周期(しゅうき syūki). (초출: 1907,《대한유학생회회보》제1호)

주기적(週期的) 일 週期的(しゅうきてき shūki-teki). (초출: 1920,《개벽》제1호)

주도(主導) 일 主導(しゅどう shudō). (초출: 1925,《개벽》제63호)

주동자(主動者) 일 主動者(しゅどうしゃ syudō-sya). (초출: 1908,《태극학보》제17호)

주류(主流) 일 主流(しゅりゅう shuryū). (초출: 1920,《개벽》제1호)

주번(週番) 일 週番(しゅうばん syūban). (초출: 1895,《관보》제10호)

주보(週報) 일 週報(しゅうほう shūhō). (초출: 1908,《관보》제4186호)

주사(注射) 일 注射(ちゅうしゃ chūsya). (초출: 1908,《관보》제3997호)

주사기(注射器) 일 注射器(ちゅうしゃき chūsya-ki). (초출: 1908,《대동학회월보》제1호)

주소(住所) 일 住所(じゅうしょ zyūsyo). (초출: 1895,《관보》제83호)

주소록(住所錄) 일 住所録(じゅうしょろく zyūsho-roku). (초출: 1933,《삼천리》제5권 1호)

주식(主食) 일 主食(しゅしょく syusyoku). (초출: 1922,《동아일보》)

주식(株式) 일 株式(かぶしき kabusiki). (초출: 1896,《독립신문》)

주식회사(株式會社) 일 株式会社(かぶしきがいしゃ kabusiki-kaisya). (초출: 1897,《독립신문》)

주안점(主眼点) 일 主眼点(しゅがんてん shugan-ten). (초출: 1921,《동아일보》)

주어(主語) 일 主語(しゅご syugo). (초출: 1927,《동광》제13호)

주역(主役) 囲 主役(しゅやく shuyaku). (초출: 1923, 《개벽》 제32호)

주연(主演) 囲 主演(しゅえん shuen). (초출: 1925, 《동아일보》)

주요(主要) 囲 主要(しゅよう shuyō). (초출: 1896, 《대조선독립협회회보》 제2호)

주의(主義) 囲 主義(しゅぎ syugi). (초출: 1895, 《서유견문》 제4편)

~주의(主義) 囲 ~主義(しゅぎ syugi). (초출: 1899, 《독립신문》)

주의자(主義者) 囲 主義者(しゅぎしゃ shugisha). (초출: 1922, 《개벽》 제22호)

주인공(主人公) 囲 主人公(しゅじんこう syuzin-kō). (초출: 1907, 《태극학보》 제12호)

주임(主任) 囲 主任(しゅにん shunin). (초출: 1905, 《관보》 제3170호)

주입(注入) 囲 注入(ちゅうにゅう chūnyū). (초출: 1906, 《태극학보》 제1호)

주자(走者) 囲 走者(そうしゃ sōsha). (초출: 1921, 《동아일보》)

주재소(駐在所) 囲 駐在所(ちゅうざいしょ chūzai-sho). (초출: 1908, 《관보》 부록)

주제가(主題歌) 囲 主題歌(しゅだいか shudai-ka). (초출: 1932, 《삼천리》 제4권10호)

주조(酒造) 囲 酒造(しゅぞう shuzō). (초출: 1909, 《관보》 제4121호)

주주(株主) 囲 株主(かぶぬし kabunusi). (초출: 1899, 《독립신문》)

주주총회(株主總會) 囲 株主総会(かぶぬしそうかい kabunusi-sōkai). (초출: 1905, 《관보》 제3439호)

주차장(駐車場) 囲 駐車場(ちゅうしゃじょう chūsya-zyō). (초출: 1906, 《관보》 제3435호)

주최(主催) 囲 主催(しゅさい syusai). (초출: 1912, 박이양 《명월정》)

주축(主軸) 囲 主軸(しゅじく shuziku). (초출: 1920, 《개벽》 제1호)

주치의(主治醫) 囲 主治医(しゅじい shuzi-i). (초출: 1895, 《관보》 제84호)

주택난(住宅難) 囲 住宅難(じゅうたくなん zyūtaku-nan). (초출: 1920, 《동아일보》)

주파(周波) 囲 周波(しゅうは shūha). (초출: 1922, 《동아일보》)

주파수(周波數) 囲 周波数(しゅうはすう syūha-sū). (초출: 1922, 《동아일보》)

주필(主筆) 囲 主筆(しゅひつ syuhitsu). (초출: 1898, 《미일신문》)

주형(鑄型) 囲 鋳型(いがた igata). (초출: 1908, 《기호흥학회월보》 제1호)

죽음의 재 囲 死の灰(しのはい si-no-hai). (초출: 1954, 《동아일보》)

준(準~) 囲 準~(じゅん zyun). (초출: 1924, 《동아일보》)

준결승(準決勝) 일 準決勝(じゅんけっしょう zyun-kesshō). (초출: 1924, 《조선일보》)

준준결승(準準決勝) 일 準準決勝(じゅんじゅんけっしょう zyunzyun-kesshō). (초출: 1925, 《조선일보》)

중(重~) 일 重~(じゅう zyū). (초출: 1909, 《관보》 제4311호)

중개(仲介) 일 仲介(ちゅうかい chūkai). (초출: 1905, 《관보》 제호3325)

중계(中繼) 일 中継(ちゅうけい chūkei). (초출: 1909, 《관보》 제4287호)

중계무역(中繼貿易) 일 中継貿易(ちゅうけいぼうえき/なかつぎぼうえき chūkei-bōeki/nakatsugi-bōeki). (초출: 1926, 《동아일보》)

중계방송(中繼放送) 일 中継放送(ちゅうけいほうそう chūkei-hōsō). (초출: 1925, 《조선일보》)

중고(中古) 일 中古(ちゅうこ chūko). (초출: 1934)

중고차(中古車) 일 中古車(ちゅうこしゃ chūko-sha). (초출: 1955, 《경향신문》)

중공업(重工業) 일 重工業(じゅうこうぎょう zyū-kōgyō). (초출: 1909, 《관보》 제4311호)

중금속(重金屬) 일 重金属(じゅうきんぞく zyū-kinzoku). (초출: 1934, 《동아일보》)

중급(中級) 일 中級(ちゅうきゅう chūkyū). (초출: 1909, 《기호흥학회월보》 제10호)

중대(中隊) 일 中隊(ちゅうたい chūtai). (초출: 1896, 《독립신문》)

중동(中東) 일 中東(ちゅうとう chūtō). (초출: 1920, 《동아일보》)

중량(重量) 일 重量(じゅうりょう zyūryō). (초출: 1895, 《관보》 제123호)

중력(重力) 일 重力(じゅうりょく zyūryoku). (초출: 1907, 《대한유학생회회보》 제1호)

중립국(中立國) 일 中立国(ちゅうりつこく chūritsu-koku). (초출: 1895, 《서유견문》)

중매인(仲買人) 일 仲買人(なかがいにん nakagain-in). (초출: 1919, 《매일신보》)

중상주의(重商主義) 일 重商主義(じゅうしょうしゅぎ zyūsyō-syugi). (초출: 1908, 《대한학회월보》 제5호)

중성(中性) 일 中性(ちゅうせい chūsei). (초출: 1923, 《개벽》 제35호)

중성자(中性子) 일 中性子(ちゅうせいし chūseisi). (초출: 1934, 《조선일보》)

중수(重水) 일 重水(じゅうすい zyūsui). (초출: 1934, 《동아일보》)

중수소(重水素) 일 重水素(じゅうすいそ zyū-suiso). (초출: 1934, 《동아일보》)

중앙정부(中央政府) 일 中央政府(ちゅうおうせいふ chūō-seifu). (초출: 1895,《관보》제143호)

중앙집권(中央集權) 일 中央集権(ちゅうおうしゅうけん chūō-shūken). (초출: 1906,《대한자강회월보》제4호)

중역(重役) 일 重役(じゅうやく zyūyaku). (초출: 1905,《관보》부록)

중요(重要) 일 重要(じゅうよう zyūyō). (초출: 1895,《관보》제121호)

중유(重油) 일 重油(じゅうゆ zyūyu). (초출: 1906,《태극학보》제1호)

중이염(中耳炎) 일 中耳炎(ちゅうじえん chūzi-en). (초출: 1918, 조선총독부《조선사서원고》)

중재(仲裁) 일 仲裁(ちゅうさい chūsyai). (초출: 1895,《관보》제134호)

중절모자(中折帽子) 일 中折帽子(なかおれぼうし nakaore-bōsi). (초출: 1908,《황성신문》)

중점(重點) 일 重点(じゅうてん zyūten). (초출: 1908,《태극학보》제17호)

중편소설(中篇小說) 일 中編小説(ちゅうへんしょうせつ chūhen-shōsetsu). (초출: 1929,《조선일보》)

중포(重砲) 일 重砲(じゅうほう zyūhō). (초출: 1895,《서유견문》제13편)

중학교(中學校) 일 中学校(ちゅうがっこう chū-gakukō). (초출: 1895,《관보》제19호)

중혼(重婚) 일 重婚(じゅうこん zyūkon). (초출: 1922,《동아일보》)

즉흥곡(卽興曲) 일 即興曲(そっきょうきょく sokkyō-kyoku). (초출: 1933,《동아일보》)

즉흥시(卽興詩) 일 即興詩(そっきょうし sokkyō-si). (초출: 1924,《개벽》제44호)

~증(症) 일 ~症(しょう shō). (초출: 1918, 조선총독부《조선사서원고》)

~증(證) 일 ~証(しょう shō). (초출: 1895,《관보》제123호)

증권(證券) 일 証券(しょうけん syōken). (초출: 1895,《관보》제44호)

증권회사(證券會社) 일 証券会社(しょうけんかいしゃ shōken-kaisha). (초출: 1920,《동아일보》)

증기(蒸氣) 일 蒸気(じょうき zyōki). (초출: 1895,《관보》제182호)

증기기관(蒸氣機關) 일 蒸気機関(じょうききかん zyōki-kikan). (초출: 1895,《서유견문》제18편)

증기선(蒸氣船) 일 蒸気船(じょうきせん zyōki-sen). (초출: 1895, 《서유견문》 제18편)

증기차(蒸氣車) 일 蒸気車(じょうきしゃ zyōki-sya). (초출: 1895, 《서유견문》 제18편)

증류(蒸溜) 일 蒸留(じょうりゅう zyōryū). (초출: 1906, 《태극학보》 제1호)

증명서(證明書) 일 証明書(しょうめいしょ shōmei-sho). (초출: 1895, 《관보》 제115호)

증발(蒸發) 일 蒸発(じょうはつ zyōhatsu). (초출: 1895, 《서유견문》 제2편)

증빙서류(證憑書類) 일 証憑書類(しょうひょうしょるい shōhyō-shorui). (초출: 1906, 《관보》 제3461호)

증산(增産) 일 増産(ぞうさん zōsan). (초출: 1925, 《개벽》 제56호)

증상(症狀) 일 症状(しょうじょう syōzyō). (초출: 1908, 《태극학보》 제26호)

증세(增稅) 일 増税(ぞうぜい zōzei). (초출: 1905, 《관보》 제3056호)

증여세(贈與稅) 일 贈与税(ぞうよぜい zōyo-zei). (초출: 1932, 《동아일보》)

증후군(症候群) 일 症候群(しょうこうぐん shōkō-gun). (초출: 1936, 《조선일보》)

~증후군(症候群) 일 ~症候群(しょうこうぐん shōkō-gun). (초출: 1962, 《경향신문》)

~지(地) 일 ~地(ち chi). (초출: 1895, 《서유견문》 제18편)

~지(紙) 일 ~紙(し si). (초출: 1896, 《관보》 제450호)

~지(誌) 일 ~誌(し si). (초출: 1921, 《동아일보》)

지가다비(지까다비) 일 地下足袋(じかたび zikatabi). (초출: 1926(나도향 《지형근》)

지구력(持久力) 일 持久力(じきゅうりょく zikyū-ryoku). (초출: 1908, 《대한학회월보》 제6호)

지동설(地動說) 일 地動説(ちどうせつ chidō-setsu). (초출: 1907, 《대한자강회월보》 제10호)

지라시(찌라시) 일 散らし(ちらし chirasi). (초출: 1937, 《동아일보》)

지리 일 ちり(chiri). (초출: 1984, 《동아일보》)

지명도(知名度) 일 知名度(ちめいど chimei-do). (초출: 1967, 《동아일보》)

지문(指紋) 일 指紋(しもん simon). (초출: 1921, 《동아일보》)

지방(脂肪) 일 脂肪(しぼう sibō). (초출: 1895, 학부 《국민소학독본》)

지방간(脂肪肝) 일 脂肪肝(しぼうかん sibō-kan). (초출: 1967, 《동아일보》)

지방분권(地方分權) 일 地方分権(ちほうぶんけん chihō-bunken). (초출: 1921,

《동아일보》)

지방색(地方色) 일 地方色(ちほうしょく chihō-shoku). (초출: 1921,《개벽》제12호)

지방세(地方稅) 일 地方税(ちほうぜい chihō-zei). (초출: 1895,《관보》제16호)

지방자치(地方自治) 일 地方自治(ちほうじち chigō-zichi). (초출: 1906,《대한자강 회월보》제4호)

지배계급(支配階級) 일 支配階級(しはいかいきゅう sihai-kaikyū). (초출: 1920, 《개벽》제2호)

지배인(支配人) 일 支配人(しはいにん sihai-nin). (초출: 1905,《관보》호외)

지배자(支配者) 일 支配者(しはいしゃ sihai-sha). (초출: 1920,《동아일보》)

지번(地番) 일 地番(ちばん chiban). (초출: 1907,《대한자강회월보》제9호)

지부(支部) 일 支部(しぶ sibu). (초출: 1907,《대한유학생회학보》제2호)

지분(持分) 일 持分(もちぶん mochibun). (초출: 1908,《황성신문》)

지불(支拂) 일 支払(しはらい siharai). (초출: 1895,《관보》제133호)

지상명령(至上命令) 일 至上命令(しじょうめいれい sizyō-meirei). (초출: 1924, 《개벽》제45호)

~지상주의(至上主義) 일 ~至上主義(しじょうしゅぎ sizyō-shugi). (초출: 1922, 《개벽》제21호)

지석묘(支石墓) 일 支石墓(しせきぼ siseki-bo). (초출: 1959,《동아일보》)

지선(支線) 일 支線(しせん sisen). (초출: 1896,《관보》제474호)

지성(知性) 일 知性(ちせい chisei). (초출: 1908,《태극학보》제18호)

지수(指數) 일 指数(しすう sisū). (초출: 1909,《서북학회월보》제10호)

지식(智識) 일 知識／智識(ちしき chisiki). (초출: 1895,《관보》제138호)

지식산업(知識産業) 일 知識産業(ちしきさんぎょう chisiki-sangyō). (초출: 1969, 《경향신문》)

지식인(知識人) 일 知識人(ちしきじん chisiki-zin). (초출: 1906-1910,《경향보감》)

지압(指壓) 일 指圧(しあつ siatsu). (초출: 1935,《동아일보》)

지양(止揚) 일 止揚(しよう siyō). (초출: 1927,《동아일보》)

지열(地熱) 일 地熱(ちねつ chinetsu). (초출: 1906,《태극학보》제5호)

지원병(志願兵) 圓 志願兵(しがんへい sigan-hei). (초출: 1906, 《태극학보》 제5호)

지입(持入) 圓 持込(もちこみ mochikomi). (초출: 1895, 《서유견문》 제19편)

지장(支障) 圓 支障(ししょう sisyō). (초출: 1906, 《관보》 제3612호)

지적소유권(知的所有權) 圓 知的所有権(ちてきしょゆうけん chiteki-shoyū-ken). (초출: 1974, 《매일경제》)

지적재산권(知的財産權) 圓 知的財産権(ちてきざいさんけん chiteki-zaisan-ken). (초출: 1990, 《매일경제》)

지점(支店) 圓 支店(してん siten). (초출: 1895, 《서유견문》 제20편)

지점(地點) 圓 地点(ちてん chiten). (초출: 1906, 《대한자강회월보》 제6호)

지정학(地政學) 圓 地政学(ちせいがく chisei-gaku). (초출: 1947, 《동아일보》)

지질(地質) 圓 地質(ちしつ chisitsu). (초출: 1895, 《관보》 호외)

지질학(地質學) 圓 地質学(ちしつがく chisitsu-gaku). (초출: 1901, 《신학월보》 제1권 8호)

지참금(持參金) 圓 持参金(じさんきん zisan-kin). (초출: 1921, 《동아일보》)

지체부자유아(肢體不自由兒) 圓 肢体不自由児(したいふじゆうじ sitai-fuziyū-zi). (초출: 1967, 《동아일보》)

지층(地層) 圓 地層(ちそう chisō). (초출: 1895, 《관보》 제20호)

지평선(地平線) 圓 地平線(ちへいせん chihei-sen). (초출: 1906, 《태극학보》 제4호)

지폐(紙幣) 圓 紙幣(しへい sihei). (초출: 1895, 《서유견문》 제8편)

지표(指標) 圓 指標(しひょう sihyō). (초출: 1920, 《개벽》 제2호)

지하수(地下水) 圓 地下水(ちかすい chika-sui). (초출: 1907, 《대한자강회월보》 제7호)

지하실(地下室) 圓 地下室(ちかしつ chika-sitsu). (초출: 1921, 《개벽》 제12호)

지하운동(地下運動) 圓 地下運動(ちかうんどう chika-undō). (초출: 1930, 《별건곤》 제29호)

지하철(地下鐵) 圓 地下鉄(ちかてつ chika-tetsu). (초출: 1896, 《관보》 제323호)

지향(志向) 圓 志向(しこう sikō). (초출: 1901, 《신학월보》 제1권 11호)

지협(地峽) 圓 地峽(ちきょう chikyō). (초출: 1906-1910, 《보감》 부록 '휘집' 2권)

지형(紙型) 圓 紙型(しけい sikei). (초출: 1929, 《별건곤》 제21)

지휘자(指揮者) 일 指揮者(しきしゃ siki-sha). (초출: 1908,《대한학회월보》제4호)

직각(直覺) 일 直覚(ちょっかく chokkaku). (초출: 1906,《대한자강회월보》제4호)

직감(直感) 일 直感(ちょっかん chokkan). (초출: 1921,《개벽》제7호)

직격(直擊) 일 直撃(ちょくげき chokugeki). (초출: 1926,《별곤건》제1호)

직공(職工) 일 職工(しょっこう syokkō). (초출: 1884,《한성순보》제26호)

직관(直觀) 일 直観(ちょっかん chokkan). (초출: 1921,《개벽》제11호)

직근(直近) 일 直近(ちょっきん chokkin). (초출: 1907,《태극학보》제16호)

직류(直流) 일 直流(ちょくりゅう chokuryū). (초출: 1926,《동광》제7호)

직물(織物) 일 織物(おりもの orimono). (초출: 1895,《서유견문》제18편)

직시(直視) 일 直視(ちょくし chokusi). (초출: 1918, 조선총독부《조선사서원고》)

직업(職業) 일 職業(しょくぎょう shokugyō). (초출: 1880, 리델(Ridel)《한불자전》)

직업병(職業病) 일 職業病(しょくぎょうびょう shokugyō-byō). (초출: 1921,《동아일보》)

직업소개소(職業紹介所) 일 職業紹介所(しょくぎょうしょうかいじょ shokugyō-shōkaizyo). (초출: 1921,《동아일보》)

직역(直譯) 일 直訳(ちょくやく chokuyaku). (초출: 1906,《태극학보》제5호)

직원(職員) 일 職員(しょくいん syokuin). (초출: 1895,《관보》제1호)

직인(職印) 일 職印(しょくいん shokuin). (초출: 1908,《관보》부록)

직장(職場) 일 職場(しょくば shokuba). (초출: 1920,《조선일보》)

직접(直接) 일 直接(ちょくせつ chyokusetsu). (초출: 1895,《관보》제73호)

직접세(直接稅) 일 直接税(ちょくせつぜい chokusetsu-zei). (초출: 1909,《기호흥학회월보》제7호)

직종(職種) 일 職種(しょくしゅ shokushu). (초출: 1895,《서유견문》제12편)

직파(直播) 일 直播(じきまき zikimaki). (초출: 1908,《관보》제4177호)

직할(直轄) 일 直轄(ちょっかつ chokkatsu). (초출: 1907, 정운복《독습일어정칙》)

직항(直航) 일 直航(ちょっこう chokkō). (초출: 1895,《관보》제151호)

진검승부(眞劍勝負) 일 真剣勝負(しんけんしょうぶ sinken-syōbu). (초출: 1906-1910,《보감》부록 '휘집 4권')

진공(眞空) 일 真空(しんくう sinkū). (초출: 1907, 《태극학보》 제12호)

진공관(眞空管) 일 真空管(しんくうかん sinkū-kan). (초출: 1925, 《동아일보》)

진도(進度) 일 進度(しんど sindo). (초출: 1921, 《동아일보》)

진도(震度) 일 震度(しんど sindo). (초출: 1925, 《동아일보》)

진두지휘(陣頭指揮) 일 陣頭指揮(じんとうしき zintō-siki). (초출: 1947, 《동아일보》)

진보주의(進步主義) 일 進步主義(しんぽしゅぎ simpo-syugi). (초출: 1906, 《대한자강회월보》 제2호)

진수식(進水式) 일 進水式(しんすいしき sinsui-siki). (초출: 1898, 《독립신문》)

진용(陣容) 일 陣容(じんよう zinyō). (초출: 1924, 《개벽》 제47호)

진전(進展) 일 進展(しんてん sinten). (초출: 1907, 《태극학보》 제16호)

진체(振替) 일 振替(ふりかえ furikae). (초출: 1906, 《황성신문》)

진출(振出) 일 振出(ふりだし furidasi). (초출: 1906, 《태극학보》 제5호)

진통제(鎭痛劑) 일 鎭痛剤(ちんつうざい chintū-zai). (초출: 1926, 《동아일보》)

진폭(振幅) 일 振幅(しんぷく sinpuku). (초출: 1924, 《동아일보》)

진혼곡(鎭魂曲) 일 鎭魂曲(ちんこんきょく chinkon-kyoku). (초출: 1930, 《동아일보》)

진화(進化) 일 進化(しんか sinka). (초출: 1892-1898, 《성경직해》)

진화론(進化論) 일 進化論(しんかろん sinka-ron). (초출: 1907, 《태극학보》 제6호)

~질(質) 일 ~質(しつ sitsu). (초출: 1906, 《태극학보》 제5호)

질(膣) 일 膣(ちつ chitsu). (초출: 1907, 《태극학보》 제11호)

질감(質感) 일 質感(しつかん sitsukan). (초출: 1931, 《동아일보》)

질권(質權) 일 質権(しちけん sichiken). (초출: 1906, 《관보》 제3439호)

질량(質量) 일 質量(しつりょう sitsuryō). (초출: 1902, 《관보》 호외)

질부사(窒扶斯) 일 窒扶斯(チフス chifusu). (초출: 1899, 《관보》 제1352호)

질서(秩序) 일 秩序(ちつじょ chitsuzyo). (초출: 1895, 《관보》 제35호)

질소(窒素) 일 窒素(ちっそ chitsō). (초출: 1906, 《태극학보》 제1호)

집결(集結) 일 集結(しゅうけつ syūketsu). (초출: , 《동아일보》)

집단(集團) 일 集団(しゅうだん syūdan). (초출: 1907, 《대한유학생회회보》 제2호)

집달리(執達吏) 일 執達吏(しったつり sittatsuri). (초출: 1907, 《서우》 제10호)

집배(集配) 일 集配(しゅうはい syūhai). (초출: 1909, 《관보》 제4305호)

집수정(集水井) 일 集水井(しゅうすいせい shūsui-sei). (초출: 1921, 《조선일보》)

집적(集積) 일 集積(しゅうせき syūseki). (초출: 1907, 《대한유학생회회보》 제2호)

집적회로(集積回路) 일 集積回路(しゅうせきかいろ shūseki-kairo). (초출: 1968, 《매일경제》)

집중호우(集中豪雨) 일 集中豪雨(しゅうちゅうごうう syūchū-gōu). (초출: 1962, 《동아일보》)

집하장(集荷場) 일 集荷場(しゅうかじょう shūka-zyō). (초출: 1921, 《조선일보》)

집합(集合) 일 集合(しゅうごう syūgō). (초출: 1895, 《관보》 제4호)

집행(執行) 일 執行(しっこう sikkō). (초출: 1895, 《관보》 제4호)

집행유예(執行猶豫) 일 執行猶子(しっこうゆうよ sikkō-yūyo). (초출: 1922, 《개벽》 제27호)

집회(集會) 일 集会(しゅうかい syūkai). (초출: 1895, 《관보》 호외)

징병검사(徵兵檢査) 일 徵兵検査(ちょうへいけんさ chōhei-kensa). (초출: 1922, 《동아일보》)

징역(懲役) 일 懲役(ちょうえき chōeki). (초출: 1895, 《관보》)

징용(徵用) 일 徵用(ちょうよう chōyō). (초출: 1922, 《동아일보》)

짝사랑(片戀) 일 片恋(かたこい katakoi). (초출: 1925, 《개벽》 제60호)

짬뽕 일 ちゃんぽん(chanpon). (초출: 1963, 《동아일보》)

찌라시 일 散らし(ちらし chirasi). (초출: 1937, 《동아일보》)

찌찌 일 乳(ちち chichi). (초출: 1997, 《동아일보》)

【차】

~차(車) 일 ~車(しゃ sha). (초출: 1895, 《서유견문》 제18편)

차관(次官) 일 次官(じかん zikan). (초출: 1896, 《친목회회보》 제1호)

차관(借款) 일 借款(しゃっかん syakkan). (초출: 1896, 《관보》 제226호)

차기(次期) 일 次期(じき ziki). (초출: 1896, 《관보》 제222호)

차단스(茶簞笥) 일 茶簞笥(ちゃだんす chadansu). (초출: 1935, 《동아일보》)

차도(車道) 일 車道(しゃどう syadō). (초출: 1895, 《서유견문》 제20편)

차세대(次世代) 일 次世代(じせだい zi-sedai). (초출: 1939, 《조선일보》)

차압(差押) 일 差押(さしおさえ sasiosae). (초출: 1909, 《대동학회월보》 제20호)

차원(次元) 일 次元(じげん zigen). (초출: 1922, 《동아일보》)

차월(借越) 일 借越(かりこし karikosi). (초출: 1907, 《관보》 제3961호)

차입(差入) 일 差入(さしいれ sasiire). (초출: 1908, 《관보》 제4102호)

차입(借入) 일 借り入れ(かりいれ kariire). (초출: 1896, 《관보》 제238호)

차장(車掌) 일 車掌(しゃしょう syasyō). (초출: 1907, 정운복 《독습일어정칙》)

차체(車體) 일 車体(しゃたい shatai). (초출: 1924, 《개벽》 제46호)

차환(借換) 일 借換え(かりかえ karikae). (초출: 1908, 《관보》 호외)

착각(錯覺) 일 錯覚(さっかく sakkaku). (초출: 1922, 《개벽》 제19호)

착륙(着陸) 일 着陸(ちゃくりく chakuriku). (초출: 1920, 《개벽》 제6호)

착불(着拂) 일 着払(ちゃくばらい chaku-barai). (초출: 1925, 《조선일보》)

착상(着想) 일 着想(ちゃくそう chakusō). (초출: 1921, 《개벽》 제17호)

착석(着席) 일 着席(ちゃくせき chakuseki). (초출: 1906, 《관보》 제302호)

착암(鑿巖) 일 鑿岩(さくがん sakugan). (초출: 1924, 《동아일보》)

착취(搾取) 일 搾取(さくしゅ sakusyu). (초출: 1895, 학부 《국민소학독본》 제23과)

착탄(着彈) 일 着弾(ちゃくだん chakudan). (초출: 1931, 《동광》 제22호)

찬미가(讚美歌) 일 賛美歌(さんびか sanbi-ka). (초출: 1898, 《독립신문》)

찬조출연(贊助出演) 일 賛助出演(さんじょしゅつえん sanzyo-shutsuen). (초출: 1925, 《동아일보》)

찰나주의(刹那主義) 일 刹那主義(せつなしゅぎ setsuna-shugi). (초출: 1921, 《개벽》 제17호)

참고서(參考書) 일 参考書(さんこうしょ sankō-syo). (초출: 1896, 《관보》 제226)

참극(慘劇) 일 惨劇(さんげき sangeki). (초출: 1907, 《서우》 제4호)

참모본부(參謀本部) 일 参謀本部(さんぼうほんぶ sanbō-honbu). (초출: 1909, 《대

동학회월보》 제14호)

참모장(參謀長) 일 参謀長(さんぼうちょう sanbō-chō). (초출: 1905,《관보》제
3027호)

참의원(參議院) 일 参議院(さんぎいん sangiin). (초출: 1895,《관보》제93호)

참전(參戰) 일 参戦(さんせん sansen). (초출: 1909,《대한흥학보》제7호)

참정권(參政權) 일 参政権(さんせいけん sansei-ken). (초출: 1907,《대한유학생회
회보》제1호)

참패(慘敗) 일 慘敗(ざんぱい zanpai). (초출: 1921,《개벽》제10호)

창가(唱歌) 일 唱歌(しょうか syōka). (초출: 1895, 유길준《서유견문》제16편)

창간(創刊) 일 創刊(そうかん sōkan). (초출: 1906,《태극학보》제1호)

창구(窓口) 일 窓口(まどぐち madoguchi). (초출: 1921,《동아일보》)

창립자(創立者) 일 創立者(そうりつしゃ sōritsu-sha). (초출: 1906,《태극학보》제
1호)

창시자(創始者) 일 創始者(そうししゃ sōsi-sha). (초출: 1918, 최남선역《자조론》)

창연(蒼鉛) 일 蒼鉛(そうえん sōen). (초출: 1907,《태극학보》제16호)

창작(創作) 일 創作(そうさく sōsaku). (초출: 1907,《대한유학생회회보》제1호)

채광(採光) 일 採光(さいこう saikō). (초출: 1908,《관보》제4165호)

채권(債券) 일 債券(さいけん saiken). (초출: 1895,《관보》제27호)

채권(債權) 일 債権(さいけん saiken). (초출: 1899,《독립신문》)

채권자(債權者) 일 債権者(さいけんしゃ saiken-sya). (초출: 1906,《관보》제3440호)

채무자(債務者) 일 債務者(さいむしゃ saimu-sya). (초출: 1906,《관보》제3409호)

채산(採算) 일 採算(さいさん saisan). (초출: 1920,《개벽》제1호)

채혈(採血) 일 採血(さいけつ saiketsu). (초출: 1927,《동광》제10호)

책동(策動) 일 策動(さくどう sakudō). (초출: 1924,《개벽》제50호)

책임자(責任者) 일 責任者(せきにんしゃ sekinin-sha). (초출: 1907,《대한유학생회
학보》제1호)

책정(策定) 일 策定(さくてい sakutei). (초출: 1920,《동아일보》)

~처(處) 일 ~処(しょ sho). (초출: 1920,《개벽》제11호)

처녀막(處女膜) 일 処女膜(しょじょまく syozyo-maku). (초출: 1924,《개벽》제49호)

처녀작(處女作) 일 処女作(しょじょさく syozyo-saku). (초출: 1918,《태서문예신보》제4호)

처방전(處方箋) 일 処方箋(しょほうせん shohō-sen). (초출: 1921,《개벽》제8호)

처세술(處世術) 일 処世術(しょせいじゅつ shosei-zyutsu). (초출: 1920,《개벽》제6호)

척식회사(拓殖會社) 일 拓殖会社(たくしょくかいしゃ takushoku-kaisha). (초출: 1908,《대한믹일신보》)

척추(脊椎) 脊椎(せきつい sekitsui). (초출: 1909,《기호흥학회월보》제6호)

척추측만증(脊椎側彎症) 일 脊椎側湾症・脊椎側弯症(せきついそくわんしょう se-kitsu-sokumanshō). (초출: 1973,《경향신문》)

천(瓩) 일 瓩(キログラム kiro-guramu). (초출: 1909,《대한믹일신보》) ※ kg

천(粁) 일 粁(キロメートル kiro-mētoru). (초출: 1909,《대한흥학보》제3호) ※ km

천공(穿孔) 일 穿孔(せんこう senkō). (초출: 1907,《대한유학생회회보》제3호)

천부인권(天賦人權) 일 天賦人権(てんぷじんけん tenpu-zinken). (초출: 1908,《대동학회월보》제3호)

천사(天使) 일 天使(てんし tensi). (초출: 1894,《훈아진언》)

천연두(天然痘) 일 天然痘(てんねんとう tennentō). (초출: 1895,《관보》제184호)

천황(天皇) 일 天皇(てんのう tennō). (초출: 1909,《관보》제4423호)

철근(鐵筋) 일 鉄筋(てっきん tekkin). (초출: 1921,《동아일보》)

철기시대(鐵器時代) 일 鉄器時代(てっきじだい tekki-zidai). (초출: 1920,《개벽》제3호)

철도(鐵道) 일 鉄道(てつどう tetsudō). (초출: 1895,《관보》제135호)

철봉(鐵棒) 일 鉄棒(てつぼう tetsubō). (초출: 1909,《대한흥학보》제2호)

철자(綴字) 일 綴字(ていじ/てつじ teizi/tetsuzi). (초출: 1895,《서유견문》)

철자법(綴字法) 일 綴字法(ていじほう/てつじほう teizi-hō/tetsuzi-hō). (초출: 1907,《서우》제10호)

철학(哲學) 일 哲学(てつがく tetsugaku). (초출: 1895,《서유견문》제13편)

철학자(哲學者) 일 哲学者(てつがくしゃ tetsugaku-sha). (초출: 1906,《태극학보》
　제3호)

철혈(鐵血) 일 鉄血(てっけつ tekketsu). (초출: 1898,《독립신문》)

첨단(尖端) 일 尖端/先端(せんたん sentan). (초출: 1907,《태극학보》제13호

첨단산업(尖端産業) 일 尖端産業(せんたんさんぎょう sentan-sangyō). (초출: 1971,
　《매일경제》)

첨병(尖兵) 일 尖兵(せんぺい senpei). (초출: 1938,《삼천리》제10권 제11호)

첨부(添附) 일 添付(てんぷ tenpu). (초출: 1895,《관보》제77호)

첨탑(尖塔) 일 尖塔(せんとう sentō). (초출: 1909,《서북학회월보》제15호)

청각(聽覺) 일 聴覚(ちょうかく chōkaku). (초출: 1908,《기호흥학회월보》제5호)

청교도(淸敎徒) 일 清教徒(せいきょうと seikyōto). (초출: 1907,《대한유학생회회
　보》제1호)

청구서(請求書) 일 請求書(せいきゅうしょ seikyū-sho). (초출: 1985,《관보》제23호)

청년(靑年) 일 青年(せいねん seinen). (초출: 1897,《독립신문》)

청년단(靑年團) 일 青年団(せいねんだん seinen-dan). (초출: 1921,《개벽》제11호)

청년회(靑年會) 일 青年会(せいねんかい seinen-kai). (초출: 1898,《독립신문》)

청동기(靑銅器) 일 青銅器(せいどうき seidō-ki). (초출: 1922,《개벽》제25호)

청량제(淸凉劑) 일 清涼剤(せいりょうざい sairyō-zai). (초출: 1909,《대한흥학보》
　제6호)

청력(聽力) 일 聴力(ちょうりょく chōryoku). (초출: 1907,《태극학보》제8호)

청부(請負) 일 請負(うけおい ukeoi). (초출: 1906,《관보》제3461호)

청사진(靑寫眞) 일 青写真(あおじゃしん ao-zyasin). (초출: 1925,《동아일보》)

청산(淸算) 일 清算(せいさん seisan). (초출: 1908,《관보》부록)

청산가리(靑酸加里) 일 青酸加里(せいさんかり seisan-kari). (초출: 1922,《동아일보》)

청신경(聽神經) 일 聴神経(ちょうしんけい chō-sinkei). (초출: 1908,《대동학회월
　보》제9호)

청신호(靑信號) 일 青信号(あおしんごう ao-singō). (초출: 1947,《동아일보》)

청우계(晴雨計) 일 晴雨計(せいうけい seiu-kei). (초출: 1907,《태극학보》제14호)

청진기(聽診器) 일 聽診器(ちょうしんき chōsin-ki). (초출: 1907, 《태극학보》 제8호)

청취(聽取) 일 聽取(ちょうしゅ chōsyu). (초출: 1907, 《관보》 제3711호)

청취자(聽取者) 일 聽取者(ちょうしゅしゃ chōshu-sha). (초출: 1923, 《동아일보》)

~체(~體/体) 일 ~体(たい tai). (초출: 1907, 《서우》 제2호)

체계(體系) 일 体系(たいけい taikei). (초출: 1906, 《태극학보》 제5호)

체납(滯納) 일 滯納(たいのう tainō). (초출: 1895, 《관보》 제4호)

체념(諦念) 일 諦念(ていねん teinen). (초출: 1921, 현진건 《빈처》)

체액(體液) 일 体液(たいえき taieki). (초출: 1909, 《호남학보》 제9호)

체온(體溫) 일 体温(たいおん taion). (초출: 1907, 《서우》 제6호)

체온계(體溫計) 일 体温計(たいおんけい taion-kei). (초출: 1925, 《개벽》 제60호)

체육(體育) 일 体育(たいいく taiiku). (초출: 1899, 《독립신문》)

체육관(體育館) 일 体育館(たいいくかん taiiku-kan). (초출: 1908, 《대한학회월보》 제4호)

체적(體積) 일 体積(たいせき taiseki). (초출: 1897, 《대조선독립협회회보》 제4호)

체조(體操) 일 体操(たいそう taisō). (초출: 1895, 《관보》 제102호)

체중(體重) 일 体重(たいじゅう taizyū). (초출: 1907, 《태극학보》 제9호)

체포(逮捕) 일 逮捕(たいほ taiho). (초출: 1895, 《관보》 제15호)왕조실록에53 건

체험(體驗) 일 体験(たいけん taiken). (초출: 1921, 《개벽》 제12호)

체형(體刑) 일 体刑(たいけい taikei). (초출: 1921, 《조선일보》)

초(超~) 일 超~(ちょう chō). (초출: 1921, 《개벽》 제15호)

초계함(哨戒艦) 일 哨戒艦(しょうかいかん shōkai-kan). (초출: 1934, 《조선일보》)

초급(初級) 일 初級(しょきゅう shokyū). (초출: 1896, 《관보》 제222호)

초급(初給) 일 初給(しょきゅう shokyū). (초출: 1924, 《조선일보》)

초능력(超能力) 일 超能力(ちょうのうりょく chō-nōryoku). (초출: 1966, 《동아일보》)

초단파(超短波) 일 超短波(ちょうたんぱ chō-tanpa). (초출: 1931, 《동광》 제27호)

초련(初戀) 일 初恋(はつこい hatsukoi). (초출: 1922, 《개벽》 제21호)

초만원(超滿員) 일 超満員(ちょうまんいん chō-manin). (초출: 1932, 《동아일보》)

초병(哨兵) 일 哨兵(しょうへい syōhei). (초출: 1900, 《관보》 부록)

초보(初步) 일 初步(しょほ syoho). (초출: 1895,《관보》제121호)

초산(硝酸) 일 硝酸(しょうさん syōsan). (초출: 1907,《서우》제5호)

초상화(肖像畫) 일 肖像画(しょうぞうが shōzō-ga). (초출: 1909,《대한흥학보》제5호)

초신성(超新星) 일 超新星(ちょうしんせい chō-sinsei). (초출: 1939,《동아일보》)

초안(硝安) 일 硝安(しょうあん syōan). (초출: 1937,《동아일보》)

초야권(初夜權) 일 初夜権(しょやけん syoya-ken). (초출: 1929,《조선일보》)

초음파(超音波) 일 超音波(ちょうおんぱ chō-onpa). (초출: 1933,《동아일보》)

초인(超人) 일 超人(ちょうじん chōzin). (초출: 1921,《개벽》제14호)

초인적(超人的) 일 超人的(ちょうじんてき chōzin-teki). (초출: 1920,《개벽》제1호)

초일류(超一流) 일 超一流(ちょういちりゅう chō-ichiryū). (초출: 1935,《조선일보》)

초자(硝子) 일 硝子(ガラス garasu). (초출: 1906,《만세보》)

초자연(超自然) 일 超自然(ちょうしぜん chō-sizen). (초출: 1906,《태극학보》제4호)

초점(焦點) 일 焦点(しょうてん syōten). (초출: 1907,《태극학보》제6호)

초특급(超特急) 일 超特急(ちょうとっきゅう cho-tokkyū). (초출: 1929,《동아일보》)

초현실(超現實) 일 超現実(ちょうげんじつ chō-genzitsu). (초출: 1920,《개벽》제2호)

촉각(觸覺) 일 触覚(しょっかく syokkaku). (초출: 1906,《태극학보》제1호)

촉광(燭光) 일 燭光(しょっこう syokkō). (초출: 1909,《대한흥학보》제1호)

촉매(觸媒) 일 触媒(しょくばい syokubai). (초출: 1930,《조선일보》)

촉성(促成) 일 促成(そくせい sokusei). (초출: 1906,《태극학보》제3호)

촉진(促進) 일 促進(そくしん sokusin). (초출: 1907,《대한자강회월보》제8호)

촉탁(囑託) 일 嘱託(しょくたく syokutaku). (초출: 1896,《관보》제222)

촌(吋) 일 吋(インチ inchi). (초출: 1895,《관보》제196호)

~촌(村) 일 ~村(むら mura). (초출: 1929,《별건곤》제23호)

촌평(寸評) 일 寸評(すんぴょう sunpyō). (초출: 1929,《동아일보》)

총(總~) 일 総~(そう sō). (초출: 1918, 조선총독부《조선사서원고》)

총격전(銃擊戰) 일 銃撃戦(じゅうげきせん zyūgeki-sen). (초출: 1947,《동아일보》)

총괄적(總括的) 일 総括的(そうかつてき sōkatsu-teki). (초출: 1909,《대동학회월보》제14호)

총독부(総督府) 일 総督府(そうとくふ sōtoku-fu). (초출: 1899, 《독립신문》)

총동원(總動員) 일 総動員(そうどういん sō-dōin). (초출: 1920, 《개벽》 제1호)

총리(總理) 일 総理(そうり sōri). (초출: 1895, 《관보》)

총리대신(總理大臣) 일 総理大臣(そうりだいじん sōri-daizin). (초출: 1885, 《관보》)

총무(總務) 일 総務(そうむ sōmu). (초출: 1895, 《관보》 제19호)

총사령관(總司令官) 일 総司令官(そうしれいかん sō-sireikan). (초출: 1907, 《태극학보》 제6호)

총사직(總辭職) 일 総辞職(そうじしょく sō-zishoku). (초출: 1908, 《대한협회회보》 제2호)

총살(銃殺) 일 銃殺(じゅうさつ zyūsatsu). (초출: 1895, 《서유견문》 제16편)

총선거(總選擧) 일 総選挙(そうせんきょ sō-senkyo). (초출: 1907, 《태극학보》 제8호)

총아(寵兒) 일 寵児(ちょうじ chōzi). (초출: 1907, 《태극학보》 제8호)

총액(總額) 일 総額(そうがく sōgaku). (초출: 1895, 《관보》 제78호)

총영사(總領事) 일 総領事(そうりょうじ sō-rysōzi). (초출: 1896, 《관보》 제315호)

총장(總長) 일 総長(そうちょう sōchō). (초출: 1897, 《친목회회보》 제5호, 《친목회회보》 제5호)

총재(總裁) 일 総裁(そうさい sōsai). (초출: 1895, 《관보》 제77호)

총체(總體) 일 総体(そうたい sōtai). (초출: 1902, 《신학월보》 제2권 제8호)

총칙(總則) 일 総則(そうそく sōsoku). (초출: 1895, 《관보》 제10호)

총파업(總罷業) 일 総罷業(そうひぎょう sō-higyō). (초출: 1922, 《개벽》 제27호)

총합(總合) 일 総合(そうごう sōgō). (초출: 1895, 《관보》 제265호)

총화(總和) 일 総和(そうわ sōwa). (초출: 1921, 《개벽》 제10호)

총회(總會) 일 総会(そうかい sōkai). (초출: 1906, 대한제국, 《관보》 제3439호)

촬영(撮影) 일 撮影(さつえい satsuei). (초출: 1906, 《태극학보》 제3호)

최고(催告) 일 催告(さいこく saikoku). (초출: 1908, 《관보》 호외)

최루탄(催淚彈) 일 催涙弾(さいるいだん sairui-dan). (초출: 1934, 《동아일보》)

최면(催眠) 일 催眠(さいみん saimin). (초출: 1907, 《태극학보》 제7호)

최면술(催眠術) 일 催眠術(さいみんじゅつ saimin-zyutsu). (초출: 1907, 《태극학

보》 제7호)

최저(最低) 일 最低(さいてい saitei). (초출: 1895, 《서유견문》 제1편)

최종(最終) 일 最終(さいしゅう saishū). (초출: 1895, 《관보》 제2호)

최혜국(最惠國) 일 最恵国(さいけいこく saikei-koku). (초출: 1907, 《서우》 제10호)

최후통첩(最後通牒) 일 最後通牒(さいごつうちょう saigo-tsūchō). (초출: 1908, 《대동학회월보》 제8호)

추량(推量) 일 推量(すいりょう suiryō). (초출: 1895, 《서유견문》 제13편)

추리소설(推理小說) 일 推理小説(すいりしょうせつ suiri-shōsetsu). (초출: 1955, 《경향신문》)

추상(抽象) 일 抽象(ちゅうしょう chūsyō). (초출: 1902, 《신학월보》 제2권 제8호)

추상명사(抽象名詞) 일 抽象名詞(ちゅうしょうめいし chūsyō-meisi). (초출: 1906-1910, 《보감》 부록 '휘집' 3권)

추상적(抽象的) 일 抽象的(ちゅうしょうてき chūsyō-teki). (초출: 1902, 《신학월보》 제2권 제8호)

추상화(抽象畫) 일 抽象画(ちゅうしょうが chūshō-ga). (초출: 1954, 《경향신문》)

추월(追越) 일 追越(おいこし oikosi). (초출: 1909, 《관보》 제4502호)

추인(追認) 일 追認(ついにん tsuinin). (초출: 1908, 《대한학회원보》 제8호)

추진기(推進機) 일 推進器(すいしんき suisin-ki). (초출: 1922, 최록동 《현대신어석의》) ※ 푸로펠라(Propeller)

추징금(追徵金) 일 追徴金(ついちょうきん tsuichō-kin). (초출: 1922, 《동아일보》)

축구(蹴球) 일 蹴球(しゅうきゅう syūkyū). (초출: 1915, 《青春》 제4호)

축도(縮圖) 일 縮図(しゅくず shukuzu). (초출: 1906, 《대한자강회월보》 제1호)

축복(祝福) 일 祝福(しゅくふく syukufuku). (초출: 1908, 《태극학보》 제17호)

축음기(蓄音機) 일 蓄音機(ちくおんき chikuon-ki). (초출: 1920, 《동아일보》)

축전지(蓄電池) 일 蓄電池(ちくでんち chikudenchi). (초출: 1921, 《동아일보》)

축제(祝祭) 일 祝祭(しゅくさい syukusai). (초출: 1904, 《황성신문》)

춘투(春鬪) 일 春闘(しゅんとう syuntō). (초출: 1962, 《경향신문》)

춘희(椿姬) 일 椿姫(つばきひめ tsubaki-hime). (초출: 1923, 《개벽》 제31호)

출감(出監) 일 出監(しゅっかん shukkan). (초출: 1908, 《관보》 제4157호)

출구(出口) 일 出口(でぐち deguchi). (초출: 1899, 《독립신문》)

출근(出勤) 일 出勤(しゅっきん syukkin). (초출: 1906, 《관보》 제3549호)

출마(出馬) 일 出馬(しゅつば syutsuba). (초출: 1924, 《개벽》 제45호)

출발(出發) 일 出発(しゅっぱつ syuppatsu). (초출: 1895, 《관보》 제78호)

출범(出帆) 일 出帆(しゅっぱん syuppan). (초출: 1896, 《관보》 제301호)

출산율(出産率) 일 出産率(しゅっさんりつ shussan-ritsu). (초출: 1921, 《동아일보》)

출소(出所) 일 出所(しゅっしょ shussho). (초출: 1934, 《동아일보》)

출어(出漁) 일 出漁(しゅつぎょ syutsugyo). (초출: 1895, 《관보》 제101호)

출연(出演) 일 出演(しゅつえん shutsuen). (초출: 1921, 《개벽》 제12호)

출연료(出演料) 일 出演料(しゅつえんりょう shutsuen-ryō). (초출: 1927, 《조선일보》)

출영(出迎) 일 出迎(でむかえ demukae). (초출: 1895, 학부 《국민소학독본》)

출원(出願) 일 出願(しゅつがん shutsugan). (초출: 1905, 《관보》 제3317호)

출장(出張) 일 出張(しゅっちょう syutchō). (초출: 1895, 《관보》 제85호)

출장소(出張所) 일 出張所(しゅっちょうじょ syutchō-zyo). (초출: 1906, 《관보》 제
3485호)

출정(出廷) 일 出廷(しゅってい syuttei). (초출: 1901, 《관보》 제1812호)

출찰구(出札口) 일 出札口(しゅっさつぐち syussatsu-guchi). (초출: 1921, 《개벽》
제7호)

출초(出超) 일 出超(しゅっちょう shutchō). (초출: 1921, 《동아일보》)

출판(出版) 일 出版(しゅっぱん syuppan). (초출: 1895, 《관보》 제16호)

출판물(出版物) 일 出版物(しゅっぱんぶつ syuppan-butsu). (초출: 1895, 《관보》
제27호)

출판사(出版社) 일 出版社(しゅっぱんしゃ syuppan-sya). (초출: 1931, 《동광》 제23호)

출품(出品) 일 出品(しゅっぴん shuppin). (초출: 1902, 《관보》 제2293호)

출하(出荷) 일 出荷(しゅっか syukka). (초출: 1920, 《동아일보》)

~충(蟲) 일 ~虫(ちゅう ~chū). (초출: 1921, 《개벽》 제11호)

충동(衝動) 일 衝動(しょうどう shōdō). (초출: 1907, 《대한자강회월보》 제12호)

충수염(蟲垂炎) 일 虫垂炎(ちゅうすいえん chūsui-en). (초출: 1957,《경향신문》)

충전(充電) 일 充電(じゅうでん zyūden). (초출: 1930,《별건곤》제26호)

충치(蟲齒) 일 虫歯(むしば musiba). (초출: 1895,《국한회어》)

충혈(充血) 일 充血(じゅうけつ zyūketsu). (초출: 1906-1910,《보감》부록 '휘집' 3권)

췌장(膵臓) 일 膵臓(すいぞう suizō). (초출: 1930,《별건곤》제27호)

취급(取扱) 일 取扱い(とりあつかい toriatsukai). (초출: 1899,《관보》제1198호)

취급소(取扱所) 일 取扱所(とりあつかいじょ toriatsukai-zyo). (초출: 1907,《대한
민일신보》)

취득(取得) 일 取得(しゅとく syutoku). (초출: 1895,《관보》제78호)

취사장(炊事場) 일 炊事場(すいじば suizi-ba). (초출: 1905,《관보》제3325호)

취소(取消) 일 取消し(とりけし torikesi). (초출: 1895,《관보》제27호)

취업(就業) 일 就業(しゅうぎょう syūgyō). (초출: 1895, 학부《국민소학독본》)

취인소(取引所) 일 取引所(とりひきじょ torihiki-zyo). (초출: 1908,《관보》부록)

취임(就任) 일 就任(しゅうにん shūnin). (초출: 1895,《관보》호외)

취임식(就任式) 일 就任式(しゅうにんしき shūnin-siki). (초출: 1909,《대동학회월
보》제14호)

취입(吹込) 일 吹込(ふきこみ fukikomi). (초출: 1906-1910,《보감》부록 '휘집' 3권)

취조(取調) 일 取調べ(とりしらべ torisirabe). (초출: 1902,《관보》호외)

취지서(趣旨書) 일 趣旨書(しゅししょ shusi-sho). (초출: 1905,《관보》제3329호)

취직난(就職難) 일 就職難(しゅうしょくなん shūshoku-nan). (초출: 1921,《개벽》
제8호)

취체(取締) 일 取締(とりしまり torisimari). (초출: 1905,《관보》제3337호)

취체역(取締役) 일 取締役(とりしまりやく torisimari-yaku). (초출: 1881(이헌영
《日槎集略》)

취하(取下) 일 取下げ(とりさげ torisage). (초출: 1905,《관보》제3299호)

취학(就學) 일 就学(しゅうがく syūgaku). (초출: 1895,《관보》호외)

측정(測定) 일 測定(そくてい sokutei). (초출: 1895,《서유견문》제13편)

측후소(測候所) 일 測候所(そっこうじょ sokkō-zyo). (초출: 1908,《관보》제4160호)

치골(恥骨) 일 恥骨(ちこつ chikotsu). (초출: 1929, 《별건곤》 제19호)

치과(齒科) 일 歯科(しか sika). (초출: 1909, 대한제국, 《관보》 제4542호)

치어걸(cheer girl) 일 チアガール(chia gāru). (초출: 1982, 《경향신문》)

치외법권(治外法權) 일 治外法権(ちがいほうけん chigai-hōken). (초출: 1899, 《독립신문》)

치주염(齒周炎) 일 歯周炎(ししゅうえん sishū-en). (초출: 1970, 《조선일보》)

치중병(輜重兵) 일 輜重兵(しちょうへい sichō-hei). (초출: 1895, 《관보》 제52호)

치한(癡漢) 일 痴漢·癡漢(ちかん chikan). (초출: 1930, 《조선일보》)

치환(置換) 일 置換(おきかえ/ちかん okikae/chikan). (초출: 1909, 《대동학회월보》 제18호)

친목회(親睦會) 일 親睦会(しんぼくかい sinboku-kai). (초출: 1896, 《독립신문》)

친전(親展) 일 親展(しんてん sinten). (초출: 1895, 《관보》 제1호)

친화력(親和力) 일 親和力(しんわりょく sinwa-ryoku). (초출: 1908, 《태극학보》 제22호)

칠면조(七面鳥) 일 七面鳥(しちめんちょう sichimen-chō). (초출: 1921, 《개벽》 제11호)

침대(寢臺) 일 寝台(しんだい sindai). (초출: 1907, 《대한유학생회회보》 제3호)

침략(侵略) 일 侵略(しんりゃく sinryaku). (초출: 1899, 《독립신문》)

침목(枕木) 일 枕木(まくらぎ makuragi). (초출: 1897, 《독립신문》)

침식(浸蝕) 일 浸蝕(しんしょく sinsyoku). (초출: 1907, 《대한유학생회회보》 제2호)

침체기(沈滯期) 일 沈滯期(ちんたいき chintai-ki). (초출: 1922, 《동아일보》)

침출(浸出) 일 浸出(しんしゅつ sinsyutsu). (초출: 1907, 《대한유학생회회보》 제3호)

침투(浸透) 일 浸透(しんとう sintō). (초출: 1909, 《기호흥학회월보》 제8호)

침하(沈下) 일 沈下(ちんか chinka). (초출: 1906, 《태극학보》 제1호)

【카】

카다로구 🈁 カタログ(型録 katarogu). (초출: 1923,《동아일보》)

카다르(가다루) 🈁 カタル(kataru). (초출: 1918, 조선총독부《조선사서원고》)

캬라멜(캬라멜) 🈁 キャラメル(kyarameru). (초출: 1921,《동아일보》)

카레라이스(라이스카레, 카레) 🈁 カレーライス(kare-raisu). (초출: 1925,《동아일보》)

카스테라 🈁 カステラ(kasutera). (초출: 1925,《동아일보》)

카페(까페) 🈁 カフェー(kafē). (초출: 1922,《개벽》제26호)

칸델라(칸델라) 🈁 カンデラ(kandera). (초출: 1930,《별건곤》제26호)

칼리(가리 加里) 🈁 加里(カリ kari). (초출: 1907,《대한유학생회학보》제2호)

캐치 볼 🈁 キャッチ ボール(kyatchi-bōru). (초출: 1962,《경향신문》)

캠핑 카 🈁 キャンピングカー(kyampingu-kā). (초출: 1971,《경향신문》)

컨닝(칸닝구) 🈁 カンニング(kanningu). (초출: 1930,《별건곤》제27호)

코레라 🈁 コレラ(korera). (초출: 1922,《동아일보》)

콘센트 🈁 コンセント(konsento). (초출: 1959,《동아일보》)

콤비 🈁 コンビ(kombi). (초출: 1934,《동아일보》)

콤파스 🈁 コンパス(kompasu). (초출: 1923,《동아일보》)

콤플렉스 🈁 コンプレックス(compurekusu). (초출: 1933,《동아일보》)

쾌감(快感) 🈁 快感(かいかん kaikan). (초출: 1906,《태극학보》제2호)

쾌락주의(快樂主義) 🈁 快楽主義(かいらくしゅぎ kairaku-shugi). (초출: 1921,《개벽》제10호)

쿠데타 🈁 クーデター(kūdetā). (초출: 1922,《현대신어석의》)

쿠사리 🈁 腐り(くさり kusari). (초출: 1964,《경향신문》)

쿨러(쿠라) 🈁 クーラー kūrā). (초출: 1939,《동아일보》)

퀵모션 🈁 クイック モーション(kwiku mōsyon). (초출: 1997,《한겨레》)

크락숀 🈁 クラクション(kurakusyon). (초출: 1937,《동아일보》)

크레파스 🈁 クレパス(kurepasu). (초출: 1939,《동아일보》)

크린업 트리오 🈁 クリーンアップ トリオ(kurīnappu turio). (초출: 1961,《경향신문》)

키나(幾那, 規那) 일 キナ(kina). (초출: 1908, 《관보》 부록)

키스 마크 일 キス マーク(kisu māku). (초출: 1967, 《경향신문》)

키포인트 일 キー ポイント(kī pointo). (초출: 1940, 《동아일보》)

【타】

타격(打擊) 일 打撃(だげき dageki). (초출: 1907, 《태극학보》 제9호)

타당성(妥當性) 일 妥当性(だとうせい datō-sei). (초출: 1922, 《개벽》 제25호)

타동사(他動詞) 일 他動詞(たどうし tadōsi). (초출: 1925, 《동아일보》)

타설(打設) 일 打設(だせつ dasetsu). (초출: 1967, 《매일경제》)

타성(惰性) 일 惰性(だせい dasei). (초출: 1907, 《대한자강회월보》 제8호)

타악기(打樂器) 일 打楽器(だがっき da-gakki). (초출: 1928, 《별곤건》 제12·13호)

타액(唾液) 일 唾液(だえき daeki). (초출: 1910, 《대한흥학보》 제12호)

타원형(橢圓形) 일 楕円形(だえんけい daen-kei). (초출: 1897, 《관보》 제639호)

타율(他律) 일 他律(たりつ taritsu). (초출: 1920, 《개벽》 제2호)

타율(打率) 일 打率(だりつ daritsu). (초출: 1933, 《동아일보》)

타이루(다이루) 일 タイル(tairu). (초출: 1939, 《동아일보》)

타자(打者) 일 打者(だしゃ dasha). (초출: 1922, 《동아일보》)

타전(打電) 일 打電(だでん daden). (초출: 1907, 《대한자강회월보》 제7호)

타합(打合) 일 打合せ(うちあわせ uchiawase). (초출: 1909, 《대한민보》)

타협(妥協) 일 妥協(だきょう dakyō). (초출: 1897, 《독립신문》)

탁구(卓球) 일 卓球(たっきゅう takkyū). (초출: 1929, 《별건곤》 제19호)

탁송(託送) 일 託送(たくそう takusō). (초출: 1908, 《관보》 제4263호)

탁아소(託兒所) 일 託児所(たくじしょ takuzi-zyo). (초출: 1929, 《별건곤》 제19호)

~탄(彈) 일 ~弾(だん dan). (초출: 1910, 《대한민일신보》)

탄도탄(彈道彈) 일 弾道弾(だんどうだん dandōdan). (초출: 1957, 《경향신문》)

탄력(彈力) 일 弾力(だんりょく danryoku). (초출: 1908, 《기호흥학회월보》 제2호)

탄산가리(炭酸加里) 일 炭酸加里(たんさんかり tansan-kari). (초출: 1909,《서북학회월보》제16호)

탄산가스(炭酸瓦斯) 일 炭酸ガス(たんさんガス tansan-gasu). (초출: 1895, 학부《국민소학독본》제28과)

탄성(彈性) 일 弾性(だんせい dansei). (초출: 1908,《대한학회월보》제2호)

탄소(炭素) 일 炭素(たんそ tanso). (초출: 1895,《서유견문》제1편)

탄소강(炭素鋼) 일 炭素鋼(たんそこう tanso-kō). (초출: 1934,《동아일보》)

탄소섬유(炭素纖維) 일 炭素繊維(たんそせんい tanso-seni). (초출: 1970,《경향신문》)

탄수화물(炭水化物) 일 炭水化物(たんすいかぶつ tansuika-butsu). (초출: 1908,《대한학회월보》제6호)

탄약(彈藥) 일 弾薬(だんやく danyaku). (초출: 1891, 스콧《ENGLISH-COREAN DICTIONARY》)

탄원(歎願) 일 嘆願／歎願(たんがん tangan). (초출: 1907,《태극학보》제13호)

탄원서(歎願書) 일 嘆願書(たんがんしょ tangan-sho). (초출: 1920,《동아일보》)

탈당(脫黨) 일 脱党(だっとう dattō). (초출: 1920,《동아일보》)

탈모(脫毛) 일 脱毛(だつもう datsumo). (초출: 1908,《태극학보》제26호)

탈선(脫線) 일 脱線(だっせん dassen). (초출: 1907,《태극학보》제14호)

탈세(脫稅) 일 脱税(だつぜい datsuzei). (초출: 1909,《관보》제4297호)

탈지면(脫脂綿) 일 脱脂綿(だっしめん dassi-men). (초출: 1908,《관보》부록)

탐닉(耽溺) 일 耽溺(たんでき tandeki). (초출: 1907,《태극학보》제7호)

탐미(耽美) 일 耽美(たんび tanbi). (초출: 1921,《개벽》제12호)

탐미주의(耽美主義) 일 耽美主義(たんびしゅぎ tanbi-shugi). (초출: 1921,《개벽》제12호)

탐정(探偵) 일 探偵(たんてい tantei). (초출: 1895,《관보》제194호)

탐정소설(探偵小說) 일 探偵小説(たんていしょうせつ tantei-syōsetsu). (초출: 1920,《동아일보》)

탐조등(探照燈) 일 探照灯(たんしょうとう tansyō-tō). (초출: 1921,《동아일보》)

탐험(探險) 일 探険(たんけん tanken). (초출: 1907,《태극학보》제16호)

탐험가(探險家) 일 探検家(たんけんか tanken-ka). (초출: 1906,《대한자강회월보》 제4호)

탑승(搭乘) 일 搭乗(とうじょう tōzyō). (초출: 1897,《관보》 제278호)

탑승구(搭乘口) 일 搭乗口(とうじょうぐち tōzyō-guchi). (초출: 1970,《동아일보》)

태양계(太陽系) 일 太陽系(たいようけい taiyō-kei). (초출: 1906,《태극학보》 제5호)

태양광(太陽光) 일 太陽光(たいようこう taiyō-kō). (초출: 1930,《조선일보》)

태양등(太陽燈) 일 太陽灯(たいようとう taiyō-tō). (초출: 1931,《동광》 제22호)

태양열(太陽熱) 일 太陽熱(たいようねつ taiyō-netsu). (초출: 1897,《대조선독립협회회보》 제4호)

태양전지(太陽電池) 일 太陽電池(たいようでんち taiyō-denchi). (초출: 1955,《동아일보》)

태평양(太平洋) 일 太平洋(たいへいよう taiheiyō). (초출: 1881, 이헌영《일사집략(日槎集略)》)

택배(宅配) 일 宅配(たくはい takuhai). (초출: 1971,《매일경제》)

택지(宅地) 일 宅地(たくち takuchi). (초출: 1909,《관보》 제4376호)

터키탕 일 トルコ風呂(トルコぶろ torukoburo). (초출: 1964,《동아일보》)

터프가이 일 タフガイ(tafu gai). (초출: 1975,《동아일보》)

테러(테로) 일 テロ(tero). (초출: 1929,《동아일보》)

테마파크 일 テーマー パーク(tēma-pāku). (초출: 1984,《경향신문》)

테이블 스피치 일 テーブル スピーチ(tēburu supīchi). (초출: 1961,《경향신문》)

테이블 챠지 일 テーブルチャージ(tēburu-chāzi). (초출: 1967,《조선일보》)

텔레비(테레비) 일 テレビ(terebi). (초출: 1928,《동아일보》)

토건(土建) 일 土建(どけん doken). (초출: 1937,《동아일보》)

토관(土管) 일 土管(どかん dokan). (초출: 1903,《황성신문》)

토목공사(土木工事) 일 土木工事(どぼくこうじ doboku-kōzi). (초출: 1895,《관보》 제7호)

토목공학(土木工學) 일 土木工学(どぼくこうがく doboku-kōgaku). (초출: 1935,《삼천리》 제7권 제8호)

토석류(土石流) 일 土石流(どせきりゅう doseki-ryū). (초출: 1972, 《동아일보》)

토요일(土曜日) 일 土曜日(どようび do-yōbi). (초출: 1895, 《관보》 제62호)

토의(討議) 일 討議(とうぎ tōgi). (초출: 1895, 《관보》 제2호)

톤(噸) 일 噸／屯／瓲(トン ton). (초출: 1895, 《관보》 제88호)

~통(痛) 일 ~痛(つう tsū). (초출: 1908, 《대한흥학보》 제8호)

통계(統計) 일 統計(とうけい tōkei). (초출: 1895, 《서유견문》 제19편)

통계표(統計表) 일 統計表(とうけいひょう tōkei-hyō). (초출: 1895, 《관보》 제13호)

통계학(統計學) 일 統計学(とうけいがく tōkei-gaku). (초출: 1907, 《태극학보》 제8호)

통과(通過) 일 通過(つうか tsūka). (초출: 1895, 《관보》 제140호)

통과의례(通過儀禮) 일 通過儀礼(つうかぎれい tsūka-girei). (초출: 1973, 《동아일보》)

통근(通勤) 일 通勤(つうきん tsūkin). (초출: 1909, 《관보》 제4492호)

통신사(通信社) 일 通信社(つうしんしゃ tsūsin-sya). (초출: 1899, 《독립신문》)

통신원(通信員) 일 通信員(つうしんいん tsūsin-in). (초출: 1904, 《대한민일신보》)

통신판매(通信販賣) 일 通信販売(つうしんはんばい tsūsin-hanbai). (초출: 1922,
　　최록동 《현대신어석의》)

통장(通帳) 일 通帳(つうちょう tsūchō). (초출: 1907, 정운복 《독습일어정칙》)

통학(通學) 일 通学(つうがく tsūgaku). (초출: 1895, 학부간행 《국민소학독본》)

통화수축(通貨收縮) 일 通貨収縮(つうかしゅうしゅく tsūka-syūsyuku). (초출:
　　1922, 최록동 《현대신어석의》)

통화팽창(通貨膨脹) 일 通貨膨脹(つうかぼうちょう tsūka-bōchō). (초출: 1932,
　　《동광》 제31호)

퇴사(退社) 일 退社(たいしゃ taisha). (초출: 1908, 《대한협회회보》 제4호)

퇴역(退役) 일 退役(たいえき taieki). (초출: 1895, 《관보》 제26호)

퇴원(退院) 일 退院(たいいん taiin). (초출: 1908, 《태극학보》)

퇴장(退場) 일 退場(たいじょう taizyō). (초출: 1908, 《대한학회월보》 제7호)

퇴정(退廷) 일 退廷(たいてい taitei). (초출: 1901, 《관보》 제1812호)

퇴직금(退職金) 일 退職金(たいしょくきん taishoku-kin). (초출: 1923, 《동아일보》)

퇴폐적(頹廢的) 일 退廃的(たいはいてき taihai-teki). (초출: 1921, 《개벽》 제11호)

퇴학(退學) 일 退学(たいがく). (초출: 1895, 《관보》 제43호)

퇴화(退化) 일 退化(たいか taika). (초출: 1906, 《태극학보》 제4호)

투고(投稿) 일 投稿(とうこう tōkō). (초출: 1908, 《서북학회월보》 제3호)

투기(投機) 일 投機(とうき tōki). (초출: 1906, 《태극학보》 제2호)

투망(投網) 일 投網(とあみ toami). (초출: 1908, 《태극학보》 제18호)

투매(投賣) 일 投売(なげうり nageuri). (초출: 1897, 《독립신문》)

투수(投手) 일 投手(とうしゅ tōsyu). (초출: 1920, 《동아일보》)

투영(投影) 일 投影(とうえい tōei). (초출: 1908, 《대한학회월보》 제2호)

투자(投資) 일 投資(とうし tōsi). (초출: 1908, 《대한학회월보》 제8호)

투표(投票) 일 投票(とうひょう tōhyō). (초출: 1884, 《한성순보》 제10호)

특공대(特攻隊) 일 特攻隊(とっこうたい tokkō-tai). (초출: 1944, 《매일신보》)

특권(特權) 일 特権(とっけん tokken). (초출: 1895, 《관보》 제87호)

특권계급(特權階級) 일 特権階級(とっけんかいきゅう tokken-kaikyū). (초출: 1921,
《개벽》 제17호)

특급(特急) 일 特急(とっきゅう tokkyū). (초출: 1908, 《관보》 부록)

특기(特技) 일 特技(とくぎ tokugi). (초출: 1922, 《개벽》 제29호)

특대생(特待生) 일 特待生(とくたいせい tokutai-sei). (초출: 1908, 《대한학회월보》
제6호)

특매(特賣) 일 特売(とくばい tokubai). (초출: 1908, 《관보》 제4057호)

특무(特務) 일 特務(とくむ tokumu). (초출: 1897, 《독립신문》)

특별(特別) 일 特別(とくべつ tokubetsu). (초출: 1883, 《한성순보》 제7호》)

특산품(特産品) 일 特産品(とくさんひん tokusan-hin). (초출: 1920, 《개벽》 제6호)

특색(特色) 일 特色(とくしょく tokusyoku). (초출: 1906, 《대한자강회월보》 제5호)

특성(特性) 일 特性(とくせい tokusei). (초출: 1898, 《협성회회보》 제1권 2호)

특수(特需) 일 特需(とくじゅ tokuzyu). (초출: 1947, 《경향신문》)

특수강(特殊鋼) 일 特殊鋼(とくしゅこう tokushu-kō). (초출: 1933, 《동아일보》)

특약(特約) 일 特約(とくやく tokuyaku). (초출: 1899, 《독립신문》)

특전(特典) 일 特典(とくてん tokuten). (초출: 1895, 《관보》 호외)

특정(特定) 일 特定(とくてい tokutei). (초출: 1895, 《관보》 제7호)

특제(特製) 일 特製(とくせい tokusei). (초출: 1908, 《관보》 제4202호)

특종(特種) 일 特種(とくだね tokudane). (초출: 1927, 《별건곤》 제3호)

특질(特質) 일 特質(とくしつ tokusitsu). (초출: 1907, 《대한유학생회회보》 제3호)

특집(特輯, 特集) 일 特集·特輯(とくしゅう tokushū). (초출: 1927, 《동광》 제15호)

특징(特徵) 일 特徵(とくちょう tokuchō). (초출: 1907, 《대한유학생회회보》 제1호)

특파(特派) 일 特派(とくは tokuha). (초출: 1895, 《관보》 호외)

특파원(特派員) 일 特派員(とくはいん tokuha-in). (초출: 1895, 《관보》 제154호)

특허(特許) 일 特許(とっきょ tokkyo). (초출: 1902, 《관보》 호외)

특효(特效) 일 特效(とっこう tokkō). (초출: 1906, 《대한자강회월보》 제1호)

【파】

~파(派) 일 ~派(は ha). (초출: 1909, 《대동학회월보》 제14호)

파고(波高) 일 波高(はこう hakō). (초출: 1939, 《동아일보》)

파마(퍼머) 일 pāma(パーマ pāma). (초출: 1947, 《동아일보》)

파문(波紋) 일 波紋(はもん hamon). (초출: 1907, 《서우》 제12호)

파생(派生) 일 派生(はせい hasei). (초출: 1909, 《대한민일신보》)

파업(罷業) 일 罷業(ひぎょう higyō). (초출: 1907, 《대한자강회월보》 제11호)

파워 게임 일 パワー ゲーム(pawā gēmu). (초출: 1972, 《동아일보》)

파장(波長) 일 波長(はちょう hachō). (초출: 1926, 《별건곤》 제2호)

파출부(派出婦) 일 派出婦(はしゅつふ hasyutsu-fu). (초출: 1932, 《조선일보》)

파출소(派出所) 일 派出所(はしゅつしょ hasyutsu-sho). (초출: 1907, 《서우》 제9호)

파충류(爬蟲類) 일 爬虫類(はちゅうるい hachū-rui). (초출: 1895, 학부간행 《국민
  소학독본》)

파크 골프 일 パーク ゴルフ(pāku gorufu). (초출: 1997, 《조선일보》)

~판(版) 일 ~版(はん han). (초출: 1923, 《개벽》 제40호)

판결(判決) 일 判決(はんけつ hanketsu). (초출: 1895, 《서유견문》 제10편)

판권(版權) 일 版権(はんけん hanken). (초출: 1884, 《한성순보》 제23호)

판매고(販賣高) 일 販売高(はんばいだか hanbai-daka). (초출: 1921, 《조선일보》)

판매원(販賣元) 일 販売元(はんばいもと hanbai-moto). (초출: 1921, 《동아일보》)

판사(判事) 일 判事(はんじ hanzi). (초출: 1895, 《관보》 제15호)

판화(版畵) 일 版画(はんが hanga). (초출: 1927, 《별건곤》 제4호)

팔방미인(八方美人) 일 八方美人(はっぽうびじん happō-bizin). (초출: 1923, 《개벽》 제37호)

패권(覇權) 일 覇権(はけん haken). (초출: 1895, 《관보》 제197호)

패배주의(敗北主義) 일 敗北主義(はいぼくしゅぎ haiboku-shugi). (초출: 1930, 《조선일보》)

패색(敗色) 일 敗色(はいしょく haisyoku). (초출: 1935, 《삼천리》 제7권 제6호)

패소(敗訴) 일 敗訴(はいそ haiso). (초출: 1908, 《대한협회회보》)

패인(敗因) 일 敗因(はいいん haiin). (초출: 1920, 《동아일보》)

팩스 일 ファックス(fwakkusu). (초출: 1971, 《조선일보》)

팬 서비스 일 ファン サービス(fan sābisu). (초출: 1980, 《조선일보》)

팽창(膨脹) 일 膨脹／膨張(ぼうちょう bōchō). (초출: 1895, 《서유견문》 제18편)

퍼스컴 일 パソコン(pasokon). (초출: 1982, 《매일경제》)

편도(片道) 일 片道(かたみち katamichi). (초출: 1920, 《조선일보》)

편도선(扁桃腺) 일 扁桃腺(へんとうせん hentō-sen). (초출: 1907, 《서우》 제6호)

편물(編物) 일 編物(あみもの amimono). (초출: 1906, 《황성신문》)

편승(便乘) 일 便乗(びんじょう binzyō). (초출: 1905, 《관보》 제3329호)

편집광(偏執狂) 일 偏執狂(へんしゅうきょう hensyū-kyō). (초출: 1922, 《개벽》 제21호)

편차(偏差) 일 偏差(へんさ hensa). (초출: 1926, 《조선일보》)

평가(評價) 일 評価(ひょうか hyōka). (초출: 1895, 《관보》 제115호)

평론가(評論家) 일 評論家(ひょうろんか hyōron-ka). (초출: 1918, 《태서문예신보》 제4호)

평면도(平面圖) 일 平面図(へいめんず heimen-zu). (초출: 1908,《관보》제4165호)

평방(平方) 일 平方(へいほう heihō). (초출: 1899,《독립신문》)

평영(平泳) 일 平泳ぎ(ひらおよぎ hira-oyogi). (초출: 1927,《동아일보》)

평행봉(平行棒) 일 平行棒(へいこうぼう heikō-bō). (초출: 1931,《동아일보》)

평행선(平行線) 일 平行線(へいこうせん heikō-sen). (초출: 1908,《태극학보》제24호)

평화(平和) 일 平和(へいわ heiwa). (초출: 1895,《관보》제46호)

폐간(廢刊) 일 廃刊(はいかん haikan). (초출: 1908,《관보》부록)

폐결핵(肺結核) 일 肺結核(はいけっかく hai-kekkaku). (초출: 1899,《독립신문》)

폐기물(廢棄物) 일 廃棄物(はいきぶつ haiki-butsu). (초출: 1906,《서우》제1호)

폐기종(肺氣腫) 일 肺気腫(はいきしゅ haikishu). (초출: 1929,《동아일보》)

폐렴(肺炎) 일 肺炎(はいえん haien). (초출: 1906,《태극학보》제3호)

폐막(閉幕) 일 閉幕(へいまく heimaku). (초출: 19090,《대한흥학보》제2호)

폐수(廢水) 일 廃水(はいすい haisui). (초출: 1928,《동아일보》)

폐활량(肺活量) 일 肺活量(はいかつりょう haikatsu-ryō). (초출: 1907,《태극학보》 제8호)

폐회(閉會) 일 閉会(へいかい heikai). (초출: 1896,《관보》제302호)

~포(砲) 일 ~砲(ほう hō). (초출: 1895,《서유견문》제13편)

포격(砲擊) 일 砲撃(ほうげき hōgeki). (초출: 1895, 학부《국민소학독본》)

포경선(捕鯨船) 일 捕鯨船(ほげいせん hogei-sen). (초출: 1895, 학부《국민소학독본》)

포도주(葡萄酒) 일 葡萄酒(ぶどうしゅ budō-shu). (초출: 1895,《서유견문》제20편)

포르노 일 ポルノ(poruno). (초출: 1974,《경향신문》)

포문(砲門) 일 砲門(ほうもん hōmon). (초출: 1895,《관보》제196호)

포물선(抛物線) 일 抛物線(ほうぶつせん hōbutsu-sen). (초출: 1907,《대한유학생 회회보》제1호)

포병(砲兵) 일 砲兵(ほうへい hōhei). (초출: 1895,《관보》제3호)

포볼(퍼볼) 일 ファアボール hwaa bōru. (초출: 1960,《경향신문》)

포섭(包攝) 일 包摂(ほうせつ hōsetsu). (초출: 1921,《개벽》제10호)

포수(捕手) 일 捕手(ほしゅ hosyu). (초출: 1923,《개벽》제35호)

포유류(哺乳類) 圓 哺乳類(ほにゅうるい honyū-rui). (초출: 1907,《대한유학생회학보》제3호)

포주(抱主) 圓 抱主(かかえぬし kakae-nusi). (초출: 1921,《개벽》제16호)

포탄(砲彈) 圓 砲弾(ほうだん hōdan). (초출: 1907,《태극학보》제9호)

포화(飽和) 圓 飽和(ほうわ hōwa). (초출: 1908,《서북학회월보》제6호)

폭격(爆擊) 圓 爆撃(ばくげき bakugeki). (초출: 1921,《동아일보》)

폭격기(爆擊機) 圓 爆撃機(ばくげきき bakugeki-ki). (초출: 1924,《동아일보》)

폭도(暴徒) 圓 暴徒(ぼうと bōto). (초출: 1895,《관보》제152호)

폭동(暴動) 圓 暴動(ぼうどう bōdō). (초출: 1895,《관보》제136호)

폭등(暴騰) 圓 暴騰(ぼうとう bōtō). (초출: 1895(대한제국,《관보》제101호)

폭력(暴力) 圓 暴力(ぼうりょく bōryoku). (초출: 1907,《태극학보》제8호)

폭력단(暴力團) 圓 暴力団(ぼうりょくだん bōryoku-dan). (초출: 1924,《개벽》제48호)

폭렬탄(爆裂彈) 圓 爆裂弾(ばくれつだん bakuretsu-dan). (초출: 1907,《태극학보》제15호)

폭로전술(暴露戰術) 圓 暴露戰術ばくろせんじゅつ bakuro-senzyutsu). (초출: 1928,《동아일보》)

폭발(爆發) 圓 爆発(ばくはつ bakuhatsu). (초출: 1895,《서유견문》제1편)

폭사(爆死) 圓 爆死(ばくし bakusi). (초출: 1912, 김교제《비행선》)

폭소(爆笑) 圓 爆笑(ばくしょう bakushō). (초출: 1928,《별곤건》제16·17호)

폭약(爆藥) 圓 爆薬(ばくやく bakuyaku). (초출: 1900,《관보》제1689호)

폭음(爆音) 圓 爆音(ばくおん bakuon). (초출: 1922,《개벽》제20호)

폭주(暴走) 圓 暴走(ぼうそう bōsō). (초출: 1931,《동광》제28호)

폭주족(暴走族) 圓 暴走族(ぼうそうぞく bōsō-zoku). (초출: 1978,《동아일보》)

폭탄(爆彈) 圓 爆弾(ばくだん bakudan). (초출: 1907,《서우》제13호)

폭탄발언(爆彈發言) 圓 爆弾発言(ばくだんはつげん bakudan-hatsugen). (초출: 1947,《동아일보》)

~표(~表) 圓 ~表(ひょう hyō). (초출: 1908, 대한제국《관보》제4165호)

표결(票決) 圓 票決(ひょうけつ hyōketsu). (초출: 1906,《대한자강회월보》제1호)

표경방문(表敬訪問) 〔일〕 表敬訪問(ひょうけいほうもん hyōkei-hōmon). (초출: 1977, 《동아일보》)

표고(標高) 〔일〕 標高(ひょうこう hyōkō). (초출: 1923, 《개벽》 제42호)

표면(表面) 〔일〕 表面(ひょうめん hyōmen). (초출: 1895, 학부 《국민소학독본》)

표백(漂白) 〔일〕 漂白(ひょうはく hyōhaku). (초출: 1897, 《대조선독립협회회보》 제7호)

표본(標本) 〔일〕 標本(ひょうほん hyōhon). (초출: 1895, 《관보》 제138호)

표상(表象) 〔일〕 表象(ひょうしょう hyōsyō). (초출: 1906, 《태극학보》 제3호)

표식(標式) 〔일〕 標式(ひょうしき hyōsiki). (초출: 1896, 《독립신문》)

표어(標語) 〔일〕 標語(ひょうご hyōgo). (초출: 1918, 최남선역 《자조론》)

표정(表情) 〔일〕 表情(ひょうじょう hyōzyō). (초출: 1910, 《대한흥학보》 제12호)

표준어(標準語) 〔일〕 標準語(ひょうじゅんご hyōzyun-go). (초출: 1920, 《개벽》 제6호)

표현(表現) 〔일〕 表現(ひょうげん hyōgen). (초출: 1907, 《서우》 제2호)

푸로(프로) 〔일〕 プロ(puro 영어 pro-fessional의 뒷부분(fessional)을 생략한 말). (초출: 1939, 《동아일보》)

푸로(프로) 〔일〕 プロ(puro 영어 program의 준말). (초출: 1938, 《동아일보》)

푸로(프로) 〔일〕 プロ(puro 프랑스어 prolétariat의 뒷부분(létariat)을 생략한 말). (초출: 1923, 《개벽》 제37호)

푸로덕션(프로덕션) 〔일〕 プロダクション(purodakusyon). (초출: 1938, 《동아일보》)

풀베이스 〔일〕 (フルベース huru bēsu). (초출: 1952, 《경향신문》)

~품(品) 〔일〕 品(ひん hin). (초출: 1895, 《서유견문》 제19편)

품격(品格) 〔일〕 品格(ひんかく hinkaku). (초출: 1895, 학부간행 《국민소학독본》)

품명(品名) 〔일〕 品名(ひんめい hinmei). (초출: 1905, 《관보》 호외)

품사(品詞) 〔일〕 品詞(ひんし hinsi). (초출: 1907, 《서우》 제10호)

품성(品性) 〔일〕 品性(ひんせい hinsei). (초출: 1906, 《관보》 제3548호)

품절(品切) 〔일〕 品切(しなぎれ sinagire). (초출: 1919, 《매일신보》)

품질(品質) 〔일〕 品質(ひんしつ hinsitsu). (초출: 1895, 《관보》 제4호)

품질보증(品質保證) 〔일〕 品質保証(ひんしつほしょう hinsitsu-hoshō). (초출: 1935, 《동아일보》)

풍경화(風景畵) 일 風景画(ふうけいが fūkei-ga). (초출: 1920, 《동아일보》)

풍금(風琴) 일 風琴(ふうきん fūkin). (초출: 1897, 《대조선독립협회회보》 제8호)

풍선(風船) 일 風船(ふうせん fhūsen). (초출: 1906, 《태극학보》 제5호)

풍속(風速) 일 風速(ふうそく fūsoku). (초출: 1921, 《조선일보》)

풍운아(風雲兒) 일 風雲児(ふううんじ fūun-zi). (초출: 1907, 《태극학보》 제12호)

풍자극(諷刺劇) 일 諷刺劇(ふうしげき fūsi-geki). (초출: 1924, 《개벽》 제44호)

풍자화(諷刺畵) 일 諷刺画(ふうしが fūsi-ga). (초출: 1922, 《동아일보》)

피(被~) 일 被~(ひ hi). (초출: 1895, 《관보》 제211호)

피고인(被告人) 일 被告人(ひこくにん hikoku-nin). (초출: 1895, 《관보》 제15호)

피구(避球) 일 避球(ひきゅう hikyū). (초출: 1940, 《조선일보》)

피동(被動) 일 被動(ひどう hidō). (초출: 1908, 《대동학회월보》 제2호)

피로연(披露宴) 일 披露宴(ひろうえん hirō-en). (초출: 1920, 《동아일보》)

피뢰침(避雷針) 일 避雷針(ひらいしん hirai-sin). (초출: 1908, 《대한학회월보》 제2호)

피병원(避病院) 일 避病院(ひびょういん hi-byōin). (초출: 1895, 《관보》 제65호)

피부과(皮膚科) 일 皮膚科(ひふか hifu-ka). (초출: 1909, 《관보》 제4542호)

피선거권(被選擧權) 일 被選挙権(ひせんきょけん hi-senkyo-ken). (초출: 1895, 《관보》 제211호)

피스톨 일 ピストル(pisutoru). (초출: 1922, 《개벽》 제25호)

피의자(被疑者) 일 被疑者(ひぎしゃ higisha). (초출: 1920, 《동아일보》)

피해망상(被害妄想) 일 被害妄想(ひがいもうそう higai-mōsō). (초출: 1937, 《동아일보》)

피해자(被害者) 일 被害者(ひがいしゃ higai-sha). (초출: 1895, 《관보》 호외)

핀세트 일 ピンセット(pinsetto). (초출: 1925, 《개벽》 제56호)

필기시험(筆記試驗) 일 筆記試験(ひっきしけん hikki-siken). (초출: 1905, 《관보》 제3299호)

필산(筆算) 일 筆算(ひっさん hissan). (초출: 1895, 《관보》 제138호)

필살기(必殺技) 일 必殺技(ひっさつわざ hissatsu-waza). (초출: 1996, 《동아일보》)

필연성(必然性) 일 必然性(ひつぜんせい hitsuzen-sei). (초출: 1920, 《개벽》 제6호)

필연적(必然的) 일 必然的(ひつぜんてき hitsuzen-teki). (초출: 1907, 《태극학보》 제9호)

필요성(必要性) 일 必要性(ひつようせい hitsuyō-sei). (초출: 1917, 이광수 《무정》)

필요악(必要惡) 일 必要惡(ひつようあく hitsuyō-aku). (초출: 1927, 《조선일보》)

핑크무드 일 ピンクムード(pinku-mūdo). (초출: 1961, 《조선일보》)

【하】

하구언(河口堰) 일 河口堰(かこうぜき kakō-zeki). (초출: 1965, 《경향신문》)

하급(下級) 일 下級(かきゅう kakyū). (초출: 1901, 《관보》 제1812호)

하급심(下級審) 일 下級審(かきゅうしん kakyū-sin). (초출: 1932, 《동아일보》)

하꼬방 일 箱방(はこ hako)＋한국어 방(房). (초출: 1949, 《동아일보》)

하녀(下女) 일 下女(げじょ gezyo). (초출: 1907, 《서우》 제12호)

하등동물(下等動物) 일 下等動物(かとうどうぶつ katō-dōbutsu). (초출: 1907, 《대한자강회월보》 제9호)

하마평(下馬評) 일 下馬評(げばひょう keba-hyō). (초출: 1921, 《동아일보》)

하물(荷物) 일 荷物(にもつ nimotsu). (초출: 1897, 《대조선독립협회회보》 제10호)

하반기(下半期) 일 下半期(しもはんき simo-hanki). (초출: 1907, 《관보》 제3813호)

하복(夏服) 일 夏服(なつふく natsufuku). (초출: 1896, 《관보》 제501호)

하사관(下士官) 일 下士官(かしかん kasikan). (초출: 1895, 《관보》 제25호)

하상(河床) 일 河床(かしょう kashō). (초출: 1907, 《태극학보》 제16호)

하수도(下水道) 일 下水道(げすいどう ge-suidō). (초출: 1921, 《개벽》 제17호)

하숙(下宿) 일 下宿(げしゅく gesyuku). (초출: 1907, 정운복 《독습일어정칙》)

하악골(下顎骨) 일 下顎骨(かがくこつ kagaku-kotsu). (초출: 1908, 《기호흥학회월보》 제3호)

하역(荷役) 일 荷役(にやく niyaku). (초출: 1919, 《매일신보》)

하원(下院) 일 下院(かいん kain). (초출: 1895, 유길준 《서유견문》 제18편)

하이카라 📖 ハイカラ(haikara). (초출: 1911, 현공염 《죽서루》)

하주(荷主) 📖 荷主(にぬし ninusi). (초출: 1906, 《황성신문》)

하중(荷重) 📖 荷重(かじゅう kazyū). (초출: 1908, 《대한협회회보》 제3호)

하지(下肢) 📖 下肢(かし kasi). (초출: 1908, 《태극학보》 제24호)

하지정맥류(下肢靜脈瘤) 📖 下肢静脈瘤(かしじょうみゃくりゅう kasi-zyōmya-ku-ryū). (초출: 1992, 《경향신문》)

하청(下請) 📖 下請(したうけ sitauke). (초출: 1903, 《황성신문》)

하치장(荷置場) 📖 荷置場(におきば nioki-ba). (초출: 1921, 《동아일보》)

하코비 📖 運び(はこび hakobi). (초출: 1966, 《동아일보》)

하회(下廻) 📖 下回(したまわり sitamawari). (초출: 1922, 《동아일보》)

~학(~學) 📖 ~学(がく gaku). (초출: 1895, 《서유견문》 제8편)

학계(學界) 📖 学界(がっかい gakkai). (초출: 1907, 《서우》 제5호)

학과(學科) 📖 学科(がっか gakka). (초출: 1895, 《관보》 제17호)

학교(學校) 📖 学校(がっこう gakkō). (초출: 1884, 《한성순보》 제9호)

학교급식(學校給食) 📖 学校給食(がっこうきゅうしょく gakkō-kyūshoku). (초출: 1927, 《동아일보》)

학급(學級) 📖 学級(がっきゅう gakkyū). (초출: 1895, 《관보》 제121호)

학기(學期) 📖 学期(がっき gakki). (초출: 1895, 《관보》 제121호)

학년(學年) 📖 学年(がくねん gakunen). (초출: 1895, 《관보》 제121호)

학력(學歷) 📖 学歴(がくれき gakureki). (초출: 1922, 《개벽》 제21호)

학령(學齡) 📖 学齢(がくれい gakurei). (초출: 1895, 《관보》 호외)

학사(學士) 📖 学士(がくし gakusi). (초출: 1908, 정인호 《最新初等小學 3)

학우(學友) 📖 学友(がくゆう gakuyū). (초출: 1895, 학부 《국민소학독본》 제25과)

학우회(學友會) 📖 学友会(がくゆうかい gakuyū-kai). (초출: 1907, 《대한유학생회학보》 제3호)

학위(學位) 📖 学位(がくい gakui). (초출: 1907, 정운복 《독습일어정칙》)

학자(學資) 📖 学資(がくし gakusi). (초출: 1895, 《관보》 호외)

학제(學際) 📖 学際(がくさい gakusai). (초출: 1978, 《경향신문》)

학파(學派) 일 学派(がくは gakuha). (초출: 1896, 《대조선독립협회회보》 제2호)

학회(學會) 일 学会(がっかい gakkai). (초출: 1906, 《대한자강회월보》 제6호)

한난계(寒暖計) 일 寒暖計(かんだんけい kandan-kei). (초출: 1907, 《태극학보》 제11호)

한랭전선(寒冷前線) 일 寒冷前線(かんれいぜんせん kanrei-zensen). (초출: 1949, 《동아일보》)

한류(寒流) 일 寒流(かんりゅう kanryū). (초출: 1907, 《태극학보》 제16호)

한소데 일 半袖(はんそで hansode). (초출: 1981, 《경향신문》)

한천(寒天) 일 寒天(かんてん kanten). (초출: 1907, 《서우》 제12호)

한파(寒波) 일 寒波(かんぱ kanpa). (초출: 1923, 《조선일보》)

할당(割當) 일 割当(わりあて wariate). (초출: 1895, 《관보》 제199호)

할부(割賦) 일 割賦(かっぷ/わっぷ kappu/wappu). (초출: 1929, 《동아일보》)

할애(割愛) 일 割愛(かつあい kattsuai). (초출: 1921, 《동아일보》)

할양(割讓) 일 割讓(かつじょう katsuyō). (초출: 1895, 《관보》 제77호)

할인(割引) 일 割引(わりびき waribiki). (초출: 1896, 《관보》 제226호)

할인권(割引券) 일 割引券(わりびきけん waribiki-ken). (초출: 1921, 《동아일보》)

할증(割增) 일 割増(わりまし warimasi). (초출: 1921, 《동아일보》)

할증료(割增料) 일 割増料(わりましりょう warimasi-ryō). (초출: 1937, 《동아일보》)

~함(~艦) 일 ~艦(かん kan). (초출: 1896, 《관보》 제364호)

함교(艦橋) 일 艦橋(かんきょう kankyō). (초출: 1895, 《관보》 제99호)

함대(艦隊) 일 艦隊(かんたい kantai). (초출: 1895, 《관보》 제129호)

함마 일 ハンマー(hammā). (초출: 1930, 《별건곤》 제25호)

함바 일 飯場(はんば hanba). (초출: 1931, 《동아일보》)

함유(含有) 일 含有(がんゆう ganyū). (초출: 1895, 《국민소학독본》)

함장(艦長) 일 艦長(かんちょう kanchō). (초출: 1895, 《관보》 제104호)

함정(艦艇) 일 艦艇(かんてい kantei). (초출: 1907, 《대한자강회월보》 제10호)

합금(合金) 일 合金(ごうきん gōkin). (초출: 1908, 《태극학보》 제17호)

합기도(合氣道) 일 合気道(あいきどう aikidō). (초출: 1961, 《경향신문》)

합리적(合理的) 일 合理的(ごうりてき gōri-teki). (초출: 1907,《태극학보》제6호)

합명회사(合名會社) 일 合名会社(ごうめいがいしゃ gōmei-kaisha). (초출: 1899, 《독립신문》)

합법(合法) 일 合法(ごうほう gōhō). (초출: 1920,《조선일보》)

합산(合算) 일 合算(がっさん gassan). (초출: 1896,《관보》제268호)

합성수지(合成樹脂) 일 合成樹脂(ごうせいじゅし gōsei-zyusi). (초출: 1936,《조선일보》)

합승(合乘) 일 合乗(あいのり ainori). (초출: 1925,《동아일보》)

합자회사(合資會社) 일 合資会社(ごうしがいしゃ gōsi-gaisha). (초출: 1897,《대조선독립협회회보》제10호)

합창(合唱) 일 合唱(がっしょう gasshō). (초출: 1897,《독립신문》)

합창단(合唱團) 일 合唱団(がっしょうだん gasshō-dan). (초출: 1928,《동아일보》)

합철(合綴) 일 合綴(がってつ gattetsu). (초출: 1909,《관보》제4290호 '광고')

항~(抗~) 일 抗~(こう kō). (초출: 1962,《동아일보》)

~항(~港) 일 ~港(こう kō). (초출: 1895,《서유견문》제20편)

항고(抗告) 일 抗告(こうこく kōkoku). (초출: 1907,《관보》제3960호)

항공(航空) 일 航空(こうくう kōkū). (초출: 1922,《개벽》제24호)

항공기(航空機) 일 航空機(こうくうき kōkū-ki). (초출: 1920,《동아일보》)

항공모함(航空母艦) 일 航空母艦(こうくうぼかん kōkū-bokan). (초출: 1922,《개벽》제20호)

항공편(航空便) 일 航空便(こうくうびん kōkū-bin). (초출: 1930,《동아일보》)

항공회사(航空會社) 일 航空会社(こうくうかいしゃ kōkū-kaisha). (초출: 1920, 《동아일보》)

항등식(恒等式) 일 恒等式(こうとうしき kōtō-siki). (초출: 1966,《경향신문》)

항로(航路) 일 航路(こうろ kōro). (초출: 1896,《친목회회보》제2호)

항만(港灣) 일 港湾(こうわん kōwan). (초출: 1895,《서유견문》제2편)

항생제(抗生劑) 일 抗生剤(こうせいざい kōsei-zai). (초출: 1953,《조선일보》)

항암제(抗癌劑) 일 抗癌剤(こうがんざい kōgan-zai). (초출: 1961,《조선일보》)

항체(抗體) 📖 抗体(こうたい kōtai). (초출: 1928,《동아일보》)

항해사(航海士) 📖 航海士(こうかいし kōkai-si). (초출: 1931,《조선일보》)

항해술(航海術) 📖 航海術(こうかいじゅつ kōkai-zyutsu). (초출: 1907,《대한유학생회회보》제3호)

해결(解決) 📖 解決(かいけつ kaiketsu). (초출: 1907,《대한민일신보》)

해군(海軍) 📖 海軍(かいぐん kaigun). (초출: 1883,《한성순보》제1호)

해금(解禁) 📖 解禁(かいきん kaikin). (초출: 1922,《개벽》제21호)

해난(海難) 📖 海難(かいなん kainan). (초출: 1909,《관보》제4126호)

해난심판(海難審判) 📖 海難審判(かいなんしんぱん kainan-sinpan). (초출: 1963,《조선일보》)

해도(海圖) 📖 海図(かいず kaizu). (초출: 1906,《태극학보》제3호)

해류(海流) 📖 海流(かいりゅう kairyū). (초출: 1907,《태극학보》제7호)

해리(海里) 📖 海里(かいり kairi). (초출: 1895,《관보》제6호)

해면(海綿) 📖 海綿(かいめん kaimen). (초출: 1908,《관보》부록)

해발(海拔) 📖 海抜(かいばつ kaibatsu). (초출: 1920,《개벽》제2호)

해방(解放) 📖 解放(かいほう kaihō). (초출: 1895,《관보》제116호)

해병대(海兵隊) 📖 海兵隊(かいへいたい kaihei-tai). (초출: 1921,《동아일보》)

해부(解剖) 📖 解剖(かいぼう kaibō). (초출: 1895,《서유견문》제13편)

해부학(解剖學) 📖 解剖学(かいぼうがく kaibō-gaku). (초출: 1908《대한민일신보》)

해사(海事) 📖 海事(かいじ kaizi). (초출: 1909,《대한흥학보》제1호)

해산물(海産物) 📖 海産物(かいさんぶつ kaisan-butsu). (초출: 1907,《관보》제3651호)

해설자(解說者) 📖 解説者(かいせつしゃ kaisetsu-sha). (초출: 1924,《동아일보》)

해소(解消) 📖 解消(かいしょう kaisyō). (초출: 1931,《동광》제17호)

해수욕(海水浴) 📖 海水浴(かいすいよく kaisuiyoku). (초출: 1906,《태극학보》제2호)

해안선(海岸線) 📖 海岸線(かいがんせん kaigan-sen). (초출: 1907,《대한자강회월보》제13호)

해열제(解熱劑) 📖 解熱剤(げねつざい genetsu-zai). (초출: 1925,《조선일보》)

해운업(海運業) 📖 海運業(かいうんぎょう kaiun-gyō). (초출: 1895,《관보》제176호)

해적선(海賊船) ⑨ 海賊船(かいぞくせん kaizoku-sen). (초출: 1922, 《동아일보》)

해적판(海賊版) ⑨ 海賊版(かいぞくばん kaizoku-ban). (초출: 1959, 《경향신문》)

해충(害蟲) ⑨ 害虫(がいちゅう gaichū). (초출: 1907, 《대한유학생회학보》 제3호)

핵(核) ⑨ 核(かく kaku). (초출: 1895, 《서유견문》 제15편)

핵가족(核家族) ⑨ 核家族(かくかぞく kaku-kazoku). (초출: 1959, 《동아일보》)

핵무장(核武裝) ⑨ 核武装(かくぶそう kaku-busō). (초출: 1957, 《동아일보》)

핵심(核心) ⑨ 核心(かくしん kakusin). (초출: 1921, 《개벽》 제17호)

핸들 ⑨ ハンドル(handoru). (초출: 1921, 《동아일보》)

핸디 ⑨ ハンディ(handi). (초출: 1966, 《매일경제》)

행락지(行樂地) ⑨ 行楽地(こうらくち kōraku-chi). (초출: 1923, 《조선일보》)

행려병자(行旅病者) ⑨ 行旅病者(こうりょびょうしゃ kōryo-byōsha). (초출: 1920, 《동아일보》)

행방(行方) ⑨ 行方(ゆくえ yukue). (초출: 1917, 《매일신보》)

행방불명(行方不明) ⑨ 行方不明(ゆくえふめい yukue-fumei). (초출: 1921, 《동아일보》)

행복(幸福) ⑨ 幸福(こうふく kōfuku). (초출: 1895, 학부 《국민소학독본》 제3과)

행선지(行先地) ⑨ 行先地(ゆきさきち yukisaki-chi). (초출: 1929, 《별건곤》 제23호)

행정(行政) ⑨ 行政(ぎょうせい gyōsei). (초출: 1895, 《관보》 제15호)

행정학(行政學) ⑨ 行政学(ぎょうせいがく gyōsei-gaku). (초출: 1899, 《독립신문》)

행진곡(行進曲) ⑨ 行進曲(こうしんきょく kōsin-kyoku). (초출: 1922, 《개벽》 제25호)

향락주의(享樂主義) ⑨ 享楽主義(きょうらくしゅぎ kyōraku-shugi). (초출: 1921, 《개벽》 제10호)

향신료(香辛料) ⑨ 香辛料(こうしんりょう kōsin-ryō). (초출: 1907, 《서우》 제2호)

향정신(向精神) ⑨ 向精神(こうせいしん kōseisin). (초출: 1971, 《동아일보》)

허무당(虛無黨) ⑨ 虚無党(きょむとう kyomu-tō). (초출: 1897, 《독립신문)

허무주의(虛無主義) ⑨ 虚無主義(きょむしゅぎ kyomu-syugi). (초출: 1909, 《대한흥학보》 제8호)

헌금(獻金) ⑨ 献金(けんきん kenkin). (초출: 1908, 《대한학회월보》 제6호)

헌법(憲法) ⑨ 憲法(けんぽう kenpō). (초출: 1883, 《한성순보》 제7호)

헌병(憲兵) 일 憲兵(けんぺい kenpei). (초출: 1896, 《관보》 제333호)

헌병대(憲兵隊) 일 憲兵隊(けんぺいたい kenpei-tai). (초출: 1898, 《독립신문》)

헌정(憲政) 일 憲政(けんせい kensei). (초출: 1907, 《대한유학생회회보》 제2호)

헌혈(獻血) 일 献血(けんけつ kenketsu). (초출: 1962, 《경향신문》)

헝그리 스포츠 일 ハングリー スポーツ(hanguri supōtsu). (초출: 1976, 《경향신문》)

혁명(革命) 일 革命(かくめい kakumei). (초출: 1897, 《대조선독립협회회보》 제11호)

혁명가(革命家) 일 革命家(かくめいか kakumei-ka). (초출: 1908, 《대한협회회보》 제2호)

혁명아(革命兒) 일 革命児(かくめいじ kakumei-zi). (초출: 1921, 《개벽》 제9호)

혁명적(革命的) 일 革命的(かくめいてき kakumei-teki). (초출: 1908, 《대동학회월보》 제4호)

혁신(革新) 일 革新(かくしん kakusin). (초출: 1898, 《매일신문》)

현관(玄關) 일 玄関(げんかん genkan). (초출: 1908, 《관보》 제4264호)

현금(現金) 일 現金(げんきん genkin). (초출: 1895, 《관보》 제4호)

현대(現代) 일 現代(げんだい gendai). (초출: 1895, 《서유견문》 제13편)

현대화(現代化) 일 現代化(げんだいか gendai-ka). (초출: 1930, 《별건곤》 제26호)

현무암(玄武巖) 일 玄武岩(げんぶがん genbu-gan). (초출: 1918, 조선총독부 《조선사서원고》)

현물(現物) 일 現物(げんぶつ genbutsu). (초출: 1895, 《관보》 제44호)

현미(玄米) 일 米(げんまい genmai). (초출: 1918, 조선총독부 《조선사서원고》)

현상(現像) 일 現象(げんしょう gensyō). (초출: 1895, 《서유견문》 제4편)

현시점(現時點) 일 現時点(げんじてん gen-ziten). (초출: 1954, 《경향신문》)

현실(現實) 일 現実(げんじつ genzitsu). (초출: 1895, 《서유견문》 제3편)

현실적(現實的) 일 現実的(げんじつてき genzitsu-teki). (초출: 1907, 《태극학보》 제14호)

현실주의(現實主義) 일 現実主義(げんじつしゅぎ genzitsu-syugi). (초출: 1913, 《그리스도신문》)

현악기(絃樂器) 〔일〕 弦楽器／絃楽器(げんがっき gen-gakki). (초출: 1923,《개벽》 제33호)

현안(懸案) 〔일〕 懸案(けんあん genan). (초출: 1907,《서우》제11호)

현역(現役) 〔일〕 現役(げんえき gen-eki). (초출: 1895,《관보》제26호)

현장(現場) 〔일〕 現場(げんば genba). (초출: 1895,《관보》제15호)

현주소(現住所) 〔일〕 現住所(げんじゅうしょ gen-zyūsho). (초출: 1909,《관보》제 4272호)

현지법인(現地法人) 〔일〕 現地法人(げんちほうじん genchi-hōzin). (초출: 1962,《조선일보》)

현행(現行) 〔일〕 現行(げんこう genkō). (초출: 1895,《관보》제15호)

현행범(現行犯) 〔일〕 現行犯(げんこうはん genkō-han). (초출: 1898,《독립신문》)

현황(現況) 〔일〕 現況(げんきょう genkyō). (초출: 1895,《관보》제115호)

혈관(血管) 〔일〕 血管(けっかん kekkan). (초출: 1896,《독립신문》)

혈구(血球) 〔일〕 血球(けっきゅう kekkyū). (초출: 1908,《대동학회월보》제2호)

혈당(血糖) 〔일〕 血糖(けっとう kettō). (초출: 1927,《동아일보》)

혈색소(血色素) 〔일〕 血色素(けっしきそ kessiki-so). (초출: 1925,《동아일보》)

혈세(血稅) 〔일〕 血税(けつぜい ketsuzei). (초출: 1908,《태극학보》제19호)

혈안(血眼) 〔일〕 血眼(ちまなこ chi-manako). (초출: 1907,《태극학보》제16호)

혈압(血壓) 〔일〕 血圧(けつあつ ketsuatsu). (초출: 1920,《개벽》제4호)

혈압계(血壓計) 〔일〕 血圧計(けつあつけい ketsuatsu-kei). (초출: 1925,《동아일보》)

혈액은행(血液銀行) 〔일〕 血液銀行(けつえきぎんこう. ketsueki-ginkō). (초출: 1938,《동아일보》)

혈액형(血液型) 〔일〕 血液型(けつえきがた ketsueki-gata). (초출: 1927,《동아일보》)

혈전(血栓) 〔일〕 血栓(けっせん ketsen). (초출: 1928,《별건곤》제11호)

혈청(血淸) 〔일〕 血清(けっせい kessei). (초출: 1908,《관보》제3997호)

혈통(血統) 〔일〕 血統(けっとう kettō). (초출: 1907,《서우》제4호)

협궤(狹軌) 〔일〕 狭軌(きょうき kyōki). (초출: 1921,《동아일보》)

협동조합(協同組合) 〔일〕 協同組合(きょうどうくみあい kyōdō-kumiai). (초출:

1921, 《동아일보》)

협력자(協力者) 🔲 協力者(きょうりょくしゃ kyōryoku-sha). (초출: 1920, 《개벽》 제1호)

협만(峽灣) 🔲 峡湾(きょうわん kyōwan). (초출: 1909, 《서북학회월보》 제8호)

협상(協商) 🔲 協商(きょうしょう kyōshō). (초출: 1897, 《대조선독립협회회보》 제4호)

협심증(狹心症) 🔲 狭心症(きょうしんしょう kyōsin-shō). (초출: 1928, 《조선일보》)

협약(協約) 🔲 協約(きょうやく kyōyaku). (초출: 1899, 《독립신문》)

협의(狹義) 🔲 狭義(きょうぎ kyōgi). (초출: 1907, 《대한유학생회회보》 제2호)

협정(協定) 🔲 協定(きょうてい kyōtei). (초출: 1896, 《친목회회보》 제3호)

협주곡(協奏曲) 🔲 協奏曲(きょうそうきょく kyōsō-kyoku). (초출: 1933, 《동아일보》)

협회(協會) 🔲 協会(きょうかい kyōkai). (초출: 1884, 《한성순보》 제29호)

~형(形) 🔲 ~形(けい kei). (초출: 1909, 《기호흥학회월보》 제10호)

~형(型) 🔲 ~型(けい kei). (초출: 1922, 《개벽》 제26호)

형무소(刑務所) 🔲 刑務所(けいむしょ keimusyo). (초출: 1923, 《개벽》 제37호)

형사(刑事) 🔲 刑事(けいじ keizi). (초출: 1895, 《관보》 호외)

형사소송법(刑事訴訟法) 🔲 刑事訴訟法(けいじそしょうほう keizi-sōshōhō). (초출: 1895, 《관보》 호외)

형사재판(刑事裁判) 🔲 刑事裁判(けいじさいばん keizi-saiban). (초출: 1895, 《관보》 제13호)

형사책임(刑事責任) 🔲 刑事責任(けいじせきにん keizi-sekinin). (초출: 1921, 《개벽》 제10호)

형사처분(刑事處分) 🔲 刑事処分(けいじしょぶん keizi-shobun). (초출: 1909, 《관보》 제4355호)

형상기억합금(形狀記憶合金) 🔲 形状記憶合金(けいじょうきおくごうきん kei-zyō-kioku-gōkin). (초출: 1982, 《매일경제》)

형용사(形容詞) 🔲 形容詞(けいようし keiyosi). (초출: 1907, 《대한자강회월보》 제13호)

형이상학(形而上學) 🔲 形而上学(けいじじょうがく keizi-zyōgaku). (초출: 1906-

1910, 《보감》 부록 '휘집' 3권)

호(好~) 일 好~(こう kō). (초출: 1908, 《대동학회월보》 제1호)

호감(好感) 일 好感(こうかん kōkan). (초출: 1921, 《개벽》 제16호)

호감도(好感度) 일 好感度(こうかんど kōkan-do). (초출: 1973, 《경향신문》)

호경기(好景氣) 일 好景気(こうけいき kō-keiki). (초출: 1920, 《동아일보》)

호광(弧光) 일 弧光(ここう kokō). (초출: 1909, 《관보》 부록)

호쿠(홋쿠) 일 ホック(hōku). (초출: 1958, 《동아일보》)

호기심(好奇心) 일 好奇心(こうきしん kōki-sin). (초출: 1909, 《기호흥학회월보》 제6호)

호로 일 幌(ほろ horo). (초출: 1917, 이광수 《무정》)

호르몬(호루몬) 일 ホルモン(horumon). (초출: 1922, 최록동 《현대신어석의》)

호리꾼 일 掘り(ほり hori)+꾼. (초출: 1963, 《경향신문》)

호선(互先) 일 互い先(たがいせん tagaisen). (초출: 1956, 《동아일보》)

호스 일 ホース(hōsu). (초출: 1931, 《동아일보》)

호열자(虎列刺) 일 虎列刺(コレラ korera). (초출: 1886, 《한성주보》)

호외(號外) 일 号外(ごうがい gōgai). (초출: 1897, 《독립신문》)

호우(豪雨) 일 豪雨(ごうう gōu). (초출: 1907, 《서우》 제13호)

호적등본(戶籍謄本) 일 戶籍謄本(こせきとうほん koseki-tōhon). (초출: 1923, 《동아일보》)

호적수(好敵手) 일 好敵手(こうてきしゅ kō-tekishu). (초출: 1922, 《동아일보》)

호전(好轉) 일 好転(こうてん kōten). (초출: 1925, 《개벽》 제64호)

호조(好調) 일 好調(こうちょう kochō). (초출: 1921, 《개벽》 제15호)

호주(豪洲/濠州/濠洲) 일 豪州/濠州/濠洲(ごうしゅう gōshū). (초출: 1895, 《관보》 제139호)

호출(呼出) 일 呼出(よびだし yobidasi). (초출: 1895, 《서유견문》 제10편)

호치키스 일 ホッチキス(hotchikisu). (초출: 1967, 《동아일보》)

호혜(互惠) 일 互恵(ごけい gokei). (초출: 1922, 최록동 《현대신어석의》)

호화판(豪華版) 일 豪華版(ごうかばん gōka-ban). (초출: 1931, 《조선일보》)

호황(好況) 일 好況(こうきょう kōkyō). (초출: 1907,《대한자강회월보》제11호)

호흡기(呼吸器) 일 呼吸器(こきゅうき kokyū-ki). (초출: 1908,《대한학회월보》제1호)

혹성(惑星) 일 惑星(わくせい wakusei). (초출: 1906,《태극학보》제3호)

혼외자(婚外子) 일 婚外子(こんがいし kongai-si). (초출: 1980(,《조선일보》)

혼응토(混凝土) 일 混凝土(コンクリート konkurīto). (초출: 1908,《관보》제4254호)

혼혈(混血) 일 混血(こんけつ konketsu). (초출: 1920,《개벽》제1호)

혼혈아(混血兒) 일 混血児(こんけつじ konketsu-zi). (초출: 1920,《조선일보》)

혼화(混和) 일 混和(こんわ konwa). (초출: 1907,《대한유학생회학보》제3호)

홉프(홉) 일 ホップ(hoppu). (초출: 1933,《동아일보》)

홍옥(紅玉) 일 紅玉(こうぎょく kōgyoku). (초출: 1909,《서북학회월보》제14호)

홍일점(紅一點) 일 紅一点(こういってん kōitsuten). (초출: 1927,《별건곤》제10호)

홍차(紅茶) 일 紅茶(こうちゃ kōcha). (초출: 1908,《관보》부록)

홍채(虹彩) 일 虹彩(こうさい kōsai). (초출: 1909,《기호흥학회월보》제9호)

~화(化) 일 ~化(か ka). (초출: 1924,《개벽》제44호)

~화(畵) 일 ~画(が ga). (초출: 1917, 이광수《무정》)

화가(畵家) 일 画家(が가 gaka). (초출: 1921,《개벽》제14호)

화농(化膿) 일 化膿(かのう kanō). (초출: 1923,《개벽》제35호)

화단(畵壇) 일 画壇(がだん gadan). (초출: 1921,《동아일보》)

화대(花代) 일 花代(はなだい habadai). (초출: 1925,《개벽》제57호)

화랑(畵廊) 일 画廊(がろう garō). (초출: 1895,《서유견문》제20편)

화력발전(火力發電) 일 火力発電(かりょくはつでん karyoku-hatsuden). (초출: 1920,《동아일보》)

화류계(花柳界) 일 花柳界(かりゅうかい kairyū-kai). (초출: 1907,《서우》제9호)

화류병(花柳病) 일 花柳病(かりゅうびょう karyū-byō). (초출: 1909,《대한흥학보》제5호)

화물차(貨物車) 일 貨物車(かもつしゃ kamotsu-sya). (초출: 1920,《조선일보》)

화보(畵報) 일 画報(がほう gahō). (초출: 1921,《동아일보》)

화분(花粉) 일 花粉(かふん kafun). (초출: 1895,《국민소학독본》제18과)

화선지(畵仙紙) 일 画仙紙(がせんし gasen-si). (초출: 1934,《조선일보》)

화섬(化纖) 일 化繊(かせん kasen). (초출: 1955,《동아일보》)

화성암(火成岩) 일 火成岩(かせいがん kasei-gan). (초출: 1909,《기호흥학회월보》제10호)

화성학(和聲學) 일 和声学(わせいがく wasei-gaku). (초출: 1926,《동아일보》)

화소(畵素) 일 画素(がそ gaso). (초출: 1961,《경향신문》)

화쇄류(火碎流) 일 火砕流(かさいりゅう kasai-ryū). (초출: 1991,《경향신문》)

화씨(華氏) 일 華氏(かし kasi). (초출: 1906,《대한자강회월보》제4호)

화염병(火焰瓶) 일 火炎瓶(かえんびん kaem-bin). (초출: 1952,《경향신문》)

화요일(火曜日) 일 火曜日(かようび ka-yōbi). (초출: 1896,《독립신문》)

화음(和音) 일 和音(わおん waon). (초출: 1934,《삼천리》제6권 제11호)

화입(火入) 일 火入れ(ひいれ hiire). (초출: 1923,《동아일보》)

화장(化粧) 일 化粧(けしょう kesyō). (초출: 1908,《태극학보》제21호)

화장실(化粧室) 일 化粧室(けしょうしつ kesyō-sitsu). (초출: 1922,《개벽》제29호)

화장품(化粧品) 일 化粧品(けしょうひん kesyō-hin). (초출: 1918,《태서문예신보》제3호)

화제(話題) 일 話題(わだい wadai). (초출: 1921,《개벽》제12호)

화차(貨車) 일 貨車(かしゃ kasha). (초출: 1897,《대조선독립협회회보》제7호)

화합물(化合物) 일 化合物(かごうぶつ kagō-butsu). (초출: 1895,《관보》제121호)

확답(確答) 일 確答(かくとう kakutō). (초출: 1918, 조선총독부《조선사서원고》)

확대(擴大) 일 拡大(かくだい kakudai). (초출: 1898,《독립신문》)

확률(確率) 일 確率(かくりつ kakuritsu). (초출: 1937,《동아일보》)

확립(確立) 일 確立(かくりつ kakuritsu). (초출: 1895,《서유견문》제3편)

확보(確保) 일 確保(かくほ kakuho). (초출: 1895, 대한제국,《관보》제120호)

확산(擴散) 일 拡散(かくさん kakusan). (초출: 1908,《대한학회월보》제2호)

확성기(擴聲器) 일 拡声器(かくせいき kakuseiki). (초출: 1923,《동아일보》)

확신(確信) 일 確信(かくしん kakusin). (초출: 1895,《관보》제138호)

확신범(確信犯) 일 確信犯(かくしんはん kakusin-han). (초출: 1936,《삼천리》제8권 11호)

확언(確言) 일 確言(かくげん kakugen). (초출: 1908,《대동학회월보》제1호)

확인(確認) 일 確認(かくにん kakunin). (초출: 1895,《관보》제135호)

확장(擴張) 일 拡張(かくちょう kakuchō). (초출: 1895,《관보》제188호)

확진(確診) 일 確診(かくしん kakusin). (초출: 1923,《개벽》제35호)

환각(幻覺) 일 幻覚(げんかく genkaku). (초출: 1921,《개벽》제8호)

환경(環境) 일 環境(かんきょう kankyō). (초출: 1897,《독립신문》)

환등(幻燈) 일 幻灯(げんとう gentō). (초출: 1903,《신학월보》제3권 2호)

환등기(幻燈機) 일 幻灯機(げんとうき gentō-ki). (초출: 1920,《개벽》제6호)

환락가(歡樂街) 일 歓楽街(かんらくがい kanraku-gai). (초출: 1932,《조선일보》)

환력(還曆) 일 還暦(かんれき kanreki). (초출: 1907,《태극학보》제6호)

환멸(幻滅) 일 幻滅(げんめつ genmetsu). (초출: 1920,《개벽》제6호)

환상(幻想) 일 幻想(げんそう gensō). (초출: 1895,《서유견문》제8편)

환상곡(幻想曲) 일 幻想曲(げんそうきょく genso-kyoku). (초출: 1921,《동아일보》)

환송(歡送) 일 歓送(かんそう kansō). (초출: 1935,《동아일보》)

환원(還元) 일 還元(かんげん kangen). (초출: 1908,《대한학회월보》제9호)

환청(幻聽) 일 幻聽(げんちょう genchō). (초출: 1938,《동아일보》)

활~(活) 일 活~(かつ katsu). (초출: 1933,《동아일보》)

활극(活劇) 일 活劇(かつげき katsugeki). (초출: 1921,《개벽》제13호)

활동사진(活動寫眞) 일 活動写真(かつどうしゃしん katsudō-syasin). (초출: 1907, 정운복《독습일어정칙》)

활약(活躍) 일 活躍(かつやく katsuyaku). (초출: 1907,《대한유학생회회보》제3호)

활어(活魚) 일 活魚(かつぎょ katsugyo). (초출: 1923,《동아일보》)

활주로(滑走路) 일 滑走路(かっそうろ kassō-ro). (초출: 1931,《동아일보》)

활판(活版) 일 活版(かっぱん kappan). (초출: 1896,《독립신문》)

활화산(活火山) 일 活火山(かっかざん kak-kazan). (초출: 1906,《태극학보》제2호)

황금만능주의(黃金萬能主義) 일 (おうごんばんのうしゅぎ ōgon-bannō-shugi).

(초출: 1908, 《서우》 제14호)

황금시대(黃金時代) 일 黃金時代(おうごんじだい ōgon-zidai). (초출: 1907, 《태극학보》 제14호)

황반(黃斑) 일 黃班(おうはん ōhan). (초출: 1901, 《신학월보》 제10호)

황열병(黃熱病) 일 黃熱病(おうねつびょう ōnetsu-byō). (초출: 1927, 《조선일보》)

~회(會) 일 ~会(かい kai). (초출: 1897, 《대조선독립협회회보》 제11호)

회계(會計) 일 会計(かいけい kaikei). (초출: 1883, 《한성순보》 제5호)

회계사(會計士) 일 会計士(かいけいし kaikei-si). (초출: 1927, 《동아일보》)

회계연도(會計年度) 일 会計年度(かいけいねんど kaikei-nendo). (초출: 1895, 《관보》 제4호)

회고록(回顧錄) 일 回顧録(かいころく kaiko-roku). (초출: 1921, 《동아일보》)

회관(會館) 일 会館(かいかん kaikan). (초출: 1895, 《서유견문》 제19편)

회귀선(回歸線) 일 回帰線(かいきせん kaiki-sen). (초출: 1908, 《태극학보》 제20호)

회기(會期) 일 会期(かいき kaiki). (초출: 1908, 《대한자강회월보》 제4호)

회담(會談) 일 会談(かいだん kaidan). (초출: 1895, 《관보》 제160호)

회람(回覽) 일 回覧(かいらん kairan). (초출: 1884, 《한성순보》)

회보(會報) 일 会報(かいほう kaihō). (초출: 1896, 《독립신문》)

회비(會費) 일 会費(かいひ kaihi). (초출: 1906, 《대한자강회월보》 제4호)

회사(會社) 일 会社(かいしゃ kaisya). (초출: 1883, 《한성순보》 제3호)

회사원(會社員) 일 会社員(かいしゃいん kaisha-in). (초출: 1897, 《독립신문》)

회상록(回想錄) 일 回想録(かいそうろく kaisō-roku). (초출: 1920, 《동아일보》)

회수권(回數券) 일 回数券(かいすうけん kaisū-ken). (초출: 1921, 《동아일보》)

회신(回信) 일 回信(かいしん kaisin). (초출: 1906, 《태극학보》 제3호)

회원(會員) 일 会員(かいいん kaiin). (초출: 1895, 《관보》 제150호)

회원제(會員制) 일 会員制(かいいんせい kaiin-sei). (초출: 1923, 《동아일보》)

회의론(懷疑論) 일 懐疑論(かいぎろん kaigi-ron). (초출: 1927, 《동광》 제11호)

회장(會長) 일 会長(かいちょう kaichō). (초출: 1895, 《관보》 제204호)

회전익(回轉翼) 일 回転翼(かいてんよく kaiten-yoku). (초출: 1938, 《동아일보》)

회중시계(懷中時計) 일 懷中時計(かいちゅうどけい kaichu-dokei). (초출: 1907, 《태극학보》 제13호)

회중전등(懷中電燈) 일 懷中電灯(かいちゅうでんとう kaichū-dentō). (초출: 1909(대한제국 《관보》 부록)

회화(會話) 일 会話(かいわ kaiwa). (초출: 1895, 《서유견문》 제16편)

획기적(劃期的) 일 画期的(かっきてき kakki-teki). (초출: 1925, 《개벽》 제60호)

횡격막(橫隔膜) 일 橫膈膜(おうかくまく ōkaku-maku). (초출: 1910, 《대한민일신보》)

횡단보도(橫斷步道) 일 橫斷步道(おうだんほどう ōdan-hodō). (초출: 1929, 《동아일보》)

횡대(橫隊) 일 橫隊(おうたい ōtai). (초출: 1931, 《별건곤》 제38호)

효과(效果) 일 効果(こうか kōka). (초출: 1896, 《관보》 제234호)

효소(酵素) 일 酵素(こうそ kōso). (초출: 1925, 《개벽》 제56호)

효율(效率) 일 効率(こうりつ kōritsu). (초출: 1920, 《개벽》 제1호)

후견인(後見人) 일 後見人(こうけんにん koken-nin). (초출: 1907, 《서우》 제13호)

후두(喉頭) 일 喉頭(こうとう kōtō). (초출: 1899, 《관보》 제1356호)

후라이팬(프라이팬) 일 フライパン(furaipan). (초출: 1932, 《동아일보》)

후반기(後半期) 일 後半期(こうはんき kōhan-ki). (초출: 1897, 《대조선독립협회회보》 제8호)

후불(後拂) 일 後払(あとばらい atobarai). (초출: 1918, 《매일신보》)

후비병(後備兵) 일 後備兵(こうびへい kōbi-hei). (초출: 1884, 《한성순보》 제11호》)

후원회(後援會) 일 後援会(こうえんかい kōen-kai). (초출: 1921, 《개벽》 제1호)

후임자(後任者) 일 後任者(こうにんしゃ kōnin-sha). (초출: 1907, 《대한자강회월보》 제11호)

후지(富士) 일 富士(ふじ fuzi). (초출: 1971, 《매일경제》)

후진국(後進國) 일 後進国(こうしんこく kōsin-koku). (초출: 1897, 《대조선독립협회회보》 제7호)

후천적(後天的) 일 後天的(こうてんてき kōten-teki). (초출: 1907, 《태극학보》 제8호)

훈령(訓令) 일 訓令(くんれい kunrei). (초출: 1895, 《관보》 호외)

훈육(訓育) 일 訓育(くんいく kuniku). (초출: 1896, 《관보》 제222호)

훈장(勳章) 일 勳章(くんしょう kunsyō). (초출: 1895, 《관보》 제115호)

훈화(訓話) 일 訓話(くんわ kunwa). (초출: 1910, 《대한흥학보》 제10호)

휘발(揮發) 일 揮発(きはつ kihatsu). (초출: 1907, 《대한자강회월보》 제7호)

휘발유(揮發油) 일 揮発油(きはつゆ kihatsu-yu). (초출: 1906, 《태극학보》 제1호)

휴간(休刊) 일 休刊(きゅうかん kyūkan). (초출: 1899, 《독립신문》)

휴게소(休憩所) 일 休憩所(きゅうけいじょ kyukei-zyo). (초출: 1897, 《독립신문》)

휴게실(休憩室) 일 休憩室(きゅうけいしつ kyūkei-sitsu). (초출: 1908, 《관보》 부록)

휴대전화(携帶電話) 일 携帯電話(けいたいでんわ keitai-denwa). (초출: 1988, 《동
아일보》)

휴면(休眠) 일 休眠(きゅうみん kyūmin). (초출: 1907, 《태극학보》 제9호)

휴전(休戰) 일 休戦(きゅうせん kyūsen). (초출: 1895, 《서유견문》 제12편)

흉막(胸膜) 일 胸膜(きょうまく kyōmaku). (초출: 1905, 대한제국 《관보》 제3317호)

흉부(胸部) 일 胸部(きょうぶ kyōbu). (초출: 1905, 《관보》 제3317호)

흉상(胸像) 일 胸像(きょうぞう kyōzō). (초출: 1925, 《동아일보》)

흑막(黑幕) 일 黒幕(くろまく kuromaku). (초출: 1907, 《태극학보》 제16호)

흑사병(黑死病) 일 黒死病(こくしびょう kokusi-byō). (초출: 1897, 《독립신문》)

흑역사(黑歷史) 일 黒歴史(くろれきし kuro-rekisi). (초출: 2015, 《미디어오늘》)

흑자(黑字) 일 黒字(くろじ kurozi). (초출: 1931, 《동아일보》)

흑판(黑板) 일 黒板(こくばん kokuban). (초출: 1907, 《대한자강회월보》 제10호)

흡수(吸收) 일 吸収(きゅうしゅう kyūshū). (초출: 1895, 학부 《국민소학독본》)

흡입(吸入) 일 吸入(きゅうにゅう kyūnyū). (초출: 1907, 《대한유학생회회보》 제1호)

흡착(吸着) 일 吸着(きゅうちゃく kyūchaku). (초출: 1907, 《서우》 제10호)

흡혈귀(吸血鬼) 일 吸血鬼(きゅうけつき kyūketsu-ki). (초출: 1922, 《개벽》 제26호)

흥분(興奮) 일 興奮(こうふん kōfun). (초출: 1909, 《서우》 제12호)

흥분제(興奮劑) 일 興奮剤(こうふんざい kōfun-zai). (초출: 1908, 《태극학보》 제18호)

흥신소(興信所) 일 興信所(こうしんじょ kōsin-zyo). (초출: 1922, 최록동 《현대신
어석의》)

희곡(戲曲) 일 戯曲(ぎきょく gikyoku). (초출: 1908, 《태극학보》 제21호)

희극(喜劇) 일 喜劇(きげき kigeki). (초출: 1917, 이광수 《무정》)

희박(稀薄) 일 希薄(きはく kihaku). (초출: 1895, 《서유견문》 제1편)

희석(稀釋) 일 希釈(きしゃく kishaku). (초출: 1908, 《태극학보》 제25호)

희토류(稀土類) 일 希土類(きどるい kido-rui). (초출: 1970, 《동아일보》)

히끼 일 引き(ひき hiki). (초출: 1995, 《한겨레》)

히로뽕(필로폰) 일 ヒロポン(hiropon). (초출: 1966, 《동아일보》)

히스테리 일 ヒステリー(hisuterī). (초출: 1920, 《개벽》 제2호)

히야시 일 冷し(ひやし hiyasi). (초출: 1932, 《별건곤》 제50호)

히야카시(히야까시) 일 冷かし(ひやかし hiyakasi). (초출: 1923, 《동아일보》)

부록

일본어에서 들어온
한자어계 접사 일람

일러두기

1. 다음은 이 사전에 수록한 일본어 한자어계 접사를 접두사와 접미사로 나누어 제시한 것이다.

2. 이들 접사 중에서 무(無)~, ~곡(曲), ~교(敎), ~도(圖), ~론(論), ~학(學) 등은 19세기 말 이전부터 우리말에서 사용되어, 그 자체를 일본어에서 들어온 것으로 보기는 어렵다. 그러나 이 책에 수록한 해당 접사의 파생어의 예는 대부분 일본어에서 들어온 말이므로 여기에 포함시켰다. 일본어에서 들어온 파생어는 각 접사가 가진 생산성을 자극하거나 높여서 다른 단어를 파생시킬 때 영향을 주었을 것으로 생각된다.

3. 각 한자어계 접사의 표시 방법은 다음과 같다. 먼저 그 접사가 나타내는 의미와 기능을 적고, 어느 일본어 접사에서 들어온 것인지 유래를 표시하였다. 마지막으로 해당 접사가 붙은 파생어의 예를 표시하였다. 파생어의 예는 수정판 《일본어에서 온 우리말 사전》에 수록된 것을 들었으나 일부는 '표준국어대사전'(국어연구원)과 본인이 작성한 '한국근대어코퍼스' 등에 나오는 것들이다.
   예: 명(名)~ : '이름난' 또는 '뛰어난'의 뜻을 더하는 접두사. 일 名~(めい mei)
   　　　명감독(名監督) 명곡(名曲) 명배우(名俳優) 명소(名所) 명수(名手)
   　　　명우(名優) 명장(名匠) 명저(名著) 명품(名品) 명화(名畵)

4. 이들 한자어계 접사는 19세기말 이후 우리말의 조어법에 큰 영향을 미친 것으로 생각되며, 지금도 생산성이 높은 것이 적지 않다.

1. 접두사

가(假~): 일부 명사 앞에 붙어, '임시' 또는 '정식 이전'의 뜻을 더하는 말. '가처분' '가계약' '가석방' 등에서 보는 바와 같이 주로 법률용어에 쓰인다. 일 仮~(かり kari)

가건물(假建物)	가건축(假建築)	가결의(假決議)	가계약(假契約)
가등기(假登記)	가매장(假埋葬)	가발(假髮)	가분수(假分數)
가불(假拂)	가사(假死)	가석방(假釋放)	가설(假說)
가수금(假受金)	가수요(假需要)	가압류(假押留)	가정부(假政府)
가제목(假題目)	가조약(假條約)	가조인(假調印)	가주소(假住所)
가집행(假執行)	가차압(假差押)	가처분(假處分)	가철(假綴)
가출소(假出所)	가출옥(假出獄)	가호적(假戶籍)	가환부假還付)
가등록(假登錄)			

경(輕)~: '가벼운' 또는 '간단함'의 뜻을 더하는 접두사. 일 輕~(けい kei)

경공업(輕工業)	경기구(輕氣球)	경무장(輕武裝)	경범죄(輕犯罪)
경비행기(輕飛行機)	경순양함(輕巡洋艦)	경자동차(輕自動車)	

고(高)~: '높은' 또는 '훌륭한'의 뜻을 더하는 접두사. 일 高~(kō~)

고기압(高氣壓)	고주파(高周波)	고차원(高次元)	고혈압(高血壓)

공(空)~: ① '힘이나 돈이 들지 않은'의 뜻을 더하는 접두사. ② (일부 명사 앞에 붙어) '빈' 또는 '효과가 없는'의 뜻을 더하는 접두사. 일 空~(から/くう kara/kū)

공매도(空賣渡)	공매매(空賣買)	공수표(空手票)	공염불(空念佛)

극(極)~: '더할 나위 없는' 또는 '정도가 심한'의 뜻을 더하는 접두사. 일 極~(きょく kyoku)

극미량(極微量)	극소수(極少數)	극세사(極細絲)	극소형(極小形)

극저온(極低溫)　　극존칭(極尊稱)　　극초음속(極超音速)

금(金)~: 황색의 광택이 있는 금속 원소. 일 金~(きん　kin)

금시계(金時計)　　금메달　　　　금반지

급(急)~: ① '갑작스러운'의 뜻을 더하는 접두사. ② '매우 급한' 또는 '매우 심한'의 뜻을 더하는 접두사. 일 急~(きゅう kyū)

급경사(急傾斜)　　급발진(急發進)　　급선회(急旋回)　　급성장(急成長)
급속도(急速度)　　급정거(急停車)　　급제동(急制動)　　급출발(急出發)
급팽창(急膨脹)　　급회전(急回轉)

난(難)~: '어려운'의 뜻을 더하는 접두사. 일 難~(なん~ nan)

난공사(難工事)　　난문제(難問題)　　난시청(難視聽)

내(內)~ : '안'의 뜻을 더하는 접두사. 일 內~(ない nai)

내분비(內分泌)　　내수위(內水位)　　내인가(內認可)　　내출혈(內出血)

다(多)~: '여러' 또는 '많은'의 뜻을 더하는 접두사. 일 多~(ta)

다각형(多角形)　　다국적(多國籍)　　다기능(多技能)　　다단계(多段階)
다면체(多面體)　　다목적(多目的)　　다문화(多文化)　　다민족(多民族)
다방면(多方面)　　다세대(多世帶)　　다세포(多細胞)　　다수확(多收穫)
다신교(多神敎)　　다의어(多義語)　　다음절(多音節)

단(短)~: 단어 앞에 붙어 '짧다' 또는 '가깝다'의 의미를 더하는 접두사.
일 短~(たん tan)

단거리(短距離)　　단타(短打)　　　　단파(短波)　　　　단화(短靴)

단(單)~: '하나로 된' 또는 '혼자인'의 뜻을 더하는 접두사. 일 單~(たん tan)

단발(單發)　　　　단세포(單細胞)　　단어(單語)　　　　단품(單品)
단층(單層)　　　　단항식(單項式)

대(大)~: 규모나 크기에 따라 큰 것, 중간 것, 작은 것으로 구분하였을 때에 가장 큰 것을 이르는 말. 중요한 것을 비유적으로 이르는 말.

일 大~(だい dai)

대규모(大規模)	대기업(大企業)	대다수(大多數)	대동맥(大動脈)
대동아(大東亞)	대도시(大都市)	대매출(大賣出)	대본영(大本營)
대주교(大主敎)	대혁명(大革命)		

독(獨)~: '한 사람의' 또는 '혼자 사용하는'의 뜻을 더하는 접두사.

일 独~(どく goku)

독무대(獨舞臺)	독사진(獨寫眞)	독선생(獨先生)

명(名)~: '이름난' 또는 '뛰어난'의 뜻을 더하는 접두사. 일 名~(めい mei)

명감독(名監督)	명곡(名曲)	명배우(名俳優)	명소(名所)
명수(名手)	명우(名優)	명장(名匠)	명저(名著)
명품(名品)	명화(名畫)		

모(母)~: (일부 명사 앞에 붙어) 어떠한 것에서 갈려 나오거나 생겨난 것의 근본이 됨의 뜻을 나타내는 말. 일 母~(ぼ bo)

모교(母校)	모국(母國)	모어(母語)	모음(母音)
모집단(母集團)	모체(母體)	모함(母艦)	

몰(沒)~: '그것이 전혀 없음'의 뜻을 더하는 접두사. 일 沒~(ぼつ botsu)

몰개성(沒個性)	몰상식(沒常識)	몰인정(沒人情)	몰지각(沒知覺)

무(無)~: 그것이 없음'의 뜻을 더하는 접두사. 일 無~(む mu)

무관심(無關心)	무궤도(無軌道)	무기명(無記名)	무료(無料)
무면허(無免許)	무신경(無神經)	무의식(無意識)	무정부(無政府)
무제한(無制限)	무조건(無條件)		

밀(密)~: '몰래' '숨어서' '허가받지 않은'의 의미를 더하는 접두사.

일 密~(みつ mitsu)

밀거래(密去來)　　밀매음(密賣淫)　　밀무역(密貿易)　　밀수(密輸)

밀수입(密輸入)　　밀수출(密輸出)　　밀입국(密入國)　　밀정(密偵)

밀항(密航)

반(反)~: 일부 명사의 앞에 붙어, '그와 반대되는' 또는 '그것에 반대하는'의 뜻을 더하는 말. 일 反~(はん han)

반공(反共)　　　반미(反美)　　　반민족(反民族)　　반정부(反政府)

반체제(反體制)　　반혁명(反革命)

범(汎)~: 어떤 지역 전체를 나타내는 일부 명사 앞에 붙어, '널리 그 전체에 걸치는' 또는 '모두 아우르는'의 뜻을 더하는 말. 일 汎(はん~ han)

범미주(汎美洲)　　범세계(汎世界)　　범신론(汎神論)　　범야권(汎野圈)

범여권(汎與)　　　범칭(汎稱)　　　범태평양(汎太平洋)

부(副)~: '버금가는' 또는 '부차적인'의 뜻을 더하는 접두사. 일 副~(ふく fuku)

부도심(副都心)　　부산물(副産物)　　부수입(副收入)　　부식(副食)

부업(副業)

불(不)~ : '아님, 아니함, 어긋남'의 뜻을 더하는 접두사. 일 不~(ふ~)

불가능(不可能)　　불경기(不景氣)　　불규칙(不規則)　　불기소(不起訴)

불신임(不信任)　　불평등(不平等)　　불합리(不合理)　　불확실(不確實)

불황(不況)

비(非)~: 일부 서술성의 한자어 명사 앞에 붙어, '그것이 아님'의 뜻을 더하는 말. 일 非~(ひ hi)

비공식(非公式)　　비과세(非課稅)　　비금속(非金屬)　　비매품(非賣品)

비무장(非武裝)　　비상식(非常識)　　비인간적(非人間的)

비전투원(非戰鬪員) 비주류(非主流)　　비합법(非合法)

사(私)~: 개인이나 개인의 집안에 관한 사사로운 것의 의미를 더하는 접두사. 일 私~(し si)

　사교육(私敎育)　　사문서(私文書)　　사생활(私生活)　　사소설(私小說)

생(生)~: ① (음식물을 나타내는 일부 명사 앞에 붙어) '익지 아니한'의 뜻을 더하는 접두사 ② (몇몇 명사 앞에 붙어) '가공하지 아니한'의 뜻을 더하는 접두사. 일 生~(なま nama)

　생과자(生菓子)　　생맥주(生麥酒)　　생방송(生放送)　　생우유(生牛乳)
　생중계(生中繼)

아(亞)~: ① 화학작용의 결과로 산출된 결과물을 나타내는 일부명사 앞에 붙어, '속성이 덜한' 또는 '부산물인'의 뜻을 더하는 말. ② 일정한 지역을 나타내는 일부명사의 앞에 붙어, '그 지역에 접한 지점임'의 뜻을 더하는 말. 일 亜~(あ a)

　아관목(亞灌木)　　아류산(亞硫酸)　　아비산(亞砒酸)　　아산화(亞酸化)
　아열대(亞熱帶)　　아황산(亞黃酸)

여(女)~: '여자'의 뜻을 더하는 접두사. 일 女~(じょ zyo)

　여교사(女敎師)　　여배우(女俳優)　　여비서(女祕書)　　여사원(女社員)
　여사장(女社長)　　여선생(女先生)　　여의사(女醫師)　　여전사(女戰士)
　여차장(女車掌)　　여학교(女學校)　　여학생(女學生)

역(逆)~: '반대되는' 또는 '차례나 방법이 뒤바뀐'의 뜻을 더하는 접두사. 일 逆~(ぎゃく gyaku)

　역선전(逆宣傳)　　역설적(逆說的)　　역수입(逆輸入)　　역수출(逆輸出)
　역효과(逆效果)

연(延)~: '전체를 다 합친'의 뜻을 더하는 접두사. 일 延べ(のべ nobe)

연건평(延建坪)　　　연면적(延面積)　　　연인원(延人員)

장(長~): '긴' 또는 '오랜'의 뜻을 더하는 접두사. 일 長~(ちょう chō)

장거리(長距離)　　　장기(長期)　　　장방형(長方形)　　　장시간(長時間)

저(低~): '낮은'의 뜻을 더하는 접두사. 일 低~(てい tei)

저개발(低開發)　　　저고도(低高度)　　　저궤도(低軌道)　　　저기압(低氣壓)
저능아(低能兒)　　　저물가(低物價)　　　저밀도(低密度)　　　저성장(低成長)
저속도(低速度)　　　저압선(低壓線)　　　저자세(低姿勢)　　　저지대(低地帶)
저지방(低脂肪)　　　저학력(低學歷)　　　저혈압(低血壓)

전(全~): '모든' 또는 '전체'의 뜻을 나타내는 접두사. 일 全~(ぜん zen)

전국민(全國民)　　　전세계(全世界)　　　전속력(全速力)　　　전20권(全20圈)
전자동(全自動)

정(正~): ① 자격을 나타내는 일부 명사 앞에 붙어, '정식의'의 뜻을 더하는 말. ② 방향을 나타내는 일부 명사 앞에 붙어, '똑바른'의 뜻을 더하는 말. ③도형을 나타내는 일부 명사 앞에 붙어, '간격이나 거리, 길이 따위가 같은'의 뜻을 더하는 말. 일 正~(せい sei)

정교사(正敎師)　　　정교수(正敎授)　　　정반대(正反對)　　　정비례(正比例)
정남향(正南向)　　　정일품(正一品)　　　정회원(正會員)

준(準~): '구실이나 자격이 그 명사에는 못 미치나 그에 비길 만한'의 뜻을 더하는 접두사. 일 準~(じゅん zyun)

준결승(準決勝)　　　준교사(準敎師)　　　준사관(準士官)　　　준우승(準優勝)
준회원(準會員)

중(重~): ① '무거운'의 뜻을 더하는 접두사. ② '심한'의 뜻을 더하는 접두사. 일 重~(じゅう zyū)

중공업(重工業)　　　중금속(重金屬)　　　중노동(重勞動)　　　중무장(重武裝)
중수소(重水素)　　　중전차(重戰車)　　　중화기(重火器)　　　중화상(重火傷)
중환자(重患者)

초(超~): '어떤 범위를 넘어선' 또는 '정도가 심한'의 뜻을 더하는 접두사. 일 超~(ちょう chō)

초능력(超能力)　　　초단파(超短波)　　　초만원(超滿員)　　　초음파(超音波)
초신성(超新星)　　　초음파(超音波)　　　초인적(超人的)　　　초일류(超一流)
초자연(超自然)　　　초특급(超特急)　　　초현실(超現實)

총(總~): 모두 합하여 몇임을 나타내는 말. 일 総~(そう sō)

총동원(總動員)　　　총사직(總辭職)　　　총선거(總選擧)　　　총액(總額)
총장(總長)

피(被)~: '그것을 당함'의 뜻을 더하는 접두사. 일 被~(ひ hi)

피고발인(被告發人)　　　　　　　피고용인(被雇用人)
피교육자(被敎育者)　　　　　　　피동사(被動詞)
피보험(被保險)　　　　　　　　　피상속인(被相續人)
피선거권(被選擧權)　　　　　　　피수식어(被修飾語)
피정복(被征服)　　　　　　　　　피조물(被造物)
피지배(被支配)　　　　　　　　　피착취(被搾取)
피후견인(被後見人)

항(抗)~: '그것에 저항하는'의 뜻을 더하는 접두사. 일 抗~(こう kō)

항박테리아　　　　　　　　　　　항비타민
항산화(抗酸化)　　　　　　　　　항불안제(抗不安劑)
항암제(抗癌劑)　　　　　　　　　항알레르기

항우울제(抗憂鬱劑)　　　　　　　　　항응고제(抗凝固劑)

항히스타민제(抗히스타민劑)

호(好)~: '좋은'의 뜻을 더하는 접두사. 일 好~(こう kō)

호경기(好景氣)　　　호기회(好機會)　　　호성적(好成績)　　　호시절(好時節)

호영향(好影響)　　　호재료(好材料)　　　호적수(好敵手)　　　호조건(好條件)

활(活)~: '살아있는' '현재 작동하는' 또는 '생기 있는'의 뜻을 가미하는 접두
사. 일 活~(かつ katsu)

활단층(活斷層)　　　활어(活魚)　　　　활화산(活火山)

※ 2음절 이상 단어가 접두사화 된 것

국제(國際)~: 나라 사이에 관계됨. 일 国際~(こくさい kokusai)

국제경쟁력(國際競爭力)　　　　　　국제규격(國際規格)

국제기준(國際基準)　　　　　　　　국제질서(國際秩序)

국제문제(國際問題)

학제(學際)~: 학문 간의 경계를 아우름. 일 学際~(がくさい gakusai)

학제간(學際間)　　　　　　　　　　학제적(學際的)

2. 접미사

~가(家): '그것을 전문적으로 하는 사람' 또는 '그것을 직업으로 하는 사람'의 뜻을 더하는 접미사. 일 ~家(か ka)

공처가(恐妻家)	독농가(篤農家)	독림가(篤林家)	독지가(篤志家)
만화가(漫畵家)	명망가(名望家)	모험가(冒險家)	미술가(美術家)
발명가(發明家)	법률가(法律家)	사상가(思想家)	사업가(事業家)
소설가(小說家)	수완가(手腕家)	수집가(蒐集家)	실업가(實業家)
애주가(愛酒家)	애처가(愛妻家)	애호가(愛好家)	야심가(野心家)
예술가(藝術家)	자본가(資本家)	자산가(資産家)	자선가(慈善家)
작곡가(作曲家)	전문가(專門家)	정치가(政治家)	탐험가(探險家)
평론가(評論家)	혁명가(革命家)		

~가(街): '거리' 또는 '지역'의 뜻을 더하는 접미사. 일 ~街(がい gai)

극장가(劇場街)	암흑가(暗黑街)	환락가(歡樂街)

~감(感): '느낌'의 뜻을 더하는 접미사. 일 ~感(かん kan)

거리감(距離感)	긴장감(緊張感)	독후감(讀後感)	둔감(鈍感)
무력감(無力感)	미감(美感)	민감(敏感)	성감(性感)
식감(食感)	악감(惡感)	우월감(優越感)	위기감(危機感)
위화감(違和感)	정감(情感)	죄책감(罪責感)	호감(好感)

~건(腱): 근육을 뼈에 부착시키는 중개역을 하고 있는 결합조직인 섬유속(纖維束). 일 ~腱(けん ken)

공통건(共通腱)	아킬레스腱

~계(系): '계통'의 뜻을 더하는 접미사. 일 ~系(けい kei)

생태계(生態系)	순환계(循環系)	식물계(植物系)	신경계(神經系)
실업계(實業系)	은하계(銀河系)	인문계(人文系)	자연계(自然系)
태양계(太陽系)			

~계(届): '문서'의 뜻을 더하는 접미사. 일 ~届け(とどけ todoke)

결근계(缺勤届)　　거주계(居住届)　　숙박계(宿泊届)　　출근계(出勤届)

~계(~計): '그것의 정도를 재는 기구'의 뜻을 더하는 접미사. 일 ~計(~けい kei)

각도계(角度計)　　고도계(高度計)　　기압계(氣壓計)　　농도계(濃度計)
분광계(分光計)　　속도계(速度計)　　습도계(濕度計)　　시계(時計)
온도계(溫度計)　　유압계(油壓計)　　체온계(體溫計)　　체중계(體重計)
편광계(偏光計)　　한난계(寒暖計)　　혈압계(血壓計)

~계(係): 사무나 작업 분담의 작은 갈래. 과(課)의 아래 단위이다.

일 ~係(かかり/けい kakari/kei)

고등계(高等係)　　위생계(衛生係)　　재무계(財務係)　　형사계(刑事係)

~계(界): '분야' 또는 '영역'의 뜻을 더하는 접미사. 일 ~界(かい kai)

경제계(經濟界)　　교육계(敎育界)　　금융계(金融界)　　노동계(勞動界)
문학계(文學界)　　문화계(文化界)　　법조계(法曹界)　　사교계(社交界)
사법계(司法界)　　사상계(思想界)　　신문계(新聞界)　　실업계(實業界)
언론계(言論界)　　예능계(藝能界)　　정계(政界)　　　　재계(財界)
종교계(宗敎界)　　체육계(體育界)　　출판계(出版界)　　화류계(花柳界)

~고(高): (일부 명사 뒤에 붙어)'양' 또는 '액수'의 뜻을 더하는 접미사.

일 ~高(たか taka)

매상고(賣上高)　　물가고(物價高)　　생산고(生産高)　　수입고(輸入高)
수출고(輸出高)　　수탁고(受託高)　　수확고(收穫高)　　어획고(漁獲高)
엔고(円高)　　　　잔고(殘高)　　　　판매고(販賣高)

~곡(曲): 어떤 종류의 노래나 악곡이라는 뜻을 더하는 접미사.

일 ~曲(きょく kyoku)

광상곡(狂想曲)　　광시곡(狂詩曲)　　교향곡(交響曲)　　기상곡(綺想曲, 奇想曲)

변주곡(變奏曲)　　소야곡(小夜曲)　　야상곡(夜想曲)　　전주곡(前奏曲)

즉흥곡(卽興曲)　　진혼곡(鎭魂曲)　　행진곡(行進曲)　　협주곡(協奏曲)

환상곡(幻想曲)

~과(科): (일부 명사 뒤에 붙어) 학과나 전문 분야를 나타내는 말.

일 ~科(か ka)

고등과(高等科)　　내과(內科)　　　　문과(文科)　　　　법과(法科)

병과(兵科)　　　　보통과(普通科)　　부인과(婦人科)　　비뇨기과(泌尿器科)

산부인과(産婦人科) 상과(商科)　　　　소아과(小兒科)　　속성과(速成科)

심상과(尋常科)　　안과(眼科)　　　　예과(豫科)　　　　영문학과(英文學科)

이과(理科)　　　　이비인후과(耳鼻咽喉科)　　　　정형외과(整形外科)

체육과(體育科)　　회계과(會計科)

~관(官): '공적인 직책을 맡은 사람'의 뜻을 더하는 접미사.

일 ~官(かん kan)

검찰관(檢察官)　　경찰관(警察官)　　사령관(司令官)　　서기관(書記官)

외교관(外交官)　　재판관(裁判官)　　하사관(下士官)

~관(菅): 몸 둘레가 둥글고 속이 비어 있는 물건을 통틀어 이르는 말.

일 ~菅(かん kan)

나팔관(喇叭菅)　　모세관(毛細菅)　　진공관(眞空菅)

~관(館): '건물' 또는 '기관'의 뜻을 더하는 접미사. 일 ~館(かん kan)

대사관(大使館)　　도서관(圖書館)　　미술관(美術館)　　박물관(博物館)

사진관(寫眞館)　　서적관(書籍館)　　영화관(映畵館)　　체육관(體育館)

~관(觀): '관점' 또는 '견해'의 뜻을 더하는 접미사. 일 ~観(かん kan)

교육관(敎育觀)　　낙관(樂觀)　　　　도덕관(道德觀)　　문명관(文明觀)

미관(美觀)　　　　비관(悲觀)　　　　사생관(死生觀)　　생사관(生死觀)

세계관(世界觀)	숙명관(宿命觀)	연애관(戀愛觀)	염세관(厭世觀)
예술관(藝術觀)	우주관(宇宙觀)	위기관(危機觀)	유물사관(唯物史觀)
인물관(人物觀)	인생관(人生觀)	세계관(世界觀)	

~광(狂): 열광적으로 정신을 쏟는 사람이라는 뜻을 더하는 접미사.

일 ~狂(きょう kyō)

도박광(賭博狂)	독서광(讀書狂)	메모광(메모狂)	방화광(放火狂)
살인광(殺人狂)	속도광(速度狂)	수집광(蒐集狂)	영화광(映畫狂)
음악광(音樂狂)	편집광(偏執狂)		

~교(敎): 일부 명사 뒤에 붙어, '그와 관련한 종교'의 뜻을 더하여 명사를 만드는 말. 일 ~敎(きょう kyō)

감리교(監理敎)	기독교(基督敎)	배화교(拜火敎)	불교(佛敎)
유교(儒敎)	천도교(天道敎)	회교(回敎)	힌두교(Hindu敎)

~구(口): ① '구멍' 또는 '구멍이 나 있는 장소'의 뜻을 더하는 접미사. ② '출입구'의 뜻을 더하는 접미사. ③ '창구'의 뜻을 더하는 접미사.

일 ~口(くち/~こう kuchi)/kō)

개찰구(開札口)	돌파구(突破口)	배수구(排水口)	분사구(噴射口)
분출구(噴出口)	비상구(非常口)	승강구(昇降口)	승차구(乘車口)
입구(入口)	접수구(接受口)	출구(出口)	취수구(取水口)
탈출구(脫出口)	탑승구(搭乘口)	투입구(投入口)	흡입구(吸入口)

~국(局): '업무부서'의 뜻을 더하는 접미사. 일 ~局(きょく)

공무국(工務局)	방송국(放送局)	법무국(法務局)	보도국(報道局)
사무국(事務局)	우편국(郵便局)	이재국(理財局)	전신국(電信局)
전화국(電話局)	조폐국(造幣局)	총무국(總務局)	통상국(通商局)
편집국(編輯局)	회계국(會計局)		

~국(國): '나라'의 뜻을 더하는 접미사. 일 ~国(こく koku)

공업국(工業國)	공화국(共和國)	교전국(交戰國)	독립국(獨立國)
동맹국(同盟國)	보호국(保護國)	선진국(先進國)	연합국(聯合國)
일등국(一等國)	자주국(自主國)	적성국(敵性國)	종주국(宗主國)
주권국(主權國)	중립국(中立國)	최혜국(最惠國)	후진국(後進國)

~권(券): ① 자격이나 권리를 증명하는 표(票)'의 뜻을 더하는 접미사.
② '지폐'의 뜻을 더하는 접미사. 일 ~券(けん ken)

① 관람권(觀覽券)	승차권(乘車券)	여행권(旅行券)	우대권(優待券)
은행권(銀行券)	입장권(入場券)	할인권(割引券)	회수권(回數券)
② 만원권(萬圓券)			

~권(圈): '범위' 또는 '그 범위에 속하는 지역'의 뜻을 더하는 접미사.
일 ~圈(けん ken)

가시권(可視圈)	경제권(經濟圈)	공산권(共産圈)	금융권(金融圈)
당선권(當選圈)	대기권(大氣圈)	동구권(東歐圈)	문화권(文化圈)
방언권(方言圈)	상위권(上位圈)	성층권(成層圈)	세력권(勢力圈)
수도권(首都圈)	우승권(優勝圈)	운동권(運動圈)	하위권(下位圈)
합격권(合格圈)			

~권(權): '권리'나 '자격'의 뜻을 더하는 접미사. 일 ~權(けん ken)

거부권(拒否權)	공민권(公民權)	공소권(公訴權)	구상권(求償權)
기득권(旣得權)	묵비권(黙秘權)	발언권(發言權)	선거권(選擧權)
소유권(所有權)	영주권(永住權)	일조권(日照權)	입법권(立法權)
자위권(自衛權)	자주권(自主權)	저작권(著作權)	제해권(制海權)
지적재산권(知的財産權)		참정권(參政權)	초야권(初夜權)

~균(菌): ① 버섯. 민꽃식물의 한 가지. ② 동식물에 기생하여 발효나 부패, 병 따위를 일으키는 단세포의 미생물. ③ 광합성을 하지 않는 하등 식물

을 통틀어 이르는 말. 세균, 조균, 자낭균, 담자균, 변형균 따위가 있고, 좁은 뜻으로는 곰팡이, 효모, 버섯류를 가리킨다. 일 ~菌(きん kin)

결핵균(結核菌)　　　매독균(梅毒菌)　　　멸균(滅菌)　　　무균(無菌)

미균(黴菌)　　　병균(病菌)　　　병원균(病原菌)　　　살균(殺菌)

세균(細菌)　　　잡균(雜菌)　　　진균(眞菌)

~금(金): '돈'의 뜻을 더하는 접미사. 일 ~金(きん kin)

기부금(寄附金)　　　등록금(登錄金)　　　보조금(補助金)　　　보증금(保證金)

상여금(賞與金)　　　의연금(義捐金)　　　자본금(資本金)　　　장학금(獎學金)

적립금(積立金)　　　전도금(前渡金)　　　지참금(持參金)　　　추징금(追徵金)

퇴직금(退職金)

~급(級): '그에 준하는'의 뜻을 더하는 접미사. 일 ~級(kyū)

간부급(幹部級)　　　과장급(課長級)　　　만톤급(萬噸級)　　　중량급(重量級)

수상급(首相級)

~급(給): 돈의 의미를 더하는 접미사. 일 ~給(きゅう kyū)

기본급(基本給)　　　능력급(能力給)　　　성과급(成果給)　　　시간급(時間給)

초임급(初任給)

~기(期): '기간', '시기'의 뜻을 더하는 접미사. 일 ~期(き ki)

과도기(過渡期)　　　농번기(農繁期)　　　상반기(上半期)　　　적령기(適齡期)

전환기(轉換期)　　　침체기(沈滯期)　　　후반기(後半期)

~기(器): ① '도구' 또는 '기구'의 뜻을 더하는 접미사. 일 ~器(き ki)

검파기(檢波器)　　　계산기(計算器)　　　변압기(變壓器)　　　보청기(補聽器)

비뇨기(泌尿器)　　　소음기(消音器)　　　소화기(消火器)　　　수화기(受話器)

순환기(循環器)　　　제도기(製圖器)　　　주사기(注射器)　　　청동기(靑銅器)

청진기(聽診器)　　　확성기(擴聲器)

~기(機): ① '그런 기능을 하는 기계 장비'의 뜻을 더하는 접미사. ② 비행기 종류의 뜻을 더하는 접미사. 일 ~機(き ki)

① 경운기(耕耘機)　　　계산기(計算機)　　　교환기(交換機)　　　굴삭기(掘削機)
　　굴착기(掘鑿機)　　　기중기(起重機)　　　단말기(端末機)　　　발동기(發動機)
　　발신기(發信機)　　　발전기(發電機)　　　복사기(複寫機)　　　분무기(噴霧器)
　　사진기(寫眞機)　　　선풍기(扇風機)　　　세탁기(洗濯機)　　　수신기(受信機)
　　승강기(昇降機)　　　신호기(信號機)　　　양수기(揚水機)　　　영사기(映寫機)
　　유성기(留聲機)　　　윤전기(輪轉機)　　　자동판매기(自動販賣機)
　　자판기(自販機)　　　전산기(電算機)　　　전신기(電信機)
　　전자계산기(電子計算機)　　　　　　　전화기(電話機)　　　절단기(切斷機)
　　차단기(遮斷機)　　　추진기(推進機)　　　축음기(蓄音機)　　　타자기(打字機)
　　탐색기(探索機)
② 군용기(軍用機)　　　급유기(給油機)　　　무인기(無人機)　　　미그기(機)
　　비행기(飛行機)　　　수송기(輸送機)　　　여객기(旅客機)　　　전투기(戰鬪機)
　　정찰기(偵察機)　　　제트기(機)　　　초계기(哨戒機)　　　폭격기(爆擊機)
　　항공기(航空機)　　　헬기(機)

~난(難): '어려움' 또는 '모자람'의 뜻을 더하는 접미사. 일 ~難(~なん nan)

　　경영난(經營難)　　　경제난(經濟難)　　　구인난(求人難)　　　급수난(給水難)
　　교통난(交通難)　　　생활난(生活難)　　　식량난(食糧難)　　　식수난(食水難)
　　연료난(燃料難)　　　운영난(運營難)　　　인력난(人力難)　　　인물난(人物難)
　　전력난(電力難)　　　주택난(住宅難)　　　취직난(就職難)

~농(農): '농사', '농민'의 뜻을 더하는 접미사. 일 ~農(のう nō)

　　가축농(家畜農)　　　겸업농(兼業農)　　　소작농(小作農)　　　원예농(園藝農)
　　유기농(有機農)　　　자작농(自作農)　　　화훼농(花卉農)

~단(團): 단체나 집단의 뜻을 더하는 접미사. 일 ~団(~だん dan)

　　구단(球團)　　　군단(軍團)　　　극단(劇團)　　　시찰단(視察團)
　　악극단(樂劇團)　　　청년단(靑年團)　　　폭력단(暴力團)

~담(談): '이야기'의 뜻을 더하는 접미사. 일 ~談(だん dan)

경험담(經驗談)　　　고심담(苦心談)　　　모험담(冒險談)　　　목격담(目擊談)
시국담(時局談)　　　체험담(體驗談)　　　회고담(回顧談)

~당(當): 수량사구 뒤에 쓰여, '그러한 수나 양의 묶음마다'의 뜻을 더하는
말. 일정한 단위를 나타내는 말 뒤에 붙어, '그러한 단위마다'의 뜻을 더
하는 말. 일 ~当たり(あたり atari)

분당(分當)　　　　　시간당(時間當)　　　일명당(一名當)　　　일인당(一人當)
호당(戶當)

~대(隊): ① 업무를 나타내는 일부 명사 뒤에 붙어, '그러한 업무를 하는
부대'의 뜻을 더하여 명사를 만드는 말. ② 어떤 일을 나타내는 명사 뒤에
붙어, 그러한 일을 하는 조직의 뜻을 더하여 명사를 만드는 말.
일 ~隊(たい tai)

결사대(決死隊)　　　경비대(警備隊)　　　고적대(鼓笛隊)　　　공병대(工兵隊)
기동대(機動隊)　　　기마대(騎馬隊)　　　돌격대(突擊隊)　　　민병대(民兵隊)
별동대(別動隊)　　　보국대(報國隊)　　　보안대(保安隊)　　　수비대(守備隊)
수색대(搜索隊)　　　시위대(示威隊)　　　유격대(遊擊隊)　　　육전대(陸戰隊)
자위대(自衛隊)　　　정신대(挺身隊)　　　친위대(親衛隊)　　　특공대(特攻隊)
포병대(砲兵隊)　　　해병대(海兵隊)　　　헌병대(憲兵隊)

~대(帶): ① '띠 모양의 공간' 또는 '일정한 범위의 부분'의 뜻을 더하는 접
미사. ② '띠 모양의 물건'의 뜻을 더하는 접미사. 일 ~帶(たい tai)

고산대(高山帶)　　　구명대(救命帶)　　　생리대(生理帶)　　　성감대(性感帶)
시간대(時間帶)　　　지진대(地震帶)　　　지혈대(止血帶)　　　탈장대(脫腸帶)
화산대(火山帶)

~도(渡): '넘김'의 의미를 나타내는 접미사. 일 ~渡し(わたし watasi)

개산도(槪算渡)　　　공장도(工場渡)　　　도착도(到着渡)　　　보증도(保證渡)

현측도(舷側渡)

~도(圖): '그림' 또는 '도면'(圖面)의 뜻을 더하는 접미사. 일 ~図(ず zu)

견취도(見取圖)	구상도(構想圖)	기상도(氣象圖)	단면도(斷面圖)
모형도(模型圖)	배치도(配置圖)	분포도(分布圖)	설계도(設計圖)
안내도(案內圖)	작전도(作戰圖)	조감도(鳥瞰圖)	투영도(投影圖)
평면도(平面圖)			

~력(力): '능력' 또는 '힘'의 뜻을 더하는 접미사. 일 ~力(りょく ryoku)

경쟁력(競爭力)	공권력(公權力)	관찰력(觀察力)	구매력(購買力)
구심력(求心力)	기억력(記憶力)	기억력(記憶力)	노동력(劳働力)
상상력(想像力)	생산력(生産力)	원동력(原動力)	원심력(遠心力)
원자력(原子力)	인내력(忍耐力)	저항력(抵抗力)	전투력(戰鬪力)
정신력(精神力)	지구력(持久力)	지배력(支配力)	친화력(親和力)
표현력(表現力)	해군력(海軍力)		

~로(路): ① '길' 또는 '도로'의 뜻을 더하는 접미사. ② '큰 도로를 가운데 둔 동네'의 뜻을 더하는 접미사. 일 ~路(ろ ro)

교차로(交叉路)	방수로(放水路)	신작로(新作路)

~론(論): '그것에 관한 학문' 또는 '학문분야'의 뜻을 더하는 접미사. '주장' 또는 '이론'의 뜻을 더하는 접미사. 일 ~論(ろん ron)

다원론(多元論)	무신론(無神論)	민약론(民約論)	방법론(方法論)
범신론(汎神論)	숙명론(宿命論)	유물론(唯物論)	유심론(唯心論)
이원론(二元論)	인식론(認識論)	일원론(一元論)	자본론(資本論)
진화론(進化論)	회의론(懷疑論)		

~료(料): ① '요금'의 뜻을 더하는 접미사. ② '재료'의 뜻을 더하는 접미사.
일 ~料(りょう ryō)

과태료(過怠料)	관람료(觀覽料)	보험료(保險料)	소작료(小作料)

| 수수료(手數料) | 수업료(授業料) | 숙박료(宿泊料) | 위자료(慰藉料) |
| 임대료(賃貸料) | 입장료(入場料) | 출연료(出演料) | 향신료(香辛料) |

~류(流): ① '그 특성이나 독특한 경향'의 뜻을 더하는 접미사. ② '물의 흐름과 같은 것'의 뜻을 더하는 접미사. 〔일〕 ~流(りゅう ryū)

물류(物流)	배기류(排氣流)	상층류(上層流)	순환류(循環流)
연안류(沿岸流)	용암류(鎔巖流)	저층류(底層流)	적도류(赤道流)
전자류(電子流)	제트流 침강류(沈降流)		토석류(土石流)
하층류(下層流)	향안류(向岸流)	화쇄류(火碎流)	

~류(瘤): 신체 순환계를 나타내는 일부 명사 뒤에 붙어, '그곳이 혹 따위에 막혀서 생기는 병'의 뜻을 더하여 명사를 만드는 말. 〔일〕 ~瘤(りゅう ryū)

| 동맥류(動脈瘤) | 정맥류(靜脈瘤) | 심장류(心臟瘤) |
| 하지정맥류(下肢靜脈瘤) | | |

~류(類): '부류'의 뜻을 더하는 접미사. 〔일〕 ~類(るい ~rui)

갑각류(甲殼類)	과당류(寡糖類)	과채류(果菜類)	녹조류(綠藻類)
양서류(兩棲類)	어패류(魚貝類)	영장류(靈長類)	청과류(靑果類)
파충류(爬蟲類)	포유류(哺乳類)	해조류(海藻類)	희토류(稀土類)

~막(膜): 물건의 표면을 덮은 얇은 껍질. 생물체의 내부에서 기관(器官)을 싸거나 막거나 하는 얇은 세포층(細胞層). 고막, 복막 따위가 이에 해당한다. 〔일〕 ~膜(まく maku)

| 세포막(細胞膜) | 처녀막(處女膜) | 차단막(遮斷膜) | 횡경막(橫隔膜) |

~매(枚): 종이나 널빤지 따위를 세는 단위. 〔일〕 ~枚(まい mai)

| 280枚 | 원고지 100枚 |

~맹(盲): '무엇을 잘 못하다', '무엇에 어둡다'의 의미를 더하는 접미사. 〔일〕 ~盲(もう mō)

| 색맹(色盲) | 야맹(夜盲) | 문맹(文盲) | 컨맹(컨盲) |

~물(物): '물건' 또는 '물질'의 뜻을 더하는 접미사. 일 ~物(ぶつ butsu)

건축물(建築物)	견직물(絹織物)	광산물(鑛産物)	노폐물(老廢物)
농산물(農産物)	면직물(綿織物)	모직물(毛織物)	무주물(無主物)
부산물(副産物)	소하물(小荷物)	수산물(水産物)	수하물(手荷物)
우편물(郵便物)	유기물(有機物)	음식물(飲食物)	인쇄물(印刷物)
장애물(障碍物)	출판물(出版物)	폐기물(廢棄物)	해산물(海産物)
화합물(化合物)			

~범(犯): '죄지은 사람'의 뜻을 더하는 접미사. 일 ~犯(はん han)

강간범(強姦犯)	강력범(強力犯)	공갈범(恐喝犯)	과실범(過失犯)
국사범(國事犯)	납치범(拉致犯)	도굴범(盜掘犯)	방화범(放火犯)
살인범(殺人犯)	상습범(常習犯)	소년범(少年犯)	양심범(良心犯)
유괴범(誘拐犯)	저격범(狙擊犯)	정치범(政治犯)	조세범(租稅犯)
탈주범(脫走犯)	협박범(脅迫犯)	현행범(現行犯)	형사범(刑事犯)
확신범(確信犯)	흉악범(凶惡犯)		

~법(法): '방법' 또는 '규칙'의 뜻을 더하는 접미사. 일 ~法(ほう ~hō)

| 귀납법(歸納法) | 변증법(辨證法) | 분석법(分析法) | 연역법(演繹法) |
| 원근법(遠近法) | 의인법(擬人法) | 철자법(綴字法) | 표현법(表現法) |

~병(兵): (일부 명사 뒤에 붙어) '병사'의 뜻을 나타내는 말. 일 ~兵(へい hei)

| 간호병(看護兵) | 상비병(常備兵) | 의용병(義勇兵) | 치중병(輜重兵) |
| 포병(砲兵) | 후비병(後備兵) | | |

~병(病): (일부 명사 뒤에 붙어) '질병'의 뜻을 나타내는 말.
일 ~病(びょう byō)

| 공수병(恐水病) | 광견병(狂犬病) | 광우병(狂牛病) | 괴혈병(壞血病) |
| 냉방병(冷房病) | 당뇨병(糖尿病) | 몽유병(夢遊病) | 성병(性病) |

성인병(成人病)　　열사병(熱射病)　　전염병(傳染病)　　정신병(精神病)

직업병(職業病)　　화류병(花柳病)　　황열병(黃熱病)　　흑사병(黑死病)

~복(服): '옷'의 뜻을 더하는 접미사. 일 ~服(ふく fuku)

기성복(旣成服)　　단체복(團體服)　　등산복(登山服)　　방탄복(防彈服)

방한복(防寒服)　　비행복(飛行服)　　세라복　　　　　　수영복(水泳服)

신사복(紳士服)　　연미복(燕尾服, 鷰尾服)　　　　　　　우주복(宇宙服)

작업복(作業服)　　전투복(戰鬪服)　　죄수복(罪囚服)　　학생복(學生服)

~본(本): '책' 또는 '판본'의 뜻을 더하는 접미사. 일 ~本(ほん hon)

귀중본(貴重本)　　단행본(單行本)　　목판본(木版本)　　문고본(文庫本)

복사본(複寫本)　　사각본(私刻本)　　영인본(影印本)　　원간본(原刊本)

자필본(自筆本)　　증정본(增訂本)　　초간본(初刊本)　　희귀본(稀貴本)

~부(夫): 일부 명사 뒤에 붙어, 일하는 남자의 뜻을 더하여 명사를 만드는
접미사. 일 ~夫(ふ fu)

광부(鑛夫)　　　　배달부(配達夫)　　우체부(郵遞夫)　　잠수부(潛水夫)

잡역부(雜役夫)　　청소부(淸掃夫)　　하역부(荷役夫)

~부(附): ① '그 날짜에 효력이 발생함'의 뜻을 더하는 접미사. ② '그것이
딸림'의 뜻을 더하는 접미사. 일 付け/附け(tsuke)

경품부(景品附)　　기한부(期限附)　　보험부(保險附)　　시한부(時限附)

조건부(條件附)

~부(部): ① '부분'이나 '부문(部門)'의 뜻을 더하는 접미사. ② '업무 부서'의
뜻을 더하는 접미사. 일 ~部(ぶ bu)

경리부(經理部)　　교육부(敎育部)　　문화부(文化部)　　사령부(司令部)

상층부(上層部)　　수뇌부(首腦部)　　영업부(營業部)　　육상부(陸上部)

중심부(中心部)　　정치부(政治部)　　참모부(參謀部)　　총무부(總務部)

편집부(編輯部)　　하복부(下腹部)　　형사부(刑事部)

~부(婦): 일부 명사 뒤에 붙어, 일하는 여자의 뜻을 더하여 명사를 만드는 말. 일 ~婦(ふ fu)

가정부(家政婦)	간호부(看護婦)	매춘부(賣春婦)	위안부(慰安婦)
임산부(姙産婦)	조산부(助産婦)	파출부(派出婦)	

~불(拂): '지불'의 의미를 더하는 접미사. 일 ~払い(はらい/ばらい harai/barai)

미불(未拂)	선불(先拂)	일시불(一時拂)	후불(後拂)

~비(費): '비용' 또는 '돈'의 뜻을 더하는 접미사. 일 ~費(ひ hi)

경상비(經常費)	광열비(光熱費)	생계비(生計費)	생활비(生活費)
인건비(人件費)			

~사(士): '직업'의 뜻을 더하는 접미사. 일 ~士(し si)

기관사(機關士)	기능사(技能士)	대의사(代議士)	변리사(辨理士)
변호사(辯護士)	비행사(飛行士)	약제사(藥劑士)	영양사(營養士, 榮養士)
운전사(運轉士)	조종사(操縱士)	항해사(航海士)	회계사(會計士)

~사(史): '역사'(歷史)의 뜻을 더하는 접미사. 일 ~史(し si)

과학사(科學史)	개척사(開拓史)	고대사(古代史)	동양사(東洋史)
문학사(文學史)	미술사(美術史)	민족사(民族史)	발달사(發達史)
발전사(發展史)	상고사(上古史)	세계사(世界史)	자연사(自然史)
향토사(鄕土史)			

~사(師): '그것을 직업으로 하는 사람'의 뜻을 더하는 접미사.
일 ~師(し shi)

간호사(看護師)	괴뢰사(傀儡師)	마법사(魔法師)	마술사(魔術師)
사기사(詐欺師)	사진사(寫眞師)	선교사(宣敎師)	안마사(按摩師)
요리사(料理師)	조제사(調劑師)	주술사(呪術師)	표구사(表具師)

~사(社): '회사'(會社)의 뜻을 더하는 접미사. 일 ~社(しゃ sha)

계열사(系列社)	신문사(新聞社)	장의사(葬儀社)	증권사(證券社)
출판사(出版社)	통신사(通信社)	신문사(新聞社)	여행사(旅行社)
장의사(葬儀社)	출판사(出版社)	통신사(通信社)	

~사(詞): '품사'(品詞)의 뜻을 더하는 접미사. 일 ~詞(し si)

감탄사(感歎詞)	명사(名詞)	복합사(複合詞)	부정사(不定詞)
의문사(疑問詞)	전치사(前置詞)	접속사(接續詞)	형용사(形容詞)
후치사(後置詞)			

~산(酸): 물에 녹았을 때 이온화하여 수소 이온을 만드는 물질.
일 酸(~さん ~san)

석유산(石硫酸)	석탄산(石炭酸)	초산(醋酸)

~상(上): ① '그것과 관계된 입장' 또는 '그것에 따름'의 뜻을 더하는 접미사. ② '추상적인 공간에서의 한 위치'의 뜻을 더하는 접미사.
일 ~上(じょう zyō)

경제상(經濟上)	공법상(公法上)	관계상(關係上)	광학상(光學上)
교육상(敎育上)	국제상(國際上)	기술상(技術上)	농업상(農業上)
도덕상(道德上)	명의상(名義上)	문법상(文法上)	미관상(美觀上)
미술상(美術上)	민법상(民法上)	발달상(發達上)	법률상(法律上)
사실상(事實上)	사회상(社會上)	생리상(生理上)	생활상(生活上)
성질상(性質上)	세계상(世界上)	수비상(守備上)	신분상(身分上)
신체상(身體上)	실제상(實際上)	역사상(歷史上)	영양상(營養上)
외교상(外交上)	의학상(醫學上)	인도상(人道上)	재정상(財政上)
정신상(精神上)	정치상(政治上)	진화상(進化上)	처세상(處世上)
취급상(取扱上)	편의상(便宜上)	편제상(編製上)	학문상(學問上)
학술상(學術上)	헌법상(憲法上)	형법상(刑法上)	형식상(形式上)

~상(商): '상인' 또는 '상점'의 뜻을 더하는 접미사. 일 ~商(しょう syō)

고물상(古物商)	도매상(都賣商)	무역상(貿易商)	밀매상(密賣商)
소매상(小賣商)	수입상(輸入商)	야채상(野菜商)	

~생(生): ① '학생'의 뜻을 더하는 접미사. ② '젊은 사람'의 뜻을 더하는 접미사. 일 ~生(せい sei)

고학생(苦學生)	수험생(受驗生)	신입생(新入生)	유학생(留學生)
졸업생(卒業生)	특대생(特待生)		

~서(書): 책이나 서류의 의미를 더하는 접미사. 일 ~書(しょ sho)

감정서(鑑定書)	견적서(見積書)	계산서(計算書)	계약서(契約書)
고지서(告知書)	공문서(公文書)	교과서(敎科書)	구상서(口上書)
명세서(明細書)	보고서(報告書)	사문서(私文書)	사양서(仕樣書)
서약서(誓約書)	설명서(說明書)	성명서(聲明書)	시말서(始末書)
시방서(示方書)	신청서(申請書)	심득서(心得書)	안내서(案內書)
의정서(議定書)	이력서(履歷書)	증명서(證明書)	참고서(參考書)
청구서(請求書)	취지서(趣旨書)	탄원서(歎願書)	

~서(署): '경찰서', '세무서', '소방서' 따위를 이르는 말. 일 ~署(~しょ, sho)

경찰서(警察署)	세무서(稅務署)	소방서(消防署)	영림서(營林署)

~석(席): '자리'의 뜻을 더하는 접미사. 일 ~席(せき seki)

관객석(觀客席)	관람석(觀覽席)	금연석(禁煙席)	방청석(傍聽席)
보조석(補助席)	심판석(審判席)	연회석(宴會席)	응원석(應援席)
조수석(助手席)	증인석(證人席)	지정석(指定席)	청중석(聽衆席)
피고석(被告席)			

~선(先): 목적의 장소를 나타내는 접미사. 일 ~先(さき saki)

공급선(供給先)	거래선(去來先)	구입선(購入先)	수입선(輸入先)
차관선(借款先)			

~선(腺): 생물체 안에서 액체 물질을 분비하거나 배설하는 기능을 가지는 상피 조직상의 기관. 일 腺(せん sen)

갑상선(甲狀腺)	루선(淚腺)	섭호선(攝護腺)	이하선(耳下腺)
임파선(淋巴腺)	전립선(前立腺)	편도선(扁桃腺)	피지선(皮脂腺)

~선(線): ① 그어 놓은 금이나 줄. ② 기차나 전화 따위의 선로를 이르는 말. ③ (일부 명사 뒤에 붙어) '광선'의 뜻을 나타내는 말. 일 ~線(せん sen)

경계선(境界線)	고압선(高壓線)	도화선(導火線)	등고선(等高線)
방사선(放射線)	복복선(複複線)	비상선(非常線)	생명선(生命線)
쌍곡선(雙曲線)	일직선(一直線)	일부변경선(日附變更線)	
일직선(一直線)	자외선(紫外線)	전선(戰線)	절취선(切取線)
지평선(地平線)	직선(直線)	평행선(平行線)	포물선(抛物線)
해안선(海岸線)	회귀선(回歸線)	감마선	엑스선

~선(船): '배'의 뜻을 더하는 접미사. 일 ~船(~せん sen)

나용선(裸傭船)	비행선(飛行船)	쇄빙선(碎氷船)	수중익선(水中翼船)
쌍동선(雙胴船)	여객선(旅客船)	연락선(連絡船)	우주선(宇宙船)
우편선(郵便船)	전마선(傳馬船)	증기선(蒸氣船)	포경선(捕鯨船)
해적선(海賊船)			

~성(性): '성질'의 뜻을 더하는 접미사. 일 ~性(せい sei)

가능성(可能性)	감수성(感受性)	개별성(個別性)	개연성(蓋然性)
국민성(國民性)	기립성(起立性)	내수성(耐水性)	내화성(耐火性)
대중성(大衆性)	대칭성(對稱性)	동물성(動物性)	민족성(民族性)
보편성(普遍性)	사교성(社交性)	상대성(相對性)	생산성(生産性)
수포성(水疱性)	습관성(習慣性)	시대성(時代性)	식물성(植物性)
신경성(神經性)	심인성(心因性)	신빙성(信憑性)	염기성(鹽基性)
유해성(有害性)	인간성(人間性)	창조성(創造性)	타당성(妥當性)
필연성(必然性)	필요성(必要性)	화농성(化膿性)	

~세(稅): '세금'을 뜻하는 접미사. 일 ~稅(ぜい zei)

간접세(間接稅)	누진세(累進稅)	상속세(相續稅)	소득세(所得稅)
부가세(附加稅)	소비세(消費稅)	영업세(營業稅)	인두세(人頭稅)

~소(所): '장소' 또는 '기관'의 뜻을 더하는 접미사. 일 ~所(しょ/じょ syo/zyo)

강습소(講習所)	검문소(檢問所)	검역소(檢疫所)	교습소(敎習所)
구치소(拘置所)	등기소(登記所)	발전소(發電所)	배급소(配給所)
보건소(保健所)	보육소(保育所)	사무소(事務所)	시험소(試驗所)
안내소(案內所)	연구소(研究所)	요양소(療養所)	이발소(理髮所)
인쇄소(印刷所)	재판소(裁判所)	정미소(精米所)	제재소(製材所)
제조소(製造所)	제철소(製鐵所)	조선소(造船所)	주재소(駐在所)
출장소(出張所)	취인소(取引所)	측후소(測候所)	탁아소(託兒所)
파출소(派出所)	형무소(刑務所)	흥신소(興信所)	

~소(素): 일부 명사 뒤에 붙어, 그러한 성질을 가진 성분이나 요소라는 뜻을 더하여 명사를 만드는 말. 일 ~素(そ so)

발효소(醱酵素)	영양소(營養素, 榮養素)		의미소(意味素)
의의소(意義素)	조음소(調音素)	혈색소(血色素)	형태소(形態素)

~수(手): '그것을 직업으로 하는 사람'의 뜻을 더하는 접미사. '선수'의 뜻을 더하는 접미사. 일 ~手(しゅ syu)

가수(歌手)	교환수(交換手)	기관수(機關手)	내야수(內野手)
목수(木手)	소방수(消防手)	외야수(外野手)	우익수(右翼手)
운전수(運轉手)	유격수(遊擊手)	일루수(一壘手)	좌익수(左翼手)
투수(投手)	포수(捕手)		

~술(術): '기술' 또는 '재주'의 뜻을 더하는 접미사. 일 ~術(じゅつ zyutsu)

건축술(建築術)	독심술(讀心術)	변신술(變身術)	변장술(變裝術)
보신술(保身術)	사교술(社交術)	선전술(宣傳術)	연금술(鍊金術)
외교술(外交術)	운전술(運轉術)	인쇄술(印刷術)	점성술(占星術)

접골술(接骨術)	조종술(操縱術)	처세술(處世術)	최면술(催眠術)
축성술(築城術)	측량술(測量術)	표현술(表現術)	항해술(航海術)

~시(視): '그렇게 여김' 또는 '그렇게 봄'의 뜻을 더하는 접미사. 일 ~視(し si)

과대시(過大視)	도외시(度外視)	동일시(同一視)	등한시(等閑視)
방관시(傍觀視)	백안시(白眼視)	범죄시(犯罪視)	야만시(野蠻視)
유력시(有力視)	이단시(異端視)	적대시(敵對視)	중대시(重大視)

~식(式): ① '방식'의 뜻을 더하는 접미사. ② '의식'의 뜻을 더하는 접미사. 일 ~式(しき siki)

개조식(個條式, 箇條式)		개회식(開會式)	결혼식(結婚式)
고별식(告別式)	관병식(觀兵式)	관함식(觀艦式)	근대식(近代式)
금혼식(金婚式)	기념식(記念式)	낙성식(落成式)	대관식(戴冠式)
문답식(問答式)	분열식(分列式)	수상식(授賞式)	수여식(授與式)
은혼식(銀婚式)	이동식(移動式)	일본식(日本式)	전자식(電子式)
제막식(除幕式)	조선식(朝鮮式)	진수식(進水式)	최신식(最新式)
취임식(就任式)	항등식(恒等式)	현대식(現代式)	

~식(食): 끼니의 의미를 더하는 접미사. 일 ~食(~しょく shoku)

건강식(健康食)	기내식(機內食)	무염식(無鹽食)	영양식(營養食)
우주식(宇宙食)	유동식(流動食)	이유식(離乳食)	

~실(室): '방'의 뜻을 더하는 접미사. '업무부서'의 뜻을 더하는 접미사. 일 ~室(しつ sitsu)

교무실(教務室)	교장실(校長室)	대기실(待機室)	대합실(待合室)
도서실(圖書室)	독서실(讀書室)	사무실(事務室)	수위실(守衛室)
숙직실(宿直室)	시험실(試驗室)	실험실(實驗室)	양호실(養護室)
연구실(硏究室)	열람실(閱覽室)	영안실(靈安室)	요리실(料理室)
응접실(應接室)	접견실(接見室)	제조실(製造室)	지하실(地下室)
직원실(職員室)	화장실(化粧室)	휴게실(休憩室)	

~심(心): '마음'의 뜻을 더하는 접미사. 일 ~心(しん sin)

사행심(射倖心)　　애국심(愛國心)　　자존심(自尊心)　　호기심(好奇心)

~아(兒): '어린아이'의 뜻을 더하는 접미사. '사나이' 또는 '젊은 남자'의 뜻을 더하는 접미사. 일 ~兒(じ zi)

기형아(畸形兒)　　미숙아(未熟兒)　　신생아(新生兒)　　풍운아(風雲兒)
총아(寵兒)　　　　혁명아(革命兒)　　혼혈아(混血兒)

~암(巖): ① '암석'의 뜻을 더하는 접미사. ② '바위'의 뜻을 더하는 접미사. 일 ~巖(がん gan)

변성암(變成巖)　　수성암(水成岩)　　화강암(花崗巖)　　화성암(火成岩)
현무암(玄武巖)

~애(愛): '사랑'의 뜻을 더하는 접미사. 일 ~愛(あい ai)

동료애(同僚愛)　　동성애(同姓愛)　　모성애(母性愛)　　민족애(民族愛)
부부애(夫婦愛)　　이성애(異性愛)　　인류애(人類愛)　　자기애(自己愛)
자연애(自然愛)　　전우애(戰友愛)　　조국애(祖國愛)　　향토애(鄕土愛)

~양(孃): 결혼하지 않은 젊은 여자의 성이나 이름 뒤에 쓰여, 그 여자를 친근하게 또는 대접하여 가리키거나 부르는 말. 일 ~孃(じょう zyō)

김양, 박양

~어(語): '말' 또는 '단어'의 뜻을 더하는 접미사. 일 ~語(ご go)

고유어(固有語)　　교착어(膠着語)　　다의어(多義語)　　동의어(同義語)
모국어(母國語)　　번역어(飜譯語)　　복막염(腹膜炎)　　복합어(複合語)
외국어(外國語)　　외래어(外來語)　　유의어(類義語)　　유행어(流行語)
의성어(擬聲語)　　의태어(擬態語)　　표준어(標準語)

~업(業): '사업' 또는 '산업'의 뜻을 더하는 접미사. 일 ~業(ぎょう gyō)

건설업(建設業)	건축업(建築業)	관광업(觀光業)	광업(鑛業)
군납업(軍納業)	금융업(金融業)	낙농업(酪農業)	농림업(農林業)
대금업(貸金業)	상공업(商工業)	수산업(水産業)	양식업(養殖業)
어업(漁業)	외식업(外食業)	제조업(製造業)	조선업(造船業)
철강업(鐵鋼業)	축산업(畜産業)	통신업(通信業)	해운업(海運業)

~역(役): 맡은 소임을 나타내는 접미사. 일 ~役(やく yaku)

감사역(監査役)	검사역(檢査役)	보충역(補充役)	산파역(産婆役)
상대역(相對役)	안내역(案內役)	취체역(取締役)	

~열(熱): ① 열성 또는 열의(熱意)를 나타내는 접미사. 일 ~熱(ねつ netsu)
② 병으로 인하여 오르는 몸의 열

① 교육열(敎育熱)	성취열(成就熱)	탐구열(探求熱)	향학열(向學熱)
② 간헐열(間歇熱)	발진열(發疹熱)	성홍열(猩紅熱)	열대열(熱帶熱)
탈수열(脫水熱)			

~염(炎): 염증(炎症). 생체 조직이 손상을 입었을 때에 체내에서 일어나는 방어적 반응. 일 ~炎(えん en)

골막염(骨膜炎)	관절염(關節炎)	기관지염(氣管支炎)	뇌염(腦炎)
늑막염(肋膜炎)	맹장염(盲腸炎)	신우염(腎盂炎)	요도염(尿道炎)
위염(胃炎)	장염(腸炎)	중이염(中耳炎)	폐렴(肺炎)

~왕(王): '일정한 분야나 범위 안에서 으뜸이 되는 사람이나 동물'의 뜻을 더하는 접미사. 일 ~王(おう ō)

득점왕(得點王)	삼관왕(三冠王)	신인왕(新人王)	판매왕(販賣王)
홈런왕			

~원(員): ① '그 일에 종사하는 사람'의 뜻을 더하는 접미사. ② '그 조직이나 단체 따위를 이루고 있는 사람'의 뜻을 더하는 접미사. 일 ~員(いん in)

간호원(看護員)	공작원(工作員)	배심원(陪審員)	비전투원(非戰鬪員)
사무원(事務員)	승무원(乘務員)	은행원(銀行員)	종업원(從業員)
집배원(集配員)	통신원(通信員)	특파원(特派員)	회사원(會社員)

~원(園): 보육 또는 생육을 위한 시설의 뜻을 더하는 접미사. 일 ~園(えん en)

과수원(果樹園)	동물원(動物園)	수목원(樹木園)	식물원(植物園)
유아원(幼兒園)	유치원(幼稚園)		

~원(院): '공공 기관' 또는 '공공 단체'의 뜻을 더하는 접미사. 일 ~院(いん in)

고아원(孤兒院)	대심원(大審院)	미용원(美容院)	수도원(修道院)
양로원(養老院)			

~율(率): '비율'의 뜻을 더하는 접미사. 일 ~率(りつ ritsu)

건폐율(建蔽率)	방어율(防禦率)	사용율(使用率)	생산율(生産率)
승률(勝率)	효율(效率)		

~의(醫): '의학 분야' 뒤에 붙어 그 병을 치료하는 전문적인 사람을 나타내는 접사. 일 ~医(い i)

군의(軍醫)	내과의(內科醫)	외과의(外科醫)	주치의(主治醫)
집도의(執刀醫)			

~인(人): '사람'의 뜻을 더하는 접미사. 일 ~人(じん zin)

경제인(經濟人)	공증인(公證人)	관리인(管理人)	기업인(企業人)
대리인(代理人)	대언인(代言人)	매도인(賣渡人)	매수인(買受人)
민간인(民間人)	발기인(發起人)	발신인(發信人)	보증인(保證人)
사회인(社會人)	수신인(受信人)	수취인(受取人)	예능인(藝能人)
우주인(宇宙人)	유명인(有名人)	이방인(異邦人)	입회인(立會人)
자연인(自然人)	중매인(仲買人)	지배인(支配人)	지식인(知識人)

후견인(後見人)

~자(者): '사람'의 뜻을 더하는 접미사. 일 ~者(しゃ sya)

가해자(加害者)	개척자(開拓者)	공직자(公職者)	과학자(科學者)
관계자(關係者)	교육자(教育者)	국외자(局外者)	기술자(技術者)
기혼자(既婚者)	낙오자(落伍者)	납세자(納税者)	노동자(勞動者)
노무자(勞務者)	독재자(獨裁者)	동반자(同伴者)	무법자(無法者)
무산자(無産者)	미성년자(未成年者)	방랑자(放浪者)	배우자(配偶者)
변질자(變質者)	보균자(保菌者)	보호자(保護者)	부상자(負傷者)
불구자(不具者)	사회자(司會者)	생산자(生産者)	선각자(先覺者)
소비자(消費者)	시청자(視聽者)	신참자(新參者)	실업자(失業者)
예언자(預言者)	유단자(有段者)	이단자(異端者)	장해자(障害者)
적임자(適任者)	전과자(前科者)	정복자(征服者)	주동자(主動者)
주의자(主義者)	지배자(支配者)	지휘자(指揮者)	창립자(創立者)
창시자(創始者)	채권자(債權者)	채무자(債務者)	책임자(責任者)
청취자(聽取者)	피의자(被疑者)	피해자(被害者)	해설자(解說者)
협력자(協力者)	후임자(後任者)		

~장(長): '책임자', '우두머리'의 뜻을 더하는 접미사. 일 ~長(ちょう chō)

간사장(幹事長)	과장(科長)	교장(教長)	국장(局長)
기관장(機關長)	단장(團長)	대장(隊長)	면장(面長)
부사장(副社長)	부장(部長)	사장(社長)	사단장(師團長)
소장(所長)	시장(市長)	실장(室長)	연대장(聯隊長)
월장(院長)	위원장(委員長)	의장(議長)	이사장(理事長)
재판장(裁判長)	점장(店長)	차장(次長)	총장(總長)
함장(艦長)	회장(會長)		

~장(狀): '증서' 또는 '편지'의 뜻을 더하는 접미사. 일 ~狀(じょう zyō)

고발장(告發狀)	고소장(告訴狀)	공소장(公訴狀)	독촉장(督促狀)
소환장(召喚狀)	신용장(信用狀)	신임장(信任狀)	안내장(案內狀)

연하장(年賀狀)   운송장(運送狀)   위임장(委任狀)   유언장(遺言狀)
인가장(認可狀)   초대장(招待狀)   호출장(呼出狀)

~장(場): '장소'의 뜻을 더하는 접미사. 일 ~場(じょう zyō)

각축장(角逐場)   결전장(決戰場)   경기장(競技場)   경마장(競馬場)
결전장(決戰場)   고전장(古戰場)   극장(劇場)   도박장(賭博場)
도선장(渡船場)   무술장(武術場)   비행장(飛行場)   사교장(社交場)
선착장(船着場)   승강장(昇降場)   식장(式場)   연극장(演劇場)
운동장(運動場)   유치장(留置場)   전시장(展示場)   정거장(停車場)
정차장(停車場)   정류장(停留場)   주차장(駐車場)   취사장(炊事場)
하치장(荷置場)

~적(的): '그 성격을 띠는', '그에 관계된', '그 상태로 된'의 뜻을 더하는 접미사. 일 ~的(てき teki)

가공적(架空的)   가급적(可及的)   감상적(感傷的)   감상적(感傷的)
감정적(感情的)   강제적(強制的)   개괄적(概括的)   개인적(個人的)
개화적(開化的)   객관적(客觀的)   거시적(巨視的)   결사적(決死的)
경이적(驚異的)   경쟁적(競爭的)   경제적(經濟的)   계급적(階級的)
고무적(鼓舞的)   고식적(姑息的)   고압적(高壓的)   공상적(空想的)
과도기적(過渡期的) 과도적(過渡的) 과학적(科學的)   관능적(官能的)
교육적(敎育的)   구체적(具體的)   국가적(國家的)   국제적(國際的)
귀족적(貴族的)   규범적(規範的)   극적(劇的)   근본적(根本的)
기계적(機械的)   기록적(記錄的)   기술적(技術的)   기적적(奇蹟的)
기초적(基礎的)   기형적(畸形的)   낙관적(樂觀的)   낭만적(浪漫的)
내부적(內部的)   내재적(內在的)   노예적(奴隷的)   단말마적(斷末魔的)
단편적(單偏的)   단편적(斷片的)   당파적(黨派的)   대대적(大大的)
대조적(對照的)   대중적(大衆的)   대표적(代表的)   도덕적(道德的)
도발적(挑發的)   독선적(獨善的)   독점적(獨占的)   독창적(獨創的)
만성적(慢性的)   모험적(冒險的)   문명적(文明的)   문학적(文學的)
문화적(文化的)   물리적(物理的)   물적(物的)   물질적(物質的)

미시적(微視的)　　미적(美的)　　　민족적(民族的)　　민중적(民衆的)

반군국주의적(反軍國主義的)　　　반대적(反對的)　　반동적(反動的)

반사적(反射的)　　반혁명적(反革命的)　법적(法的)　　병적(病的)

보수적(保守的)　　보조적(補助的)　　보편적(普遍的)　　본능적(本能的)

본질적(本質的)　　봉건적(封建的)　　부분적(部分的)　　불규칙적(不規則的)

비교적(比較的)　　비능률적(非能率的)　비약적(飛躍的)　비인간적(非人間的)

사교적(社交的)　　사상적(思想的)　　사적(史的)　　　사회적(社會的)

사회주의적(社會主義的)　　　　　　살인적(殺人的)　　살인적(殺人的)

삼차원적(三次元的)　상업적(商業的)　상징적(象徵的)　　생리적(生理的)

생리학적(生理學的)　생물학적(生物學的)　서론적(序論的)　선정적(煽情的)

선천적(先天的)　　선풍적(旋風的)　　성적(性的)　　　세계적(世界的)

세속적(世俗的)　　소극적(消極的)　　수구적(守舊的)　수동적(受動的)

수리적(數理的)　　수적(數的)　　　시각적(視覺的)　시대적(時代的)

시적(詩的)　　　신사적(紳士的)　　실질적(實質的)　실천적(實踐的)

심리적(心理的)　　심리학적(心理學的)　심미적(審美的)　심적(心的)

압도적(壓倒的)　　야성적(野性的)　　야심적(野心的)　역사적(歷史的)

역설적(逆說的)　　열광적(熱狂的)　　엽기적(獵奇的)　영구적(永久的)

영리적(營利的)　　영웅적(英雄的)　　예술적(藝術的)　외과적(外科的)

외교적(外交的)　　외재적(外在的)　　운율적(韻律的)　원시적(原始的)

위력적(威力的)　　위생적(衛生的)　　유기적(有機的)

유물사관적(唯物史觀的)　　　　　　유물적(唯物的)　유전적(遺傳的)

육체적(肉體的)　　윤리적(倫理的)　　의식적(意識的)　이론적(理論的)

이상적(理想的)　　이지적(理智的)　　이질적(異質的)　인간적(人間的)

인공적(人工的)　　인습적(因襲的)　　인위적(人爲的)　인적(人的)

인정적(人情的)　　인종적(人種的)　　일반적(一般的)　일방적(一方的)

일시적(一時的)　　일원적(一元的)　　임의적(任意的)　자각적(自覺的)

자동적(自動的)　　자본주의적(資本主義的)

자연과학적(自然科學的)　　　　　　자연적(自然的)　자주적(自主的)

자치적(自治的)　　재정적(財政的)　　저돌적(猪突的)　적극적(積極的)

적대적(敵對的)　　전문적(專門的)　　전반적(全般的)　전제적(專制的)

전통적(傳統的)	전형적(典型的)	절대적(絕對的)	정상적(正常的)
정신적(精神的)	제국주의적(帝國主義的)		조직적(組織的)
종교적(宗教的)	주관적(主觀的)	주기적(週期的)	
중앙집권적(中央集權的)		지리적(地理的)	지적(智的)
직업적(職業的)	진보적(進步的)	진취적(進取的)	철학적(哲學的)
체력적(體力的)	초인적(超人的)	추상적(抽象的)	치명적(致命的)
침략적(侵略的)	타성적(惰性的)	통속적(通俗的)	퇴폐적(頹廢的)
특수적(特殊的)	특정적(特定的)	파괴적(破壞的)	편집광적(偏執狂的)
평화적(平和的)	필연적(必然的)	학술적(學術的)	학술적(學術的)
합리적(合理的)	헌신적(獻身的)	현실적(現實的)	형식적(形式的)
형이상학적(形而上学的)		화학적(化學的)	환상적(幻想的)
활동적(活動的)	회의적(懷疑的)	획기적(劃期的)	후천적(後天的)
희생적(犧牲的)			

~전(戰): ① '전투' 또는 '전쟁'의 뜻을 더하는 접미사. ② '시합'이나 '경기'의 뜻을 더하는 접미사. 일 ~戰(せん sen)

결승전(決勝戰)	국지전(局地戰)	기마전(騎馬戰)	단기전(短期戰)
단체전(團體戰)	백병전(白兵戰)	선거전(選擧戰)	선전전(宣傳戰)
설욕전(雪辱戰)	속도전(速度戰)	시가전(市街戰)	신경전(神經戰)
심리전(心理戰)	연장전(延長戰)	오픈전(오픈戰)	유격전(遊擊戰)
육탄전(肉彈戰)	응원전(應援戰)	장기전(長期戰)	쟁탈전(爭奪戰)
전격전(電擊戰)	전면전(全面戰)	전반전(前半戰)	정기전(定期戰)
지구전(持久戰)	첩보전(諜報戰)	총격전(銃擊戰)	추격전(追擊戰)
탈환전(奪還戰)	평가전(評價戰)	후반전(後半戰)	

~점(店): '가게' 또는 '상점'의 뜻을 더하는 접미사. 일 ~店(てん ten)

백화점(百貨店)	소매점(小賣店)	양복점(洋服店)	양판점(量販店)
연쇄점(連鎖店)	요리점(料理店)	잡화점(雜貨店)	

~점(點): ① 수관형사 뒤에서 의존적 용법으로 쓰여, 성적 따위의 단위를 나타내는 말 ② 여러 속성들 가운데서 어느 한 부분을 드러내고자 할 때 쓰는 말. 일 ~点(てん ten)

관점(觀點)	분기점(分岐點)	비등점(沸騰點)	시점(視點)
요점(要點)	임계점(臨界點)	종점(終點)	주안점(主眼点)
주의점(注意點)	중점(重點)	출발점(出發點)	홍일점(紅一點)
출발점(出發點)	현시점(現時點)		

~정(艇): '규모가 작은 배'의 뜻을 더하는 접미사. 일 ~艇(てい tei)

경비정(警備艇)	고속정(高速艇)	구명정(救命艇)	구잠정(驅潛艇)
기뢰정(機雷艇)	비행정(飛行艇)	수뢰정(水雷艇)	어뢰정(魚雷艇)
잠수정(潛水艇)	초계정(哨戒艇)	쾌속정(快速艇)	

~제(祭): '제사' 또는 '축제'의 뜻을 더하는 접미사. 일 ~祭(さい sai)

문화제(文化祭)	사육제(謝肉祭)	영화제(映畵祭)	예술제(藝術祭)
전야제(前夜祭)			

~제(制): '제도' 또는 '방법'의 뜻을 더하는 접미사. 일 ~制(せい sei)

격일제(隔日制)	공화제(共和制)	관료제(官僚制)	내각제(內閣制)
단원제(單院制)	대통령제(大統領制)	도급제(都給制)	민병제(民兵制)
배급제(配給制)	봉건제(封建制)	소작제(小作制)	시급제(時給制)
실명제(實名制)	십부제(十部制)	양원제(兩院制)	연방제(聯邦制)
월급제(月給制)	의회제(議會制)	이부제(二部制)	이원제(二院制)
정년제(停年制)	정찰제(正札制)	종량제(從量制)	직선제(直選制)
징병제(徵兵制)	할당제(割當制)	합의제(合議制)	회원제(會員制)

~제(劑): '약'의 뜻을 더하는 접미사. 일 ~劑(ざい zai)

각성제(覺醒劑)	강심제(强心劑)	구충제(驅蟲劑)	마취제(痲醉劑)
방부제(防腐劑)	소화제(消化劑)	영양제(營養劑)	이뇨제(利尿劑)

진통제(鎭痛劑)　　　항암제(抗癌劑)　　　해열제(解熱劑)　　　흥분제(興奮劑)

~족(族): ① '민족'의 뜻을 더하는 접미사. ② '그런 특성을 가지는 사람 무리' 또는 '그 무리에 속하는 사람'의 뜻을 더하는 접미사. 일 ~族(ぞく zoku)

껑깡족(族)　　　마이카族　　　만주족(滿洲族)　　　몽골족(族)
부여족(族)　　　아베크족(族)　　　앵글로쌕손족(族)　　　얌체족(族)
제비족(族)　　　여진족(女眞族)　　　캠핑족(族)　　　폭주족(暴走族)

~종(種): '품종' 또는 '갈래'의 뜻을 더하는 접미사. 일 ~種(しゅ shu)

개량종(改良種)　　　고유종(固有種)　　　교배종(交配種)　　　식인종(食人種)
신종(新種)　　　야만종(野蠻種)　　　야생종(野生種)　　　외래종(外來種)
재래종(在來種)

~주(主): ① '주체'의 뜻을 더하는 접미사. ② '소유주'의 뜻을 더하는 접미사. 일 ~主(しゅ shu)

고용주(雇用主)　　　광고주(廣告主)　　　광산주(鑛山主)　　　구단주(球團主)
구세주(救世主)　　　기업주(企業主)　　　농장주(農場主)　　　사업주(事業主)
사용주(使用主)　　　세대주(世帶主)　　　소유주(所有主)　　　예금주(預金主)
조물주(造物主)　　　주주(株主)　　　창업주(創業主)　　　창조주(創造主)

~증(症): '증상' 또는 '병'의 뜻을 더하는 접미사. 일 ~症(しょう shō)

건망증(健忘症)　　　관음증(觀淫症)　　　뇌졸증(腦卒症)　　　단지증(短指症)
대하증(帶下症)　　　백색증(白色症)　　　분열증(分裂症)　　　불감증(不感症)
불면증(不眠症)　　　불임증(不妊症)　　　비만증(肥滿症)
소화불량증(消化不良症)　　　　　　신경증(神經症)　　　실어증(失語症)
야맹증(夜盲症)　　　우울증(憂鬱症)　　　울화증(鬱火症)　　　의처증(疑妻症)
자폐증(自閉症)　　　조루증(早漏症)　　　축농증(蓄膿症)　　　탈모증(脫毛症)
패혈증(敗血症)　　　합병증(合倂症)　　　현기증(眩氣症)　　　혈전증(血栓症)
협심증(狹心症)　　　협착증(狹窄症)　　　후유증(後遺症)

~증(證): '증명서'의 뜻을 더하는 접미사. 일 ~証(しょう shō)

권리증(權利證)	등록증(登錄證)	면허증(免許證)	수료증(修了證)
시민증(市民證)	신분증(身分證)	영수증(領收證)	졸업증(卒業證)
주민등록증(住民登錄證)		참가증(參加證)	출입증(出入證)
통행증(通行證)	학생증(學生證)	합격증(合格證)	휴가증(休暇證)

~지(地): ① '장소'의 뜻을 더하는 접미사. ② '옷감' 또는 '천'의 뜻을 더하는 접미사. 일 ~地(ち chi)

①	간척지(干拓地)	개척지(開拓地)	거류지(居留地)	거주지(居住地)
	경작지(耕作地)	공한지(空閑地)	구릉지(丘陵地)	근무지(勤務地)
	근거지(根據地)	농경지(農耕地)	매립지(埋立地)	목적지(目的地)
	미개지(未開地)	발행지(發行地)	불모지(不毛地)	소유지(所有地)
	소재지(所在地)	식민지(植民地, 殖民地)		연고지(緣故地)
	원격지(遠隔地)	원산지(原産地)	유원지(遊園地)	유휴지(遊休地)
	점령지(占領地)	주거지(住居地)	중심지(中心地)	진원지(震源地)
	출생지(出生地)	탄생지(誕生地)	행락지(行樂地)	행선지(行先地)
	황무지(荒蕪地)	후보지(候補地)		
②	양복지(洋服地)	낙타지(駱駝地)		

~지(紙): ① '종이'의 뜻을 더하는 접미사. ② '신문'의 뜻을 더하는 접미사. 일 ~紙(し si)

①	견출지(見出紙)	광고지(廣告紙)	도화지(圖畫紙)	메모지(memo紙)
	마분지(馬糞紙)	미농지(美濃紙)	복사지(複寫紙)	시험지(試驗紙)
	신문지(新聞紙)	양피지(羊皮紙)	오선지(五線紙)	원고지(原稿紙)
	은박지(銀箔紙)	인화지(印畫紙)	재생지(再生紙)	질문지(質問紙)
	편지지(便紙紙)	포장지(包裝紙)	학습지(學習紙)	화선지(畫仙紙)
②	기관지(機關紙)	일간지(日刊紙)	주간지(週刊紙)	지방지(地方紙)

~지(誌): '잡지'의 뜻을 더하는 접미사. 일 ~誌(し si)

기관지(機關誌)	민족지(民族誌)	박물지(博物誌)	여성지(女性誌)
월간지(月刊誌)	정보지(情報誌)	종합지(綜合誌)	주간지(週刊誌)

~질(質): 원래부터 가지고 있는 성질이나 특질을 나타내는 접미사. 일 ~質 (しつ sitsu)

광물질(鑛物質)	근육질(筋肉質)	다혈질(多血質)	단백질(蛋白質)
무기질(無機質)	상아질(象牙質)	석회질(石灰質)	섬유질(纖維質)
신경질(神經質)	유기질(有機質)	점액질(粘液質)	

~차(車): 바퀴가 굴러서 나아가게 되어 있는, 사람이나 짐을 실어 옮기는 기관의 의미를 나타내는 형태소. 일 ~車(しゃ sha)

기관차(機關車)	살수차(撒水車)	삼륜차(三輪車)	상용차(商用車)
승용차(乘用車)	승합차(乘合車)	유모차(乳母車)	유조차(油槽車)
자동차(自動車)	중고차(中古車)	증기차(蒸氣車)	화물차(貨物車)

~처(處): ① '곳' 또는 '장소'의 뜻을 더하는 접미사. ② '사무를 맡아보는 부서'의 뜻을 더하는 접미사. 일 ~処(しょ sho)

거래처(去來處)	교무처(教務處)	근무처(勤務處)	기획처(企劃處)
도피처(逃避處)	발행처(發行處)	사무처(事務處)	안식처(安息處)
인사처(人事處)	접수처(接受處)	출입처(出入處)	피난처(避難處)

~체(體): ① '몸'의 뜻을 더하는 접미사. ② '일정한 상태나 형체를 가진 물질'의 뜻을 더하는 접미사. ③ '일정한 체계를 가진 조직'의 뜻을 더하는 접미사. 일 ~体(たい tai)

결정체(結晶體)	명조체(明朝體)	변사체(變死體)	부도체(不導體)
수정체(水晶體)	유기체(有機體)	은유체(隱喩體)	이탤릭체(Italic體)
익사체(溺死體)			

~촌(村): '마을' 또는 '지역'의 뜻을 더하는 접미사. 일 ~村(むら/そん mura/son)

광산촌(鑛山村)	난민촌(難民村)	무의촌(無醫村)	문화촌(文化村)
민속촌(民俗村)	빈민촌(貧民村)	선수촌(選手村)	지구촌(地球村)
탄광촌(炭鑛村)	판자촌(板子村)		

~통(痛): 아픔이나 고통 고민 슬픔 등을 나타내는 접미사. 일 ~痛(つう tsū)

관절통(關節痛)	근육통(筋肉痛)	두통(頭痛)	복통(腹痛)
신경통(神經痛)	생리통(生理痛)	성장통(成長痛)	요통(腰痛)
어깨통(痛)			

~파(派): '어떤 생각이나 행동의 특성을 가진 사람'의 뜻을 더하는 접미사. 일 ~派(は ha)

강경파(强硬派)	개혁파(改革派)	개화파(開化派)	고답파(高踏派)
과격파(過激派)	급진파(急進派)	낭만파(浪漫派)	다수파(多數派)
반대파(反對派)	보수파(係守派)	북학파(北學派)	소수파(少數派)
소장파(少壯派)	실학파(實學派)	열성파(熱誠派)	온건파(穩健派)
왕당파(王黨派)	정통파(正統派)	추상파(抽象派)	친일파(親日派)
학구파(學究派)			

~판(版): 책, 신문 따위를 인쇄하여 펴낸 것이라는 뜻을 더하는 접미사. 일 ~版(はん han)

개정판(改訂版)	결정판(決定版)	등사판(謄寫版)	복사판(複寫版)
사륙판(四六版)	증보판(增補版)	축소판(縮小版)	축쇄판(縮刷版)
해적판(海賊版)	호화판(豪華版)		

~품(品): '물품', 또는 '작품'의 뜻을 더하는 접미사. 일 ~品(ひん hin)

공산품(工産品)	공예품(工藝品)	국산품(國産品)	군수품(軍需品)
기념품(紀念品)	대용품(代用品)	모조품(模造品)	미술품(美術品)
박래품(舶來品)	불용품(不用品)	비매품(非賣品)	소모품(消耗品)

수출품(輸出品)	식료품(食料品)	예술품(藝術品)	일용품(日用品)
장식품(裝飾品)	전리품(戰利品)	특산품(特産品)	화장품(化粧品)

~학(學): '학문'의 뜻을 더하는 접미사. 일 ~学(がく gaku)

경제학(經濟學)	고고학(考古學)	광물학(鑛物學)	교육학(教育學)
국문학(國文學)	국어학(國語學)	논리학(論理學)	동물학(動物學)
동양학(東洋学)	물리학(物理學)	미학(美學)	민속학(民俗学)
박물학(博物學)	박언학(博言學)	병리학(病理學)	사회학(社會學)
생리학(生理學)	생물학(生物學)	수사학(修辭學)	식물학(植物學)
심리학(心理學)	심미학(審美學)	우생학(優生學)	위생학(衛生學)
윤리학(倫理學)	음성학(音聲學)	이재학(理財學)	인류학(人類學)
재정학(財政學)	정치학(政治學)	지질학(地質學)	통계학(統計學)
해부학(解剖學)	행정학(行政學)		

~함(艦): 해군에 소속되어 있는 배의 의미를 더하는 접미사. 보통은 배수량 500톤 이상의 군함에 붙인다. 일 ~艦(かん kan)

구축함(驅逐艦)	순양함(巡洋艦)	잠수함(潛水艦)	주력함(主力艦)
초계함(哨戒艦)			

~항(~港): '항구'의 뜻을 더하는 접미사. 일 ~港(こう kō)

무역항(貿易港)	부동항(不凍港)	수입항(輸入港)	수출항(輸出港)
신항(新港)	자유항(自由港)		

~형(形): '그런 모양'의 뜻을 더하는 접미사. 일 ~形(けい kei)

개방형(開放形)	과거형(過去形)	기본형(基本形)	나선형(螺旋形)
명령형(命令形)	방사형(放射形)	복합형(複合形)	사각형(四角形)
사역형(使役形)	삼각형(三角形)	원추형(圓錐形)	육각형(六角形)
입체형(立體形)	장방형(長方形)	종지형(終止形)	타원형(橢圓形)
활용형(活用形)			

~형(型): '그러한 유형' 또는 '그러한 형식'의 뜻을 더하는 접미사.

　일　~型(けい/かた kei/kata)

신형(新型)	구형(舊型)	근육형(筋肉型)	유선형(流線型)
이상형(理想型)	자유형(自由型)	최신형(最新型)	표준형(標準型)
혼합형(混合型)			

~화(化): '그렇게 만들거나 됨'의 뜻을 더하는 접미사. 　일　~化(か ka)

객관화(客觀化)	경음화(硬音化)	계열화(系列化)	고급화(高級化)
공식화(公式化)	공업화(工業化)	구조화(構造化)	구체화(具體化)
국유화(國有化)	국제화(國際化)	규격화(規格化)	근대화(近代化)
기계화(機械化)	다원화(多元化)	미화(美化)	백지화(白紙化)
사막화(砂漠化)	서양화(西洋化)	선진화(先進化)	신격화(神格化)
안정화(安定化)	영구화(永久化)	온난화(溫暖化)	우경화(右傾化)
일반화(一般化)	일원화(一元化)	자유화(自由化)	장기화(長期化)
표준화(標準化)	합리화(合理化)	합법화(合法化)	현대화(現代化)
활성화(活性化)	황폐화(荒廢化)		

~화(畵): '그림'의 뜻을 더하는 접미사. 　일　~画(が ga)

나체화(裸體畵)	동양화(東洋畵)	서양화(西洋畵)	수채화(水彩畵)
정물화(靜物畵)	추상화(抽象畵)	풍경화(風景畵)	풍속화(風俗畵)
풍자화(諷刺畵)			

~회(會): ① '단체'의 뜻을 더하는 접미사. ② '모임'의 뜻을 더하는 접미사.

　일　~会(かい kai)

간담회(懇談會)	공진회(共進會)	공청회(公聽會)	독주회(獨奏會)
동창회(同窓會)	동호회(同好會)	망년회(忘年會)	무도회(舞蹈會)
박람회(博覽會)	발표회(發表會)	부인회(婦人會)	송별회(送別會)
시사회(試寫會)	심의회(審議會)	연설회(演說會)	연합회(聯合會)
운동회(運動會)	위원회(委員會)	음악회(音樂會)	전람회(展覽會)

전시회(展示會)　　　좌담회(座談會)　　　청년회(靑年會)　　　후원회(後援會)

※ 2음절 이상 단어가 접미사화 된 것

~주의(主義): 명사 다음에 붙어 굳게 지키는 주장이나 방침을 의미하는 말.

일 ~主義(しゅぎ syugi)

감상주의(感傷主義)	개인주의(個人主義)
계급주의(階級主義)	계몽주의(啓蒙主義)
고전주의(古典主義)	공리주의(功利主義)
공산주의(共産主義)	교조주의(敎條主義)
국수주의(國粹主義)	군국주의(軍國主義)
권위주의(權威主義)	금욕주의(禁慾主義)
급진주의(急進主義)	기회주의(機會主義)
낙천주의(樂天主義)	낭만주의(浪漫主義)
도덕주위(道德主義)	마르쿠스주의(마르쿠스主義)
몬로주의(몬로主義)	무정부주의(無政府主義)
물질주의(物質主義)	민본주의(民本主義)
민족주의(民族主義)	민주주의(民主主義)
박애주의(博愛主義)	방임주의(放任主義)
보수주의(保守主義)	보호주의(保護主義)
보호무역주의(保護貿易主義)	봉건주의(封建主義)
비관주의(悲觀主義)	사대주의(事大主義)
사실주의(寫實主義)	사회주의(社會主義)
상징주의(象徵主義)	쇄국주의(鎖國主義)
수정주의(修正主義)	신비주의(神秘主義)
실용주의(實用主義)	염세주의(厭世主義)
원리주의(原理主義)	유미주의(唯美主義)
의회주의(議會主義)	이기주의(利己主義)
이타주의(利他主義)	인도주의(人道主義)
인상주의(印象主義)	자연주의(自然主義)

자유주의(自由主義)　　　　　자유무역주의(自由貿易主義)

자유방임주의(自由放任主義)　　자본주의(資本主義)

전제주의(專制主義)　　　　　전체주의(全體主義)

전통주의(傳統主義)　　　　　제국주의(帝國主義)

중농주의(重農主義)　　　　　중상주의(重商主義)

진보주의(進步主義)　　　　　쾌락주의(快樂主義)

팽창주의(膨脹主義)　　　　　편의주의(便宜主義)

평등주의(平等主義)　　　　　표현주의(表現主義)

향락주의(享樂主義)　　　　　허무주의(虛無主義)

현실주의(現實主義)　　　　　형식주의(形式主義)

황금만능주의(黃金萬能主義)

~문제(問題): 해결하기에 어렵거나 대응하기 곤란한 일. 또는 그런 대상.

[일] ~問題(もんだい mondai)

가정문제(家庭問題)　　　　　결혼문제(結婚問題)

경제문제(經濟問題)　　　　　공해문제(公害問題)

교육문제(敎育問題)　　　　　교통문제(交通問題)

군축문제(軍縮問題)　　　　　노동문제(勞動問題)

노인문제(老人問題)　　　　　농촌문제(農村問題)

민생문제(民生問題)　　　　　사회문제(社會問題)

생활문제(生活問題)　　　　　성문제(性問題)

소년문제(少年問題)　　　　　시사문제(時事問題)

신앙문제(信仰問題)　　　　　실업문제(失業問題)

육아문제(育兒問題)　　　　　윤리문제(倫理問題)

인구문제(人口問題)　　　　　임금문제(賃金問題)

정치문제(政治問題)

~미만(未滿): 정한 수효나 정도에 차지 못함. [일] ~未滿(みまん miman)

~세 미만　　　~만원 미만

~사회(社會): (대체적으로 그 앞에 수식하는 말과 함께 쓰여)같은 종류의 생물. 또는 생활의 수준이나 직업이 같은 부류의 사람들끼리 이룬 동아리. 일 ~社会(しゃかい shakai)

관료사회(官僚社會)	국제사회(國際社會)
봉건사회(封建社會)	원시사회(原始社會)
인류사회(人類社會)	자본주의사회(資本主義社會)
정보화사회(情報化社會)	

~시대(時代): 특정 일이나 시기에 결부된 한 시기 단어 뒤에 ~시대(時代)가 붙는 우리말. 일 ~時代(じだい zidai)

구석기시대(舊石器時代)	백세시대(百歲時代)
삼국시대(三國時代)	석기시대(石器時代)
선사시대(先史時代)	신석기시대(新石器時代)
암흑시대(暗黑時代)	철기시대(鐵器時代)
청동기시대(靑銅器時代)	황금시대(黃金時代)

~운동(運動): 어떤 목적을 이루려고 힘쓰는 일. 또는 그런 활동. 일 ~運動 (うんどう undō)

갑오동학운동(甲午東學運動)	계몽운동(啓蒙運動)
국민운동(國民運動)	노동운동(勞動運動)
농민운동(農民運動)	농촌운동(農村運動)
독립운동(獨立運動)	문예부흥운동(文藝復興運動)
문자보급운동(文字普及運動)	민족해방운동(民族解放運動)
반대운동(反對運動)	반탁운동(反託運動)
사회운동(社會運動)	석방운동(釋放運動)
선거운동(選擧運動)	신문예운동(新文藝運動)
자력갱생운동(自力更生運動)	지하운동(地下運動)
취직운동(就職運動)	통일운동(統一運動)
학생운동(學生運動)	

~이상(以上): 수량이나 정도가 일정한 기준보다 더 많거나 나음. 일 ~以上
（いじょう izyō）

~세 이상   ~만원 이상

~이하(以下): 량이나 정도가 일정한 기준보다 더 적거나 모자람. 일 ~以下
（いか ika）

~세 이하   ~만원 이하

~증후군(症候群): 몇 가지 증후가 늘 함께 나타나지만, 그 원인이 명확하지 아니하거나 단일하지 아니한 병적인 증상들을 통틀어 이르는 말.
일 ~症候群（しょうこうぐん shōkō-gun）

다운증후군(症候群)   유아급사증후군(症候群)
콩팥증증후군(症候群)   무호흡증후군(症候群)
과민대장증후군(症候群)

~지상주의(至上主義): (일부 명사 뒤에 쓰여)그 명사가 가리키는 것을 가장 으뜸으로 삼는 주의. 일 ~至上主義（しじょうしゅぎ sizyō-shugi）

미모지상주의(至上主義)   민족지상주의(至上主義)
연애지상주의(至上主義)   예술지상주의(至上主義)
출세지상주의(至上主義)

◈ 용례채록 문헌 일람

【데이터베이스 자료】

국가전자도서관(http://www.dlibrary.go.kr/)

국립국어원 표준국어대사전(https://stdict.korean.go.kr/)

국립한글박물관(http://www.hangeul.go.kr/)

국립중앙도서관 신문자료 검색(http://www.nl.go.kr/nl/)

국사편찬위원회 한국사데이터베이스(http://db.history.go.kr/)

국회도서관전자도서관(https://www.nanet.go.kr/)

규장각한국학연구원(http://e-kyujanggak.snu.ac.kr/).

네이버뉴스 라이브러리(newslibrary.naver.com)

동양고전종합DB(http://db.cyberseodang.or.kr/)

연세20세기한국어말뭉치 https://ilis.yonsei.ac.kr/corpus//search/TW

이한섭연구실(한국근대어코퍼스).

21세기세종계획 국립국어원언어정보나눔터(https://ithub.korean.go.kr/).

조선왕조실록 인터넷판(http://sillok.history.go.kr/).

카인즈 언론기사 검색(https://www.bigkinds.or.kr/).

한국역사정보통합시스템(http://www.koreanhistory.or.kr/).

한국고전 종합DB(http://db.itkc.or.kr/).

중국의 주요 코퍼스 모음(http://www.chineselinks.cn/corpus.html)

대만 중앙연구원 漢籍全文資料庫(http://hanchi.ihp.sinica.edu.tw/ihp/hanji.htm)

台湾中央研究院近代史数位資料庫(https://www.sinica.edu.tw/ch)

대만 중앙연구원 近代史数位資料庫(http://mhdb.mh.sinica.edu.tw/)

国立国語研究所 現代日本語書き言葉均衡コーパス(BCCWJ)(일본)
　　　(http://pj.ninjal.ac.jp/corpus_center/bccwj/)

国立国語研究所 近代語のコーパス(일본)
　　　(http://pj.ninjal.ac.jp/corpus_center/cmj/)

国立国語研究所 일본어역사코퍼스(https://ccd.ninjal.ac.jp/chj/)

国文学研究資料館(일본)(https://www.nijl.ac.jp/)

アジア歴史資料センター(일본)(https://www.jacar.go.jp/)

近代史數位資料庫(http://mhdb.mh.sinica.edu.tw/)

【신문류】

《경향신문》 1946.10.6 ~ 현재
대한제국 《관보》 1894.6.21 ~ 1910.8.29
《믹일신문》 1898 ~ 1899
《대한매일신보》 1904.08.16 ~ 1910.7.22
《대한민보》 1909.6.2. ~ 1910.8.31
《독닙신문》 1896.4.7 ~ 1899.12.4
《동아일보》 1920.4.1. ~ 현재
《매일경제》 1966.3.24. ~ 현재
《매일신보》 1910.8.30. ~ 1945.8.14
《조선일보》 1920. 3.5 ~ 현재
《한성순보》 1883.10.1 ~ 1884.12.4
《한성주보》 1886.1.25 ~ 1987.7
《협성회회보》 1898
《황성신문》 1898.9.5 ~ 1910.9.14

【잡지】

《가정잡지》 가정잡지사 1906.6 ~ 198.7
《개벽》 1호~4호 신문관 1920.6 ~ 1926.8, 1934.11 ~ 1935.2
《기호흥학회월보》 제1호~12호 기호흥학회 1908.8.25 ~ 1909.7.25
《녀자지남》 여자교육회 1908
《대동아》 제14권3호~제15권3호 삼천리사 1942.3.1 ~ 1943.3.1
《대동학회월보》 제1호~20호 대동학회 1908.2.25 ~ 1909.9.25
《대조선독립협회회보》 제1호~17호 독립협회 1896.11.30 ~ 1897.8.15
《대한민보》 동문관(대한협회) 1909.6.25 ~ 1910.8.30
《대한유학생회보》 제1호~3호 대한유학생회 1907.3.3 ~ 1907.5.26
《대한자강회월보》 제1호~13호 대한자강회 1906.7.31 ~ 1907.7.25
《대한학회월보》 제1호~제9호 대한학회 1908.2.25 ~ 1908.11.25
《대한협회회보》 제1호~12호 대한협회 1908.4.25 ~ 1909.3.25
《대한흥학보》 제1호~13호 대한흥학회 1909.3.20 ~ 1910.5.20
《동광》 제1호~40호 東光社 1926.5.20 ~ 1933.1.30
《만국부인》 제1호 삼천리사 1932.10.1
《백조》 문화사(文化社) 1922.1 ~ 1923.9

《별곤건》제1호~52호 개벽사 1926.11.1 ~ 1934.6.1
《삼천리》제1호~제14권1호 삼천리사 1929.6.12 ~ 1942.1.1
《삼천리문학》제1집~2집 삼천리사 1938.1.1 ~ 1938.4.1
《서북학회월보》제1호~제19호 서북학회 1908.6.1 ~ 1910.1.1
《서우》제1호~제17호 서북학회 1906.12.1 ~ 1908.5.1
《소년》제1권1호~3권9호 신문관 1908.11 ~ 1910.12
《자선부인회잡지》우문관 1908
《창조》1919년 2월 1일
《친목회회보》대조선인일본유학생친목회 1896.2 ~ 1903.2
《태극학보》제1호~26호 태극학회 1906.8.24 ~ 1908.11.24
《태서문예신보》제1호~제16호 1918.9.16 ~ 1921.2
《호남학보》제1호~9호 호남학회 1908.6.25 ~ 1909.3.25

【종교관련】

《긔히일긔》1905
《성교빅문답》빅요왕(블랑) 역쥰 1884
《성교절요》정약종(아오스딩) 1882년에서 1890년 사이
《시편촬요》알렉산더 피터스 번역 1898
《신약젼셔》민 아오스딩Mutel 감준 대한황성미이미인쇄 1900
《연경좌담(演經坐談)》게일 번역 1923
《예수셩교젼셔》로쓰 문광서원 1887
《쥬년쳠례광익》권이 민 아오스딩 감준 1899
《텬로력뎡》권1 파리동양어학교 소장본 1894
《텬로력뎡》권2 파리동양어학교 소장본 1895
《훈ᄋ진언》메리 스크랜튼 번역 삼문출판사 1894

【일본 법률 번역문】

박승빈역 《言文一致 日本國六法全書 分冊第一 憲法》(新文館, 1908)
박승빈역 《言文一致 日本國六法全書 分冊第三 商法》(新文館, 1908)
박승빈역 《現行 六法全書》(新文館, 1912)
　　　※ 고려대 장경준 교수 입력자료

【신소설】

구연학(번안) 《설중매》 1908

김교제 《목단화(牧丹花)》 광학서포 1911

김교제 《비힝션(飛行船)》 동양서원 1912

김용준 《쌍옥적(雙玉笛)》 보급서관 1911

김용준 《월하가인》 전문서관 1912

김용준 《황금탑》 1912

남관준 《완월루》 유일서관 1912

민준호 《경세종》 동양서원 1912

민준호 《옥호긔연(玉壺奇緣)》 동양서원 1912

민준호 《원앙도(怨鴦圖)》 보급서관 1911

민준호 《재봉춘》 동양서원 1912

민준호 《행락도》 동양서원 1912

민준호 《현미경》 동양서원 1912

민준호 《홍도화》 동양서원 1912

민준호 《화중화》 동양서원 1912

박이양 《명월정》 유일서관 1912

엣디워쓰/최창선 《만인계》 신문관 1912

육정수 《송뢰금(松籟琴)》 1908

이해조 《구의산(九疑山)》 신구서림 1908

이해조 《철세계》 회동서관 1908

이해조 《추풍감수록》 동양서원 1912

이해조 《화의 혈》 매일신문연재

최병헌 《성산명경》 1914

현공렴 《동각한매》 경성1911

현공염 《죽서루(竹西樓)》 1911

【소설】

강경애 《소금》 1934

강경애 《인간문제》 1934

계용묵 《백치 아다다》 1946

구연학 《설중매》 1908

김남천 《경영》 1940

김남천 《공장신문》 1931

김남천 《남매》 1937

김남천 《대하》 1939

김남천 《맥(麥)》 1941

김남천 《물》 1933

김남천 《처를 때리고》 1937　김동인 《감자》 1939

김동인 《광염 소나타》 1929　김동인 《광화사》 1935

김동인 《김연실전》 1939　김동인 《반역자》 1946

김동인 《발가락이 닮았다》 1932

김동인 《배따라기》 1939　김사량 《낙조》 1940

김사량 《유치장에서 만난 사나이》 1941

김사량 《지기미》 1941　김유정 《금따는 콩밭》 1935

김유정 《노다지》 1935　김유정 《두꺼비》 1933

김유정 《따라지》 1937　김유정 《땡볕》 1937

김유정 《만무방》 1935　김유정 《동백꽃》 1936

김유정 《따라지》 1936　김유정 《봄봄》 1935

김유정 《산골》 1935　김유정 《소낙비》 1935

김유정 《안해》 1935　나도향 《물레방아》 1925

나도향 《벙어리 삼룡》 1925　나도향 《뽕(桑葉)》 1925

나도향 《여이발사》 1923　나도향 《옛날의 꿈은 창백하더이다》 1922

나도향 《지형근》 1926　나도향 《핼랑자식》 1923

나도향 《뽕》 1925　나도향 《벙어리 삼룡이》 1925

박노갑 《사십년》 1940　송영 《군중정류(群衆停留)》 1927

송영 《늘어가는 무리》 1925　송영 《석공조합 대표》 1927

송영 《아버지》 1936　신채호 《꿈하늘》 1916

심훈 《상록수》 1935　심훈 《영원의 미소》 1935

안국선 《금수회의록》 1908　엄흥섭 《무정》 1917

엄흥섭 《안개속의 춘삼이》 1934

엄흥섭 《숭어》 1935　엄흥섭 《번견 탈출기》 1935

엄흥섭 《길》 1937　이광수 《흙》 1932-33

이근영 《고향 사람들》 1936　이근영 《과자상자》 1936

이근영 《농우》 1936　이근영 《당산제》 1939

이근영 《탁류 속을가는 박교수》

이인직 《귀(鬼)의성(聲)》 1908　이인직 《은세계》 1913

이인직 《혈의누》 1906　이태준 《까마귀》 1936

이태준 《그림자》 1929　이태준 《농토》 1947

이태준 《달밤》 1933　이태준 《돌다리》 1943

이태준 《밤길》 1940　이태준 《복덕방》 1937

이해조 《구마검》 1908　이효석 《도시와 유령》 1928

이효석 《돈(豚)》 1933　　　　이효석 《들》 1936
이효석 《분녀(粉女)》 1936　　이효석 《모밀꽃 필 무렵》 1936
이효석 《성화(聖畵)》 1935　　이효석 《수탁》 1933
이효석 《낙엽을 태우며》 1938 이효석 《모밀꽃 필 무렵》 1936
이효석 《청포도의 사상(靑葡萄의思想)》 1941
조명희 《R군에게》 1925　　　조명희 《낙동강》 1927
조명희 《농촌 사람들》 1925　조명희 《땅속으로》 1925
조명희 《저기압》 1926　　　　주요섭 《개밥》 1927
주요섭 《인력거군》 1925　　　주요섭 《치운 밤》 1925
주요섭 《열줌의 흙》 1927　　　주요섭 《아네모네의 마담》 1936
주요섭 《사랑방 손님과 어머니》 1935
지하련 《결별》 1940　　　　　지하련 《도정》 1946
채만식 《냉동어》 1940　　　　채만식 《논 이야기》 1946
채만식 《레듸 메일 인생》 1943
채만식 《미스터 방》 1946　　　채만식 《민족의 죄인》 1948
채만식 《천하태평춘》 1938　　채만식 《치숙》 1938
최서해 《고국》 1924　　　　　최서해 《기아와 살육》 1925
최서해 《박돌의 죽음》 1925　최서해 《전아사》 1927
최서해 《큰물 진 뒤》 1925　　최서해 《탈출기》 1925
최서해 《홍염(紅焰)》 1927　　한설야 《과도기》 1929
한설야 《부역》 1937　　　　　한설야 《산촌》 1938
한설야 《탑》 1940　　　　　　한설야 《홍수》 1936
한설야 《황혼》 1936　　　　　한설야 《이녕》 1939
현경준 《귀향》 1935　　　　　현경준 《군맹(群盲)》 1940
현덕 《남생이》 1938　　　　　현진건 《B사감과 러브레터》 1925
현진건 《고향》 1926　　　　　현진건 《무영탑(無影塔)》 1938
현진건 《불》 1925　　　　　　현진건 《빈처》 1921
현진건 《운수좋은 날》 1924　홍명희 《임꺽정》 1928

【사전류】

《광재물보》 조선말기?
게일(Gale, J.S) 《한영자전》 3판 조선야소교서회(경성) 1931
게일(Gale, J.S) 《한영자전》 재판 The Fukuin printing co. LTD(요코하마) 1911

게일(Gale, J.S)《한영자전》초판 kelly & walsh(요코하마) 1897

문세영《수정증보 조선어사전》영창서관 1942

문세영《조선어사전》박문서관 1938

심의린《보통학교조선어사전》이문당 1925

언더우드《한영자전》1980

이종극《鮮和兩引 모던조선외래어사전》한성도서주식회사 1936

이준영, 정현, 이기영, 이명선, 강진희 외《국한회어》1895

조선총독부《조선사서원고》조선총독부 1918

조선총독부《조선어사전》조선총독부 1920

청년조선사편《신어사전》청년조선사 1934

최록동편《현대신어석의》1922.12

파리외방선교회한국선교사회《한불자전》(DICTIONNAIRE COREEN-FRAN&AIS)
        요코하마 1880

【그밖의 자료】

《국문정리》리봉운 1897

《국민소학독본》학부(아세아문화사 영인본) 1895

《독습일어정칙》정운복, 광학서포 1907

《라빈손표류기》김찬 의진사 1908.9

《로빈슨표류기》(절세기담 라빈손표류기) 의진사 1908년 9월

《만국사물기원역사》장지연 아세아문화사영인 1978

《법규류편》내각기록과 1908.5

《ᄉ민필지》헐버트 1889

《서유견문》유길준 교순사(동경) 1895

《신정심상소학》학부(아세아문화사 영인본) 1896

《유옥역젼》저자미상(이동 필사) 1885

《이언(易言)》(언해본) 사역원 1885 이전

《자조론》上巻(사뮤엘 스마일쓰 저,최남선 訳) 1918

《잠상집요》(필사본 서울대 도서관본) 1886

《조선책략》황준헌원저(조일문역주) 건국대출판부 1977

《주시경선생유고》민속원 1998.7

《증남포목포각국죠계쟝졍》1897년

《최신 경제학》박승희 주정균 1908.5

◈ 참고문헌

【단행본】

강신항(1991)《현대 국어 어휘사용의 양상》태학사

국립국어원(1992, 1997, 2003)《국어순화자료집》

국립국어원(2003)《국어순화자료집 합본》

국립국어원(2015)《국어순화자료집 합본 연극영화용어》휴먼컬처아리랑

국회도서관 입법조사국(1965)《舊韓末條約 彙纂》국회도서관

권보드래(2000)《한국 근대소설의 기원》소명출판

권용립(2015)《한국 개념사총서 10 보수》소화

김경일(2015)《한국 개념사총서 9 문명》소화

김용구(2008)《한국 개념사총서 1 만국공법》소화

김창규(2002)《일본 식민문화가 남긴 찌꺼기말》국학자료원

김형철(1997)《개화기 국어연구》경남대학교출판부

김효전(2009)《한국 개념사총서 3 헌법》소화

노대환(2010)《한국 개념사총서 6 노동》소화

미야지마 히로시 배항섭 이경구(2017)《19세기 동아시아를 읽는 눈》너머북스

박근갑(2015)《개념사의 지평과 전망》소화

박명규(2009)《한국 개념사총서 2 국가 주권》소화

박상섭(2015)《한국 개념가총서 9 노동》소화

박영섭(1994-1997)《개화기 국어 어휘 자료집》1-5, 박이정

박영섭(1995)《국어한자어휘론》도서출판 박이정

박용찬(2005)《일본어투용어순화자료집》국립국어원

박찬승(2010)《한국 개념사총서 5 민족 민족주의》소화

박형익(2004)《한국의 사전과 사전학》도서출판 월인

서상규외(2016)《근대기 동아시아의 언어교섭》한국문화사

송철의외(2006)《일제 식민지 시기의 어휘 -어휘를 통해 본 문물의 수용 양상》
　　　　(한국학공동연구총서11) 서울대한국문화연구소

송철의외(2008)《한국 근대초기의 어휘》(한국학공동연구총서9) 서울대한국문화연
　　　　구소

신중진(2007)《개화기 국어의 명사 어휘 연구》태학사

심재기(1982)《국어어휘론》집문당

조세용(1991)《한자어계 귀화어 연구》고려대민족문화연구소

윤임술 편(1983)《한국신문백년지》한국언론연구원

이경구외(1912)《개념의 번역과 창조 -개념 사로 본 동아시아 근대》돌베개

이광린(1974)《한국개화사연구》일조각

이경구 외(2012)《개념의 번역과 창조》돌벼개

이기문(1970)《개화기의 국문연구》한국문화연구소

이기문외(1893)《한국 어문의 제문제》일지사

이병근외(2003)《한국 근대 초기의 언어와 문학》서울대한국문화연구소

이보경(2003)《근대어의 탄생(문학의 기본개념 2)》연세대학교출판부

이삼성(2014)《한국 개념사총서 8 제국》소화

이오덕(1992)《우리글바로쓰기1》한길사

이오덕(1992)《우리글바로쓰기2》한길사

이오덕(1992)《우리글바로쓰기3》한길사

이오덕(1999)《우리글바로쓰기4》한길사

이오덕(1999)《우리글바로쓰기5》한길사

이은정(1996)《국어순화 용어집》백산출판사

이응호(1974)《미 군정기의 한글운동사》성청사

이응호(1975)《개화기의 한글운동사》성청사

이한섭(2010)《근대한어연구문헌목록》동경당

이한섭외역(2012)《근대중일어휘교류사》고려대출판부

이한섭(2014)《일본어에서 온 우리말 사전》고려대출판연구원

이헌창(2015)《한국 개념사 총서 11 경제 경제학》소화

이화여대 한국문화연구원(2004)《근대계몽기 지식개념의 수용과 그 변용》소명출판

이화여대 한국문화연구원(2006)《근대계몽기 지식의 발견과 사유 지평의 확대》소명
출판

이화여대 한국문화연구원(2007)《근대계몽기 지식의 굴절과 현실적 심화》소명출판

장지연(1909)《만국사물기원역사》황성신문사

정진석외(2011)《제국의 항혼 대한제국 최후의 1년》21세기북스

차배근(2000)《개화기 일본유학생들의 언론출판활동연구 1984-1898》서울대출판부

최원식(2012)《한국 개념사총서 7 문학》소화

한국정신문화연구원(1979)《국어의 순화와 교육》

한글학회(1984)《쉬운말 사전》한글학회

한림과학원(2010)《동아시아 개년연구 기초문헌해제》한림과학원

한림대학교한림과학원편(1913)《두 시점의 개념사》푸른역사

황대권(2007)《빠꾸와 오라이》오두막

황호덕 이상현공저(2012)《개념과 역사 근대 한국의 이중어사전1》박문사

황호덕 이상현공저(2012)《개념과 역사 근대 한국의 이중어사전2》박문사

相原林司(1982)《漢語のすすめ》有斐閣

荒川清秀(1997)《近代日中学術用語の形成と伝播》白帝社

石剛(2005)《日本の植民地言語政策研究》明石書店

石野博史(1983)《現代外来考》大修館書店

石綿敏雄著(1983)《外来語と英語の谷間》秋山書店

一海知義(1981)《漢語の知識》岩波書店

稲葉継雄(1997)《旧韓末「日語学校」の研究》(九州大学出版会)

稲垣吉彦・吉沢典男(1985)《昭和のことば史60年》講談社

内田慶市・沈国威(2007)《19世紀中国語の諸相》雄松堂出版

楳垣實(1963)《日本外來語の研究》東京研究社出版

大久保利謙編(1960)《西周全集》1-4, 宗高書房

小川鼎三(1983)《医學用語の起り》東京書籍

沖森卓也 阿久津智(2015)《ことばの借用》朝倉書店

上垣外憲一(1982)《日本留学と革命運動》東京大学出版会

亀井俊介(1994)《近代日本の翻訳文化》中央公論社

紀田順一郎(1992)《近代事物起源事典》東京堂

木村秀次(2013)《近代文明と漢語》おうふう

近代語研究会編《日本近代語研究》4, ひつじ書房

小森陽一(2000)《日本の近代》岩波書店

小安宣邦(2003)《漢字論》岩波書店

齋藤靜(1967)《日本語に及ぼしたオランダ語の影響》篠崎書林

齊藤毅(1977)《明治のことば》講談社

佐藤喜代治外編《講座日本語の語彙9~11 語誌Ⅰ, Ⅱ, Ⅲ》明治書院

佐藤喜代治(1971)《國語語彙の歴史的研究》明治書院

佐藤喜代治(1979)《日本の漢語》角川書店

佐藤享(1980)《近世語彙の歴史的研究》櫻楓社

佐藤享(1983)《近世語彙の研究》櫻楓社

佐藤享(1986)《幕末・明治初期語彙の研究》櫻楓社

さねとうけいしゅう(1970)《中國人日本留學史增補版》くろしお出版社

下谷正弘(2014)《経済学用語考》日本経済評論社

進藤咲子(1981)《明治時代語の研究》明治書院

新村出(1966)《外来語の話》教育出版

杉本つとむ(1960)《近代日本語の成立》櫻楓社

鈴木修次(1981)《文明のことば》廣島文化評論出版社

鈴木修次(1978)《漢語と日本人》みすず書房

鈴木修次(1981)《日本漢語と中国》中央公論社

鈴木貞美(1998)《日本の「文学」概念》作品社

鈴木貞美・劉建輝編(2009)《東アジア近代における概念と知の再編成》国際日本夕
　　文化研究センター

惣郷正明(1982)《辭書とことば》南雲堂

惣郷正明(1988)《日本語開化物語》朝日選書

惣郷正明・飛田良文(1889)《明治ことばの辞典》東京堂出版

高野繁男・日向敏彦監修(1998)《明六雑誌　語彙総索引》大空社

高野繁男(2004)《近代漢語の研究》明治書院

高野繁男(2004)《明六雑誌とその周辺 -西洋文化の受容・思想と言語》神奈川大学人
　　文学研究所

田中章夫(2000)《近代日本語の語彙と語法》東京堂出版

多仁安代(2000)《大東亜共栄圏と日本語》劉草書房

千葉謙悟(2010)《中国語における東西言語文化交流-近代翻訳語の創造と伝播》三
　　省堂

槌田満文(1983)《明治大正の新語・流行語》角川書店

永嶋大典(1970)《蘭和・英和辭書發達史》ゆまに書房

野村雅昭(1988)《漢字の未來》筑摩書房

野村雅昭(2013)《現代日本漢語の探求》東京堂

飛田良文(1981)《英米外来語の世界》南雲堂

飛田良文(2002)《明治生まれの日本語》淡交社

廣田榮太郎(1969)《近代譯語考》東京堂出版

穂積陳重(1980)《法窓夜話》岩波書店

前田富祺(1985)《國語語彙研究》明治書院

松井利彦(1990)《近代漢語辞書の成立と展開》笠間書院

丸山眞男(1998)《翻訳と日本の近代》岩波書店

宮田和子(2010)《英華辞典の総合的研究》白帝社

森岡健二(1969)《近代語の成立 明治期語彙編》明治書院

安田敏朗(1998)《植民地のなかの「国語学」》三元社

柳父章(1982)《翻譯語成立事情》岩波書店

山田孝雄(1940)《國語の中に於ける漢語の研究》宝文館

横佩道彦(1982)《和製英語を正す》朝日イブニングニュウース社

吉川ちかし他(2007)《台湾·韓国·沖縄で日本語は何をしたか》三元社

吉沢典男·石綿敏雄(1979)《外来語の語原》角川書店

吉田裕清(2004)《翻訳語としての日本の法律用語》中央大学出版部

米川明彦(1989)《新語と流行語》南雲堂

渡辺万藏(1930)《現行法律語の史的考察》万里閣書房

高名凱·劉正埮(1958)《現代漢語外來詞研究》文字改革出版社

孫建軍(2015)《近代日本語の起源》早稲田大学出版部

沈国威·内田慶市編著(2002)《智環啓蒙塾課初歩の研究》関西大学出版部

沈国威(2008)《近代日中語彙交流史》笠間書院

陸志韋(1957)《漢語的構詞法》科學出版社

潘允中(1989)《漢語詞彙史概要》上海古籍出版社

史有爲(1991)《異文化的使者 -外來詞》吉林教育出版社

史存直(1989)《漢語詞彙史綱要》華東師範犬學出版社

孫江 劉建輝(2014)《東アジアにおける近代知の空間の形成》東方書店

孫常叙(1957)《漢語詞彙》吉林人民出版社

沈國威 内田慶市(2016)《東 アジア言語接觸の研究》関西大学出版部

王力(1958)《漢語史稿 上 中 下》北京科學出版社

王力(1944~45)《中國語法理論上,下》商務印書館

王曉平(1987)《近代中日文學交流史稿》中華書房

鐘叔河(1985)《走向世界─近代知識人考察世界の歷史》中華書局

朱京偉(2003)《近代日中新語の創出と交流》白帝社

陳力衛(2001)《和製漢語の形成とその展開》汲古書院

陳力衛(2019)《近代知の翻訳と伝播 ― 漢語を媒介に》三省堂

馮天喩(2004)《新语探源》中华书局

馮天喩他(2007)《语义的文化变迁》武汉大学出版社

《六合叢談》墨海書館(上海) 1857.1.26. ~ 1858.6.11

《萬國公法》崇實館(京都) 1864

《西學略述》艾約瑟 質學會 1897

《飲冰室合集》梁啓超 中華書局 1989

《海國圖志》魏源 岳麓書社 1998

《瀛環志略》徐継畬 1849

《淸議報》梁啓超 中華書局 1898.12 ~ 1901.2

리디아리우지음(민정기옮김)(2005)《언어의 횡단적 실천- 문학 민족문화 그리고 번역
　　된 근대성 중국 1900~1930》소명출판
페데리코마시니(이정재역)(2005)《근대중국의 언어와 역사(The Formation Modern
　　Chinese Lexicon and Its Evolution Toward a Lational Language: The Period
　　from 1840 to 1898)》소명출판

【논문】

강석우(2005)「한국 사회속의 일본어계 어휘의 사용동향」《일본문화학보》27, 한국
　　일본문화학회
김성은(2012)「한일 근대어 성립과 번역: 종교소설 천로역정 번역을 중심으로」《일본
　　학보》93, 한국일본학회
김어짐(2003)「한국의 조약개념 도입:전권위임과 비준」《서울국제법연구》10-2, 서
　　울국제법연구원, pp.93-113
김영희외(2011)「독립신문 논설의 언론 관련 개념 분석: 독립신문 코퍼스 활용 사례연
　　구」《한국언론학보》55-5, 한국언론학회
김지연(2005)「大韓帝国 官報에 나타나는 日本式 漢字語에 대하여」《일본문화학보》
　　26, 일본문화학회
김혜연(2008)「개화기 영어 어휘의 차용과 번역의 문제에 대한의미론적 고찰과 분석」
　　《언어》33-3, 한국언어학회
민현식(2007)「개화기 한글본(《이언(易言)》)에 대한 국어학적 연구」《국어학》49,
　　국어학회
민현식(2008)「19세기 국어에 대한 종합적 검토」《국어국문학》149, 국어국문학회
박기영(2012)「開化期 遞信 語彙에 대한 一考察: 우편 관련 어휘를 중심으로」《국어
　　학》63, 국어학회
박기영(2013)「開化期 電報 관련 어휘에 대한 일고찰」《어문론집》53, 중앙어문학회
박명규(2011)「구한말 정치변동과 시민 개념의 수용」《국민 인민 시민》(한국 개념사
　　총서), 도서출판소화
박상진(2011)「1920~1930년대 대중잡지의 어휘소개에 대하여:현황과 명칭의 검토를
　　중심으로」《한국학연구》38, 고려대한국학연구소
백남덕(2013)「《大韓留学生会学報》に出現する日本漢字語の研究: 明治新漢語を
　　中心に」《일본어문학》59, 한국일본어문학회
송기중(1998) 語彙 生成의 특수한 類型「漢字借用語」,《國語語彙의 基盤과 歷史》
　　태학사

송기중(2006)「東洋三国漢字語彙鳥瞰」《国語学会共同討論会発표다論文》국어학회

송민(1988)「日本修信使의 新文明語彙의 接触」《어문학론총》7, 국민대어문연구소

송민(1992)「개화기의 어휘개신에 대하여」《어문학논총》11, 국민대어문학연구소

송민(2001)「「寫眞」과 「活動寫眞」「映畵」」《새국어생활》11-2, 국립국어연구원

송민(2001)「'열대·온대·냉대'의 출현」《새국어생활》11-4, 국립국어연구원

송민(2001)「自由의의미 확대」《새국어생활》11-1, 국립국어연구원

송민(2001)「합중국」과 「공화국」《새국어생활》11-3, 국립국어연구원

송민(2001) 開化期의 신생 한자어 연구 1,《어문학논총》20, 국민대어문학연구소

송민(2002)「병원」의 성립과 정착《새국어생활》12-1, 국립국어연구원

양세욱(2009)「근대 번역어와 중국어 어휘체계의 혁신」《코기토》6, 부산대학 교 인문학연구소

이병기(2010)「《易言》을 前後한 '기계'화 '제조'의 어휘사」《국어국문학》156, 국어국 문학회

이상오(1985)「韓末開化期의 日本人의 關心語彙와 語句에 대하여」《인문연구》74, 영남대인문과학연구소

이연숙(2005)「[근대어의 탄생] 일본에서의 언문일치」《역사비평》70, 역사비평사

이운영(2002)《표준국어대사전 분석 연구》국립국어연구원

이한섭(1985)「《西遊見聞》의 漢字語에 대하여 -日本에서 들어온 語를 中心으로-」《國語學》141, 國語學會(日本)

이한섭(2003)「近代에 있어서의 日韓両語의 接触과 受容에 대하여」,《國語學》54-3, 國語學會(日本)

이한섭(2010)「개화기 일본 신문명 어휘의 도입에 대하여」《일본학연구》25, 단국대 일본학연구소

이한섭(2011)「漢字文化圏에 있어서의 近代語彙의 伝播의 一例」,《ことばに向かう日 本の学知》ひつじ書房

장경준(2020)「학범 박승빈의『언문일치 일본국육법전서』(1908)에 대하여(1908)에 대하여」《한국어학》89(한국어학회)

장유정(2011)「양탕국에서 커피믹스까지-한국 커피의 작은 역사」《한국사연구휘보》 제153호(2011년 여름호)

한기형(2005)「한국 근대어의 탄생근대어의 형성과 매체의 언어전략-언어·매체·식 민체제·근대문학의 상관성」《역사비평》71, 역사비평사

한영균(2009)「文體 現代性 判別의 語彙的 準據와 그 變化: 1890년대~1930년 대 논설문의 한자어 사용 양상을 중심으로」《구결연구》23, 구결학회

한중선(2000)「日帝植民地時代 日本語敎科書 語彙硏究」《일본어문학》8, 한국 일본

어문학회

황호덕(2010)「번역가의 원손, 이중어사전의 통국가적 생산과 유통: 언어정리 사업으로 본 근대 한국(어문)학의 생성」《상허학보》28, 상허학회

황호덕(2010)「근대 한어(漢語)와 모던 신어(新語), 개념으로 본 한중일 근대어의 재편:《모던조선외래어사전》(1937), 공유의 임계 혹은 시작」《상허학보》30, 상허학회

今野真二(2013)「明治期の漢語理解」《国文学研究》170, 早稲田大学国文学会, 1913.6

青木次彦(1975)「図書館考」《文化學年報》23-24, 神戸大学大学院文化学研究科

淺野敏彦(1987)「貿易と交易-明治初期における漢語の革新」《大阪成蹊女子短大 研究紀要》24, 大阪成蹊女子短大

天沼寧(1988)「ビール: 麥酒」《大妻女子大學文學部紀要》19, 大妻女子大學文學 部

飯嶋一泰(1987)「語彙借用の分類および術語について」《言語文化》42

一橋大学大野透(1984)「「翻譯」考」《國語學》139, 国語学会(日本)

小野厚夫(1991)「明治期における情報と状報」《全国大会講演論文集》第42回, 情報處理學會, 1991.2

梶原滉太郎(1976)「譯語の歴史についての一試論-自然科學用語を中心として」《言語生活》384, 筑摩書房

梶原滉太郎(1993)「「温度計」の語史: 近代漢語(Aタイプ)の変遷と定着」《研究 報告集》14, 国立国語研究所, 1993.3

柏谷嘉弘(1982)「漢語の変遷」《講座日本語學4》明治書院

加納千惠子(1990)「漢字の接辞的用法に關する一考察(2)-「化」の品詞轉換機能について」《文芸言語研究 言語編》18, 筑波大学文藝·言語学系

樺島忠夫(1977)「漢字の造語力」《言語》vol.6, 大修館書店

菊池ゆき子(2016)「近代訳語「恋愛」の成立とその意味の普及」《東アジア言語接触の研究》関西大学東西学術研究所

工藤力男(2012)「字音接辞〈化〉の論」《成城国文学》28, 成城大学

熊谷明泰(2011)「同一形態漢字語における中国朝鮮語に対する漢語の意味干渉の事例」《関西大学人権問題研究室紀要》61, 関西大学人権問題研究室. 1911.3

古藤友子(1988)「近代の日本語と中國語における「-的」について-章炳麟譯《社會學》にみる」《姫路獨協大學外國語學部紀要第1号》, 姫路獨協大學外國語學部

坂根慶子(1988)「「新漢語」成立事情」《東海大学紀要留學生センター》8, 東海 大学

坂根慶子(1989)「中国語の中の「新漢語」」《東海大学紀要》9, 東海大学紀要. 留学生教育センター, 1989

佐々木正昭(1980)「「情操」という用語の起源と定着過程についての考察」《大谷 學報》60-2, 大谷学会

佐藤享(1976)「近世漢語についての一考察-「治療」「医療」をめぐって」《國語 學》106, 国語学会(日本)

佐藤享(1979)「譯語「病院」の成立 -その背景と定着過程」《國語學》118, 国語学会(日本)

佐藤享(1976)「近世漢語についての一考察-「治療」「医療」をめぐって」《國語學》106, 国語学会(日本)

佐藤喜代治(1971)「近代の語彙」《講座國語史 3 語彙史》大修館

佐藤喜代治(1982)「和製漢語の歴史」《講座日本語學4》明治書院

杉本つとむ(1961)「近代日本語の成立-洋學との關連において」《國語學》46, 国語学会(日本)

鈴木英夫(1980)「新漢語の造出と享受」《國語と國文學》57-4, 東京大学国語国文学会

鈴木博(1986)「「病院」は和製漢語か」《廣大國文學攷》86号, 広島大国語国文学会

鈴木修次(1983)「嚴復の譯語と日本の「新漢語」」《國語學》132, 国語学会(日本)

鈴木修次(1981)《文明のことば》廣島文化評論出版社

鈴木修次(1981)《日本漢語と中國漢字文化圏の近代化》, 中央公論社

鈴木英夫(1978)「幕末明治期における新漢語の造語法」《國語と國文學》55-5, 東京大学国語国文学会

鈴木英夫(1980)「新漢語の造出と享受」《國語と國文學》57-4, 東京大学国語国文学会

高野繁男(1983)「医學用語における語基と基本漢字《医語類聚》の譯語」《人文學研究所報》17, 神奈川大学人文学研究所

高野繁男(1983)「影響(感化)」《講座日本語の語彙》9, 明治書院

高野繁男(2004)《哲学字彙》の和製漢語: その語基の生成法・造語法」人文学研究所報 37, 神奈川大学人文学研究所

田中牧郎(2005)「「敏感」の誕生と定着―《太陽》コーパスを用いて―」《日本近 代語研究》4(飛田良文博士古稀記念), ひつじ書房

田中牧郎(2011)「近代漢語の定着―《太陽コーパス》を見る」《文学》12-3, 岩波書店

田野村忠温(2021)「音訳語「珈琲」の歴史」《阪大日本語研究》33, 大阪大学文学部

藤堂明保(1968)「日本語と漢語」《中國文化叢書10》大修館書店

西尾寅弥(1976)「造語法と略語法」《日本語講座4》大修館書店

日向敏彦(1985)「漢語サ変動詞の構造」《上智大學國文學論集》18, 上智大學國文 學会

平岡伴一(1935)「工作に關する追って書き」《外來語研究》vol.3-2, 外來語研究會 編

平岡伴一(1935)「工作"といふ流行語」《外來語研究》vol.3-1, 外來語研究會編

平林文雄(1980)「「美術」から「芸術」へ、並に「美學」の成立-語誌研究ノート(一)」《群馬縣立女子大國文研究》1, 群馬縣立女子大学

平林文雄(1983)「「國家」・「想像」、そして「文脈」-語史研究ノート(二)《群馬縣立女子大國文學研究(三)》, 群馬縣立女子大学

古田東朔(1963)「幕末・明治初期の譯語-《民間格致問答》を中心として-」《國語學》53, 国語学会(日本)

古田裕清(2004)《翻訳語としての日本の法律用語》中央大学出版部、171-185.

前田均(1984)「「同文」考-日中同形漢字熟語研究のために-」《山辺道》28, 天理大学国文学会

松井利彦(1983)「近代日本漢語と漢譯書の漢語」《廣島女子大學文學部紀要》18, 広島大学大学院文学研究科

松井利彦(1981)「幕末の譯語辭書」《國語語彙史の研究2》和泉書院

松田裕(1982)「宛字「基督」考」《國語學》131, 国語学会(日本)

宮島達夫(1967)「近代語いの形成」《ことばの研究 3》国立国語研究所

森岡健二(1969)「譯語の方法」《言語生活》99, 筑摩書房

森正俊(1934)「演説の語原」《外來語研究》vol. 2-1, 外來語研究會編

森正俊(1934)「倶樂部」《外來語研究》vol. 2-1, 外來語研究會編

森正俊(1934)「支那語に入った日本語」《外來語研究》vol.2-3, 4,外來語研究會 編

森正俊(1934)「虎列剌」《外來語研究》vol.2-1, 外來語研究會編

森正俊(1935)「支那辭典に出た日本語と日本字」《外來語研究》vol.3-1, 外來語研究會編

山内育男(1985)「「愛國」という語」《參考書誌研究》31, 国立国会図書館

山下喜代(2015)「漢語接尾辞「系・派」について: 人物を表す派生語の分析を中心にして」《青山語文》45, 青山学院大学日本文学会, 2015.3

湯淺茂雄(1984)「「工學字彙」の譯語とその造語要素の性格-明治期の學術用語の造語法(一)《ノートルダム清心女子大學紀要國語國文學》9-1,ノートルダム清心女子大學紀

郭玉傑(2002)「中日同形の漢語」《福井工業大学研究紀要》32, 福井工業大学, 2002.3

仇子揚(2017)「漢籍語「爆撃」の語誌変遷について:「爆発」、「炸裂」から「爆弾攻撃」への転用経緯《東アジア文化交渉研究》10, 関西大学大学院東アジア文化研究科, 2017.3

譚汝謙(1977)「近代中日文化關係的鱗爪-日語外來詞的搜集和介認問題商權」《香港留日學生會年報3》, 香港留日學生會

趙麗君(2013)「漢語接尾辞「-化」の成立と展開」《岡山大学大学院社会文化科学 研

究科紀要》35, 岡山大学大学院社会文化科学研究科,1913.3

孫建軍(1999)「アメリカの漢字表記「米国」の成立をめぐって」《アジア文化研究》
　　25, 国際基督教大学, 143-167

孫建軍(2005)「西洋人宣教師の造った新漢語と造語の限界-19世紀中頃までの漢 訳
　　洋書を中心に」《日本研究》30, 国際日本文化研究センター, 2005.3

潘鶴渓(2014)「ヒトを表す派生語の漢語接尾辞について:「家」「者」「師」「士」を中
　　心に」《日本語と日本語教育》42, 慶應義塾大学日本語・日本文化教育セン
　　ター, 2014.3

沈国威(1983)「新名詞」について」《日本語論纂2》國際交流基金

沈国威(1988)「近代における日中語彙交渉の一類型-「關係」について」《國語語 彙
　　史の研究 9》和泉書院

沈國威(1993)「現代の中國語における日本製漢語」《日本語學》vol.12-7, 明治書院

沈國威(2009)「西洋人记录的世纪之交的新汉语」《関西大学東西学術研究所紀要》
　　42, 関西大学東西学術研究所

張麗華(2009)「近代新漢語「図書館」の中国語への移入と定着について」《關西大學
　　中國文學會紀要》3, 關西大學中國文學會, 2009.3

余又蓀(1934)「西周之生涯与思想」《國聞週報》11卷7期

余又蓀(1934)「日文之慶徳哲學譯著」《國聞週報》11卷4期

余又蓀(1935)「日譯學術名詞沿革」《文化与教育旬間》69, 70

王立達(1958a)「現代漢語中從日語借來的詞彙」《中國語文》68期

王立達(1958b)「從構詞法上弁別不了日籍借詞」《中國語文》75期

王燦娟(1913)「日本語における中国西学からの借用語について:その判定基準と分類
　　方法を中心に」《芸術工学研究》19, 九州大学大学院芸術工学研究院, 1913.10

張応徳(1958)「現代漢語中能有這麼多日語借詞嗎」《中國語文》72期

張厚泉(2016)「七曜日における伝統から近代への軌跡」《東アジア言語接触の研
　　究》関西大学出版部

鄭奠(1958)「談現代漢語中的日語詞彙」《中國語文》68期

陳力衛(2011)「近代中日概念的形成及其相互影響」《東亞觀念史集刊》第1期, 東亞觀
　　念史集刊編輯委員會

陳力衛(2012)「和製漢語と中国語」《お茶の水女子大学比較日本学教育研究セン
　　ター研究年報》8, お茶の水女子大学比較日本学教育研究センター研究年報,
　　2012.3

陳力衛(2013)「「主義」の流布と中国的受容: 社会主義・共産主義・帝国主義を中心
　　に」《成城大學經濟研究》199, 成城大学, 31-58

陳力衛(2015)「優勝劣敗, 適者生存」: 進化論の中国流布に寄与する日本漢語《成城大学経済研究》210, 2015.12

陳贇(2012)「民度: 和製漢語としての可能性」《関西大学東西学術研究所紀要》45, 関西大学東西学術研究所, 2012.4

秦春芳(2010)《実学報》に見える近代中国語の日本漢字語借用」《国文学攷》205広島大学国語国文学会, 1-13

胡琪(2013)「中国語における日本語借用語の流入と受容: 「服務」という言葉を中心に」《北海道大学大学院文学研究科研究論集》13,北海道大学大学院文学研究科, 2013

何宝年(2012)「中日同形語の語義相違の要因」《JSL漢字学習研究会誌》4, 南京師範大学外国語学院, 2012

顧令儀(2013)「日中同形語―その学習着眼点と教授法―」《日中語彙研究》2, 愛知大学中日大辞典編纂所, 2013.3

沈国威(2008)「中国における近代知の受容と日本」《漢字文化圏諸言語の近代 語彙の形成-創出と共有》関西大学出版, 1~40.

沈国威(1993)「現代中国語における日本製漢語」《日本語学》1993年12月号

陶芸(2006)「日中同形語「審判」「裁判」の語史の考察《言語文化研究(5)》聖徳大学大学院言語文化学会 37-49.

陳仲鵬(2009)「日本語と中国語の同形語〈先生〉について―マインドマップ調査による意味機能分析―」《山口国文》第32号 山口大学人文学部国語国文学会

侯仁鋒(1911)「現代政治文献における中日同形語の使用実態と対訳の一考察」《県立広島大学人間文化学部紀要》6, 県立広島大学, 2011.2

何宝年(2008)「中日同形語の「落花流水考」《日本学論壇》第一期 pp.34-41, 新日本文化研究会

何宝年(2009)「「写」のついている中日同形語」《言語文化》17, pp24-39, 愛知淑徳大学言語コミュニケーション学会

何宝年(2010)「中日同根語について」《愛知淑徳大学論集 -グローバルカルチャ・コミュニケーション研究 科篇一》第2号, pp.19-34.

盛凱(2007)「意味分類から見た日中経済漢字語の違い」《北星学園大学経済学部北星論集》46, 北星学園大学経済学部, 2007.3

盛凱(2013)「日中漢字語彙比較研究: 二字漢字語を中心に」《岡山商大論叢》49-2, 岡山商科大学, 2013.11

盛凱(2014)「意味分類から見た日中三字漢字語彙の意味ずれ」《岡山商大論叢》50-2, 岡山商科大学, 2014.11

盛凱(2015)「意味分類から見た日中四字漢字語彙の意味ずれ」《岡山商大論叢》50-3,
　　岡山商科大学, 2014.11
許春艶(2016)「日本における《全体新論》医学用語の受容」《研究論集》15(北海道
　　大学文学研究科) pp.39-49

【사전류】

국립국어원(1999)《표준국어대사전》
단국대동양학연구소(1992)《韓國漢字語辭典》檀國大出版部
사회과학원(1992)《조선말대사전》(사회과학원출판사)
오동환(2012)《한 중 일 한자와 한자어 비교 사전》세시
윤형인(2009)《デイリーコンサイス韓日・日韓辞典》(三省堂)
이인정(2007)《일한 한어어휘 교류의 연구》제이앤씨
이종극편(1937) 鮮和兩引《모던조선외래어사전》한성도서주식회사
이한섭(2014)《일본어에서 온 우리말 사전》고려대출판문화원
이한섭(2017)《개화기 외국지명 표기사전》고려대출판문화원
홍윤표외(1995)《17세기 국어사전(상·하)》태학사
황호덕, 이상현편《한국어의 근대와 이중어사전 1-11》박문사
阿辻哲次(1998)《一語の辞典 文字》三省堂
飯田賢一(1995)《一語の辞典 技術》三省堂
石井研堂(1944)《明治事物起原》日本評論社.
石田雄(1998)《一語の辞典 自治》三省堂
伊東俊太郎(1999)《一語の辞典 自然》三省堂
今野真二(2014)《日本語の近代: はずされた漢語》筑摩書房(ちくま新書)
井上哲次郎(1884)《哲学字彙》東洋館
上田万年他編(1915~19)《大日本國語辭典》富山房
大槻文彦(2004)《言海》(複製版)筑摩書房
加藤秀俊・熊倉功夫(1999)《外国語になった日本語の事典》岩波書店
樺島忠夫他編(1984)《明治大正 新語俗語辞典》東京堂出版
作田啓一(1996)《一語の辞典 個人》三省堂
佐藤享(2007)《現代に生きる幕末・明治初期 漢語辞典》明治書院
佐藤喜代治(1979)《日本の漢語》角川書店
柴田昌吉・子安峻(1873)《附音挿繪英和字彙》(초판1873) (2판1882) (増補2판1887),
　　日就社

小学館(2002)《日本国語大辞典》第2版

杉本つとむ(2005)《語原海》東京書籍株式会社

惣郷正明・飛田良文(1986)《明治のことば辞典》東京堂出版.

惣郷正明他編(1985)《昭和語小辭典》大修館書店.

惣郷正明・飛田良文(1986)《明治のことば辭典》東京堂出版

惣郷正明他編(1985)《昭和語小辭典》大修館書店

高橋五郎編(1888)《漢英對照いろは字典》博聞本社

田島優(1998)《近代漢字表記語の研究》(研究叢書228) 和泉書院

槌田満文(1979)《明治大正風俗辞典》角川書店

野口武彦(1996)《一語の辞典 小説》三省堂

樋口陽一(1996)《一語の辞典 人権》三省堂

堀井令以知(1994)《外来語辞典 語原》東京堂

堀達之助(1862)《英和對譯袖珍辭書》開成所

溝口雄三(1996)《一語の辞典 公私》三省堂

宮田和子(2010)《英華辞典の総合的研究》(白帝社)

諸橋轍次編(1989)《大漢和辞典》(大修館書店)

柳父章(1995)《一語の辞典 文化》三省堂

山田俊雄 外編(1982)《新装改訂 新潮国語辞典》新潮社

山田美妙(1893)《日本大辭典》明法堂

米川明彦(2002)《明治・大正・昭和の 新語・流行語辞典》三省堂

J. C. ヘボン(1867-1886)《和英語林集成》(초판, 2판, 3판)

《辭源》(1915正編)(1913續編)(1939正統編合訂本) 商務印書館

《辭海》1936초판, 1979合編 上海辭書出版社

漢語大詞典編輯委員會編(2000)《漢語大詞典》(상해사서출판사)

徐用錫譯(1905)《漢譯新法律詞典》京師譯學館

王永全・小玉新次郎(2007)《日中同形異義語辞典》東方書店

劉正埮他編(1984)《漢語外來詞典》上海辭書出版社

汪榮宝・葉瀾共編(1903)《新爾雅》

岑麒祥(1990)《漢語外來語詞典》商務印書館.

錢恂他編(1907)《日本法規解字》上海商務印書館

洪超編(1932)《新名詞辭典》開華書局.

黃士復他編(1928)《綜合英漢大辭典》商務印書館

R. W. Lobschied(1866~69)《英華字典》(English and Chinese Dictionary) 1-4,
    Hong Kong Daily Press

◆ 편집 후기

　　이 책은 필자의 40년 이상 연구 결과가 담긴 결과물입니다. 그간 일을 되돌아보면 학식이 부족한 제가 힘에 부친 연구에 매달려 힘들어 한 적이 한 두 번이 아니었고, 더러는 잘 모르던 것들을 조금씩 알게 되면서 기쁨을 맛보기도 하였습니다. 때로는 왜 우리말의 치부를 들추어내는 연구를 하느냐고 어떤 국어학자로부터 핀잔을 듣기도 했고, 조선왕조실록 등 우리 고전에도 나오는 어휘를 왜 일본어에서 들어온 말로 보느냐고 꾸중을 듣기도 하였습니다. 그러나 묵묵히 40 여 년간을 걸어와 마침내 그 결과물을 내놓게 되었습니다. 부족하지만 교육 현장이나 글 쓰는 분들, 법을 만드는 분들, 또 우리 국어 어휘를 연구하는 분들에게 조금이나마 보탬이 되기를 바랄 뿐입니다.

　　퇴임 후 이 연구를 계속하는 도중 병마에 쓰러져 두 달 가까이 사경을 헤맨 적이 있습니다. 죽음의 문턱을 넘나들면서도 가끔 희미하게 정신이 들었을 때, 하던 연구를 다 마치지 못하고 생을 마감하면 어쩌나 하고 안타까워하기도 했습니다. 그러나 운 좋게 살아서 이 책을 완성할 수 있었습니다. 아내와 가족의 헌신적인 간호와 주위 분들의 도움 덕분이었습니다. 환자를 살리려고 밤낮없이 애써주신 병원 의료진의 노고도 잊을 수 없습니다. 병마를 떨치고 일어나 하던 연구를 마칠 수 있도록 성원해주신 여러분들과 독자분들께도 감사드립니다. 감사합니다.

2022년　5월
저자